Text und Recherche: Michael Müller
Unter Mitarbeit von: Caroline Goltz, Christian Gehl
Lektorat: Peter Ritter
Redaktion und Layout: Michael Müller
Fotos: siehe Fotonachweis (s. u.)
Covergestaltung: Karl Serwotka
Titelfotos: Stadtansicht Florenz, Landschaft bei Panzano (beide: Michael Müller)
Karten: Judit Ladik, Günther Grill

Fotonachweis

Alberto Conti 18, 19, 24
APT Mugello 155, 214
APT Siena 28
Caroline Goltz 9, 10, 11, 13, 15, 17, 34, 36, 40, 50, 91, 97, 149, 15
Julian Press 1, 115
Michael Müller 8, 12, 14, 16, 22, 30, 31, 38, 41, 47, 52, 54, 57, 59, 61, 64, 65, 67, 69, 75, 78, 79, 81, 87, 89, 93, 107, 109, 113, 114, 116, 119, 121, 124, 127, 137, 141, 142, 145, 146, 148, 150, 151, 152, 163, 165, 167, 171, 172, 175, 177, 185, 187, 190, 191, 192, 193, 194, 198, 199, 201, 202, 204, 207, 208, 211, 215, 217, 219, 225, 227, 228, 231, 233, 234, 235, 236, 238, 240
Sabine Becht 44, 100, 101, 108, 118, 129, 183, 169
foto-presse Timmermann 6/7, 169
Eberhard Fohrer 25

ISBN 3-89953-307-0

2. komplett aktualisierte und überarbeitete Auflage 2006

INHALT

Verzeichnis der Wanderungen

Kartenverzeichnis

Zeichenerklärung für die Karten und Pläne

- Autobahn
- Hauptverkehrsstraße
- Schotterstraße
- Wanderweg
- Bebaute Fläche
- Grünanlage
- Gewässerfläche
- Kirche
- Kloster
- Schloss/ Festung
- Berggipfel
- BUS Bushaltestelle
- i Information
- P Parkplatz
- Campingplatz

Was haben Sie entdeckt?

Bitte schreiben Sie uns, wenn Sie Kritik, Anregungen, Verbesserungen oder Empfehlungen haben. Wo war Ihre Lieblingstrattoria, in welchem Hotel haben Sie sich wohl gefühlt, welchen Campingplatz würden Sie wieder besuchen?

Michael Müller Verlag
Stichwort „Chianti"
Gerberei 19
91054 Erlangen
mm@michael-mueller-verlag.de

Chianti erleben

Malerische Weinbauerndörfer, ein weiches Landschaftsbild und – für die Toscana typisch – nach ein paar Hügelkuppen der Horizont. Olivenbäume, grün-schwarze Zypressenreihen, etwas Ackerbau und natürlich viel Wein: oft riesige, glatt gebürstete Flächen, gut für hohe Hektarerträge und rationelle Bewirtschaftung. Viele Weingüter können besucht werden.

Das Chianti-Gebiet im „Bauch" der Toscana hatte nie politisch definierte Territorialgrenzen mit eigener Verwaltungshoheit. Zwar gründeten die Gemeinden Castellina, Radda und Gaiole im ausgehenden 13. Jh. die sogenannte „Lega di Chianti", doch stand dieser Verbund unter der Schirmherrschaft der mächtigen Stadtrepublik Florenz. Immerhin aber war die „Lega" so etwas wie die historische Keimzelle des bis heute wohl berühmtesten Weinanbaugebiets Italiens: das des **Chianti Classico**, dessen Grenzen bereits im frühen 18. Jh. haarklein festgelegt wurden (s. u.). Neben dem Classico-Gebiet, dessen Weine klar definierten Herstellungsbedingungen unterliegen (s. S. 18), gibt es heute allerdings noch eine ganze Reihe anderer Anbaugebiete, in denen Weine produziert werden, die unter dem Label „Chianti" auf den Markt kommen (wohlgemerkt ohne den Zusatz „Classico"). So etwa die **Colli Fiorentini** um Florenz oder die **Colli Senesi** um Siena, ja selbst die **Colli Pisane** um Pisa zählen dazu, obwohl sie vom klassischen Anbaugebiet schon recht weit entfernt liegen.

Orientiert man sich nicht strikt an den Grenzen der **Weinregion Chianti**, können die geographischen Umrisse des Gebiets etwa folgendermaßen bestimmt werden: Im Norden reicht es bis hinauf vor die Tore der Medici-Stadt Florenz, im Süden bis

zu den Ausläufern Sienas; die östliche Begrenzung bildet das Valdarno (Arno-Tal), die westliche das Val di Pesa und das Val d'Elsa. Zwischen diesen geographischen Eckpunkten breitet sich eine anmutige Landschaft aus, die von sanften Hügeln, dichten Wäldern, vielen Olivenplantagen und zahllosen Weinbergen geprägt wird. Durchzogen wird sie von fünf Flüssen, die beiden größten sind der **Fiume di Greve** und der **Pesa**. Höchste Erhebung ist der **Monte San Michele** (892 m), der ganz im Osten in den **Monti del Chianti** liegt. Im Südosten, Richtung Castelnuovo Berardenga, wird die Landschaft flacher und geht schließlich in eine Ebene über. Über das gesamte Gebiet verstreut liegen unzählige Burgen und herrschaftliche Gutshöfen, viele mittelalterliche Weiler, aber nur einige größere Orte wie Greve, Radda, Gaiole und Castellina.

Über den Ursprung des Namens „Chianti" ist man sich nicht einig. Die einen sagen, er sei vom etruskischen Wort *clante* (= Clan) abgeleitet, das als Inschrift auf einer der in der Region gefundenen Amphoren zu lesen ist. Andere behaupten, der Name gehe auf das lateinische Wort *clangor* zurück, das soviel wie „Vogelgezwitscher", „Trommellärm" oder einfach „Klang" bedeutet. Für diese These spricht, dass das Gebiet von den Römern nachweislich als Jagdrevier genutzt wurde. Eine letzte Version schließlich stützt sich auf altes Kartenmaterial aus dem 12. Jh. Dort ist der heute „Masselone" genannte Fluss als „Chianti" verzeichnet, und es ist durchaus möglich, dass der Name später auf das gesamte Gebiet übertragen wurde.

Wie dem auch sei – nicht erst seit heute denkt man beim Stichwort „Chianti" in erster Linie an Wein. Angebaut wurde er, wie archäologische Funde beweisen, schon in etruskischer Zeit. Das erste schriftliche Dokument, in dem der Name Chianti mit dem hiesigen Wein in Verbindung gebracht wurde, datiert aus dem ausgehenden 14. Jh. Ab dem 17. Jh. begann man dann bereits mit dem Export in andere

Weinberg im Mai...

europäische Länder (insbesondere nach England). Die offenkundige Beliebtheit des Chianti-Weins rief allerdings schon früh zahlreiche Nachahmer auf den Plan, die am Erfolg des Produkts teilhaben wollten. Um das Originalprodukt zu schützen, erließ der toscanische Großherzog Cosimo III. im Jahr 1716 ein Dekret, in dem die geographischen Grenzen des klassischen Chianti-Weinanbaugebiets auf die Gemeinden Greve, Castellina, Radda und Gaiole beschränkt wurden. Später kamen Teile der Gemeinden San Casciano, Tavarnelle, Barberino und Castelnuovo Berardenga hinzu. Heute umfasst das Anbaugebiet des Chianti Classico rund 70.000 Hektar Weinberge. Auch einige deutsche Aussteiger haben sich hier als Winzer einen Namen gemacht und produzieren oft erstklassige (Öko-)Weine. Angeboten werden sie z. B. von den Weingütern Dievole bei Vagliagi, Nittardi in Cicellino (bei San Donato), Le Fonti in Panzano und Rignana zwischen Panzano und Mercatale, um nur einige zu nennen.

Der größte Hersteller der Gegend ist das berühmte **Weingut Antinori** bei San Casciano, das jährlich knapp zehn Millionen Liter Chianti Classico produziert. Aber Antinori ist nur einer von insgesamt rund 600 Chianti-Classico-Herstellern, von denen etwa 80 % im Winzerverband **Consorzio del Marchio Storico** organisiert sind. Markenzeichen des 1924 zunächst unter dem Namen „Consorzio del Gallo Nero" ins Leben gerufenen Verbands ist ein schwarzer Hahn (= *gallo nero;* s. auch die Kästen „Die Legende vom schwarzen Hahn" und „Das Konsortium des schwarzen Hahns" auf S. 11 bzw. S. 20).

Was letztendlich die Qualität des Weines aus dem Gebiet des Chianti Classico ausmacht, lässt sich so einfach nicht sagen. Ideal sind in jedem Fall die klimatischen Bedingungen: niedrige Temperaturen im Winter (um den Gefrierpunkt) und glühende Hitze im Sommer, dazu reichlich Niederschläge im Frühling und im Herbst.

...und im November

Für die je individuelle Note der einzelnen Chinati-Classico-Weine ist die Bodenbeschaffenheit verantwortlich: Kalk, Sandstein und Tonerde treten in unzähligen Varianten auf, sodass sich die Weine z. T. erheblich voneinander unterscheiden. Eines ist jedoch allen gemein: der typische Veilchenduft.

Angesichts der reichen Infrastruktur und der langen Tradition ist es kein Wunder, dass das Chianti-Gebiet hauptsächlich von Weinliebhabern bereist wird, die hier aus einer schier unendlichen Fülle edler Tropfen auswählen können. Doch damit ist der (touristische) Reiz der Gegend keineswegs erschöpft. Das Chianti-Gebiet war im 12. Jh. Schauplatz der blutigen Machtkämpfe zwischen den konkurrierenden Stadtrepubliken Siena und Florenz In dieser Zeit entstanden nicht nur zahlreiche mächtige Trutzburgen – ganze Dörfer und Weiler wurden befestigt, z. T. sogar Pfarrkirchen, in denen man sich vor Angreifern verbarrikadieren konnte. Die kriegerischen Zeiten beruhigten sich erst Mitte des 16. Jh., als Siena bei der Schlacht von Marzana eine vernichtende Niederlage gegen Florenz erlitt und seine Gebietsansprüche auf das Chianti endgültig aufgeben musste.

Heute können die baulichen Zeugnisse dieser Epoche fast überall im Chianti-Gebiet besichtigt werden, sei es in den größeren Orten wie **Panzano**, **Radda** und **Castellina** oder in kleinen Weilern wie **Montefioralle**, einem besonders eindrucksvollen Beispiel für die spätmittelalterliche Verteidigungsarchitektur. Und wer es geballt mag, orientiert sich in Richtung **Gaiole**, wo die nach Süden verlaufende **Strada dei Castelli** beginnt. Hier liegen einige der bedeutendsten und besterhaltenen Burgen des südlichen Chianti-Gebiets, wie z. B. das **Castello di Meleto** und das **Castello di Brolio**, die wohl imposanteste Burg der gesamten Gegend.

Für Kulturinteressierte hat das Chianti aber noch einen kaum zu überschätzenden Vorteil zu bieten: **Siena** und **Florenz**, zwei der bedeutendsten Städte der europäischen Kulturgeschichte, sind maximal eine Autostunde entfernt, egal, wo man sich

Am Markt in Greve

gerade aufhält. Im Rahmen von Tagesausflügen kann man sich die dortigen Kunst- und Kulturschätze anschauen und abends wieder in sein Domizil im beschaulichen Chianti-Gebiet zurückkehren.

Die Legende vom schwarzen Hahn

Das Symbol des „schwarzen Hahns" wird seit jeher mit dem Chianti-Gebiet in Verbindung gebracht. Wie es entstanden ist, lässt sich nicht mit Sicherheit sagen. Überliefert ist lediglich die folgende Legende:
Um ihre Grenzstreitigkeiten beizulegen, verabredeten die Stadtrepubliken Siena und Florenz einen etwas skurrilen Wettbewerb: In den beiden Städten sollte jeweils ein Reiter auf den ersten Hahnenschrei warten und dann so schnell wie möglich in Richtung der gegnerischen Stadt losgaloppieren. Am Schnittpunkt ihrer Wege sollte dann die verbindliche Grenze zwischen den jeweiligen Einflussbereichen gezogen werden. Die Sieneser wählten zu diesem Zweck einen weißen Hahn aus, den sie nach allen Regeln der Kunst mästeten, um ihn für den „Joure fixe" fit zu halten. Die Florentiner hingegen ersannen eine heimtückische List, um einen für sie günstigen Grenzverlauf herauszuschlagen. Sie suchten sich ein kümmerliches schwarzes Exemplar aus, dem sie so wenig zu fressen gaben, dass das verstörte Tier in der Schicksalsnacht vor lauter Hunger bereits lange vor Sonnenaufgang krähte. So konnte der Florentiner Reiter schon sehr früh losgaloppieren und seinen viel später gestarteten Kontrahenten bereits kurz vor den Stadttoren Sienas abfangen.

Betörender Glizinienduft

Flora und Fauna

Die für Wein- und Olivenanbau kultivierte Fläche umfasst ungefähr die Hälfte des gesamten Chianti-Gebiets. Der Rest wird von teilweise recht dichten Wäldern dominiert. Sie bestehen aus (Stein-)Eichen, Kastanien, Tannen, Pinien und Fichten, wobei sich die Kastanienwälder hauptsächlich im Osten und die Pinienwälder im Norden des Chianti ausbreiten. Nadelbäume wachsen in erster Linie in den höher gelegenen Regionen des Gebiets. Außerdem hat sich – wie überall im Mittelmeerraum – die mediterrane Macchia breit gemacht (u. a. Ginster, Mastix, Zistrosen). Die herrschaftlichen Gutshöfe der Gegend sind oft von Zypressenalleen gesäumt, manchmal finden sich in den gepflegten Parks auch noch die berühmten Libanonzedern.

Die Flora des Chianti-Gebiets zeichnete nicht immer ein so harmonisches Landschaftsbild wie heute. Sie ist vielmehr das Ergebnis jahrhundertelanger, mühevoller Kultivierung eines oft undurchdringlichen Wildwuchses, der lediglich von großen Weideflächen unterbrochen war. Auch die großflächig angelegten Weinberge waren in früheren Jahrhunderten in dieser Form nicht vorhanden: Damals wurde Weinbau auf vielen kleinen Terrassen betrieben, die im Lauf der Zeit den weiten Anbauflächen weichen mussten.

In den Wäldern des Chianti leben vor allem Damwild, Füchse, Hasen, Fasane, Schnepfen, Reb- und Perlhühner, die das Gebiet zu einem beliebten Jagdrevier machen. Das große Glück eines jeden Jägers ist es allerdings, ein Wildschwein zu erlegen. Die *cinghiali* sind die beliebteste Beute, wenn Ende September die Jagdsaison beginnt. Die Wildschweinjagd erfolgt in Jagdgesellschaften (bestehend aus Jagdleitern und Bauern) und ist regional organisiert. Höhepunkt der Jagd ist das Dorffest, wo die erlegte Beute auf offenem Feuer gegrillt wird. Zuvor wird sie allerdings noch im offenen Pick-up zur Schau gestellt und ein paar Mal durchs eigene und durchs Nachbardorf (!) gefahren.

Nur selten sieht man im Chianti Skorpione. Die Tiere sind eher harmlos, deswegen ist Panik bei einer Begegnung absolut fehl am Platz. Man sollte sich trotzdem angewöhnen, Schuhe und Kleidung vor dem Anziehen umzudrehen bzw. auszuschütteln. Nicht ganz so harmlos sind Begegnungen mit den giftigen Vipern. Sie sind nicht länger als eine Blindschleiche, etwas dünner als diese, grau und eher unauffällig. Die weitaus auffälligeren und viel längeren grünen und schwarzen Nattern sind dagegen ungefährlich. Vipern und Nattern sieht man hin und wieder über die Straße kriechen, manchmal auch überfahren am Straßenrand liegen. Wegen der Vipern sollten Wanderungen grundsätzlich nur mit knöchelhohen Boots unternommen werden.

Oftmals sieht man auch Fledermäuse durch die nächtliche Abendluft fliegen. Sie orientieren sich mit Hilfe der Echoortung. Im Ultraschallbereich werden Laute ausgesendet, die an Gegenständen oder Beutetieren reflektieren und dann als Echo von den großen Ohren der Fledermäuse aufgefangen werden. In der Nähe von Lichtquellen werden die im Italienischen *pipistrelli* genannten Tiere aktiv, um dort Nahrung im Flug aufzunehmen (allerlei Insektengetier wie Mücken, Schnaken und Nachtfalter, die ebenfalls das Licht umschwärmen).

Wer sich Ende Mai bzw. Anfang Juni, wenn die Abende und Nächte schon schön warm sind, im Chianti aufhält, trifft auf unzählige kleine, wirklich liebenswerte Insekten: die Glühwürmchen. Bei den umherfliegenden handelt es sich um die Männchen, die beim Schwärmen ihre „Lampen“ an- und ausmachen können. Die Weibchen, die übrigens nicht fliegen können, glühen ebenfalls und signalisieren so dem männlichen Glühwurm ihren Standort.

Ausritt

Frisches Grün im Frühling

Klima und Reisezeit

Wer sich seine Ferientage im Chianti-Gebiet zuverlässig warm und sonnig vorstellt, sollte in den Monaten Mai/Juni bzw. September/Oktober anreisen. Im Juli und August kann es unangenehm heiß werden, und ab Anfang November bis weit in den April hinein sind mehrere Regentage hintereinander keine Ausnahme. Die Wetterlage im Einzelnen:

Frühling (die Monate März/April): Den Frühling in der Toscana verbringen und die farbenfrohe Mandel-, Kirsch- und Mohnblüte miterleben – ein Traum! Es kann aber auch ganz anders kommen...

Gerade im Chianti-Gebiet kann man sich besonders in den ersten Aprilwochen nicht auf die Sonne verlassen. Die hügelige Landschaft prägt das Klima. So kann es durchaus vorkommen, dass der Himmel in den Chianti-Bergen noch bedeckt ist, während in Florenz schon die Sonne lacht. Auch Regengüsse sind zu dieser Jahreszeit nichts Außergewöhnliches (für die Weinreben sind sie allerdings gerade jetzt sehr wichtig). Beim Kofferpacken sollte man sich auf die eventuell kühleren Tage entsprechend vorbereiten.

Frühsommer und Sommer (Mai bis Mitte September): Im Frühsommer ist es im Chianti angenehm warm. Der Mai und der Juni sind mit nur noch wenigen bewölkten Tagen und noch nicht zu hohen Temperaturen die ideale Reisezeit. In den Hochsommermonaten wird es dann sehr heiß, wobei man in den Chianti-Bergen in jedem Fall besser aufgehoben ist als in Florenz. Die Stadt bricht alljährlich ihre eigenen Hitzerekorde, und das Thermometer steigt nicht selten bis auf 40 Grad. Hinzu kommt die teilweise sehr hohe Luftfeuchtigkeit, die den Aufenthalt unangenehm machen kann. Im August gibt es in der nördlichen Toscana regelrechte Hitzewellen.

Olivenernte

Für den Wein ist die Trockenheit dieser Monate allerdings sehr wichtig. Ein echtes Erlebnis sind übrigens die Sommergewitter im Chianti. Ein Gewitter bei Nacht mit unzähligen Blitzen in nächster Nähe gleicht einem sich ankündigenden Weltuntergang. Temperaturen um die 35 Grad sind ab Mitte Juli bis Anfang September völlig normal, und man ist froh, wenn es mal so richtig kracht und ein Regenguss etwas Abkühlung verschafft.

Herbst (Mitte September bis November): Die Herbsttage ab Mitte September bis Oktober sind natürlich von der Weinlese, der *vendemmia*, geprägt. Die Temperaturen sind tagsüber angenehm warm und können im September noch bis über 30 Grad steigen. Nachts hingegen sinken die Temperaturen bereits ziemlich ab. Für den Wein sind diese herbstlichen Klimaschwankungen ideal, denn sie sorgen für die letzte schonende Reifung. Die ganze Luft ist voll vom Aroma des Mostes, der später zu Wein verarbeitet wird. Für die Monate Oktober und November sollte man sich mit warmer Kleidung auf die schon recht frischen und kühlen Abende vorbereiten (das Thermometer kann bis unter 10 Grad fallen).

Winter (November bis Februar/März): Ab Mitte November sieht man kaum mehr Touristen auf den Straßen. Der ursprüngliche Charme der Dörfer kehrt zurück, es wird sehr ruhig und beschaulich. Die Geranien werden an frostgeschützte Orte gebracht, und die Landbevölkerung verfeuert in den nächsten drei Monaten das gesammelte und aufgeschichtete Holz. In den Monaten Januar, Februar und März muss man mit ausgiebigen Regenfällen rechnen. Nicht selten schneit es sogar, und die Temperaturen sinken unter den Gefrierpunkt.

Wirtschaft und Tourismus

Im Vergleich zum Wein spielt die **Olivenölproduktion** eine untergeordnete Rolle. Unter Kennern gelten die hiesigen Produkte allerdings als außerordentlich hochwertig. Aus 6.000 Tonnen Oliven entstehen rund 1.100 Tonnen Olivenöl. Bei der Herstellung werden verschiedene Techniken angewandt; am teuersten ist die sogenannte *Sinoleartechnik*, bei der das Öl auf besonders schonende Weise und ohne Zentrifugieren nach der Pressung von den Restbestandteilen getrennt wird.

Der Chianti lebt von seinen Besuchern

Andere Formen der Landwirtschaft haben nur sehr geringe Bedeutung, ebenso **Industrie und Handel**, welche lediglich im Randgebiet bei Poggibonsi eine gewisse Rolle spielen.

Als Wirtschaftsfaktor immer wichtiger wird dagegen der **Tourismus**, dessen Anfänge bereits auf das frühe 19. Jh. zurückgehen. Damals leistete sich eine kleine reiche Oberschicht ein Bauerngehöft als Sommerfrische. Mittlerweile ist das Chianti zum europäischen Exklusivziel avanciert und dementsprechend teuer geworden. So wundert es kaum, dass sich fast ausschließlich gut situierte Paare zwischen 30 und 55 Jahren unter den typischen Chianti-Touristen befinden; jüngere Rucksackreisende sind selten, zumal Campingplätze rar sind und das Angebot an Nachtleben im Chianti gen null tendiert. Platz eins in der Rangskala der ausländischen Touristen belegen übrigens unangefochten die Deutschen, ihnen folgen Amerikaner, Engländer, Österreicher, Franzosen und Israelis.

Ein Problem stellen für die Tourismusorganisationen vor Ort zunehmend die Bustouristen dar, die das Chianti an einem Tag abhaken. Man will zwar weiterhin alle willkommen heißen, doch fürchtet man, dass durch den Tages-Massen-Tourismus die solventeren Gäste, die mindestens eine Woche bleiben und einen Haufen Geld da lassen, aus „ihrem“ Gebiet vertrieben werden.

Überhaupt lebt man im Chianti zurückgezogen. Viele Chianti-Touristen lassen sich für die Dauer ihres Aufenthaltes in einem der abseits liegenden Weingüter (Agriturismo) nieder. Dadurch wirkt die Region – auch wenn in der Hochsaison das letzte Bett ausgebucht ist – niemals überfüllt, wie es beispielsweise im August an den italienischen Küsten der Fall ist.

Eine Sonderstellung nehmen übrigens die italienischen Touristen im Chianti ein: Im Sommer kommen sie fast nie hierher (man fährt traditionell ans Meer), an verlängerten Wochenenden wie z. B. zu Ostern und Pfingsten reisen sie dagegen um so zahlreicher an.

Badia a Coltibuono – klassische Weine und ein sehenswerter Renaissancegarten

Die Weine des Chianti

Früher war der Chianti ein unkomplizierter, einfacher Wein, der jung getrunken wurde. Das Bild vom Fiasco, der strohumwickelten Flasche, kennt jeder. Die Zeiten haben sich allerdings längst geändert.

Die Qualität der Weine ist in den letzen 30 Jahren ständig gestiegen. Dafür gesorgt haben neben modernster Technik in den Weinkellern auch zunehmend examinierte Önologen, das mittlerweile zugelassene Klonen von Rebsorten und natürlich die steigende Nachfrage immer anspruchsvollerer Konsumenten.

Um das Markenzeichen **Chianti Classico** aufs Etikett schreiben zu dürfen, müssen die Winzer der Region strenge Auflagen erfüllen. Diese betreffen den Anbau, die verwendeten Rebsorten, die Produktion, den Alkoholgehalt und letztendlich die Freigabe für den Markt (z. B. Holzfasslagerung für Riserva-Weine). Erst wenn die Auflagen im Einzelnen erfüllt sind, entsprechen die Weine den D.O.C.- und D.O.C.G.-Vorschriften des Chianti Classico (Denominazione di Origine Controllata e Garantita).

Bis 1996 hatte der Chianti-Classico verbindlich aus festgelegten Anteilen von Sangiovese (die klassische rote toscanische Rebsorte), Canaiolo (rot), Malvasia (weiß) und Trebbiano (ebenfalls weiß) zu bestehen. Diese Formel stammt übrigens von Bettino Ricasoli, dem wohl wichtigsten Weinbaron des Chianti im 19. Jh. Mit einer neuen Vorschrift von 1996 wurde festgelegt, dass Sangiovese auch sortenrein (75–100 %) verwendet werden darf. Reine Sangiovese-Weine als Chianti Classico zu deklarieren war bis dahin nicht möglich. Auch in anderer Hinsicht ist die neue Regelung großzügiger: Zusätzlich zum immer noch vorgeschriebenen Löwenanteil an Sangiovese ist das Beimischen von bis zu 10 % Canaiolo, insgesamt bis zu 6 % Malvasia und Trebbiano und von weiteren 15 % einer anderen roten Traubensorte (Merlot, Cabernet Sauvignon o. a.) erlaubt. Doch geht die Tendenz weg von der Beimischung weißer Rebsorten, da sie die Haltbarkeit der Weine beeinträchtigen.

Reife Früchte

Streng geblieben ist die Vorgabe allerdings bei folgenden Kriterien: Der Alkoholgehalt muss für den normalen Chianti Classico mindestens 12 %, für den Riserva mindestens 12,5 % betragen. Nach der Anpflanzung der jungen Weinpflanzenableger müssen mindestens vier Jahre vergehen, bevor die Trauben zur Weinproduktion verwendet werden können. Der Ertrag darf dann pro Hektar nicht mehr als 7,5 Tonnen Trauben (52,5 Hektoliter) betragen. Selbst das Traubengewicht jedes einzelnen Rebstocks ist mit maximal drei Kilogramm vorgeschrieben. Der frühestmögliche Zeitpunkt der Freigabe in den Handel für den normalen Chianti Classico ist der 1. Oktober im Folgejahr der Weinlese. Die Freigabe des Chianti Classico Riserva erfolgt erst nach dem Ausbau von mindestens zwei Jahren im Holzfass (früher drei Jahre), oftmals wird der Riserva in Barrique-Fässern ausgebaut.

Streng reglementiert sind ebenfalls Zucker- und Säureanteil sowie das Mindest-Trockenextrakt der Weine, aber auch Kriterien wie Farbe, Bouquet und Geschmack. Und: Ein echter Chianti Classico muss nicht nur in der geographisch streng eingegrenzten Region angebaut und hergestellt werden, auch Lagerung (Fassausbau) und Abfüllung muss in der Erzeugerregion stattfinden.

Tipp: Sehr brauchbar ist die vom Konsortium herausgegebene **Gebietskarte**, mit der man sich einen guten Überblick über die zahlreichen Weingüter des Chianti Classico und deren Lage verschaffen kann (Anschrift und Telefonnummern sind jeweils angegeben). Die Karte gibt es in den Touristeninformationen (Proloco). Wichtig ist die Anmerkung, dass nicht jedes Chianti-Weingut Mitglied des Konsortiums ist. So ist z. B. das berühmte Weingut Antinori nicht angeschlossen; entsprechend sucht man es auf dieser Karte vergeblich.

Das „Konsortium des schwarzen Hahns"

Bereits 1924 gründete eine Gruppe von Chianti-Winzern das „Consorzio", eine Genossenschaft, deren Markenzeichen der berühmte schwarze Hahn ist (s. Kasten „Die Legende vom schwarzen Hahn" auf S. 11). Im Lauf der Zeit erhielt dieses Konsortium zwar diverse neue Namen, der Hahn aber blieb – kaum zu übersehen, wenn man im Chianti-Classico-Gebiet unterwegs ist: „Siete nel mondo del gallo nero" – „Sie sind im Land des schwarzen Hahns", mit diesen Worten weisen zahlreiche Schilder am Straßenrand auf die wohl bekannteste Weinregion Italiens hin.

Die Winzergenossenschaft wurde damals zum Schutz der Chianti-Classico-Produzenten ins Leben gerufen. Winzer, die Mitglied dieser Vereinigung sind, können den Flaschenhals ihrer Weine entweder mit einem schwarzen Hahn mit roter Umrandung (Chianti Classico) oder mit goldener Umrandung (Chianti Classico – Riserva) zieren. Über die Qualität des Weines sagt dieses Zeichen jedoch nichts aus. Das Konsortium ist als Institution für die Chianti-Classico-Produktion allerdings sehr wichtig. Ca. 80 % der Chianti-Classico-Erzeugung erfolgt in den rund 600 Mitgliedsbetrieben der Genossenschaft.

Erst kürzlich hat sich die Vereinigung zum „Consorzio del Marchio Storico – Chianti Classico" (Konsortium des Historischen Warenzeichens Chianti Classico) umbenannt. Laut Information eines Konsortiumsmitgliedes hatte ein großer US-amerikanischer Weinproduzent sein Namensrecht eingeklagt und vor Gericht gewonnen. Der Hahn dient zwar noch immer als Markenzeichen des Konsortiums, sein Name darf jedoch nicht mehr auf den Weinflaschen erscheinen.

Der Anbau

Klima, Bodenbeschaffenheit und Höhenlage bedingen, dass in diesem Gebiet nur wenig anderes als Wein und Oliven angebaut wird. Typisch für die Chianti-Region ist daher das Bild des steten Wechsels von Weinbergen und Olivenhainen. Dem Klima entsprechend befindet sich die Weinrebe von Anfang November bis Ende Januar in ihrer Ruhephase. Das ist der Zeitpunkt für den Rebschnitt, bei dem die Pflanze bis auf zwei Triebe (Haupttriebe) zurückgestutzt wird. Eine bedeutende Rolle für den Anbau spielt auch der Boden des Weinberges, der mehrmals im Jahr bearbeitet wird. Man geht mehr und mehr zur Weinbergbegrünung über, da sich dadurch die Feuchtigkeit im Boden besser halten kann.

Ab Mitte April erwacht die Weinpflanze dann zu neuem Leben. Es entstehen Knospen, aus denen erst Triebe, ab Anfang Juni dann kleine Blüten sprießen. Ende Juni verwandeln sich die Blüten in Trauben. Zuerst natürlich noch klein und grün, verfärben sich die Trauben im Laufe der Zeit: So wird z. B. die Sangiovese-Traube, die klassische Traubensorte des Chianti, mit zunehmender Reife immer dunkler. In der heißen Juli- und Augustsonne gewinnen die Trauben dann an den für Wein so wichtigen Substanzen wie z. B. Zucker. Gleichzeitig sinkt der Säuregehalt. Der September, also die letzen Wochen vor der Lese, ist der wichtigste Monat für die Reifung der Trauben. Bei den herbstlichen Temperaturschwankungen durch noch relativ warme Tage und bereits kühle Nächte reifen die Trauben jetzt optimal und erhalten den letzen Schliff.

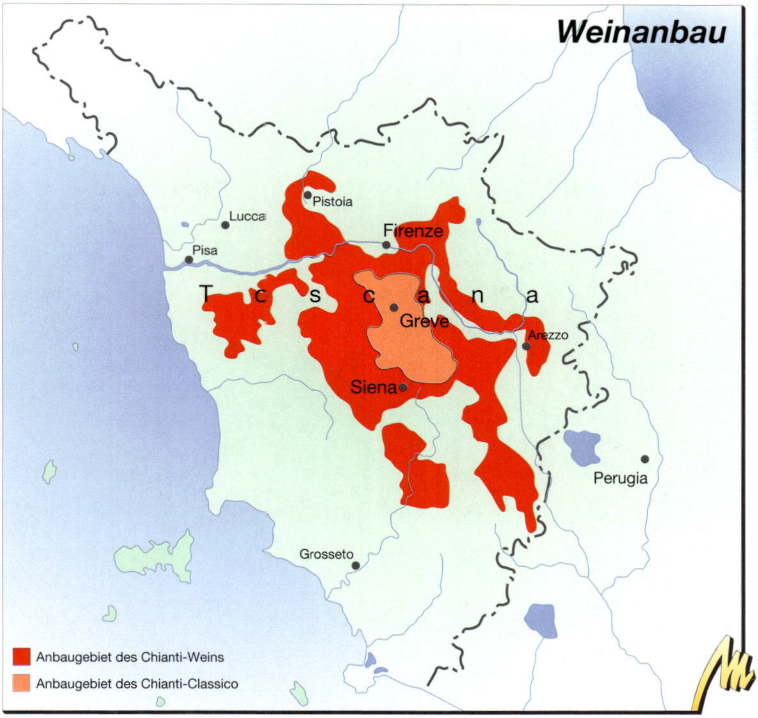

Die Weinlese

Die Entscheidung für den richtigen Zeitpunkt der Weinlese, der *vendemmia*, liegt bei jedem einzelnen Winzer selbst. Ob die Trauben für optimal reif befunden werden, hängt auch von der Höhenlage des Weinberges ab. Eine tragende Rolle kann hierbei auch die Zuverlässigkeit der Wettervorhersage spielen. Denn in den letzten Tagen vor der Ernte brauchen die prallen Trauben nur noch eins: Sonne. Regenschauer oder sogar Hagel können die ganze Ernte verderben. Die Beeren würden, reif wie sie sind, aufplatzen oder verfaulen. Setzt während der Ernte Regen ein, muss die Lese unterbrochen werden. Das Regenwasser würde dem Wein schaden.

Die tariflich festgelegten Löhne für die anstrengende Arbeit bei der Weinlese sind übrigens ziemlich niedrig. Studenten machen diesen Job schon lange nicht mehr. An ihrer Stelle arbeiten jetzt eigens dafür anreisende Arbeiter aus dem Süden Italiens.

Die Vinifikation

Sind die Trauben auf dem Weingut angelangt, werden die Beeren zunächst mittels einer Art Zentrifuge vom Stiel getrennt („entrappt"). Dann kommen sie in die Traubenpresse, in der die Beeren gequetscht werden und der Saft zusammen

Der smarte Traubenvollernter ersetzt 10 Taglöhner

mit den Schalen als sogenannte Maische in die Gärbehälter (riesige Edelstahlfässer) gefüllt wird.

Schon nach wenigen Stunden beginnt der Prozess der alkoholischen Gärung. Bei diesem Vorgang wandelt sich der Zucker in Alkohol um. Die Schalen der Beeren enthalten die für die Qualität des Weines wichtigen Aromastoffe und Substanzen (z. B. den Gerbstoff Tannin), die ihm u. a. Geschmack, Bouquet und Farbe verleihen. Dass Most und Schalen dabei zusammenbleiben, ist wichtig, um so während der Gärphase das Maximum aus dem Traubenmaterial herauszuholen. Dieser Prozess der ersten Fermentation dauert ca. 14 Tage, ist abhängig von der Qualität der Trauben sowie dem gewünschten Resultat und endet mit der Trennung von Wein und Trester. Der Wein wird dann in Tanks oder Fässer gefüllt und durchläuft einen zweiten Gärprozess. Diese zweite Phase der Gärung wird durch Bakterien und Wärmezufuhr eingeleitet. Der Vorgang heißt säureumwandelnde oder auch malolaktische Gärung. Im Wein wandelt sich dadurch die starke Apfelsäure in Milchsäure um, was ihn erst trinkbar macht. Der Wein verbleibt dann bis zur Flaschenabfüllung in Edelstahltanks oder im Holzfass. Nach der Abfüllung erfolgt noch eine festgesetzte Zeit der Flaschenreifung (mindestens 3 Monate), in der sich der Wein in der Flasche „beruhigen" kann, um dann erst in den Handel zu gelangen.

Für die Produktion des Riserva beginnt nun die lange Phase der Reifung im Holzfass, der sogenannte Fassausbau. Besondere Ausbaumethoden in Barrique-Fässern (Fassungsvermögen von 225 Litern) aus edlen Hölzern wie die der französischen Allier-Eiche werden auch im Chianti angewandt. Voraussetzung für einen Barrique-Ausbau ist natürlich bestes Traubenmaterial und eine in jeder Hinsicht optimale Pflege während der Vinifikation wie auch während der Lagerung.

Der Supertoscano

Begonnen hatte alles Anfang der 90er Jahre mit einigen Experimenten der renommierten Weingüter *Sassicaia* und *Antinori*, die (fast) eine kleine Revolution auslösten. Kreiert wurden neue Spitzenweine, die aber wegen der – bis 1996 geltenden – strengen Chianti-Classico-Regelungen im erstklassigen Sortiment der Weingüter nicht adäquat untergebracht werden konnten. Es handelte sich hierbei um hochwertige Sangiovese-Weine, die, anders als bis dato der Chianti Classico, nun mit den „toscanauntypischen" Rebsorten Cabernet Sauvignon oder Merlot kombiniert wurden. Den allgemeinen Regelungen des Anbaugebiets konnten diese Weine nicht genügen und mussten von den Weingütern zunächst als einfache Tafelweine angeboten werden. Zwar wurden 1996 die strengen Regelungen für den Chianti Classico modifiziert (s. o.), aber dennoch: Ein neuer Spitzenwein war entstanden, der mit der Bezeichnung „Tafelwein" jedoch in eine irreführende Kategorie eingeordnet wurde.

Ein Journalist des renommierten US-Magazins *Wine Spectator* half schließlich, das Problem mit der Unterbewertung dieser Weine zu lösen, und prägte für sie einen eigenen Begriff, der mittlerweile schon zum Markenzeichen geworden ist: den des *Supertuscan* oder (auf Italienisch) *Supertoscano*. Die Weine genießen heute unter Fachleuten einen hohen Stellenwert, sind oftmals teurer als die Chianti-Classico-Weine (D.O.C.G.) und haben durch eine nachgereichte Regelung doch noch den Sprung vom „einfachen" Tafelwein in die Riege toscanischer Spitzenweine geschafft. Der Supertoscano trägt mittlerweile sein eigenes Label: Toscana I.G.T. (Indicazione Geografica Tipica).

Die Weinprobe (Degustation)

In den Probierstuben der Weingüter kann man sich direkt vor Ort von der Qualität der Produkte überzeugen und gegen Bezahlung manchmal sogar eine ordentliche Brotzeit bekommen. Teilweise muss man aber auch für die Weinprobe einen Obolus (normalerweise ca. 5 bis 8 €) entrichten, der erst bei größerem Einkauf wegfällt.

Der echte Weinkenner sagt übrigens nie, welcher Wein ihm schmeckt und welcher nicht – er hüllt sich in Neutralität und versucht, den Wein zu deuten. Eine der entscheidenden Fragen ist, ob der Tropfen in einem Eichenfass oder in einem V2A-Edelstahlbehälter mit Eichenholzsägespänen gereift ist. Die Lagerung in Eichenholzfässern hat zwei Vorteile: Zum einen wirkt schon allein das Holz geschmacksbildend, zum anderen werden durch den Luftaustausch Oxidationsprozesse in Gang gesetzt, die die Qualität zusätzlich verfeinern. Der Kellermeister entscheidet, wann der Wein aus dem Fass und der Reifungsprozess durch Zugabe von Schwefel gestoppt werden muss.

Degustation und Verkauf bei den größeren (und bekannteren) Weingütern sind meist ganztägig und ohne vorherige Anmeldung möglich. Bei kleineren Betrieben sollte man möglichst vorher anrufen und den Besuch anmelden, sonst kann es leicht passieren, dass man vor verschlossenen Türen steht (Telefonnummern der Güter bei den jeweiligen Orten im Reiseteil). Ganz wichtig: Wer zur Weinprobe kommt, sollte auch ein ernsthaftes Kaufinteresse mitbringen! Sämtliche Weine des Kellers durchzuprobieren und sich womöglich noch verköstigen lassen, ohne auch nur eine einzige kleine Kiste zu kaufen, wirkt auf die Weinbauern schlichtweg unverschämt.

Tipp: Wer sich am letzten Sonntag im Mai im Chianti aufhält, sollte unbedingt die *Cantine Aperte* besuchen. Hinter dem Begriff verbirgt sich der „Tag der offenen Tür" von rund 180 Weingütern in der Toscana, die an diesem Sonntag ihre Gäste zu regionaltypischen Snacks, Musikaufführungen und natürlich umfangreichen Weinproben einladen. Oftmals wird gegen Gebühr auch ein komplettes Abendessen auf dem Weingut serviert. Die vollständige Adressliste der beteiligten Weingüter ist im Internet unter *www.wineday.org* zu erfahren.

In Eichenfässern dürfen die besten Weine reifen

Enoteca (Vinothek)

Probieren kann man die verschiedensten Weine der Region auch in den zahlreichen Enoteche im Chianti-Gebiet. Meist in den Chianti-Dörfern gelegen, bieten diese Weinhandlungen mit angeschlossenem kleinem Restaurant eine gute Gelegenheit, die Weine der Region zu probieren, ohne sich auf den Weg zum jeweiligen Weingut machen zu müssen. In den Vinotheken kann man den Wein auch glasweise bestellen, dazu wird meist eine kleine Speisekarte geboten (hauptsächlich kalte Küche), für einen Snack am Mittag jedoch völlig ausreichend. Selbstverständlich können hier die Weine auch flaschen- bzw. kistenweise erstanden werden. Die meisten Enoteche haben Weine praktisch aller Produzenten der Umgebung im Angebot, sind aber nicht unbedingt günstig und lassen nicht selten auch das nostalgische Flair einer traditionellen Weinstube vermissen.

„Alt Stazione" – Mautkarte entnehmen

Anreise

Schon allein wegen der relativen Nähe reist der überwiegende Teil der Chianti-Urlauber mit dem eigenen Fahrzeug an. Von Frühjahr bis Herbst schieben sich schier endlose Autokolonnen mit dem Reiseziel Italien über die Alpen, was vor allem in den Hauptreisemonaten Juli und August zu erheblichen Engpässen führt.

Die Anreise mit dem eigenen Fahrzeug erweist sich gerade für das Chianti-Gebiet als sehr sinnvoll, da die Verbindungen mit öffentlichen Verkehrsmitteln hier mehr als bescheiden sind. Insbesondere wenn man sich abseits der gängigen Routen bewegen will, steht man oft auf verlorenem Posten. Als Alternative zum eigenen Fahrzeug bleibt die Anmietung eines Leihfahrzeugs, was in Italien jedoch nicht unbedingt günstig ist und die Reisekosten ziemlich in die Höhe treiben kann.

Mit dem eigenen Kraftfahrzeug

Die gängigste und bequemste Route durch **Österreich** führt über die Brennerautobahn mit der 820 m langen und 190 m hohen Europabrücke. Hinter der österreichisch-italienischen Grenze schließt sich dann eine zügige Fahrt durch die lang ausgleitenden Südtiroler Täler an. Begleitet von schroffen Felshängen, Ritterburgen wie aus dem Bilderbuch, sonnendurchfluteten Weinhängen und Obstbaumkulturen gelangt man über Bozen und Trento schnell nach Verona, wo die endlose Weite der Poebene beginnt. Bei Modena wechselt man von der A 22 auf die A 1 nach Bologna, die als berühmte „Autostrada del Sole" von Milano kommt und sich bis Rom fortsetzt. Ab Bologna wird das Land unvermittelt wieder bergiger, z. T. fast dramatisch.

Schroffe Felsen und grüne Bergrücken signalisieren den Beginn des Apennin. Über viele Kurven und durch kaum weniger Tunnels gelangt man schließlich nach Florenz.

Wer aus dem Westen Deutschlands kommt und über die **Schweiz** anreist, fährt durch den über 16 km langen St.-Gotthard-Tunnel und weiter auf malerischer Strecke mit bereits prächtiger mediterraner Vegetation auf einem Damm über den Luganer See zum schweizerisch-italienischen Grenzübergang Chiasso. Von dort geht es dann über Milano, Modena und Bologna weiter nach Florenz.

Vignetten und Maut

Autobahngebühren müssen sowohl bei der Anfahrt durch Österreich und die Schweiz wie auch in Italien gezahlt werden.

Achtung: Seit 15. November 2005 müssen Autofahrer in Österreich ganzjährig auch tagsüber auf allen Straßen das Abblendlicht einschalten.

- **Österreich**: Seit 1997 sind alle österreichischen Autobahnen und Schnellstraßen gebührenpflichtig. Die Zehntagesvignette für PKW kostet ca. 7,60 €, eine Zweimonatsvignette ca. 21,80 €, die Jahresvignette ca. 72,60 € (Motorrad 4,30/10,90/29 €). Auch bei einem Aufenthalt, der länger als 10 Tage dauert, sollte man deshalb nicht die Zweimonatsvignette nehmen, sondern für Hin- und Rückreise je eine Zehntagesvignette. Die Vignetten – oder das „Pickerl", wie die Österreicher sagen – sind bei den Automobilclubs, an grenznahen Raststätten und an der Grenze selbst erhältlich (für die Rückreise auch auf Südtiroler Seite).
  Separat muss an einer Mautstelle hinter Innsbruck die **Auffahrt zum Brenner** mit der eindrucksvollen Europa-Brücke bezahlt werden. Für Kraftfahrzeuge bis 3,5 t schlägt das für Hin- und Rückfahrt mit jeweils 8 € zu Buche (Gespanne 13 €), für Gefährte über 3,5 t zahlt man sogar stolze 31 €. Seit 2004 kann man die Brennerüberquerung bereits vor der Reise beim ADAC bezahlen und wird dann an der Zahlstelle vor Ort per Video registriert und freigeschaltet. Spartipp ist die kostenfreie **alte Brennerstraße** (B 182), die von Innsbruck durchs reizvolle Eisacktal zum Brenner hinaufführt (für LKW ist sie verboten).

Kfz ab 3,5 t müssen statt der Vignette für 5 € eine sog. **„Go-Box"** erwerben, die die Gebühren elektronisch erhebt. Die Verrechnung erfolgt entweder von einem in der Box gespeicherten Guthaben (Pre-Pay) oder hinterher per Abbuchung von einer Debit-, Kredit- oder Tankkarte (Post-Pay). Erhältlich ist die Go-Box an denselben Verkaufsstellen wie die Vignetten. Weitere Informationen unter www.go-maut.at oder ✆ 0800-40011400.

- **Schweiz**: Wer über die Schweiz anreist und das dortige Autobahnnetz nutzen will, muss sich über 10-Tage-Fristen oder Ähnliches keine Gedanken machen. Hier regiert die 14 Monate gültige **Jahresvignette** zum Preis von umgerechnet 27,50 €, die für alle Kraftfahrzeuge bis zu einem Gesamtgewicht von 3,5 t gültig ist (Fahrzeuge über 3,5 t zahlen Staffelpreise). Erhältlich ist sie bei den heimischen Automobilclubs, an der Grenze und an jeder Schweizer Poststelle.
- **Italien**: In Italien werden die Gebühren nach gefahrenen Kilometern berechnet; pro hundert Kilometer sind für einen PKW knapp 6 € fällig. Kontrollstellen sind an je

der Autobahnauffahrt eingerichtet, dort verrichtet ein Automat die Ticketausgabe (gelben bzw. roten Knopf drücken und Ticket ziehen). Beim Wechsel der Autobahn und bei Ausfahrten wird man dann zur Kasse gebeten. Bezahlen kann man entweder **bar**, mit der **Viacard** und an vielen Mautstellen mittlerweile auch mit der **Kreditkarte**. Die Viacard funktioniert wie eine Telefonkarte: Man kauft zum Preis von 25,25 € oder 50,50 € ein Kontingent an Fahrkilometern, das sukzessive verbraucht wird. Erhältlich sind die Viacards bei den Automobilclubs, an Grenzübergängen und an großen Raststätten. Viacard-Besitzer können ebenso wie Barzahler an den mit Personal besetzen Kassenhäuschen zahlen, haben aber auch die Möglichkeit, eine **Extraspur** zu benutzen („uscita riservata Viacard"), wo die Abfertigung automatisch erfolgt (für Kreditkarteninhaber ist diese Spur obligatorisch): Autobahnticket einführen, Betrag erscheint auf der elektronischen Anzeigetafel, dann Viacard einführen. Sollte ihr Kartenguthaben bei der Abrechnung nicht ausreichen, erhalten Sie dennoch eine gültige Quittung und haben dann noch zwei Wochen Zeit, die Differenz zu begleichen. Den Fehlbetrag bar zu zahlen ist bei der automatischen Abfertigung nicht möglich.

Achtung: Falls Sie bar zahlen wollen, aber sich fälschlicherweise am Viacard-Schalter eingeordnet haben, stoßen Sie keinesfalls zurück – es drohen hohe Bußgelder und sogar Fahrverbot –, sondern drücken Sie die Hilfetaste. Sie erhalten dann einen Quittungsstreifen, mit dem Sie die Gebühr bei einer anderen Mautstelle bezahlen bzw. nachträglich überweisen können.

Autobahngebühren bis Florenz: Für einen PKW muss man ab der schweizerisch-italienischen Grenze bei **Chiasso** ca. 19,50 € bezahlen, vom **Brenner** an der österreichisch-italienischen Grenze sind es etwa 26 €. Für Gespanne mit drei Achsen erhöht sich das Ganze auf ca. 25,50 bzw. 32,50 €, für Gespanne mit vier Achsen auf 40,50 bzw. 52 € (Stand: Winter 2005/6). Die jeweils aktuellen Tarife können Sie bei den Automobilclubs erfragen oder im Internet unter www.autostrade.it ermitteln

Mit der Bahn

Direktverbindungen in die Toscana werden in Deutschland nur von München aus angeboten. Die derzeit empfehlenswerteste Variante (Stand: Winter 2005/06) ist der **EuroNight 287** von München nach Florenz und weiter nach Arezzo und Chiusi-Chianciano Terme im Südosten der Toscana. Abfahrt ist um 21.03 Uhr, Ankunft in Florenz um 5.30 Uhr, in Arezzo um 6.09 Uhr und in Chiusi-Chianciano Terme um 6.43 Uhr. Eine Alternative in der Nacht ist der um 23.40 Uhr in München startende **DB NachtZug NZ 289**, der aber nur bis Florenz fährt, Ankunft 9.10 Uhr. Für beide Züge kann man das besonders günstige **SparNight-Angebot** nutzen (siehe unten). Wer lieber tagsüber unterwegs ist, kann z. B. von München morgens um 9.33 Uhr den **EC 85** nehmen, der um 17.53 Uhr in Florenz und um 18.38 Uhr in Arezzo ankommt (Chiusi-Chianciano Terme wird von diesem Zug nicht direkt bedient). Bei Fahrten in andere toscanische Städte muss man mindestens einmal, meist sogar mehrmals umsteigen.

• *DB-Preise* Unschlagbar günstig ist das erwähnte **SparNight-Angebot**, mit dem man für die Strecke München–Florenz inkl. Platz im 6er-Liegewagen gerade einmal 39 € bezahlt (im 4er-Liegewagen 49 €, im 2er-Schlafwagen 69 €). Natürlich ist das Angebot kontingentiert, d. h. man sollte sich so früh wie möglich um einen Platz kümmern. Informationen und Buchungen über das Servicetelefon 01805/141514 (12 Cent pro Minute,

Triebwagen bei Siena

täglich 6–24 Uhr), über www.nachtzug reise.de, alle Reisezentren der Deutschen Bahn und in Reisebüros mit DB-Lizenz.
Wer nicht auf diesen supergünstigen Tarif zurückgreifen kann, muss erheblich tiefer in die Tasche greifen: Der Normaltarif von München bis Florenz liegt bei etwa 180 €. Reduzieren kann man diesen Preis durch die beiden **BahnCard-Varianten 25 bzw. 50** und durch die beiden Frühbuchertarife, den **Sparpreis 25** und der **Sparpreis 50** (jeweils 25 bzw. 50 % Rabatt auf den Normaltarif).

• *Information* Die Deutsche Bahn AG ist im Internet unter www.bahn.de vertreten (Fahrpläne für die gewünschte Verbindung, Online-Ticketbuchung für Ziele im Inland, Information über aktuelle Sparpreise etc.). Informationen zu Verbindungen und Preisen im In- und Ausland bekommen Sie darüber hinaus unter ✆ 11861 (rund um die Uhr) oder in den Service-Centern an den Bahnhöfen.

• *Fahrradmitnahme* Wer sein Fahrrad im Zug nach Italien transportieren möchte, wendet sich an die zuständige Radfahrer-Hotline der Deutschen Bahn, ✆ 0180-5151415. Informationen gibt außerdem der Allgemeine Deutsche Fahrrad-Club (ADFC), www.adfc.de, ✆ 0421/34629-0, ✆ 0421/34629-50.

• *AutoZug* Wer sich die Fahrt über den Brenner sparen und vor Ort mobil sein will, kann von Mai bis Oktober mit dem AutoZug bis Verona oder Livorno fahren. Die Züge starten ab Berlin, Frankfurt/M., Hamburg, Hildesheim und Köln. Die Kosten sind allerdings erheblich und saisonal recht unterschiedlich. Da die Kapazitäten begrenzt sind, empfiehlt sich in der Hauptreisezeit eine rechtzeitige Buchung. (Achtung: max. Höhe des Fahrzeugs inkl. Dachaufbauten 1,67 cm, Gepäckmitnahme auf dem Fahrzeug ist nicht erlaubt.) Weitere Details in der Broschüre „AutoZug Katalog", unter ✆ 0180-5241224 (tägl. 9–21 Uhr) oder im Internet unter www.dbautozug.de.

• *Sondertarife in Italien* Ab einem Mindestpreis von 30 € pro Ticket (2. Klasse) können auch in Italien nach einem ähnlichen System wie dem deutschen Plan & Spar die Kosten reduziert werden.

Euro Domino: Netzfahrschein für Italien, innerhalb eines Monats an 3–8 Tagen auf dem gesamten italienischen Bahnnetz zuschlagsfrei gültig, im Wohnsitzland bekommt man einen Rabatt von 25 %, das Gleiche gilt für Transitländer (in diesem Fall also Österreich oder die Schweiz). Das günstigste Euro-Domino-Ticket (3 Tage gültig, 2. Klasse) kostet 173 € (Jugendliche 130 €, Senioren 147 €), für einen Zusatztag zahlt man ca. 20 € (Jugendliche 15 €, Senioren 17 €).

Verde Railplus card: Mit dieser ein Jahr

lang gültigen Karte bekommen unter 26-Jährige 10 % Ermäßigung auf alle Bahnfahrkarten in Italien sowie 25 % auf internationale Tickets in den Ländern, die dem Railplus-Verband angehören. Die „grüne Karte" ist gegen Vorlage eines Ausweisdokuments an allen größeren italienischen Bahnhöfen zum Preis von ca. 40 € erhältlich.

Argento Railcard: Das Pendant zur „grünen Karte" kostet ca. 30 € und gewährt über 60-Jährigen Ermäßigungen von 15 % auf allen nationalen Bahnstrecken sowie 10 % in Schlaf- und Liegewagen.

TrenItalia Pass: Ist nur erhältlich für nicht-italienische Reisende und ermöglicht uneingeschränktes Reisen an 3–10 Tagen innerhalb von zwei Monaten. Varianten sind der **TrenItalia Pass Jugend** für 12- bis 26-Jährige und der **TrenItalia Pass Saver** für Gruppen von 2 bis zu 5 Personen.

Informationen im Internet unter **www.trenitalia.com** oder unter der deutschen Adresse: Trenitalia, Divisione Passeggeri, c/o GlobalPass Germany, Claudia Rakutt, info@trenitalia.de, ✆ 06031/737630, 📠 06031/725081.

Mit dem Flugzeug

Zielflughäfen in der Toscana sind der „Aeroporto Galileo Galilei" bei **Pisa** und der „Aeroporto Amerigo Vespucci" bei **Florenz**. Beide werden von der *Lufthansa* und *Alitalia* täglich angeflogen, Abflughäfen sind Berlin, Frankfurt/M. und München. Die Flugzeit von München beträgt kaum mehr als eine Stunde. Was die Preise betrifft, muss man angesichts der zahlreichen Sonderkonditionen mit einer größeren Spanne rechnen. Als Faustregel gilt, dass ein Flug nach Florenz zwischen 300 und 350 € kostet, etwas günstiger wird es, wenn man nach Pisa fliegt. In völlig anderen Dimensionen bewegt man sich, wenn man auf ein Billigstangebot der Fluglinien *Ryanair* (www.ryanair.com) oder *Hapag-Lloyd Express* (www.hlx.com) zurückgreift. Beide fliegen derzeit (Stand: Winter 2006) nur Pisa an – Erstere von Frankfurt-Hahn, Letztere von Hannover, Köln/Bonn und Stuttgart –, das allerdings zu regelrechten „Nahverkehrstarifen" ab 19,99 €. Allerdings wollen solche Schnäppchen früh gebucht sein, denn die günstigen Plätze bei den sog. Low-Cost-Carriern sind kontingentiert und je näher der Abflugtermin rückt, desto teurer werden die Angebote.

• *Verbindungen vom Flughafen Galileo Galilei* Busse der Compagnia Pisana Trasporti (www.cpt.pisa.it) fahren alle 20 Min. ins Zentrum von **Pisa**, die Fahrt kostet ca. 0,90 €. Wichtige Stationen sind Stazione Centrale, Piazza Vittorio Emanuele und Santa Chiara Hospital nahe der Piazza dei Miracoli (Wunderwiese). Die Busstation liegt vor dem Abflughalle.

Vor der Ankunftshalle starten außerdem VAI-Busse der Autolinee F.lli Lazzi nach **Lucca** und **Pietrasanta** sowie Busse der Azienda Trasporti Livornese (ATL) nach **Livorno**. Näheres auf der Flughafenwebsite (www.pisa-airport.com).

• *Verbindungen vom Flughafen Amerigo Vespucci* ATAF-Busse (www.ataf.net) verbinden den Flughafen mit dem **Florentiner** Hauptbahnhof Santa Maria Novella, Verbindungen von 6 Uhr morgens bis 20.30 Uhr alle 30 Min., danach bis 23.30 Uhr stündlich. Die Fahrt kostet ca. 4 €, ein Taxi etwa 15–16 €. Näheres auf der Flughafenwebsite (www.aeroporto.firenze.it).

Mit dem Bus

Die *Deutsche Touring GmbH* bietet mit ihren Europabussen von verschiedenen deutschen Großstädten (u. a. Dortmund, Düsseldorf, Frankfurt/M., Köln, Leipzig, München und Stuttgart) ein- bis zweimal wöchentlich Fahrten nach Florenz und Siena an (in der Hauptsaison gibt es auch Verbindungen nach Pisa). Erwachsene zahlen für die Hin- und Rückfahrt von Frankfurt/M. nach Florenz ca. 151 € (Kinder unter 4 J. erhalten 50 %, unter 12 J. 25 % Ermäßigung). Hauptsaisonzuschlag ca. 15 €, bei frühzeitiger Buchung gibt es Rabatt.

In der Provinz – Landstraßen wie aus dem Bilderbuch

• *Information* **Deutsche Touring GmbH**, Am Römertor 17, 60486 Frankfurt, www.deutsche-touring.com, ✆ 069/79030. Wichtig: Vergessen Sie nicht, sich die **Reservierung für die Rückfahrt** unter ✆ 055-357110 (in Florenz) bestätigen zu lassen, und zwar spätestens vier Tage vor der Rückreise. Unter dieser Nummer können auch einfache Rückfahrttickets gebucht werden.

• *Fahrradtransport per Bus* Eine Alternative zum Zug (s. o.) sind die Fahrradbusse der folgenden Reiseveranstalter:

Reisezeit, Guldeinstr. 29, 80339 München, ✆ 089/505050, ℻ 089/501005. www.reisezeit-online.de

Natours, Untere Eschstr. 15, 49179 Ostercappeln, ✆ 05473/92290, ℻ 05473/8219. www.natours.de

Beide bieten von verschiedenen deutschen Städten Busfahrten mit Radmitnahme direkt nach **Florenz** und **Livorno** an. Da die Plätze limitiert sind, sollte man sich frühzeitig informieren und mit der Buchung nicht zu lange warten.

Unterwegs im Chianti

Wirklich flexibel ist man im Chianti-Gebiet nur mit dem eigenen Fahrzeug. Man gelangt zu Orten, zu denen niemals ein Bus fahren würde. Der Zug ist übrigens auch keine denkbare Alternative, denn das Chianti ist eine schienenfreie Region.

Mit dem eigenen Fahrzeug die Gegend zu erkunden macht zwar Spaß, ist aber nicht unbedingt eine schnelle Art der Fortbewegung. Die Überwindung einer Distanz von nur 30 km kann über eine Stunde dauern, denn die Straßenverhältnisse sind – besonders abseits der Hauptrouten – nicht immer ideal (z. T. unbefestigte Schotterpisten). Hinzu kommt, dass viele Straßen immens kurvenreich sind (so manch einem Fahrer/Beifahrer ist dabei schon schwindelig geworden). Allerdings verbirgt sich hinter jeder Kurve oft ein neuer Panoramablick oder ein neues Landschaftsbild.

Auf Hinweisschildern fehlen oft Kilometerangaben, und so gibt es des Öfteren Überraschungseffekte, was die Dauer der Fahrten betrifft. Für das Erkunden der Gegend mit dem Auto sollte man sich mit gutem Kartenmaterial versorgen. Und: Bei **Nachtfahrten** auf unbekannten Strecken sollte man in jedem Fall auf der Hut sein.

Irreführend ist im Chianti oft die Beschilderung! Die angegebene Richtung stimmt in der Regel, doch wird oft auf Distanzangaben verzichtet. So befindet sich der in Greve ausgeschilderte Campingplatz im Valdarno 16 km (!) von Greve entfernt, und zum immerhin 6 km nördlich von Greve gelegenen Hotel Omero weist bereits ein Schild auf dem Dorfplatz von Panzano hin. Weitere ärgerliche Beispiele finden sich noch viele. Wahrscheinlich nimmt dieser Humbug erst ein Ende, wenn jedes Hotel im Chianti in jedem Dorf des Chianti sein Schild aufgestellt hat und so die Beschilderung als Überschilderung ad absurdum geführt ist ...

Parken: In den kleineren Orten im Chianti kein Problem, in größeren Ortschaften wie z. B. Greve gibt es im Zentrum meist gebührenpflichtige Parkplätze. Beim Parken sollte man in Italien generell (v. a. aber in Florenz) auf den Boden schauen: weiße Linien signalisieren freie Parkzonen, blaue gebührenpflichtige (Parkscheinautomat). Flächen mit gelben Markierungen muss man meiden: Hier herrscht Parkverbot, oder die Parkplätze sind für öffentliche Fahrzeuge reserviert. Falschparken kostet in Italien zwischen 35 und 143 €. Bußgeldbescheide sollen inzwischen auch ins Heimatland nachgeschickt werden.

Tanken: Das Chianti ist ausreichend mit Zapfsäulen versorgt. Die normalen Öffnungszeiten sind Mo–Sa 8.30–12.30 und 15–19 Uhr. Teilweise gibt es auch Tankstellen mit Tankautomaten, an denen man sich jederzeit mit Kraftstoff versorgen kann. Notwendig sind unzerknitterte (!) Scheine.

Autodiebstahl: Selbst in größeren Orten ist das Risiko relativ gering. Wenn überhaupt gestohlen wird, interessiert mehr der Inhalt als das Auto selbst. Wer auf Nummer Sicher gehen will, lässt – wie überall auf der Welt – keine Wertsachen offen im Auto liegen.

Motorrad: Im Chianti gibt es sehr schöne, panoramareiche Strecken. Deswegen ist das Motorrad als Verkehrsmittel vor Ort sehr reizvoll. Man sollte aber bedenken, dass im Sommer auf den alten, durch die Hitze aufgeweichten Asphaltstraßen erhöhte Rutschgefahr besteht.

Mit dem Bus

Im Chianti rar. Zwar werden von Siena oder Florenz verschiedene Chianti-Ortschaften angefahren, aber untereinander sind diese Orte miserabel verbunden. Kleinere Weiler oder Castelli (Burgen) werden in der Regel gar nicht angefahren. Oftmals muss man sogar in Siena oder Florenz umsteigen, um zu einem nahe gelegenen Ort im Chianti zu gelangen, und so einen riesigen Umweg in Kauf nehmen! Relativ gute Verbindungen ins westliche Chianti-Gebiet (und nach Colle di Val d'Elsa und San Gimignano) bestehen lediglich von Poggibonsi aus. An Sonntagen fallen von den ohnehin spärlichen Busverbindungen die meisten ganz flach. Das einzig Erfreuliche: Busfahren – sofern man überhaupt in den Genuss kommt – ist in der ganzen Region eine sehr preisgünstige Angelegenheit.

Mit der Bahn

Im Chianti gibt es kein Schienennetz, es bestehen lediglich Verbindungen von Florenz nach Poggibonsi und weiter nach Siena. Einen kleinen Bahnhof findet man auch in Castellina Scalo südöstlich von Poggibonsi (Achtung: die Station heißt „Monteriggioni"). Ab hier muss man sich dann mit dem Bus weiter durchschlagen.

Mit dem Taxi

Das einzige öffentliche Verkehrsmittel in der Region, das halbwegs flexibel nutzbar ist, wenn auch ziemlich teuer. Einen zuverlässigen Taxiservice für die Gegend bietet Gemini Travel in Panzano (✆ 055-852025, mobil 335877854). Der Preis für eine Fahrt von Radda nach Gaiole liegt hier bei 30 €, von Radda nach Siena zahlt man 80 € und nach Florenz 90 €. E-Mail: nologemini@tin.it

Mit dem Mietwagen

Empfehlenswert ist die Anmietung in Florenz oder Siena, Mietfahrzeuge (Zweiräder) werden in begrenztem Umfang auch in San Gimignano angeboten. Nähere Angaben und Adressen/Telefonnummern sind unter den jeweiligen Ortskapiteln zu finden.

Rund um den italienischen Verkehr

• *Auskünfte* Das **CAT** (Centro Assistenza Telefonica), der telefonische Auskunftsdienst des italienischen Automobilclubs ACI (Automobile Club Italiano), gibt unter ✆ 064477 Hinweise zu Straßenzustand, Wetter, Autobahngebühren u. Ä.

• *Häufige Verkehrsschilder*: Häufig trifft man auf Verkehrsschilder mit der Hinweisen wie: **accendere i fari** = Licht einschalten; **attenzione uscita veicoli** = Vorsicht Ausfahrt; **deviazione** = Umleitung; **divieto di accesso** = Zufahrt verboten; **inizio zona tutelata** = Beginn der Parkverbotszone; **lavori in corso** = Bauarbeiten; **parcheggio** = Parkplatz; **rallentare** = langsam fahren; **senso unico** = Einbahnstraße; **strada interrotta** = Straße gesperrt; **strada senza uscita** = Sackgasse; **temporamente limitato al percorso** = Durchfahrt vorübergehend verboten; **tutti direzioni** = alle Richtungen; **zona a traffico limitato** = Bereich mit eingeschränktem Verkehr; **zona disco** = Parken mit Parkscheibe; **zona pedonale** = Fußgängerzone; **zona rimorchio** = Abschleppzone.

• *Kraftstoff* Die Preise liegen ein wenig höher als in Deutschland. **Tankstellen** sind an den Autobahnen 24 Std. durchgehend geöffnet, in Ortschaften meist von 8 bis 12.30 Uhr und von 15 bis 19.30 Uhr. Manche Tankstellen haben einen Ruhetag, meist ist es der Sonntag. An vielen Zapfautomaten können Sie aber dann mit einem unzerknitterten Geldschein im Selfservice-Verfahren tanken.

Kreditkarten werden häufig, aber nicht immer akzeptiert.

• *Pannenhilfe/Notrufe* **Notrufsäulen** stehen

Höchstgeschwindigkeiten

	Hubraum	Landstraßen	Schnellstraßen	Autobahnen
PKW		90 km/h	110 km/h	130 km/h, bei Regen 110
PKW mit Anhänger		70 km/h	70 km/h	80 km/h
Wohnmobil über 3,5 t		80 km/h	80 km/h	100 km/h
Motorräder	bis 149 ccm	90 km/h		verboten
Motorräder	ab 150 ccm	90 km/h	110 km/h	130 km/h

in Abständen von 2 km an den Autobahnen. Der **Straßenhilfsdienst** des italienischen Automobilclubs ACI (www.aci.it) ist in ganz Italien rund um die Uhr unter ✆ 803-116 zu erreichen (aus den Mobilfunknetzen mit 800116800). Die Pannenhilfe ist kostenpflichtig, auch für Mitglieder von Automobilclubs. Im Rahmen der ADAC-Plus-Mitgliedschaft werden die Kosten für Pannenhilfe bis zu ca. 100 € und für das Abschleppen bis zur nächsten ACI-Werkstatt bis zu ca. 150 € übernommen.

Polizeinotruf ✆ 112, **Straßenpolizei** ✆ 113, **Unfallrettung** ✆ 118, **deutschsprachiger Notruf des ADAC** (in Mailand) ✆ 02-661591.

Die **Bußgelder** in Italien sind in den letzten Jahren wiederholt drastisch angehoben worden. Insbesondere Geschwindigkeitsüberschreitungen werden mit hohen Geldbußen geahndet. Seit 2004 gibt es auch in Italien Radarkontrollen und es wird eifrig davon Gebrauch gemacht. Bei stark überhöhter Geschwindigkeit können sogar Fahrverbote ausgesprochen werden! Die drakonischen Strafen haben Wirkung gezeigt, die italienischen Autofahren sind disziplinierter geworden und die Unfälle deutlich zurückgegangen.

• *Unfälle* An der Windschutzscheibe eines in Italien zugelassenen Wagens ist ein Aufkleber mit der Adresse der Versicherungsgesellschaft und der Versicherungsnummer angebracht. Diese unbedingt notieren und Zeugen ermitteln.

• *Verkehrsvorschriften* **Abblendlicht** ist auch tagsüber auf allen Autobahnen und Landstraßen vorgeschrieben, für Zweiräder gilt generell „Licht an"; **privates Abschleppen** auf Autobahnen ist verboten; **Straßenbahnen** haben grundsätzlich Vorfahrt; die **Promillegrenze** liegt bei 0,5; es besteht **Gurt-/Helmpflicht**; das Telefonieren während der Fahrt ist nur mit einer **Freisprechanlage** gestattet; im **Kreisverkehr** gilt grundsätzlich rechts vor links; **Motorräder unter 150 ccm** sind auf italienischen Autobahnen verboten; **Parkverbot** an schwarzgelb markierten Bordsteinen und gelb markierten Flächen; Dachlasten und Ladungen, die über das Wagenende hinausragen, müssen mit einem reflektierenden, 50 x 50 cm großen, rot-weiß gestreiften **Aluminiumschild** (kein Kunststoff!) abgesichert werden (erhältlich im deutschen Fachhandel, in Italien an Tankstellen; Fahrrad- oder Lastenträger mit Heckleuchten und Nummernschild, die im Kfz-Schein eingetragen sind, sind von dieser Regelung ausgenommen). Neu seit 2004: Ihr Fahrzeug muss mit **reflektierenden Sicherheitswesten** (DIN EN 471) ausgestattet sein, die Fahrer und/oder Beifahrer anzuziehen haben, wenn sie das Fahrzeug wegen Panne oder Unfalls verlassen. Diese Regelung gilt prinzipiell außerhalb geschlossener Ortschaften, nachts und bei schlechter Sicht auch innerhalb von Ortschaften. Erhältlich sind die Westen in Tankstellen, Baumärkten etc. (für ca. 10 €, manchmal auch günstiger).

• *Versicherung* Anzuraten ist bei neuen Fahrzeugen unbedingt eine vorübergehende **Vollkaskoversicherung**, da die Deckungssummen italienischer Haftpflichtversicherer lächerlich niedrig sind. Bei Diebstahl springt die Vollkasko (und Teilkasko) ebenfalls ein.

Auch einen **Auslandsschutzbrief** sollte man abschließen; alle Automobilclubs und Autoversicherer bieten ihn an. Erstattet werden die Versandkosten von Ersatzteilen, der Heimtransport von Fahrzeug und Personen, eventuell anfallende Übernachtungskosten, Verschrottung, Überführung und einiges mehr (genaue Bedingungen bei der jeweiligen Anbietern erfragen, Jahrespreis ca. 70 €).

Übernachten

Das Preisniveau von Unterkünften aller Art ist in Italien hoch, und das Chianti-Gebiet macht hier keine Ausnahme. Man bekommt für sein Geld allerdings auch einen hohen Standard geboten. Und: Kaum irgendwo in Italien lässt es sich so idyllisch auf Landgütern wohnen wie im Chianti – vom einzelnen Zimmer bis zur komplett eingerichteten Familienwohnung.

Die Auswahl an Unterkunftsmöglichkeit auf Weingütern ist groß. Teilweise mit Swimmingpool und Tennisplatz ausgestattet, bieten sie meist nicht nur eine traumhafte Lage und traditionelle Einrichtung, sondern nicht selten auch die persönliche Atmosphäre eines Familienbetriebs. Die **Agriturismo-Betriebe** haben, was die Beliebtheit betrifft, den Hotels der Gegend mittlerweile fast den Rang abgelaufen, obwohl auch bei den Hotels im Chianti ein sehr hoher Standard gepflegt wird.

Der Begriff **Agriturismo** entspricht in etwa dem, was man hierzulande „Ferien auf dem Bauernhof" nennt. Nur dass die Bauernhöfe hier eben oftmals recht noble Weingüter sind, die sich durch die Vermietung von Zimmern ein zweites Standbein geschaffen haben. Das Doppelzimmer kostet in der Hochsaison durchschnittlich 150–200 DM pro Nacht, oftmals ist Halbpension im Preis enthalten. Der Preisgestaltung einzelner Anbieter ist nach oben hin allerdings keine Grenze gesetzt.

• *Information* Auskünfte und eine Aufstellung der Mitglieder bekommt man bei **Agriturist Toscana**, Piazza San Firenze 3, I-50122 Firenze, ☏/℻ 055-287838, www.agriturist.it, agritosc@confagricoltura.it. Um den Reservierungsservice der Organisation nutzen zu können, muss eine Mitgliedschaft erworben werden, Jahresbeitrag ca. 27 €.

Villa Belosguardo

Günstiger unterkommen als in den Agriturismo-Betrieben kann man meist in den kleineren Hotels der Chianti-Orte, im 2-Sterne-Bereich muss man hier mit etwa 65–80 € pro Nacht rechnen, bei drei Sternen mit 80–130 €. Wer sich im Chianti in ein 4-Sterne-Hotel einquartiert, zahlt pro Nacht ab etwa 180€ aufwärts.

Für den schmaleren Geldbeutel findet sich im Chianti dagegen wenig. Es gibt zwar auch einige Herbergen mit nur einem Stern, die schon für unter 60 € pro Nacht zu haben sind, sie stellen hier aber eher Ausnahmen dar. Im ganzen Gebiet des Chianti gibt es außerdem nur eine einzige **Jugendherberge** (in Tavarnelle, s. dort).

Weiter verbreitet sind dagegen die Ferienhäuser und Appartements, die sich manchmal sogar in alten Schlössern befinden. Hier wird der Preis pro Woche (Mindestbuchung 1 Woche) mit etwa 600–900 € für 2–4 Personen angegeben.

Campingplätze gibt es im Kerngebiet des Chianti nicht. Die nächsten Plätze befinden sich in Barberino Val d'Elsa, Marcialla (siehe Certaldo), Monteriggioni und bei San Gimignano.

Frühzeitig reservieren

Wer ins Chianti reist, sollte zumindest für die Monate Mai, Juni, September und Oktober unbedingt rechtzeitig buchen! Etwas entspannter ist die Unterkunftssituation im Juli und August, wo man mit etwas Glück auch kurzfristig mal in eine „Buchungslücke“ rutschen und auf einem traumhaften Landgut einige Tage ohne vorherige Reservierung verbringen kann. Bei den begehrten Agriturismo-Betrieben mit Swimmingpool ist dies allerdings nicht möglich. Ist ein längerer Aufenthalt (ab ca. 4–5 Tagen) geplant, sollte man generell im Voraus buchen (am besten sogar einige Monate).

Essen mit Aussicht

Essen & Trinken

Die toscanische Küche ist bekömmlich. Gekocht wird traditionell mit wenig Fett und viel Gemüse, und das Fleisch wird oft über Holzkohle gegrillt.

In Italien begnügt man sich nicht mit einem Hauptgericht. Der Magen wird durch diverse *antipasti* (Vorspeisen) und am besten noch durch einen Campari als Aperitif auf das Hauptgericht vorbereitet. Als *primo piatto* (erster Gang) folgt dann Suppe oder Pasta (Teigwaren), wobei in der Toscana Nudelgerichte eigentlich nicht zur traditionellen Küche zählen. Der *secondo* (Hauptgang) besteht aus Fleisch oder Fisch (teuer), die Beilagen *(contorni)* müssen meist extra bestellt werden.
In Touristenorten werden häufig sog. Festpreismenüs *(menù a prezzo fisso* oder *menù turistico)* angeboten – oft die einzige preiswerte Art, seinen Magen mehr oder weniger angenehm gefüllt zu bekommen. Wer es liebt, à la carte zu speisen, wird tiefer in die Tasche greifen müssen – auf den Listenpreis werden noch ca. 1,50–2,50 € für *coperto* (Gedeck) aufgeschlagen, manchmal wird zusätzlich sogar *servizio* (Bedienung) als Posten aufgeführt. Einige (wenige) Restaurants haben dieses Abrechnungsgebahren aus Konkurrenzgründen aber mittlerweile ad acta gelegt.

Gastronomie

Die Unterschiede zwischen den einzelnen Lokalgattungen verwischen zusehends. Gemeinsam ist ihnen, dass sie fast alle einen Ruhetag in der Woche haben (an der Tür angeschlagen).

Ristorante: Das (auch preislich) gehobene Speiselokal, wohin man Freunde und Geschäftspartner ausführt. Reiche Auswahl an Antipasti, die oft fein säuberlich auf einer Theke in der Nähe des Eingangs aufgereiht sind. Geboten werden überregionale italienische Küche und regionale Spezialitäten, die je nach geographischer Lage ihren Schwerpunkt auf Fleisch oder Fisch haben.

Trattoria: Ursprünglich die einfache, bodenständigere und auch preiswertere Variante. Typische Trattorie werden meist seit Generationen als Familienbetrieb geführt, auf dem Speisezettel stehen hauptsächlich Gerichte der regionalen Küche. Inzwischen hat sich manches geändert. So nennen sich viele Ristoranti Trattoria, sei es, um eine gewisse „Volkstümlichkeit" vorzuspiegeln, sei es, weil man sich wirklich dieser Tradition verpflichtet fühlt und entsprechend arbeitet. Dabei gibt es oft echte Volltreffer, was die Qualität der Speisen angeht! Wichtig jedoch: Die Bezeichnung Trattoria sagt nichts über die Preise aus, meist isst man dort genauso oder fast genauso teuer wie im Ristorante. Generell vorher einen Blick auf die Karte werfen, um vor unliebsamen Überraschungen sicher zu sein.

Osteria: Traditionell das Gasthaus um die Ecke, wo der kleine Angestellte seine Mittagspause verbrachte und seinen *quartino* (Viertelliter Wein) trank. Die echte Nachbarschafts-Osteria hat heute in ganz Italien Seltenheitswert. Die Bezeichnung besagt gar nichts mehr, dahinter kann sich auch ein gestyltes Restaurant verbergen. Zuerst mal einen Blick hineinwerfen, bevor man sich setzt.

Pizzeria: Wer auf Nummer Sicher gehen will, preislich wie kulinarisch, kehrt hier ein. Das Angebot ist wenig exotisch, und es ist durchaus üblich, auf die Vorspeise zu verzichten und nur ein Gericht zu bestellen, sei es Pizza oder eine Nudelspeise mit Salat. Nicht von ungefähr trifft man hier meist die Ortsjugend, die in den teuren Ristoranti höchstens im Familienverband auftaucht.

Birreria: Der Name täuscht, denn man trifft sich hier nicht nur zum Biertrinken, sondern auch zum Essen. Es werden vollständige Mahlzeiten serviert.

Enoteca, Vineria oder Vinaio: Weinlokal mit meist großem Angebot regionaler und überregionaler Weine. Man nimmt ein paar der oft sehr leckeren Snacks zu sich und kostet sich genüsslich durch die Weinkarte.

Tavola Calda/Rosticceria: Den ganzen Tag warm gehaltene Speisen, viele Salate, Sandwiches etc. Meist relativ preiswert, Speisen oft zum Mitnehmen.

Selfservice: In den Großstädten inzwischen weit verbreitet. Neben der internationalen Hamburgerkultur gibt's erfreulicherweise oft eine reichhaltige Salatbar und diverse italienische Gerichte, ansonsten auch Pizza vom Blech, Fassbier etc. Vergleichsweise gute Qualität bietet die Selfservice-Kette „Brek".

Bar: An jeder Straßenecke – hier kehrt man tagsüber im Vorübergehen ein, um an der Theke einen Kaffee, einen Cappuccino oder eine Grappa zu schlürfen, ein paar Worte zu wechseln und sich von der Arbeit zu erholen. Abends fungiert die Bar als Treffpunkt der Männer aus der Nachbarschaft, meist geht es hoch her. Sitzgelegenheiten sind hier traditionell rar, man diskutiert im Stehen. Inzwischen haben viele Bars aber Stühle und Tische im Freien aufgestellt, an denen man oft deutlich mehr zahlt als am Tresen.

Caffè: Die Übergänge zur Bar sind fließend. Entspricht unserem Café, meist mit ausgedehnter Freiluftzone an exponierten Plätzen und Straßen. Wenn man Platz nimmt, sind die Preise stolz – ein kleines Bier (0,3 l) kostet beispielsweise um die 3,50 €, aber auch Büchsengetränke wie Cola etc. machen auf die Dauer arm. Besser fährt man manchmal mit einem Glas Wein.

Ein königliches Risotto

Die toscanische Speisekarte – alla Chiantigiana

Antipasti (Vorspeisen)

Bruschetta: geröstetes Weißbrot mit Tomatenstückchen, Knoblauch, Olivenöl und Basilikum.

Affettati misti: gemischte Aufschnittplatte.

Crostini misti: kleine Weißbrotscheiben mit verschiedenen Pasten aus Trüffeln, Artischocken, Oliven oder Leberragout (crostini neri), überbacken mit Pecorinokäse.

Fettunta: Wie bei uns das Butterbrot gibt es in der Toscana die „Ölschnitte“: eine Scheibe Weißbrot mit dem im Dezember frisch gepressten Olivenöl. Eine Köstlichkeit!

Frühstücksnotstand

Das Frühstück (prima colazione) kann man sich in Italien abgewöhnen. Kaum ein Italiener frühstückt kräftig, meist reicht ein *cornetto* (Hörnchen) oder eine *pasta* (Gebäck) in der nächsten Bar, dazu ein hastig runtergekippter *cappuccino*. Dementsprechend gibt es kaum Cafés mit Frühstücksangebot; man kann sich aber meist einen Toast oder ein belegtes *panino* (Brötchen) bestellen. Auch in den Hotels fällt die erste Tagesmahlzeit äußerst bescheiden aus.

Primi Piatti (erster Gang)

Acqua cotta: Gemüsesuppe aus Sellerie, Karotten, Zwiebeln, Tomaten und einem pochierten Ei.

Zuppa di farro: Dinkelkernsuppe. **Panzanella**: Salat aus Brot, Tomaten, Zwiebeln, Karotten, Basilikum und Olivenöl.

Torta rustica: im Ofen zubereitete Gemüsetorte (auch mit Zwiebeln).

Pappardelle alla lepre: frische Nudeln mit Hasenragout.

Pappa al pomodoro: mit Weißbrot angedickte Tomatensuppe.

Pasta al cacio e pepe: frische Nudeln mit Pecorinokäse und gemahlenem Pfeffer.

Ravioli ricotta e spinaci al burro e salvia: mit Spinat und Ricottakäse gefüllte Ravioli (in Butter und Salbei).

Pici al ragù: Spaghetti mit Fleischragout.

Ceci in zimino: Salat aus Kichererbsen mit Gemüse.

Ribollita: Eintopf aus Weißbrot, Gemüse, Tomaten, weißen Bohnen, Kohl.

Secondi Piatti (Hauptgerichte)

Arista alla Fiorentina: deftige Scheiben Rinderlende. Das Fleisch wird mit Öl und Knoblauch eingerieben und mit Rosmarin gewürzt, anschließend auf Holzkohle gebraten. Serviert wird das Ganze mit zerlassener Butter, Spinat, Gemüse (oft auch mit Pilzen garniert).

Bistecca Fiorentina: Die Attraktion der Speisekarte, meist nur für zwei Personen zu bestellen, da es sich um ein riesiges Stück Steakfleisch des Chianina-Rindes handelt, das „alla brace“, auf dem Holzkohlenfeuer, gebraten wird.

Cinghiale agrodolce: Wildschweinbraten, besonders typisch mit Schokoladensoße (!) und Pinienkernen zubereitet.

Lombatine di vitella con funghi: Kalbslende, in Butter gebraten und mit Champignons und Tomatensoße weich geschmort.

Trüffelsaison

Im Herbst ergänzen *funghi porcini* (Steinpilze) und *tartuffo nero* (schwarzer Trüffel) die Speisekarte. Die schwarze Variante dieses edlen Knollengewächses ist zwar längst nicht so aromatisch wie der weiße Trüffel, dafür aber wesentlich billiger. So kommt man zumindest mal in den Genuss, zu erschwinglichem Preis eine *pasta al tartuffo* zu probieren. Den eigentümlichen Geschmack bekommt dieses Nudelgericht zunächst durch das mit Trüffel aromatisierte Olivenöl. Danach wird die schwarze, schrumpelige Knolle mit einem eigens dafür vorgesehenen Trüffelhobel über die Pasta verteilt.

Rosticciana: gegrillte Schweinerippchen.

Polo alle olive nere: gebackenes Hühnchen mit schwarzen Oliven.

Salsiccia e fagioli: gut gewürzte Schweinewürstchen in Tomatensoße mit weißen Bohnen.

Faraona al rosmarino: gebratenes Perlhuhn mit Rosmarin.

Zum Thema Fisch: Das Meer ist im Chianti in „weiter Ferne", und so ist Fisch auf den Speisekarten nur selten vertreten.

Pollo alla Fiorentina: gewürzte Hühnerfleischstückchen, in einem

Polpette: Hackfleischbällchen mit Petersilie, Schinkenstückchen, Ei, Ausbackteig goldbraun frittiert.Muskatnuss und geriebenem Parmesankäse.

Piccione all'uva: gebackene Tauben mit roten Trauben.

Peposo: Rindfleischeintopf mit Pfeffer in Chianti-Wein.

Spezzatino: Rindfleischeintopf mit Gemüse und Kartoffeln.

Bollito misto: gemischtes Kochfleisch in Brühe.

Trippa alla Fiorentina: gekochte Kutteln in Tomatensoße, Salbei und Parmesankäse.

Contorni (Beilagen)

Fagioli al fiasco: weiße Bohnen, in einer Flasche langsam im Ofen gekocht

Insalata di farro: Dinkelkernsalat.

Fagioli all'uccelletto: gekochte weiße Bohnen mit Tomaten, Salbei, Knoblauch und Olivenöl.

Fiori di zucchine fritte: frittierte Zucchiniblüten.

Dolci (Desserts)

Cantucci e Vin Santo: Mandelgebäck mit süßem Dessertwein. Die Kekse werden in den Vin Santo eingestippt. Danach trinkt man den vom Keks etwas trübe gewordenen Vin Santo aus.

Budino di pane: Pudding aus Brot.

Pecorino con le pere: Pecorinokäse mit Birnen.

Pecorino con miele: Pecorinokäse mit Honig.

Schiacciata all'uva: Hefekuchen vom Blech mit roten Weintrauben.

Schiacciata al rosmarino: Hefekuchen vom Blech mit Rosmarin und Walnüssen.

Panforte: Kuchen mit Rosinen, kandierten Früchten, Mandeln und Marzipan (Spezialität aus Siena).

Ricciarelli: weiches Marzipan-Mandel-Gebäck.

Bäckerei in Castellina

Das Brot

Das toscanische Weißbrot wird ohne Salz gebacken. Dafür gibt es zwei Gründe: Zum einen hält es sich dadurch länger, was früher, als das Brot nur einmal pro Woche für das ganze Dorf gebacken wurde, sehr wichtig war. Zum Zweiten ergänzt es sich so hervorragend mit dem Pecorinokäse und dem kräftigen toscanischen Schinken (mit Salz und Pfeffer eingerieben bzw. gepökelt, reifen die Schinkenkeulen für einige Monate und sind dann ausgesprochen würzig, Parma-Schinken erscheint dagegen fast mild).

Auch zu allen anderen Speisen, sei es zu den herzhaften Suppen oder zu einem deftigen Stück Fleisch, dient das Brot als Beilage und schmeckt frisch vom gleichen Tag natürlich am allerbesten. Trotzdem wird altes Brot niemals weggeworfen. Es dient z. B. als geröstetes Brot für *bruschette*, als Grundlage für den toscanischen Brotsalat, die *panzanella*, oder zur Zubereitung der *papa di pomodoro*, der mit Brot angedickten Tomatensuppe.

Der Käse

Die Toscana hat ihre eigene Käsespezialität: den Schafskäse *pecorino*. Pienza im Süden von Siena gilt als die „Pecorino-Stadt" der Toscana schlechthin. Je nach Reifegrad unterscheidet man zwischen *marzolino* (jung), *pecorino mezzo-stagionato* (mittelalt) und *pecorino stagionato* (alt). Es gibt diverse Methoden, dem Käse Geschmack zuzufügen. Man erkennt an den unterschiedlichen Farben der Käserinde, welcher Behandlung der Käse unterzogen wurde, bevor er zur Reife gelangt. So deutet eine rote Rinde auf eine Bearbeitung mit Tomatentunke hin, eine schwarze auf eine Behandlung mit Asche (!) und eine grüne auf den Zusatz von aromatischen Kräutern.

Rent a Scooter

Wissenswertes von A bis Z

Ärztliche Versorgung

Der offizielle Weg zu ärztlicher Hilfe führt für gesetzlich Versicherte nicht mehr über den guten alten Auslandskrankenschein, sondern über die *European Health Insurance Card (EHIC)*. Mit der EHIC (siehe auch unten) kann man im EU-Ausland wie daheim zum Arzt gehen und sich behandeln lassen, ohne die Kosten vorstrecken zu müssen. Theoretisch zumindest, denn viele Ärzte behandeln nicht im Rahmen des staatlichen Gesundheitssystems, sodass man die Behandlung oftmals bar bezahlen muss. Für Privatversicherte gilt ohnehin grundsätzlich Barzahlung. Gegen Vorlage einer detaillierten Quittung *(ricevuta)* des behandelnden Arztes einschließlich Übersetzung werden die Kosten dann daheim erstattet – allerdings nur so weit, wie sie der heimische Gesundheitsdienst getragen hätte.

Wer ganz sicher gehen will, sollte eine – in der Regel sehr günstige – **private Auslandskrankenversicherung** abschließen. Sie deckt neben den Arzt- und Arzneimittelkosten auch einen Rücktransport nach Hause ab.

- *EHIC* Die Karte ist von vielen Krankenkassen bereits ausgeliefert worden, manchmal handelt es sich schlicht um die Rückseite der normalen Versichertenkarte – werfen Sie mal einen kurzen Blick darauf. Manche Kassen sind allerdings noch im Verzug und arbeiten mit Übergangslösungen. Am besten, Sie erkundigen sich selbst bei Ihrer Kasse.
- *Notruf (pronto soccorso)* Notarzt und Krankenwagen erreicht man kostenlos von allen öffentlichen Apparaten in ganz Italien

unter ✆ **118**. Alternativ kann man unter ✆ **113** die Unfallrettung der Straßenpolizei - anrufen, diese schickt dann die Ambulanz.

• *Erste Hilfe (soccorso medico urgente)* In den Touristengebieten gibt es während der Saison in so gut wie jedem Ort eine von der Kommune unterhaltene Station der **guardia medica turistica**, in der man kleinere Verletzungen oder Bagatellerkrankungen behandeln lassen kann.

• *Apotheken (farmacia)* Ungefähre Öffnungszeiten: Mo–Sa 8.30–13 und 16.15–19.45 Uhr, Not- und Wochenenddienste sind an jeder Apotheke angeschlagen.

Diplomatische Vertretungen

Deutschland unterhält in der Toscana zwei Vertretungen, Österreich und die Schweiz je eine. In Notfällen – z. B. beim Verlust sämtlicher Reisefinanzen – kann man sich an diese Vertretungen des Heimatlandes wenden. In erster Linie erhält man dort allerdings Hilfe zur Selbsthilfe, z. B. die Vermittlung von Kontaktmöglichkeiten zu Verwandten oder Freunden und Informationen über schnelle Überweisungswege. Nur wenn keine andere Hilfe möglich ist, bekommen Sie Geld für die Heimreise vorgestreckt. Es werden aber keine Schulden übernommen (z. B. Hotelkosten) oder Mittel für die Fortsetzung des Urlaubs zur Verfügung gestellt.

Honorarkonsul d. Bundesrepublik Deutschland (Console Onorario della Repubblica Federale di Germania), Honorarkonsulin Renate Wendt, I-50122 Firenze, Corso dei Tintori 3, ✆ 055-2343543, 📠 055-2476208. Zuständig für die Provinzen Florenz, Grosseto, Livorno, Lucca, Massa-Carrara, Pisa, Pistoia, Prato und Siena.

Honorarkonsul d. Bundesrepublik Deutschland (Console Onorario della Repubblica Federale di Germania), Honorarkonsul Gianfranco Duranti, I-52100 Arezzo, Casa Nuove di Ceciliano 59, ✆ 0575-321000, g.duranti@teletruria.it. Zuständig für die Provinz Arezzo.

Österreichisches Konsulat (Consolato di Austria), I-50123 Firenze, Lungarno Vespucci 58, ✆ 055-265422 o. 057-45730, 📠 055-4571791, u.agostini@albinipitigliani.it.

Schweizer Konsulat (Consolato di Svizzera), I-50125 Firenze, c/o Hotel Park Palace, Piazzale Galileo 5, ✆ 055-222434, 📠 220517, cons.suisse.firenze@fol.it.

Zur Möglichkeit von **R-Gesprächen** im Notfall siehe S. 49.

Geld

Seit 2002 ist auch in Italien der Euro gültig, nur Schweizer müssen ihre Franken in Euro umtauschen, wobei der Kurs je nach Marktlage schwankt (1 € entsprach im Januar 2006 etwa 1,55 SFr).

In allen größeren Orten sind *Geldautomaten* installiert, wo man mit Bankkarte und Geheimnummer rund um die Uhr problemlos bis zu 250 € oder mehr - abheben kann (Bedienungshinweise in Deutsch). Man sollte allerdings auf die Aufkleber achten, nicht alle Automaten können mit ec-Karte bedient werden. Falls ein Automat außer Betrieb ist („fuori servizio"), findet man sicher schnell einen anderen. Eine Abhebung kostet in der Regel ca. 4,50 € – allerdings gibt es auch schwarze Schafe, die mehr verlangen, da die entsprechende EU-Gebührenordnung nicht mehr verbindlich ist. Tipp: mit der *Postbank SparCard 3000 plus* sind die ersten vier Abhebungen im Jahr gratis (Karte spätestens einen Monat vor der Reise bestellen).

Für das Einlösen von *Reiseschecks* müssen Sie am Bankschalter vorstellig werden. Wartezeiten sind hier aber die Regel, eine kleine Gebühr wird ebenfalls meist fällig..

Wer nicht allzu viel Cash mit sich herumtragen will, kann auch problemlos auf die *Bankkarte* und alle gängigen *Kreditkarten* zurückgreifen, die als Zahlungsmittel weithin akzeptiert werden (Hotels, Restaurants, Läden, Fahrzeugvermietungen, Bahn- und Flugtickets etc.). Seit Einführung des Euro ist dabei das bisherige Auslandsentgelt von 1 % entfallen. Tankstellen lehnen die Kreditkarte manchmal ab, man sollte deshalb beim Tanken immer Bargeld dabeihaben. Mit Kreditkarten kann man auch bei Banken Geld abheben, allerdings sind die Gebühren recht hoch (bis 4 % vom Betrag), deswegen besser nur im Notfall darauf zurückgreifen.

- *Banköffnungszeiten* Italienische Banken haben im Wesentlichen einheitlich geregelte Öffnungszeiten, nämlich Mo–Fr 8.30–13.20 Uhr, regional können die Zeiten leicht schwanken (z. B. 8.30–14 Uhr oder 9–14 Uhr).
- *Im Notfall* Bei Verlust von EC-Karte, Kreditkarte, Reiseschecks etc. diese sofort telefonisch sperren lassen. Seit Juli 2005 kann man zu diesem Zweck die zentrale Sperrnummer 116116 anrufen, die aus dem Ausland zusammen mit der Vorwahl 0049 erreichbar ist (für die Sperrung von EC-Karten steht darüber hinaus auch weiterhin noch die bewährte Nummer 01805-021021 zur Verfügung). Leider haben sich diesem vom *Verein zur Förderung der Sicherheit in der Informationsgesellschaft – Sperr e. V.* eingerichteten Dienst, über den man im Übrigen auch sein verloren gegangenes Handy sperren lassen kann, noch nicht alle Kreditunternehmen angeschlossen. Ob Ihres bereits dabei ist, können Sie entweder telefonisch (ebenfalls unter ✆ 116116) erfragen oder unter www.sperr-ev.de im Internet ermitteln. Wenn nicht, sollten Sie vor Reiseantritt bei Ihrem Kreditinstitut nachfragen, welche Sperrnummer gültig ist (auf neueren Kreditkarten ist die Sperrnummer auch gut sichtbar vermerkt).

Wer einen **kompletten Geldverlust** zu beklagen hat, kann sich im Rahmen des Minutenservice der Post über „Western Union Money Transfer" von einer Kontaktperson zu Hause innerhalb weniger Stunden Geld überweisen lassen. Einzahlung u. a. bei allen Filialen der Postbank, Gebühr für Überweisung von 250 € ca. 25 €, für alle weiteren Beträge über 250 € ca. 7,50 €. Dieses Verfahren funktioniert auch ohne einen eventuell abhanden gekommenen Ausweis. Auszahlung bei Postfilialen, bestimmten Banken und Reisebüros.

Gesetzliche Feiertage

An den folgenden Feiertagen sind alle Ämter und Schulen geschlossen. In der warmen Jahreszeit drängt an Feiertagen ganz Italien ans Meer, an die Seen und in die Vergnügungsparks, viele Straßen sind dann verstopft.

Capodanno (Neujahrstag)

Epifania (Dreikönigstag)

Pasqua/Lunedì dell'Angelo (Ostersonntag/Ostermontag), der Venerdì Santo (Karfreitag) ist kein Feiertag

Festa della Liberazione (Tag der Befreiung vom Faschismus) am 25. April

Festa dei Lavoratori (Tag der Arbeit) am 1. Mai.

Pentecoste (Pfingsten), nur der Sonntag

Festa della Repubblica (Tag der Gründung der Republik) am 2. Juni

La Solennità dei Santi Pietro e Paolo (Peter und Paul) am 29. Juni

Assunzione di Maria Vergine/Ferragosto (Mariä Himmelfahrt) am 15. August. Dieses Hauptfest der Marienverehrung ist ein großes Familienereignis in Italien und Höhepunkt der Urlaubssaison.

Ognissanti (Allerheiligen) am 1. November

Festa dell'Immacolata (Mariä Empfängnis) am 8. Dezember

Natale (Weihnachten) am 25. Dezember

Santo Stefano (Tag des heiligen Stephanus) am 26. Dezember

Das Denkmal von Giovanni da Verrazano in Greve, er entdeckte den heutigen Hafen von New York

Haustiere

Für den Trip nach Italien bestehen folgende gesetzliche Bestimmungen: 1) das Tier muss nachweislich gegen Tollwut geimpft sein (frühestens zwölf Monate, spätestens dreißig Tage vor Reiseantritt), und es muss bei der Impfung mindestens drei Monate alt sein; 2) das Tier muss durch Mikrochip gekennzeichnet sein; 3) ein EU-Heimtierpass muss mitgeführt werden, in dem Impfung und Kennzeichnung eingetragen sind. An Tierarztkosten fallen etwa 100 € an. Bitte bedenken Sie, dass in vielen Mittelmeergebieten, so auch in der Toscana, Parasitenbefall droht, vor allem die von Sandmücken übertragene Leishmaniose kann sehr gefährlich werden (www.leishmaniose.de). Zudem akzeptieren viele Hotels, Campingplätze, Restaurants und Cafés keine Hunde, und auch der Aufenthalt an Stränden ist für Haustiere generell verboten – was aber nicht heißt, dass ein Strandspaziergang mit Hund überall sofort geahndet wird, oft kümmert sich kein Mensch darum, vor allem in der Nebensaison. Maulkorb und Leine sind aber theoretisch stets mitzuführen.

Informationen

Wenn Sie sich schon daheim mit Prospektmaterial eindecken wollen, wenden Sie sich am besten an das staatliche italienische Fremdenverkehrsamt ENIT. Die gebührenfreie Telefonnummer 00800-00482542, unter der Sie das Material zu allen Provinzen der Toscana (mit Hotel- bzw. Campingplatzverzeichnissen) anfordern können, steht Ihnen in der Woche von 8 bis 20 Uhr und am Wochenende von 9 bis 14 Uhr zur Verfügung. Alternativ können Sie sich brieflich, telefonisch, per Fax oder E-Mail mit einer der Auslandsniederlassungen der ENIT in Verbindung setzen (Adressen bzw. Nummern s. u.).
In der Toscana selbst hat fast jeder größere Ort ein Informationsbüro, ansonsten übernimmt das Rathaus (municipio) diese Funktion. In Städten gibt es häufig eine Zweigstelle im Bahnhof, außerdem sind in verschiedenen Autobahnraststätten Auskunftsstellen eingerichtet. Ausgegeben werden kostenlose

Unterkunftsverzeichnisse und Stadtpläne, in größeren Städten auch Listen mit Öffnungszeiten von Sehenswürdigkeiten und Museen sowie meist recht reichhaltiges Prospektmaterial. Gelegentlich spricht jemand hinter dem Schalter Deutsch oder Englisch. Ein Zimmervermittlungsservice wird nur selten angeboten.

- *Internet* www.enit.de
- *Informationsbüros ENIT* **Deutschland**: Kaiserstr. 65, D-60329 Frankfurt/M., ✆ 069/259126 o. 237430, 📠 232894, enit.ffm@t-online.de. Mo–Fr 9–17 Uhr, Sa/So geschl.
Kontorhaus Mitte - 5. OG, Friedrichstr. 187, D-10117 Berlin. ✆ 030/2478398, 📠 2478399, E-Mail: enit-berlin@t-online.de. Mo–Fr 9–17 Uhr, Sa/So geschl.
Lenbachplatz 2, D-80333 München, ✆ 089/531317, 📠 534527, enit-muenchen@t-online.de. Mo–Fr 9–17 Uhr, Sa/So geschl.
Österreich: Kärntnerring 4, A-1010 Wien, ✆ 01/505163012, 📠 5050248, delegation.wien@enit.at. Mo–Do 9–17, Fr 9–15.30 Uhr, Sa/So geschl.
Schweiz: Uraniastr. 32, CH-8001 Zürich, ✆ 043/4664040, 📠 4664041, enit@bluewin.ch. Mo–Fr 9–17 Uhr, Sa/So geschl.

Internet

Mittlerweile hat fast jede größere Stadt der Toscana eine Website. Oft sind allerdings Italienischkenntnisse nötig, um sie mit Gewinn nutzen zu können, und nicht immer ist der Informationsgehalt sonderlich hoch. Nützlich sind die folgenden Sites:

www.enit.it & www.enit.de: die offiziellen Seiten des italienischen Fremdenverkehrsverbandes.

www.wel.it: Von hier kann man sich in die Sites regionaler Anbieter einlinken.

www.regione.toscana.it: Geboten werden ausführliche Informationen rund um das Reisegebiet Toscana. Leider nur in italienischer Sprache.

www.turismoverde.com: Wer für den Urlaub in der Toscana (insbesondere Siena) gerüstet sein möchte, sollte unbedingt einen Blick auf diese Internet-Seite werfen: u. a. gibt es Informationen zu Transportmitteln, Sport, Kultur und Sehenswürdigkeiten.

www.toskanababy.de: Auf den liebevoll gestalteten Seiten finden sich jede Menge Fotos, Reisetagebücher, Rezepte, Weinempfehlungen etc. Die Mitgestaltung der Seiten durch begeisterte Toscana-Fans ist erwünscht.

www.toskana-ligurien.de: Der Seitenbetreiber hat seine Toscana-Erfahrungen in Rubriken wie „Städte", „Natur", „Meer", „Berge", „Landschaft", „Villen", „Kulinarisches" etc. zusammengestellt. Eine ständig aktualisierte Linksammlung, Tipps für den Autofahrer und eine Bildergalerie sind auch enthalten. Zudem sprechen über 10.000 Besucher bisher eine deutliche Sprache.

www.brummli.net/fahrtenziele/europa/toskana.htm: Der Toscana-Steckbrief gliedert sich übersichtlich in Kategorien wie „Wandermöglichkeiten", „Verkehrsverbindungen", „Klima", „Lebensmittelversorgung" usw. Persönliche Tipps, nützliche Links zur Region und „Sehnsuchtsfotos" runden das Ganze ab.

Besuchen Sie unsere Web-Präsentation unter **www.michael-mueller-verlag.de**, wo eine ständig erweiterte Zahl an nützlichen Links zur Auswahl steht. Hilfreiche Internetadressen finden Sie darüber hinaus im **Reiseteil** dieses Buches.

Literatur zur Toscana

Aus der Fülle der Literatur über die Toscana als altes Kultur- und Reiseland hier nur eine kleine Auswahl, die Sie zum Schmökern anregen soll:

Irving Stone, *Michelangelo* (Rowohlt). Fesselnde Künstlerbiographie des Bildhauers, Malers, Dichters, Ingenieurs und Baumeisters, zugleich aber auch ein bewegendes Porträt der italienischen Renaissance.

Mariella Righini, *Die Florentinerin* (Heyne). Voller Erwartung kommt die 16-jährige Simonetta 1469 nach Florenz, um Marco Vespucci zu heiraten. Mit ihrer makellosen Schönheit sorgt sie in den höchsten Künstlerkreisen von Florenz für Aufsehen. Schon bald taucht ihr Gesicht auf Gemälden berühmter Künstler wie Leonardo da Vinci oder Sandro Botticelli auf. Righini entwirft ein farbenprächtiges Bild der lebensfrohen Medici-Stadt mit ihren Malern, Bildhauern, Philosophen, Dichtern und ihren Mäzenen.

D. H. Lawrence, *Etruskische Orte* (Wagenbach). Eine literarische Wiederentdeckung: Die etruskische Reise des großen Schriftstellers im Jahr 1927. Lawrence beschreibt nicht nur die berühmtesten Etrusker-Städte Tarquinia, Cerveter, Vulci und Volterra, sondern auch seine Eindrücke von etruskischer Kunst. Eine spannende Reise, die obendrein noch das Lebensgefühl der 1920er Jahre wieder aufleben lässt.

Attilio Brilli, *Italiens Mitte – Alte Reisewege und Orte in der Toscana und Umbrien* (Wagenbach). Der Autor lädt ein zu einer realen Reise abseits der touristischen Hauptattraktionen und zu einem imaginären Trip in eine versunkene Zeit. Die Wege führen in mittelalterliche Hügelstädte, zu versteckten Einsiedeleien, in uralte Wälder, zu berühmten Kunstwerken und ihren Schöpfern.

Susanne Friedmann, *Ein Kuß für David – Florentiner Flirts* (Picus). Pointiert und witzig vermittelt Susanne Friedmann einen sinnlichen Eindruck vom florentinischen Lebensgefühl zwischen klassischer Schönheit, Dekadenz und der permanenten Bereitschaft zum kleinen Flirt. Eine aufregende Erkundung der Stadt am Arno in der Reihe „Picus Leserreisen".

Magdalen Nabb, *Tod in Florenz* (Diogenes). Anspruchsvoller und interessant zu lesender Krimi einer gebürtigen Engländerin und Wahlflorentinerin. Die Fälle des einfachen sizilianischen Wachtmeisters Maresciallo Guarnaccia, der seinen Dienst in Florenz ausübt, sind ein Kleinod der Kriminalliteratur.

Tod eines Holländers (Diogenes). Dieselbe Autorin, derselbe Kommissar und dieselbe Hochspannung.

Felicitas Mayall, *Nacht der Stachelschweine* (Kindler). In einem aufgelassenen Kloster bei Montalcino wird die Teilnehmerin einer deutschen Selbsterfahrungsgruppe ermordet. Die Mordkommission Siena holt sich Verstärkung aus München in der Person der etwas eigensinnigen Kommissarin Laura Gold.

Nino Filastò, *Der Irrtum des Dottore Gambassi* (Aufbau). Ebenfalls in die Kategorie der gehobenen Kriminalromane gehören die Geschichten um den Avvocato Scalzi, die immer auch eine ironische Parabel auf die italienische Gesellschaft sind. Voller Spannung, hintergründig und atmosphärisch dicht.

Fresko in Schwarz (Aufbau). In diesem Avvocato-Scalzi-Krimi ist Florenz die eigentliche Heldin, der Bogen spannt sich von der religiös-fanatischen Renaissancestadt bis zur toscanischen Metropole von heute.

Christiane Kohl, *Villa Paradiso* (Goldmann). Die Italien-Korrespondentin der Süddeutschen Zeitung verarbeitet in dem Roman ein Massaker, das Angehörige der Fallschirm-Panzer-Division Hermann Göring 1944 in der Ortschaft Civitella in Val di Chiana verübten.

Carlo Fruttero & Franco Lucentini, *Der Palio der toten Reiter* (Piper). Die Werke der beiden Turiner sind witzig und mitunter auch bitterböse. In diesem Buch dreht sich alles um das berühmte historische Pferderennen, das auf der Piazza del Campo in Siena stattfindet. Hier prallt die Welt der Fernseh- und Konsumwirklichkeit mit uralten kulturellen Traditionen aufeinander.

Das Geheimnis der Pineta (Goldmann). Der Roman spielt an der tyrrhenischen Küste, ist überaus mysteriös und wimmelt nur so von schrulligen, exzentrischen Typen.

Iris Origo, *Im Namen Gottes und des Geschäftes – Lebensbild eines toscanischen Kaufmanns der Frührenaissance* (C. H. Beck). Eine wahre Fleißarbeit, die aus ca. 300 Geschäftsbüchern und unzähligen Briefen des erfolgreichen Textilhändlers Marco Datini (1335–1410) Lebensart und Geschäftspraktiken der Frührenaissance zu rekonstruieren versucht. Mittlerweile liegt auch eine Taschenbuchausgabe vor (Wagenbachs Taschenbücherei).

Iris Origo, *Toskanisches Tagebuch 1943/1944* (C. H. Beck). Schilderung der Kriegsjahre im Val d'Orcia.

Öffnungszeiten

Grundprinzip ist die Mittagspause, die Siesta. Dafür hat man abends oft länger geöffnet, wenn die Hitze nachgelassen hat.

Geschäfte: In der Regel Mo–Fr von ca. 8.30/9 Uhr bis 12.30/13 Uhr, nachmittags von ca. 15/16 Uhr bis 19.30/20 Uhr, Sa von 9 bis 13 Uhr. Vor allem Souvenirläden und andere Geschäfte mit touristischem Bedarf schließen ihre Pforten aber oft erst wesentlich später – je nach Kundeninteresse. Gerade in den Ferienorten werden abends die größten Umsatzzahlen erzielt.

Kirchen: Von 7 bis 12 Uhr mittags, dann wird unbarmherzig geschlossen und frühestens gegen 16 Uhr, oft erst gegen 17 Uhr wieder aufgemacht; bis 19 oder 20 Uhr bleiben die Kirchen dann geöffnet Sonntags während der Messen ist keine Besichtigung möglich. Leider werden mehr und mehr Gotteshäuser nur noch zur Messe aufgeschlossen. Der Grund: vermehrt auftretende Kunstdiebstähle.

Museen: Nicht selten verwirrend, denn oft werden die Zeiten mehrmals jährlich geändert. Immerhin zeichnet sich neuerdings landesweit eine Tendenz zu durchgehenden Öffnungszeiten von 9 bis 19 Uhr ab. Allerdings werden staatliche Museen auch künftig immer einen Tag aus Gründen der „Museumshygiene“ geschlossen bleiben (normalerweise montags).

Banken und **Post** siehe in den entsprechenden Abschnitten, **Apotheken** unter „Ärztliche Versorgung“.

Dolce Vita in der Mittagspause

Post

Ein Postamt gibt es in fast jedem Ort der Toscana. Jedoch genießt die italienische Post nicht den besten Ruf, die Karte an die Lieben daheim dauert ihre Zeit. Deshalb besser in einem Umschlag abschicken – Briefe werden schneller befördert. Der Vermerk „per Luftpost“ (*posta aera*) bringt bei Karten und Briefen nach Mitteleuropa allerdings nichts, da sie generell mit Luftpost verschickt werden. Trotzdem dauert die Beförderung nach Deutschland etwa fünf bis sechs Tage. Wer's fixer mag, sollte seine Briefe per Schnellpost verschicken („Posta Prioritaria“), angeblich erreichen sie so in spätestens drei Tagen ihr Ziel. Eine entsprechende Briefmarke für einen Standardbrief kostet derzeit 0,62 €.

Öffnungszeiten: Regional verschieden, meist Mo–Fr 8.20–13.20, Sa 8–13 Uhr. In Städten oft auch nachmittags offen, meist 16–20 Uhr.

Briefmarken (francobolli) kann man nicht nur bei der Post erstehen, sondern auch in vielen Tabacchi-Läden und Souvenirshops, die Postkarten verkaufen.

Poste restante (Fermo in Posta): Jedes Postamt nimmt postlagernde Sendungen an. Diese können mit Personalausweis und gegen kleine Gebühr abgeholt werden. Ein Brief wird normalerweise bis zu zwei Monaten aufbewahrt. Als Absender in so einem Fall immer den Empfängernamen (Nachnamen unterstreichen!), das Zielpostamt und „Fermo in Posta" auf den Umschlag schreiben.

Geld abheben mit der *SparCard 3000plus* siehe S. 42.

Radio

Die Privatsender gehen in die Hunderte, einer übertönt den anderen. Folgende deutsche Radioprogramme empfangen Sie im Kurzwellenbereich rund um die Uhr: Deutsche Welle auf 6075 kHz, Deutschlandradio auf 6005 kHz, Bayern 1 auf 6085 kHz, Radio Bremen auf 6190 kHz und Südwestfunk auf 7265 kHz.

Reisedokumente

Für den Aufenthalt in Italien genügt der Personalausweis (carta d'identità). Wer auf Nummer Sicher gehen will, nimmt außerdem seinen Reisepass (passaporto) mit und zusätzlich Kopien beider Papiere. Kinder unter 16 Jahren benötigen einen Kinderausweis (ab 10 Jahren mit Lichtbild) oder müssen im Pass der Eltern eingetragen sein. Kinder und Jugendliche, die ohne Erwachsene reisen, benötigen außer ihrem Ausweis eine schriftliche Vollmacht der Erziehungsberechtigten. Bei Diebstahl oder Verlust der Papiere sofort zur Polizei gehen und eine Verlustbescheinigung ausstellen lassen, diese genügt für die Heimreise. Ersatz für Autopapiere, Führerschein und Personalausweis gibt es nur in der Heimat. Bei Verlust des Passes erhält man von der Botschaft oder vom Konsulat kurzfristig ein zeitlich befristetes Ersatzpapier (zwei Lichtbilder sind dafür notwendig). Kopien des verloren gegangenen Ausweispapiers sind nützlich und helfen der Polizei bei der Identitätsüberprüfung.

Telefon

Münztelefone gibt es kaum noch, die neuen silbermetallischen Apparate funktionieren alle mit magnetischen Telefonkarten *(carta telefonica)* der Telecom, erhältlich für ca. 5 oder 10 € in Tabak- und Zeitschriftenläden, manchmal auch an Rezeptionen von Hotels und Campingplätzen. Vor dem Gebrauch muss die vorgestanzte Ecke abgebrochen werden. Wenn die Karte leer ist, kann man eine zweite nachschieben, ohne dass das Gespräch unterbrochen wird. Die Gültigkeitsdauer der Karten ist meist auf ein oder zwei Jahre begrenzt. Als interessante Alternative dazu gibt es internationale Telefonkarten *(scheda telefonica internazionale),* die etwa 10 € kosten. Damit kann man deutlich länger als mit den Telecom-Karten telefonieren. Man führt sie jedoch nicht ins Telefon ein, sondern wählt eine kostenlose Nummer *(numero verde),* die auf der Karte vermerkt ist – sowohl fürs Festnetz *(rete fissa)* wie fürs Handy *(cellulare)*. Nach der elektronischen Freigabe rubbelt man die Geheimnummer frei, die ebenfalls auf der Karte verzeichnet ist und kann erst dann die Teilnehmernummer wählen. Vor jedem Gespräch wird das Guthaben angesagt. Die Karte kann im Prinzip von jedem Telefon und Handy benutzt werden, allerdings ist die *numero verde* oft besetzt oder funktioniert nicht von älteren öffentlichen Apparaten.

R-Gespräch nach Deutschland: Es besteht die Möglichkeit, von jedem privaten Telefon (nicht öffentlichen) in Italien die Nummer 0800-172-0049 der Telekom in Frankfurt anzurufen. Von dort können Sie sich mit dem gewünschten Teilnehmer – sein Einverständnis vorausgesetzt – auf dessen Kosten verbinden lassen. Dieser Service ist allerdings recht teuer: die Herstellung der Verbindung kostet schon allein 3,99 € und auch die Minutengebühren sind hoch.

Mobiltelefon: Sobald sich das Handy in eines der vier italienischen Handynetze (TIM = Telecom Italia, Omnitel, Blu und Wind) eingebucht hat, kann man fast überall problemlos telefonieren und Anrufe entgegennehmen, Funklöcher treten nur vereinzelt in den Bergen auf. Man zahlt dann die jeweiligen Tarife des italienischen Netzbetreibers, zusätzlich werden für jeden Anruf sog. Roaming-Gebühren Ihres Mobilfunk-Providers fällig. Spartipp: Die Tarife sind in den vier Netzen unterschiedlich, das Handy bucht sich aber immer automatisch im jeweils stärksten Netz ein. Wenn man sich vor der Reise beim eigenen Betreiber informiert, welches ausländische Netz das Günstigste ist, kann man dieses vorab im Menü des Mobiltelefons einstellen. Auslandsgespräche mit Handy sind immer recht teuer, Vorsicht ist aber besonders geboten, wenn Sie in der Toscana angerufen werden, denn Sie zahlen dann immer die Weiterleitungsgebühren aus Deutschland – selbst wenn sich der Anrufer in Italien befindet, wird das Gespräch über Deutschland umgeleitet. Auch für Anrufe auf Ihre Mailbox zahlen Sie doppelt: den Anruf aus Deutschland und die Umleitung auf die Mailbox in Deutschland (Tipp: absolute Rufumleitung Ihres Handys aktivieren).

Für den, der viel telefoniert oder längere Zeit in Italien bleibt, lohnt sich eventuell der Kauf einer italienischen SIM-Karte von einer der vier italienischen Mobiltelefongesellschaften. Sie kostet ca. 50 €, hat allerdings auch ein Gesprächsguthaben in derselben Höhe. Man bekommt damit eine italienische Nummer und muss die Gespräche, die aus dem Ausland kommen, nicht mitfinanzieren. Beim Kauf muss man den Personalausweis vorzeigen und eine Adresse (auch Hotel o. Ä.) in Italien haben.

- Wenn Sie **aus Italien nach Hause** anrufen: Deutschland = 0049, Österreich = 0043, Schweiz = 0041, dann die jeweilige Ortsvorwahl ohne die Null.
- Wenn Sie **von zu Hause nach Italien** anrufen: aus Deutschland = 0039, aus Österreich = 04, aus der Schweiz = 0039. Wichtig: Hier muss die **Null der Ortskennziffer** immer mitgewählt werden!
- Wenn Sie **innerhalb Italiens** telefonieren, müssen Sie ebenfalls die jeweilige Ortskennziffer stets mitwählen – auch für Gespräche innerhalb einer Stadt!
- Zu günstigeren Tarifen telefoniert man wochentags 18.30–8 Uhr, samstags ab 13 Uhr und sonntags ab 8 Uhr morgens.

Wandern

Durch dichten Wald oder zwischen Weinbergen hindurch über Hügel und Täler das Chianti-Gebiet zu erwandern ist die wohl schönste Art, den landschaftlichen Reizen der Region näher zu kommen. Dennoch: Wandern im Chianti gestaltet sich oftmals schwieriger, als man annimmt. Zum einen gibt es nur

wenige ausgewiesene Wanderwege, zum anderen zahlreiche Privatstraßen und private Grundstücke, die nicht betreten oder passiert werden dürfen.

Wir haben für Sie **9 Wanderungen** erkundet und beschrieben, die dennoch gut machbar sind und oftmals einige Highlights der Region auf der Route liegen haben. Sieben der Wandertouren führen durch das Chianti-Kerngebiet, drei weitere erschließen die reizvolle Landschaft um San Gimignano. Die Dauer der Touren variiert zwischen 1,5 und 4,5 Stunden, sodass für jeden Anspruch das Passende zu finden ist. Wir möchten Sie an dieser Stelle darauf hinweisen, dass – trotz unserer detaillierten Beschreibungen – die Mitnahme einer **Wanderkarte** (bei den jeweiligen Wanderungen angegeben) und eines **Kompasses** unbedingt zu empfehlen ist. Die italienischen Wanderkarten werden vor Ort in den Buchläden und Souvenirshops verkauft, die Kompass-Karte bezieht man am einfachsten über den deutschen Buchhandel. Ebenso wenig fehlen sollten – vor allem bei längeren Strecken – **gutes Schuhwerk** und, ganz wichtig, **Trinkwasser**.

▸ **Kartenmaterial**: Bei **www.maps-store.it** können online Karten der *Cartografia dell' Istituto Geografico Militare Italiano* (IGM) bestellt werden (1:25.000). Die Blätter der aktuelle *Serie 25* kosten ca. 10 € zuzügl. Versandkosten:

- *Edizioni Multigraphic* der kleine Kartographiverlag aus Florenz hat einige Wanderkarten im Maßstab 1:25.000 bzw. 1:50.000 im Programm. Die zum Teil eingedeutschten Produkte sind im örtlichen Zeitungshandel erhältlich, vom Kartenbild etwas ansstrengend. www.edizionimultigraphic.it
- *Kompass* Speziell für Wanderer sind die Karten Siena-Chianti/Colline Senesi (Nr. 661), Firenze-Chianti (Nr. 660), Siena-Chianti-Coline Senesi (661) gedacht. Im Maßstab 1:50.000 bieten diese Pläne genug Detailinformation für selbst zusammengestellte Wanderungen. www.kompass.at

Zoll

Seit 1993 dürfen innerhalb der Europäischen Union Waren „zum eigenen Verbrauch“ unbegrenzt ein- und ausgeführt werden. Um diese vage Angabe praktisch handhabbar zu machen, wurde ein Katalog über Richtmengen erstellt. Überschreitet man diese, muss man im Fall einer Stichprobenkontrolle glaubhaft machen, dass diese Mengen nicht gewerblich genutzt werden, sondern nur für den persönlichen Verbrauch bestimmt sind.

Richtmengenkatalog (Warenmenge pro Person ab 17 Jahre): 800 Zigaretten, 400 Zigarillos, 200 Zigarren, 1 kg Rauchtabak, 10 l Spirituosen, 20 l Zwischenerzeugnisse, 90 l Wein (davon höchstens 60 l Schaumwein) und 110 l Bier.

Da die **Schweiz** nicht zur EU gehört, ist beim Transit eine freiwillige Deklaration der mitgeführten Waren fällig, wenn die in der Schweiz geltenden Freimengen (200 Zigaretten oder 100 Zigarillos oder 50 Zigarren oder 250 g Tabak; 1 l Spirituosen oder 1 l Zwischenerzeugnisse oder 2 l Wein oder 2 l Bier sowie Geschenke bis 200 SFr.) überschritten werden. Für solche Waren muss eine Kaution in Landeswährung hinterlegt werden, die man bei der Ausreise zurückerhält.

Was haben Sie entdeckt?

Bitte schreiben Sie uns, wenn Sie Kritik, Anregungen, Verbesserungen oder Empfehlungen haben. Wo war Ihre Lieblingstrattoria, in welchem Hotel haben Sie sich wohl gefühlt, welchen Campingplatz würden Sie wieder besuchen?

Michael Müller Verlag
Stichwort „Chianti“
Gerberei 19
91054 Erlangen
mm@michael-mueller-verlag.de

Hügellandschaft mit Wein und Wald

Chianti

Malerische Weinbauerndörfer, weiches Landschaftsbild und nach ein paar Hügelkuppen der Horizont. Ölbäume, grünschwarze Zypressenreihen, etwas Ackerbau und natürlich viel Wein: oft riesige, glatt gebürstete Flächen, gut für hohe Hektarerträge und rationelle Bewirtschaftung. Viele Weingüter (Fattoria) können besucht werden.

Schon die Etrusker haben in der Region Wein angebaut, und auch der „Chianti", ein Verschnitt aus 4 verschiedenen Rebsorten, kann auf eine immerhin 600-jährige Geschichte zurückblicken. Hauptsorte ist die rote *Sangiovese*, der bis zu 30 % die weißen Trauben *Trebbiano* und *Malavasia* beigemischt werden.
Die Region des „einfachen" Chianti erstreckt sich von Pistoia im Norden bis Arezzo im Südosten der Toscana. Der *Chianti Classico* kommt aus dem Kernland zwischen Florenz und Siena. Hier haben sich die Winzer 1924 im *Consorzio del Vino Chianti Classico* zusammengeschlossen und sich ein Kontrollorgan geschaffen, das über die Qualität ihrer Weine wacht. Erkennungszeichen dieser Genossenschaft ist der **Schwarze Hahn**.

Die 1967 eingeführte DOC-Norm (*Denominazione di Origine Controllata* – kontrollierte Ursprungsbezeichnung) und die später fixierte DOCG-Norm (DOC + *garantita*) sollen für Qualität sorgen: Mindestens zwei Jahre muss der Wein gelagert werden. Nach 3 Jahren erhält er das Prädikat „Riserva". Auch der Hektarertrag ist limitiert; beim DOCG-Wein dürfen höchstens 52 Hektoliter pro Hektar anfallen. Durch extremes Düngen und eng stehende Reihen ist eigentlich das Dreifache machbar.

Auch deutsche Aussteiger, allerdings solche mit gut gefülltem Bankkonto, haben sich hier als Winzer einen Namen gemacht und stellen oft erstklassige (Öko-)Weine her: Dievole bei Vagliagli, Nittardi in Cicellino (San Donato), Le Fonti in Panzano und Rignana zwischen Panzano und Mercatale, um nur einige zu nennen.

Ein paar der im Chianti abgefüllten Spitzenweine tragen allerdings nicht das Gütesiegel des Schwarzen Hahns. Die traditionelle Firma *Antinori* (siehe San Casciano) z. B. vertraut auf ihren Weltruf (mit Recht) und kann mit ihrem Marktanteil locker auf die genossenschaftliche Unterstützung verzichten. Ob die Einsparung von Abgaben dabei eine Rolle spielt (pro Flasche müssen ca. 6 Cent an die kontrollierende Genossenschaft abgeführt werden), mag dahingestellt bleiben.
Einige wenige Kellereien halten nichts vom Verschnitt verschiedener Rebsorten und produzieren hundertprozentige Sangiovese-Rotweine. Vermehrt wird auch „biologisch" angebaut, ein renommierter Schweizer Önologe und Gastronom experimentiert sogar auf der Basis der anthroposophischen Lehre. Die Trauben der konventionell angebauten Weine hingegen werden bis zu 20-mal pro Jahr gespritzt. Folge der Überdüngung: giftiges Nitrat im Grundwasser.

Chianti Karte Umschlag vorne

Die Legende vom Schwarzen Hahn

Nach der Legende machten sich die Florentiner Bürger das arme Federvieh auf äußerst heimtückische Weise zunutze, um alte Grenzstreitigkeiten mit Siena zu ihren Gunsten zu entscheiden: In den beiden Städten sollte jeweils ein Reiter auf den ersten Hahnenschrei warten und dann so schnell wie möglich in Richtung der gegnerischen Stadt losgaloppieren. Dort, wo sich ihre Wege treffen würden, sollte die zukünftige Grenze zwischen den jeweiligen Einflussbereichen gezogen werden.
Während die Sienesen ihren Gockel nach allen Regeln der Kunst verwöhnten, ließen die Florentiner ihren schwarzen Hahn tagelang Hunger leiden. Wie geplant krähte das verstörte Tier in der Schicksalsnacht viel früher als gewöhnlich, sodass es dem Florentiner Boten ein Leichtes war, seinen Kontrahenten schon kurz vor den Stadttoren Sienas abzufangen und so einen für Florenz günstigen Grenzverlauf herauszuschlagen.

Impruneta

Das Städtchen, das nur wenige Kilometer südlich von Florenz liegt, ist das Tor zum Chianti-Gebiet. Die Ursprünge des Ortes gehen bis in die Antike zurück. Schon die Etrusker und später die Römer haben sich auf den sanften Hügeln oberhalb der Arno-Talsenke angesiedelt.

Ein eigenständiges Dorf, das durch den Bau der Kirche Santa Maria (1060) als Wallfahrtsort eine gewisse Bedeutung erlangte, wuchs hier aber erst im Mittelalter heran. Doch auch Impruneta wurde früh von Florenz vereinnahmt und blieb immer eng an dessen Geschicke gebunden.

Trotzdem hat der Ort seinen eigenen Charakter bewahrt. Er präsentiert sich halb als Stadt und halb als Dorf, was die Mentalität seiner Bewohner überaus positiv beeinflusst. Berühmt war und ist Impruneta wegen seiner zauberhaften Lage inmitten von Weinbergen und Olivenhainen und vor allem wegen seiner jahrhundertealten Tradition der Töpferkunst (sogar die Briefkästen an den Häusern sind aus gebranntem Ton). Man sollte nicht versäumen, sich die Vielfalt der nach wie vor

Ein schattiges Plätzchen unter der Loggia von Impruneta

handgearbeiteten Terrakotta-Erzeugnisse der zahlreichen Betriebe in und um Impruneta einmal aus der Nähe anzuschauen und das eine oder andere Stück als Erinnerung mit nach Hause zu nehmen.

Auf dem abschüssigen Hauptplatz erhebt sich die ehemalige **Wallfahrtskirche Santa Maria** mit ihrem eindrucksvollen fünfbogigen Portikus (1634) und dem im 13. Jh. entstandenen Campanile. Vom ursprünglichen Bau sind nur die romanische Krypta und einer der beiden seitlich an die Kirche angrenzenden Kreuzgänge erhalten geblieben. Im Zweiten Weltkrieg wurde die Kirche nahezu vollständig durch Bomben zerstört, aber kurz darauf wieder aufgebaut. Im Innern sind zwei Kapellen nach Entwürfen von *Michelozzo* mit Altären von *Luca della Robbia* zu besichtigen.

Im linken Seitenschiff wird ein kleines Marienbildnis aufbewahrt, das zwei Bauern beim Pflügen eines Ackers genau an der Stelle gefunden haben sollen, wo man später das Gotteshaus errichtete. Der Legende nach stammt das Bildnis von der Hand des Evangelisten Lukas.

Die Besichtigung von Santa Maria kann man gut mit einem Besuch in der **Bar Italia** links neben der Kirche verbinden. Dort bekommt man das beste Eis in der ganzen Umgebung, das bei weitem die Produktion des berühmten Vivoli in Florenz übertrifft.

Eine gute Gelegenheit für einen Abstecher nach Impruneta bieten außerdem zwei traditionsreiche Veranstaltungen: das **Weinfest** am letzten Sonntag im September und die **Festa di San Luca** am 18. Oktober, die dem Stadtheiligen gewidmet ist.

• *Information* **Pro Loco**, Piazza Buondelmonti (neben dem Spielplatz), ✆ 055-2313729, www.proimpruneta.rtd.it oder www.soggiornareaimpruneta.com. Mo–Sa 9.30–12.30 und 15.30–18.30 Uhr, So 10–13 Uhr.

• *Busverbindungen* Etwa halbstündlich nach Florenz, außerdem 3x tägl. nach Greve (mit Umsteigen in Strada in Chianti). Bushaltestelle an der Piazza Buondelmonti im Zentrum, Tickets beim Tabakladen an der Piazza.

• *Übernachten/Essen* * **Albergo/Ristorante Bellavista**, direkt am Hauptplatz (neben der Kirche). Auf der großen Dachterrasse kann man an lauen Sommerabenden bei Glockengeläute essen und sich das bunte Treiben unten auf der Piazza anschauen. Nur abends geöffnet, Menü 20–25 €. DZ mit Bad 60–90 €. Via della Croce 2, ✆ 055-2011083, ✆ 055-2313929, info@bellavistaimpruneta.it, www.bellavistaimpruneta.it

Agriturismo/Ristorante Inalbi, ca. 1 km außerhalb des Ortes (auf der Straße nach Strada in Chianti). Großes Anwesen mit Garten und 2 Swimmingpools. DZ 90 €, Ferienwohnungen für 2, 3, 4 oder 6 Pers. 100–130 € pro Tag. Via delle Terre Bianche 32, ✆ 055-2011797, ✆ 055-2312347, info@inalbi.it, www.inalbi.it

Agriturismo – Bed & Breakfast I Pini, mit Garten und Swimmingpool. DZ mit Bad ab 100 €, Appartement 470–780 € pro Woche. Via delle Terre Bianche 34, ✆ 055-2313190, ✆ 055-2312399, info@ipini.com

Appartementvermietung Villa Rosina, im Zentrum. Appartement für 2 Pers. ab 140 € für zwei Nächte. Via Roma 25, ✆ 055-2011750, info@villarosina.it, www.villarosina.it

Osteria Lo Ziro, gute Weinauswahl und toscanische Gerichte, Mo geschlossen. Via Roma 19/21, ✆ 055-2012232

Ristorante Il Cavallacci, ein paar hundert Meter außerhalb (an der Straße nach Pozzolatico). Hier isst man auf einer schattigen Terrasse inmitten eines Pinienwaldes Pizzen aus dem Holzofen und andere Gerichte. Täglich, aber nur abends geöffnet. ✆ 055-2313863

Bed & Breakfast Benedetta Bianchi, im Zentrum von Impruneta und für die Gegend ausgesprochen günstig: 12 modern eingerichtete Doppelzimmer mit Bad und Aircon., außerdem Appartements. Angenehme Atmosphäre, man sollte zumindest für Ostern, Pfingsten und die Monate Juli/August reservieren. DZ 66 € (Frühstück 5 €/Person), Appartement 76 € pro Tag. Parkmöglichkeit auf der Piazza. Via Paolieri 26 (Seitenstraße der großen Piazza Buondelmonti im Zentrum, nach wenigen Metern auf der rechten Seite), ✆/✆ 055-2312558, www.info@bed-breakfast-bianchi.it

San Casciano in Val di Pesa

Am Rande des Chianti gelegen und nur 20 Autominuten von Florenz entfernt, bietet San Casciano die ideale Wohnlage für Florentiner: nicht so teuer wie Fiesole und anders als Scandicci oder Sesto Fiorentino ohne Industrie. Das Städtchen ist vorrangig ein Zentrum der Landwirtschaft und für Touristen nicht sonderlich attraktiv. Doch befinden sich in der Umgebung einige interessante Weingüter und Restaurants, in denen man hervorragend speisen kann.

• *Information* **Pro Loco**, Piazza della Repubblica (Nähe Theater), ✆/✆ 055-8229558, prosanca@supereva.it. Mo 9–13 und 15.30–18 Uhr, Di, Do, Fr 9–13 und 15.30–19 Uhr, Mi 9–13, Sa 9–13 und 15.30–18.30 Uhr.

• *Busverbindungen* Jeweils etwa stündlich nach Florenz und via Tarvarnelle, Barberino und Poggibonsi (hier umsteigen) nach Siena. Abfahrt an der Piazza della Repubblica im Zentrum, Tickets im Tabakladen oder bei der Latteria Maranci gegenüber der Haltestelle.

• *Wochenmarkt* Montagvormittag.

• *Internet* **La Zona**, schräg gegenüber der Gemeindeverwaltung, Via Machiavelli 5.

• *Übernachten* ** **Minisoggiorno**, am Ortsausgang Richtung Empoli. Familiär geführtes, ruhiges Hotel, nach Auskunft von Einheimischen das einzige empfehlenswerte im Ort. Zimmer fast alle mit Balkon. DZ mit Bad und kleinem Frühstück 60 €. Via Leonardo da Vinci 5, ✆ 055-820732, ✆ 055-8229853, marcocasini57@virgilio.it

****Albergo Mary**, 16-Zimmer-Haus gleich gegenüber vom Theater Niccolini. DZ 55–60 € (Frühstück 4 €). Via San Francesco 6, ✆ 055-820139, ✆ 055-8290140, hmary@ftbcc.it

A Mezza Costa, von San Casciano ca. 2 km in Richtung Pancrazio/Certaldo, gleich nach Ortsausgang letztes Haus auf der linken Seite. Sympathische kleine Bed-&-Breakfast-Adresse, geführt von einem jungen englisch-italienischen Ehepaar. DZ 50 €. Via Borromeo 67, ✆/✆ 055-828692, www.amezzacosta.com

• *Essen und Trinken* **Cinque de Vino**, Nähe Theater. Kleines Lokal, auch zum Draußensitzen. Keine große Speisekarte, dafür exzellente Zubereitung. Der neue Inhaber ist auch gleichzeitig der Koch. Ausgesprochen große Weinauswahl. Mo und Dienstagmittag geschlossen. Viale San Francesco 32, ✆ 055-8228116

Cantinetta del Nonno, im historischen Zentrum. Nicht gerade ein geeigneter Ort für den Familienausflug. Vorn werden Wurstwaren und Käse verkauft, im Hinterstübchen sitzen vorwiegend Arbeiter zu Tisch. Wer's mag: Die Kutteln alla fiorentina schmecken hier ausgezeichnet. Mi geschlossen. Via IV Novembre 38, ✆ 055-820570.

• *Gelateria* Ausgezeichnetes Eis aus eigener Herstellung kann auf der Terrasse der **Bar Turismo** genossen werden. Piazza della Repubblica.

• *Außerhalb* Einige sehr gute Lokale findet man in der Umgebung, darunter:

Tavernetta Machiavelli (Albergaccio), in S. Andrea in Percussina (ca. 4 km außerhalb Richtung Florenz, knapp außerhalb von S. Casciano Richtung Spedaletto, hinter diesem Ort rechts abzweigen). Die uralte Osteria mit hauseigener Kellerei ist berühmt, weil im 16. Jh. Machiavelli hier verkehrte, der sich in das gegenüberliegende Haus zurückgezogen hatte. Unbestritten ist die Qualität des Essens, unbestritten zu hoch sind die Preise. Nur Flaschenweine. Reservierung empfohlen. Mo/Di geschl. ✆ 055-828471

Trattoria del Pesce, ca. 6 km außerhalb von San Casciano in Richtung Tavarnelle, Alternative zur Chianti-Romantik mit guten und nicht zu teuren Fischspezialitäten. Ein Lokal, das vor allem von Italienern frequentiert wird. Mi geschlossen. Via Cassia per Siena 124, Località Bargino, ✆ 055-8249045

Die Tropfen des Hauses Antinori

... summieren sich jährlich auf knapp 10 Millionen Liter Chianti Classico. Damit ist das vor über 600 Jahren gegründete Unternehmen „Marchesi L. e P. Antinori" die Nummer eins unter den Chianti-Produzenten. Die Güter befinden sich vor allem in der Umgebung von Mercatale und San Casciano, aber auch beim Kloster Badia a Passignano. Nebenbei besitzt Antinori Weinberge bei Orvieto und auch im Ausland (im ehemaligen Jugoslawien und in Ungarn), doch machen die Chianti-Weine noch immer 80 % der Produktion und den guten Ruf des Hauses aus. Heute ist die Firma eine GmbH im Familienbesitz. An den Schalthebeln der Macht sitzt Piero Antinori, der mit seinem Önologenteam über die Qualität der Weine wacht. Ungefähr 70 % der Gesamtproduktion nehmen den Weg ins Ausland, Hauptabnehmer sind die USA, Japan und Deutschland.

In den gigantischen Produktionsanlagen von San Casciano (am Ortsausgang nach Empoli) werden die Arbeitsgänge weitgehend vom Rechner gesteuert und von Automaten verrichtet – von der Reinigung der Flaschen über die Abfüllung bis zum Aufkleben des berühmten Etiketts und der Verpackung von je sechs Flaschen pro Karton. Selbst die Gabelstapler sind mit einem Computer ausgerüstet, in den der Fahrer eingibt, wie viele Kartons welcher Marke und welchen Jahrgangs er wo deponiert hat.

Leider lässt das renommierte Haus keine Besichtigungen zu. Einzig für professionelle Importeure und von ihnen angeheuerte LKWs öffnet sich das videoüberwachte Tor. Wer nicht dazugehört, hat die Möglichkeit, sich im COOP von San Casciano oder in der Antinori-Boutique bei der Badia a Passignano mit Antinori-Flaschen einzudecken bzw. in der noch schickeren Antinori-Vinothek von Florenz zu degustieren (siehe Florenz/Einkaufen). In der hauseigenen Osteria gleich neben der Badia a Passignano können die Weine zu feiner toscanischer Küche probiert werden (siehe Essen und Trinken). Es werden auch Tageskochkurse veranstaltet (110 € inkl. Abendessen mit Weinen). So geschlossen. Osteria di Passignano, ✆ 055-8071278, marcello.crini@tin.it

Hauskapelle bei Mercatale

Chianti
Karte Umschlag vorne

Mercatale in Val di Pesa

Der nur 5 km von San Casciano entfernte mittelalterliche Marktflecken liegt bereits mitten in den Weinbergen. Am zentralen Platz, der einst dem Warenumschlag diente, laden heute zwei Cafés zum Cappuccino ein. Am Ortsrand sind neue Häuser gebaut worden, doch trübt dies den Gesamteindruck kaum. In der Umgebung liegen einige empfehlenswerte Weingüter und Restaurants.

• *Busverbindungen* Alle 90 Minuten direkt nach Florenz. Abfahrt an der Piazza Vittorio Veneto im Zentrum, Tickets in der Bar Italia oder in der Bar Briciolo im Zentrum.

• *Markt* Donnerstagvormittag, nicht mehr auf dem großen Platz, sondern – etwas bescheidener – auf einem kleinen Platz knapp davor, der sonst als Parkplatz dient.

• *Übernachten* * **Paradise**, unsere Empfehlung. Das kleine Albergo am Dorfplatz wird von einer sehr freundlichen älteren Dame geführt. Zum Frühstück sucht man die benachbarte Bar auf, die auch weiterhilft, wenn auf Klingeln an der Hoteltür keine Reaktion erfolgt. Zwei der Zimmer haben sogar eine Kochnische. DZ mit Bad 55 €. ✆/℻ 055-821327 oder ✆ 055-821281, hotelparadise@bcc.tin.it, www.hotelparadise.it

• *Agriturismo* **Salvadonica**, Richtung San Casciano, hinter der Agip-Tankstelle links hoch. Ein klitzekleines, restauriertes Borgo aus dem 15. Jh. und eine Idylle mit insgesamt 7 Doppelzimmern und 12 Appartements – die neuen Bauten sind geschickt ins alte Gemäuer eingepasst. Hauseigener Wein, Honig und hauseigenes Olivenöl. Einladender Swimmingpool, Tennis- und kleiner Golfplatz sowie Reitmöglichkeit. DZ ab 115 €, Appartements ab 125 € pro Tag. ✆ 055-8218039, ℻ 055-8218043, info@salvadonica.com, www.salvadonica.com

Castello di Gabbiano, siehe unter „Wein".

• *Essen und Trinken* **Trattoria il Gabbiano**, in Ponte Gabbiano (Mercatale oberhalb des großen Platzes verlassen, immer geradeaus, bis man auf die Straße Greve–Impruneta trifft; gegenüber der großen Kellerei Grevepesa). Großes Lokal mit ausgezeichneter Küche und obendrein preiswert. Toscanische Spezialitäten (Ribollita, Bistecca alla fiorentina und andere herzhafte Grillspezialitäten kommen vom Holzkohlengrill). Nicht schick, sondern eher laut und fröhlich – gute Atmosphäre. Fr geschlossen. ✆ 055-821127

• *Wein* **Fattoria Le Corti**, nicht zu verwechseln mit der Fattoria Corti Anichini südöstlich von Greve. Zum Schloss führt eine hübsche Zypressenallee (auf halbem Weg nach San Casciano). Die ist allerdings den Corsini vorbehalten, die seit 1427 hier residieren. Normalsterbliche Weineinkäufer finden knapp hinter der Kuppe links eine Zufahrt. Sehr gute und preiswerte Weine sowie Olivenöl. Auch Unterkünfte. Mo geschlossen. ✆ 055-829301/8290105, info@princecorsini.com, www.princecorsini.com

Castello di Gabbiano, knapp 3 km von Mercatale entfernt (das Dorf oberhalb des großen Platzes verlassen). Ein anmutiges Schlösschen, dessen Weingut floriert, wie die dahinter versteckten Produktionsanlagen für gute Chianti-Classico-Weine zeigen. In eines der Bauernhäuser kann man sich wochenweise in einem Appartement (2/4 Pers.) einmieten. ✆ 055-821053, castellogabbiano@castellogabbiano.it, www.castellogabbiano.it (umfangreiche und informative Website in Deutsch)

„Off the beaten track" – jetzt auf asphaltierten Pfaden

Alternativ zur Hauptroute Florenz–Greve (Chiantigiana) bietet sich die landschaftlich interessantere **Höhenroute** von San Casciano über Mercatale nach Panzano an – ein sehr alter Fahrweg, der schon von den Etruskern benutzt wurde. Seit 1997 ist die Straße geteert. Der Automobilhersteller Daimler-Benz hatte sich die Strecke seinerzeit als Kulisse für einen Werbefilm ausgewählt und den Gemeinden die Asphaltierung gesponsert. Die Route lässt sich seitdem bequemer befahren, hat aber viel von ihrem alten Reiz verloren.

• *Essen und Trinken* **Trattoria Da Pordo**, erst auf die Straße Mercatale–Panzano, dann ein paar Kilometer Richtung Mercatale, bis ein Schild links zum noch 100 m entfernten Gehöft weist (Località Valigondoli). Innen relativ klein, sehr gemütlich. Im Sommer wird auch draußen betischt. Geführt von einem italienisch-englischen Duo, zählt es noch immer zu den preiswerten Geheimtipps. Spezialitäten: frittiertes Kaninchenfleisch und frittiertes Gemüse (je nach Jahreszeit). Mo und Di geschlossen. ✆ 055-821038

Badia a Passignano

Auf etwa halbem Weg zwischen Mercatale und Panzano sollte man einen kurzen Abstecher zu dem 1049 gegründeten Kloster Badia a Passignano machen. Die wunderschön gelegene, dicht von Zypressen umrahmte Abtei mit zinnengekröntem Kirchturm wird bis heute noch von drei Mönchen des Vallombrosaner-Ordens bewohnt. Bereits im Mittelalter wurde hier Wein angebaut, heute befinden sich die Weingüter des Klosters größtenteils im Besitz der weltbekannten Firma Antinori (siehe Kasten auf S. 56), die unterhalb des Klosters zum Einkauf und zur Verkostung einlädt. Für Besucher ist die herrliche Anlage leider bis auf weiteres geschlossen. Bleibt zu hoffen, dass man irgendwann wieder das berühmte Abendmahl-Fresko von Domenico Ghirlandaio (15. Jh.) bewundern kann, das die Wände des Refektoriums ziert.

• *Wein* Das bekannte **Weingut Antinori** unterhält am Kloster in der dazugehörenden Osteria eine Verkaufsstelle (mit Weinverkostung), in der es seine guten und teuren Weine anbietet (tägl. 10–23 Uhr, So geschlossen). Im Klosterkeller, der im Mittelalter als Getreidespeicher diente, reifen heute die Weine. Kellerführungen in Englisch mit anschließender Verkostung von vier Weinen finden Mo/Mi/Sa/So um 15.30 Uhr statt (12 €). ✆ 055-8071278

• *Übernachten* **Podere Torcilacqua**, Agriturismo mit Pool unweit der Badia a Passignano, freundliche Besitzerfamilie. Im Angebot Doppelzimmer und Appartements. DZ mit Frühstück 55 €. ✆ 055-8071452 oder 333-6402210, info@torcilacqua.it, www.torcilacqua.it

• *Essen und Trinken* **Osteria di Passignano**, gleich neben der Klosteranlage. Das hauseigene Restaurant ist eine verlässliche Adresse für die feinere toscanische Küche. Am Herd sorgt ein junges internationales Team mit besten Zutaten für eine kreative

Speisekarte. Die Weinempfehlungen vom Maître (selbstverständlich ausgezeichnete Gewächse aus den Weinbergen Artinoris) und der aufmerksame und ungezwungene Service passen – die Rechnung ist allerdings entsprechend. So geschlossen. ✆ 055-8071278, www.osteriadipassignano.com

La Scuderia, direkt gegenüber dem Kloster. Das kleine, einfache Restaurant serviert Hausmannskost und Pizzen (nur samstag- und sonntagabends) zu akzeptablen Preisen. Einige Tische auch im einladenden Garten. Ganztägig geöffnet, Do geschlossen, an Wochenenden wird Tischreservierung empfohlen. ✆ 055-8071623

Cantinetta di Rignana, wunderschöne Terrasse mit toller Aussicht, das Restaurant wird u. a. auch vom „Feinschmecker" empfohlen. Der Service ist locker und unkompliziert, die Bistecca Fiorentina vom Holzkohlengrill ganz ordentlich. Tägl. 12.30–14 und 19.30–22 Uhr zum Essen geöffnet (Getränke werden auf der Terrasse jederzeit serviert). Man sollte für abends reservieren, Di geschlossen. ✆ 055-852601

• *Übernachten* **Fattoria di Rignana**, das weiße Gebäude neben der Cantinetta di Rignana. Deutsche Leitung, hier kostet die Übernachtung in einem der 7 DZ 95 € (mit Bad) bzw. 75 € (ohne Bad), jeweils inkl. Frühstück. Es gibt auch 2 Appartements. Schönes, gepflegtes Anwesen mit Pool, sehr ruhig gelegen, man sollte für den Sommer frühzeitig reservieren. ✆ 055-852065, www.rignana.it, www.fattoriadirignana.com

Badia a Passignano, am waldreichen, westlichen Rand des Chianti

Wanderung Nr. 1: Von Sambuca nach Badia a Passignano und zurück

Verbindungen: Busse nach Sambuca: ab Florenz via Tavarnelle ca. stündlich, ab Siena ca. alle 1,5 Stunden.

Kurzbeschreibung: leichte, stellenweise aber etwas schweißtreibende Wanderung von Sambuca zur Badia a Passignano und in weiter Schleife durch Weinberge und Wald zurück nach Sambuca. Dauer ca. 3–3 ¼ Stunden ab Sambuca, ab dem Parkplatz ca. 2,5 Stunden. Die Wanderung kann bis zur Cantinetta di Rignana ausgedehnt werden (weitere 45–60 Minuten).

Kartenmaterial: Kompass-Karte Nr. 660, Firenze–Chianti; Carta Turistica Stradale – Chianti e Colline Senesi, Edizioni Multigraphic Firenze.

Wegbeschreibung: Ausgangspunkt der Wanderung ist die **Bar im Zentrum** von Sambuca an der Ponte Vecchio (hier gibt es übrigens hervorragenden Cappuccino).

Von der Bar über die Ponte Vecchio, die alte Brücke von Sambuca, die über den Fluss Pesa führt, und hinter der Brücke direkt rechts ab in die **Via Roselli**. Dieser asphaltierten Straße ca. 1 km am Fluss entlang in südliche Richtung folgen.

Vor einer weiteren Brücke führt linker Hand ein **Waldweg** bergauf, in den man einbiegt (Achtung: wer mit dem Auto unterwegs ist, kann hier noch parken). Man folgt dem Waldweg ca. 10 Minuten in Kurven bergauf, bis man an einem **Na-**

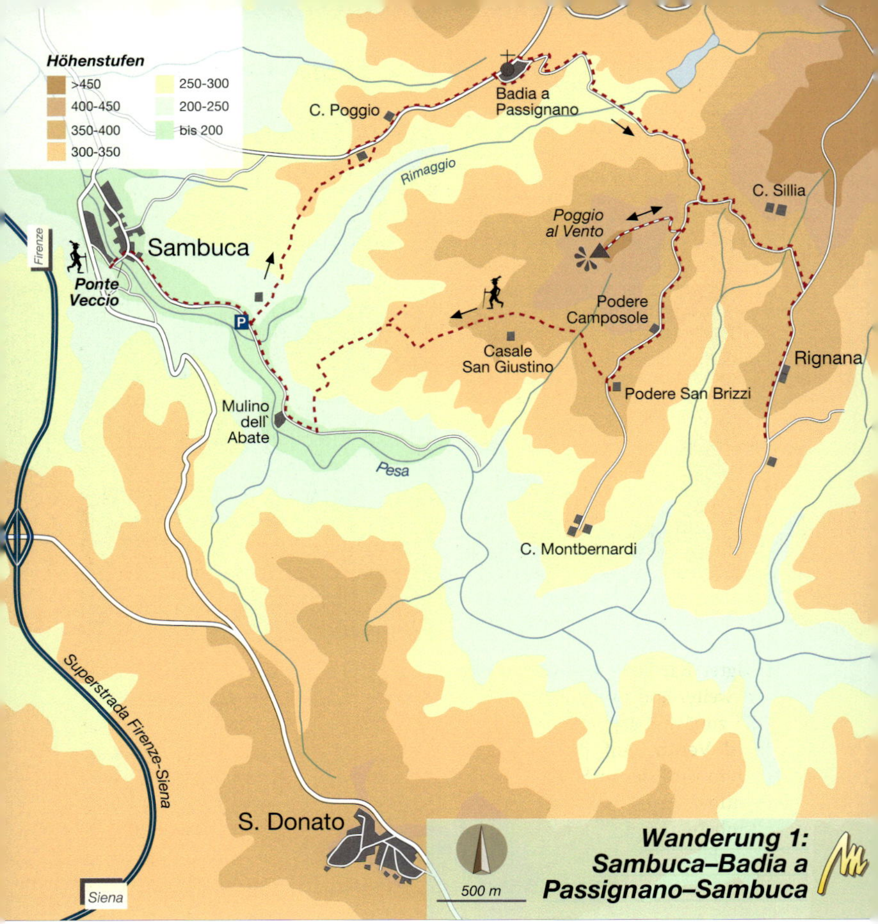

tursteinhaus linker Hand vorbeikommt. Den Pool des Anwesens rechts liegen lassen und auf dem schmaler werdenden Waldweg immer geradeaus weiter (verschiedene Abzweigungen ignorieren). Bald darauf wird der Weg durch den Wald zur Motocross-Strecke.

Gut 15 Minuten durch den Wald mit Ginster und Gestrüpp am Wegesrand. Nach ca. 25 Minuten kommt man zu einer Lichtung. Über die Lichtung hinweg in Richtung Feld und Haus auf einer Anhöhe gehen. Etwa 200 m vor dem Haus (bellende Hundemeute) geht es vor einem Bildstock links hinunter. Nach ca. 100 m hat man die **asphaltierte Straße** erreicht, hier rechts einbiegen und bis zur bald weithin sichtbaren **Badia a Passignano** auf der wenig befahrenen Straße bleiben (nach etwa 45–60 Minuten Gesamtdauer hat man die Abtei erreicht).

Das herrlich gelegene, dicht von Zypressen umrahmte Kloster aus dem 11. Jh. mit seinem zinnengekrönten Kirchturm kann man nur im Rahmen einer Führung besichtigen (s. u.). Neben dem Kloster unterhält das renommierte **Weingut Antinori** eine Verkaufsstelle (s. u.), zum Rasten lädt die ganztägig geöffnete **Bar La Scuderia** an der Straße ein.

Am Wegrand ein alter Bildstock

Von besagter Bar geht man die Straße ein Stück weiter und zweigt dann rechts ab in die zunächst asphaltierte **Strada Poggio al Vento**. Auf dieser Straße (nach 300 m wird sie zur Schotterpiste) in Serpentinen hinunter durch Wiesen und Weinberge. Nach knapp 20 Minuten (ab Passignano) überquert man das Flüsschen Rimaggio, ab hier ist die Straße wieder asphaltiert.

Nun hat man den unangenehmsten Teil der Wanderung vor sich: Durch lichten Wald (wenig Schatten) geht es auf der kaum befahrenen Asphaltstraße stetig bergauf, bis man nach ca. 15 Minuten zu einer größeren Abzweigung gelangt und hier (am Ende der Asphaltstraße) rechts abbiegt Richtung **Podere San Brizzi** (beschildert). In die andere Richtung führt die Straße zur **Cantinetta di Rignana** (s. u.).

Nachdem man an der Abzweigung rechts gegangen ist, führt nach ca. 200 m eine Forststraße rechts zum privaten Anwesen **Poggio al Vento**. Der kleine Abstecher (ca. 10 Minuten bergauf) lohnt sich allerdings lediglich wegen der schönen Aussicht auf Passignano und den kleinen See unterhalb sowie die umliegenden Weingüter.

Die Schotterstraße führt (jetzt leicht bergab) weiter zum **Weingut Brizzi**. Etwa 10 Minuten nach der großen Abzweigung passiert man das Podere Camposole, hier weiter der Schotterstraße folgen, kurz darauf gelangt man zum Weingut (ganztägig geöffnet, Degustation und Direktverkauf). Verkauft werden u. a. Chianti Classico und Olivenöl.

Am Weingut biegt man rechts hinunter (in westliche Richtung) in einen **Feldweg** ein, der zunächst durch Obst- und Olivenbäume führt (sehr schöne Strecke). Diesem Weg immer weiter folgen, man geht bald darauf durch einen Hohlweg, dann lichter Wald und Wiese. Nach ca. 20 Minuten durch den dünnen Baumbestand erscheint auf der linken Seite das Anwesen **Casale S. Giustino**. Dieses links liegen lassen und geradeaus weiter auf dem Waldweg, der jetzt etwas steiniger wird und leicht bergab führt.

Nach weiteren 20 Minuten durch sehr lichten Wald stößt man auf einen grö-

Chianti Karte Umschlag vorne

ßeren Weg, in den man rechts hinunter einbiegt. Auf diesem Hauptweg immer geradeaus weiterlaufen. Ca. 20 Minuten verläuft er relativ steil bergab, das letzte Stück führt dann (in südliche Richtung) durch Weinberge, bis man auf die größere **Schotterstraße** stößt, in die man rechts einbiegt. Nach wenigen Metern sieht man linker Hand die alte Mühle **Mulino dell'Abate** und den Fluss Pesa. Die letzten paar hundert Meter auf der Schotterstraße oberhalb des Flusses bis zum Ausgangspunkt (Parkplatz) zurück (bzw. ab hier dem Weg immer weiter folgen bis nach Sambuca, ca. 1 km).

Alternative: Man kann die Wanderung auch ausdehnen, indem man an der größeren Abzweigung, an der es rechts ab zum Weingut Brizzi geht (beschildert), links abbiegt. Man gelangt nach ca. 30 Minuten (knapp 2 km) auf relativ breiter Forststraße zur **Cantinetta di Rignana**, hier kann man auch übernachten (s. u.). Da man von hier zu Fuß nicht in einem Rundweg zum Ausgangspunkt der Wanderung zurückgehen kann (Achtung: in manchen Karten irreführend eingezeichnet), muss man den gleichen Weg zur Abzweigung zum Weingut Brizzi zurück nehmen. Ein Abstecher zur Cantinetta lohnt aber dennoch auf alle Fälle: zum einen wegen der herrlichen Aussicht von der Terrasse, zum anderen wegen des vielgelobten Restaurants selbst.

Tavarnelle Val di Pesa (ca. 7000 Einw.)

Der lang gezogene Straßenort ohne größere Attraktion liegt westlich der Autobahn und zählt schon nicht mehr zum Kerngebiet des Chianti. Im Gegensatz zu vielen anderen Dörfern der Region zeigt sich Tavarnelle vom Tourismus völlig unbeeindruckt. An der großen Piazza Matteotti, die im Jahr 2003 aufwendig restauriert wurde, spielt sich das bescheidene Leben des Ortes ab. In der Via Roma, der Hauptstraße von Tavarnelle, befinden sich zahlreiche Läden und auch die beiden einzigen Hotels.

Tavarnelle war bereits zu Zeiten der Römer unter dem Namen „Tabernulae" bekannt und lag an der wichtigen Handelsstraße *Via Cassia* (N 2). Später entwickelte sich der Ort zu einem bedeutenden Zentrum der Landwirtschaft. An Sehenswürdigkeiten bietet Tavarnelle einzig die Kirche **Santa Lucia al Borghetto** aus dem 13. Jh. (am Ortsrand). Im 4 km östlich gelegenen **Morocco** kann man die Kirche **Santa Maria del Carmine** (15. Jh.) mit Kloster besichtigen.

• *Information* **Pro Loco**, Piazza Matteotti, Mo–Sa 9–12.30 und 16–19, sonntags 9.30–12.30 Uhr. Auskünfte teilweise auch auf Deutsch. ✆/📠 055-8077832, info@prolocotavarnelle.it, www.prolocotavarnelle.it

• *Busverbindungen* Busse fahren an der Piazza Matteotti ab, Tickets in der Bar schräg gegenüber (Via Roma). 12x tägl. nach San Casciano, 9x Florenz, 8x Barberino Val d'Elsa, 7x San Donato in Poggio und 1x tägl. Certaldo.

• *Taxi* ✆ 329-4171495 oder 335-5423249

• *Adressen* An der Piazza Matteotti befinden sich **Polizei**, **Post** und eine **Bank** (mit Bancomat). **Erste Hilfe** in der Misericordia, Via Naldini 24.

• *Internet* An der Hauptstraße Via Roma 238 (gegenüber vom Reisebüro Xtramondo Viaggi) führt ein Sträßlein (Viale 2 Giugno) hinauf zum unscheinbaren Schreibwarenladen **Il Giglio** mit Zugang zum Netz.

• *Übernachten* Die Auswahl an Unterkünften ist bescheiden, zum längeren Aufenthalt eignet sich der Ort aber ohnehin nicht.

** **Albergo Vittoria**, mit empfehlenswertem Ristorante (Borgo Antico) im Erdgeschoss. Mittags essen hier viele Einheimische. Nur 7 Zimmer, freundlicher Service. An der Hauptdurchgangsstraße gelegen, deshalb sollte man ein Zimmer nach hinten hinaus nehmen. DZ jeweils mit Bad und Frühstück 69 €, EZ 45 €. Via Roma 55/57 (ca. 100 m von der Piazza Matteotti), ✆/📠 055-8076180, hotelvittoria@dada.it

** **Albergo del Chianti**, schräg gegenüber dem Albergo Vittoria. DZ mit Bad 55–60 €, EZ 45 €, Dreier 65–75 € (Frühstück 6 € pro

Person). Via Roma 136, ✆ 055-8077068, www.chianti-in.it

Bed & Breakfast Antica Pieve, Landhaus mit 6 Zimmern und Pool, 200 m vom Dorfzentrum entfernt (in der Nähe des Sportplatzes). DZ 80–100 €. ✆ 055-8076314, 055-8076522, www.anticapieve.net

• *Außerhalb* **** Hotel Zucchi**, kleine, bescheidene Herberge mit 13 Zimmern. DZ 56 €. In Sambucca (zwischen Tavarnelle und San Donato in Poggio). ✆ 055-8071780

Agriturismo Villa Spoiano, in der herrschaftlichen Villa produziert eine Schweizer Familie seit Jahren Weine aus biologischem Anbau. Es gibt Zimmer mit großen Gemeinschaftsküchen (75 € ohne Frühstück) und Appartements (ab 455 €). Im Garten mit süditalienischem Flair und Biopool kann man herrlich entspannen. Eigentlich nur wochenweise, in der Nebensaison auch ab 2 Nächten. Freitags wird für Gäste eine Kellerführung mit Weinprobe veranstaltet. Man fährt auf der Cassia in Richtung Barberino und biegt kurz nach Ortsausgang Tavarnelle rechts auf die Schotterstraße zur Villa ab. Strada Spoiano, ✆ 055-8077313, 055-8061369, www.toscanaholidays.com

• *Jugendherberge* **Ostello del Chianti**, am südlichen Ortsausgang (Richtung Siena) auf der rechten Seite, ca. 300 m vom Zentrum. Wenig einladender Betonklotz. März–Oktober geöffnet. Übernachtung im 2- oder 4-Bett-Zimmer mit Bad 17 €, ohne 13,50 € (Frühstück 1,60 €, Abendessen 9 €, Lunchpaket 6 €). Reservierung empfohlen. ✆ 055-8050265, 055-8065039, chiantiaighostel@virgilio.it, www.ostellionline.org

• *Essen und Trinken* Im **La Vecchia Piazza** schmeckten vor allem die Pizzen sehr gut, und das zu akzeptablen Preisen. Man sollte reservieren! Nur abends geöffnet, Mo geschlossen. Via Roma 58, ✆ 055-8076600

La Fattoria, ca. 2 km außerhalb an der Straße nach Florenz. Weit über die Grenzen von Tavarnelle hinaus bekanntes und beliebtes Speiselokal. Di geschlossen. Via del Cerro 10.

La Gramola, ein Lesertipp: gemütlich, nicht die übliche Touristenkost, nett zu Kindern. Di geschlossen. Via delle Fonti 1, ✆ 055-8050321.

Chianti
Karte Umschlag vorne

Barberino Val d'Elsa

(ca. 10.000 Einw.)

Eindrucksvoll auf einem Plateau zwischen den Tälern Val d'Elsa und Val di Pesa gelegen, bietet Barberino nicht nur ein herrliches Panorama, sondern auch einen gut erhaltenen mittelalterlichen Ortskern, der von einer Stadtmauer und den beiden Toren Porta Fiorentina im Norden und Porta Romana im Süden eingerahmt wird.

Ähnlich wie Tavarnelle (nur 3 km nördlich) findet Barberino beim Chianti-Tourismus nur wenig Beachtung. Zu Unrecht: Der kleine Ort aus dem 13. Jh. mit seinen schmalen Gassen präsentiert sich äußerst malerisch. Im Zentrum stößt man auf die Piazza Barberini, an deren Ostseite der wappengeschmückte **Palazzo Pretorio** aus dem 15. Jh. zu bewundern ist. Auf der Rückseite des Palazzo befindet sich die **Pieve di SS. Bartolomeo e Stefano** aus dem 14. Jh. (nicht zugänglich) mit ihrem weithin sichtbaren Campanile.

Wie auch Tavarnelle lag (und liegt) Barberino an der römischen *Via Cassia* (heute N 2). Diverse Funde aus der Gegend belegen jedoch, dass der Ort schon von den Etruskern besiedelt wurde. Erwähnt wurde Barberino, das nach seinem Gründer Francesco di Barberino benannt ist, erstmals im Jahr 1054. Als das benachbarte Semifonte 1202 zerstört wurde, machten sich die Florentiner daran, die steinernen Überreste des Ortes zum Bau der Stadtmauer von Barberino zu verwenden. Zu wirtschaftlichem Aufschwung gelangte der Ort Anfang des 15. Jh. Das heutige Zentrum von Barberino bildet die Piazza Mazzini am südlichen Ortsausgang. Ende August wird alljährlich das Fest des Ortspatrons San Bartolomeo gefeiert.

• *Information* **Pro Loco**, am Parkplatz an der Via Cassia die Treppen hinunter, beschildert. Mo–Sa 9–13 und 15–19 Uhr, sonntags nur von Juni bis Aug. geöffnet (9–13 Uhr). ✆ 055–8075622, www.barberinovaldelsa.net, ufficioturistico@barberinovaldelsa.net

• *Busverbindungen* Haltestelle am Parkplatz an der Via Cassia, Ticketverkauf bei der Bar Sport an der Piazza Mazzini. 9x tägl. nach Florenz, via Tavarnelle und San Casciano, 10x über Poggibonsi (hier umsteigen) nach Siena. Teilweise nach Siena auch über Colle di Val d'Elsa.

• *Fahrradverleih* An der Shell-Tankstelle im Ort werden recht gute Fahrräder verliehen (12 €/Tag). Mo–Fr 7.30–12.30 und 15.30–19.30, Sa 7–13 Uhr. ✆ 055-8075060

• *Internet* In der Bibliothek (Biblioteca Comunale) an der Porta Fiorentina, Mo–Fr 15.30–19.30 und Sa 9–13 Uhr.

• *Mode* Wer sich von den Preisen italienischer Designermode nicht abschrecken lässt, findet in der **Boutique Morandi** vielleicht seine Lieblings-Edeljeans. Via Cassia 33/37.

• *Übernachten* Kein Hotel im Zentrum von Barberino, das nächste befindet sich im 1,5 km südlich gelegenen Ortsteil San Filippo (Straße Richtung Siena):

** **Hotel Primavera**, in die Jahre gekommener, kaum ansprechender Betonbau, sicherlich keine Chianti-Romantik. Netter Service, von einigen Zimmern schöner Talblick, alle 27 Zimmer mit Bad und Balkon. DZ 62 €, EZ 40 € (Frühstück 6 €). Via della Repubblica 27, Loc. S. Filippo, ✆/℻ 055-8059223, info@hotelprimavera-chianti.it, www.hotelprimavera-chianti.it

Zimmervermietung Il Nido dei Ciappi, Appartement für 2 Pers. für 75 € pro Tag. Via Francesco da Barberino 35 (im Zentrum), ✆ 347-9726831 oder 0577-941614, ciappi1@freemail.it

Il Borgo Antico, einfache Unterkunft im Zentrum. Appartement für 2 Pers. 40–50 €, für 5–6 Pers. 70 €. Via Francesco da Barberino 74, ✆ 055-8059271

Agriturismo La Spinosa, ca. 2 km westlich von Barberino (beschildert). Herrliches Landgut mit biologischem Anbau (Wein, Oliven, Obst), ausgezeichnet mit fünf Ähren, der höchsten Klassifizierungsstufe für Bauerhofunterkünfte. Für die Gäste stehen Restaurant, Pool und Tennisplatz bereit, außerdem gibt's Möglichkeiten zum Bogenschießen. Die Zimmer sind großzügig und - kosten pro Person 75 € (inkl. Frühstück). ✆ 055-8075413, ℻ 055-8066214, info@laspinosa.it, www.laspinosa.it

Agriturismo La Colombaia, der nette Besitzer bietet 4 Appartements für 2–4 Pers. an. Mindestmietdauer 3 Nächte (ab 180 €), pro Woche ab 350 €. 4 km auf der Via Cassia in Richtung Poggibonsi bis zur Località San Martino ai Colli. ✆ 055-225618, lacolombaia@tin.it, www.lacolombaiagriturismo.it

Agriturismo Il Cipressino, 9 km von Barberino entferntes Landgut mit 4 Zimmern, gepflegte Anlage mit Pool. DZ inkl. Frühstück 75–90 €. Loc. Cipressino, ✆/℻ 055-8079043,

Hübsche Parkanlage in Barberino

Enotheka mit Wohnzimmeratmosphäre

Chianti
Karte Umschlag vorne

info@cipressino.it, www.cipressino.it

Il Paretaio, Reiterferien in einem rustikalen Herrschaftshaus mit 6 Zimmern einige Kilometer südlich von Barberino bei S. Filippo. Vom Hof phantastische, unverbaute Aussicht. Alles nett improvisiert. DZ 70–90 €. ✆ 055-8059218, www.ilparetaio.it

• *Camping* **Camping Semifonte**, einer der raren Campingplätze der Gegend. Recht schöner Platz, nicht allzu viel Schatten, mit Pool. Pro Person 6,50 €, Zelt 7 €, Wohnwagen/-mobil 9 €, Auto 2 €. Geöffnet Mitte März bis Ende Oktober, man sollte für die Sommermonate frühzeitig reservieren. Via U. Foscolo 4. Anfahrt: Von Norden kommend, muss man gleich in die erste Straße in Barberino links einbiegen (Via U. Foscolo) und der Beschilderung folgen. Etwa 300 m vom Zentrum. ✆/℻ 055-8075454, ℻ 055-705790 (im Winter), semifonte@semifonte.it, www.semifonte.it

• *Essen und Trinken* Im Centro storico von Barberino gibt es zwei Möglichkeiten zum Einkehren, beide befinden sich neben der Kirche S. Bartolomeo:

Pizzeria/Spaghetteria L'Archibugio, von der Terrasse herrlicher Blick auf die Hügellandschaft. Tägl. ab 19 Uhr geöffnet, mittwochs geschlossen. Via Vittorio Veneto, ✆ 055-8075209

Osteria Il Campanellino, das „Glöckchen" ist in der uralten Dorfbäckerei mit Gewölbe untergebracht. Gegrillte und frittierte Spezialitäten sowie hausgemachte Pasta. Im Sommer ebenfalls auf der schönen Terrasse mit Panoramablick. Mo geschlossen. ✆ 055-8079149

La Sosta del Papa, in dem alten Gasthof rechts an der Via Cassia nach Poggibonsi hat einst ein Papst einen Übernachtungsstopp eingelegt. Auch schön zum Draußensitzen. ✆ 055-8075626

• *Wein* In der **Enoteca Il Canto di Bacco** an der Piazza Barberini kann man die biologisch angebauten Weine von La Spinosa (s. o.) und andere Erzeugnisse des Gutes probieren und kaufen. So geschlossen.

Sehenswertes/Umgebung

Pieve S. Appiano: Die sehenswerte romanische Kirche befindet sich 4 km südwestlich von Barberino. Einige Elemente (z. B. die halbrunde Apsis) stammen bereits aus dem 10. Jh., der größte Teil der bedeutenden Pfarrkirche mit herrlichen Fresken aus dem 14./15. Jh. wurde jedoch im 12. und 13. Jh. gebaut. Neben der Kirche sind noch einige Säulen einer antiken Taufkapelle zu sehen. Ein Abstecher hierher lohnt allerdings nur bedingt, denn die Kirche ist oft verschlossen.

Anfahrt Am südlichen Ortsausgang von Barberino rechts ab (Beschilderung Appiano), dann zweimal links der Beschilderung folgen.

San Donato in Poggio

Das mittelalterliche Dorf mit seiner gut erhaltenen Stadtmauer aus dem 13. Jh. liegt weithin sichtbar auf einem Hügel nahe der Autobahn Florenz–Siena.

Ähnlich wie das nahe gelegene Tavarnelle befindet sich auch San Donato etwas abseits der gängigen Chianti-Routen. Das Dorf gibt sich beschaulich, und es macht Spaß, durch die wenigen schmalen Gassen des historischen Ortskerns zu schlendern. Ein paar Geschäfte in der „Hauptstraße", eine Weinbar, das war's dann auch schon mit den touristischen Ambitionen des Ortes.

Eindrucksvollstes Gebäude im Zentrum von San Donato ist der im Renaissancestil gebaute **Palazzo di Malaspina** an der gleichnamigen Piazza, der sich im Privatbesitz befindet und daher nur von außen besichtigt werden kann (siehe Übernachten).

San Donato in Poggio wurde bereits im Jahr 989 erstmals in einem Dokument der nahe gelegenen Abtei Passignano erwähnt. Im 12. und 13. Jh. schlossen Florenz und Siena in der ehemals heftig umkämpften Burg von San Donato zweimal Friedensverträge. Von der ehemaligen Festung ist allerdings nichts mehr zu sehen, lediglich die später errichtete Ummauerung aus dem 13. Jh. gibt Hinweis auf die einstige Bedeutung des Ortes. Die Häuser innerhalb der Stadtmauer stammen zum Großteil noch aus dem 14. Jh.

Wer einen Abstecher nach San Donato macht, sollte auch den drei folgenden Kirchen Beachtung schenken: zunächst der **Chiesa S. Maria delle Neve** aus dem 14. Jh. mit ihren gotischen Stilelementen (im Ort), dann der schlichten romanischen Pfarrkirche **Pieve di San Donato in Poggio** mit Campanile aus dem 12. Jh. (etwas außerhalb an der Umgehungsstraße gelegen) und schließlich der Wallfahrtskirche **Oratorio Santa Maria a Pietracupa** aus dem 16. Jh. (an der Straße Richtung Castellina), in der ein Fresko der Jungfrau Maria mit Kind aus dem Jahr 1600 von Paolo Schiavo zu bewundern ist.

• *Information* In der Dorfstraße (Via del Giglio 47). Mo–Sa 9–12.30 und 16–19 Uhr, So 9–12.30. Auch Internetzugang (30 Min. 1,30 €). ✆ 055–8072338, www.sandonatoinpoggio.it

> Im Haus der Touristeninformation ist ein **kleines Museum** mit dem Handwerkszeug der Weinbauern eingerichtet. Die meisten Ausstellungsstücke stammen aus der zweiten Hälfte des 19. Jh.

• *Busverbindungen* 10x tägl. nach Tavernelle und 9x nach Florenz. Ticketverkauf in der Bar an der Piazza Orlandini im Zentrum (beim oberen Stadttor). Hier auch Abfahrt der Busse.

• *Fahrradverleih* In der Weinhandlung Vineria. Via del Giglio, ✆ 348-3851184 (Info auch im Proloco)

• *Übernachten* **Bed & Breakfast Palazzo** Malaspina, 5 Zimmer im alten Palast direkt im Zentrum, mit frischen Blumen dekoriert und fein eingerichtet. DZ 98–108 €. Es gibt selbstgemachten Kuchen. Via del Giglio 35, ✆ 055-8072946, ℻ 055-8092047, info@palazzo malaspina.it, www.palazzomalaspina.it

Zimmervermietung La Locanda di Pietracupa, am Ortsausgang in Richtung Castellina. 4 neue Zimmer werden über dem gleichnamigen Restaurant angeboten. DZ 70 €. Via Madonna di Pietracupa 31, ✆ 055-8072400, info@locandapietracupa.com, www.locandapietracupa.com

• *Essen und Trinken* **Antica Trattoria La Toppa**, im historischen Zentrum nahe der

Schattige Laube als Rastplatz

Piazza Malaspina. Die Tische des Restaurants sind in der schmalen Gasse aufgestellt, gemütliches Ambiente. Bei Touristen und Einwohnern gleichermaßen beliebt, mittleres Preisniveau, mittags und abends (im Sommer nur abends) geöffnet, montags geschlossen. ✆ 055-8072900

La Taverna di Ciccino, direkt an der Piazza Malaspina, die günstigere Variante. Große Pizza-Auswahl, viele um 5 €. Außerdem gibt es Antipasti und Mozzarella mit gegrilltem Gemüse. Man sitzt gemütlich an der Piazza, nur abends geöffnet, Mi geschlossen. ✆ 055-8072307

La Locanda di Pietracupa, gediegenes Restaurant mit Zimmervermietung (siehe Übernachten). Hausgemachte Pasta 9 €, Secondi 14 €. Di geschlossen. Via Madonna di Pietracupa 31 (Richtung Ortsausgang auf der Straße nach Castellina), ✆ 055-8072400, info@locandapietracupa.com, www.locandapietracupa.com

Wanderung Nr. 2: San Donato

Kurzbeschreibung: Leichte Rundwanderung ins Tal der Pesa, vorbei an einer Terrakottamanufaktur und einer ehemaligen Mühle. Einkehrmöglichkeit nach ca. 2 Stunden im Weiler Sicelle. Der Rückweg führt über ein wenig befahrenes Asphaltsträßchen. Die Gesamtstrecke (gut 9 km) ist in ca. 3 Stunden zu schaffen. Die Tour ist auch mit dem Mountainbike gut zu machen.

Wegbeschreibung: Der Ausgangspunkt ist **die Porta Fiorentina (WP 1)** in San Donato. Wir überqueren die Landstraße Sambuca–Castellina und folgen der Strada Montecchio bis zu einer Terrakottamanufaktur rechts am Weg **(WP 2)**. Von hier führt ein schattiger Waldweg ins Tal hinunter. Bei einem Abzweig **(WP 3)**, an dem für müde Wanderer eine Laube mit Brotzeittisch aufgestellt wurde, orientiert man sich zunächst nach rechts (nicht nach Rignana), um dann nach ca. 50 m links in den Schotterweg einzubiegen, der zum Gut **San Polo** (mit Turm) führt **(WP 4)**. Hier handelt es sich wohl um einen der wenigen Bauernhöfe im Chianti, die noch „original halbzerfallen“ auf einen

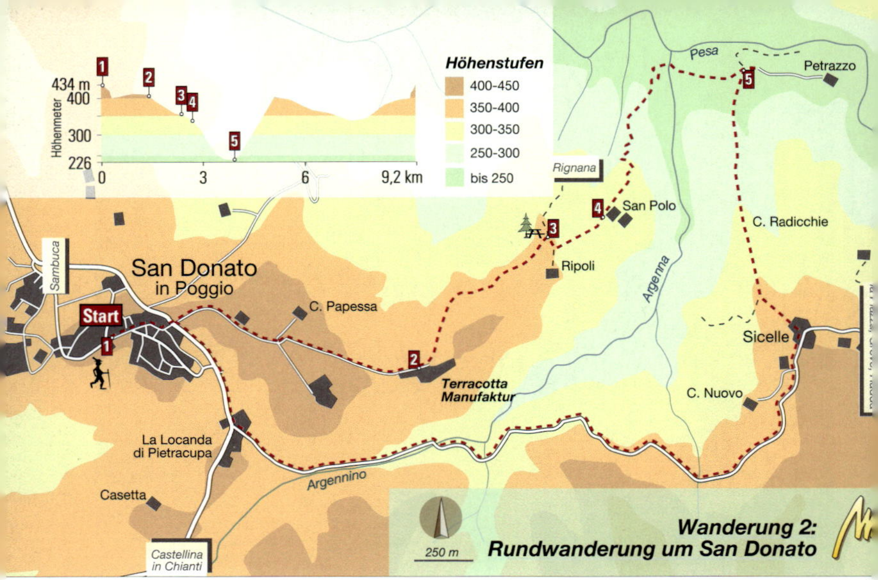

neuen Besitzer warten. Von San Polo hat man einen hübschen Panoramablick auf die Gegend von Panzano.

Es geht links an den Gebäuden vorbei weiter. Der Weg führt, abgeschattet durch Bäume, weiter ins Tal hinunter. Unten angelangt, dem etwas höher angelegten Dammweg kurz folgen und zwischen Weinfeld und Bach entlanggehen. Bald trifft man auf eine Weggabelung **(WP 5)**, hier scharf rechts den Feldweg hoch. Man erreicht nach einem längeren Anstieg den Weiler **Sicelle.** Rückweg nach San Donato über ein wenig befahrenes Asphaltsträßchen.

Greve in Chianti

Das Zentrum der Region ist nicht so alt wie die anderen Orte, hat aber städtischen Charakter. Hübsch ist die zentrale Piazza Matteotti, auf der jeden Samstag ein überaus attraktiver Markt abgehalten wird. Ein Muss für jeden, der Wochenmärkte mag!

Mitten auf dem Platz thront eine Statue von *Giovanni Verrazzano*. Der Seefahrer, dessen Familiensitz im Ortsteil Greti liegt, erreichte 1524 die Hudson-Mündung an der amerikanischen Ostküste. In New York erinnert heute die Verrazzano-Bridge zwischen Brooklyn und Staten Island an ihn.

Die 170 Bauern der Genossenschaft von Greve gehören zu den größten Chianti-Produzenten. Auf insgesamt 850 Hektar reifen die Trauben für 2,5 Millionen Flaschen Wein! Entsprechend groß ist die Auswahl in den Enoteche von Greve, z. B. in der **Enoteca del Chianti Classico „Gallo Nero"** (im Sommer täglich geöffnet, sonst Mi geschlossen) am oberen Ende der Piazza Matteotti. Im hintersten Raum stehen die ältesten und kostbarsten Jahrgänge. Wie wäre es z. B. mit einem Jahrgang 1892 für 300 € als Geburtstagsgeschenk? Das teure Exemplar stammt aus der Badia a Passignano, als deren Weinberge noch nicht den Antinoris gehörten.

Eine weitere Enoteca mit glänzender Auswahl ist **Le Cantine** in den ehemaligen Weinkellern von Greve an der Piazza delle Cantine 2 (Eingang hinter dem COOP-Super-

Treffpunkt – Greve-Arkaden

markt an der Durchgangsstraße; täglich 10–19 Uhr durchgehend geöffnet, www.lecantine.it). In den weitläufigen Räumlichkeiten können über 140 verschiedene Weine probiert werden, viele im Selfservice-Verfahren: Mit einer vorher erworbenen Chipkarte kann das Probierglas per Schankautomat gefüllt werden. Nicht aufgebrauchte Guthaben werden rückerstattet (Kartenwert 10, 15, 20 oder 25 €).

Information/Verbindungen/Musikevents/Markt

- *Information* **Touristen-Info**, am Ortseingang (von Norden kommend) an der Hauptstraße rechts in einem Holzhaus untergebracht. Informationen auch zu Kochkursen, Weingutbesichtigungen etc. März–Okt. Mo–Sa 9.30–13 und 14.30–19 Uhr. Viale G. da Verrazzano 59, ✆ 055-8546287, 📠 055-8544149, turistoffice@chiantiechianti.it, www.chiantislowtravel.it

Chianti Slow Travel, von Nov. bis März kann man sich an diese Agentur wenden, die auch bei der Vermittlung von Zimmern und Fewos weiterhilft. Mo–Fr 9–13 und 14.30–19 Uhr. Piazza Ferrante Mori (am großen Parkplatz beim Postamt, neben den öffentlichen Toiletten), ✆ 055-8546299 oder 055-8546287, 📠 055-8544240, info@chiantiechianti.it, www.chiantislowtravel.it

- *Busverbindungen* Stündlich nach Florenz, wo man nach 1 Std. Fahrt genau im Zentrum eintrifft (letzter Bus um ca. 19 Uhr); alle 90 Minuten nach Panzano und zweimal täglich nach Radda.
- *Parken* Großparkplatz direkt hinter der Brücke über den Greve-Bach an der Touristeninfo **Chianti Slow Travel** oder an der Piazza Trento. Beide bislang gratis.
- *Internet* Zugang zum Netz bietet das **Cafe Lepanto** auf der Piazza Matteotti.
- *Zweiradverleih* Fahrrad 10 €, Roller 30 € pro Tag. Marco Ramuzzi, Viale Falsettacci 6 (Zentrum), ✆ 055-853037
- *Konzerte* **Estate concertistica**, in der Kirche des Nachbardorfes Lamole finden von Juni bis Sept. Sa und So manchmal Kirchenmusikkonzerte statt (Schubert, Bach etc.).

Daniel-Ferro-Musiksommer, Gesangsdarbietungen, vom Klavier begleitet, im Juli/August. Oft in Schlössern, die sonst nicht der Öffentlichkeit zugänglich sind (www.ferrovocalprogram.org).

- *Museum* **Museo di Arte Sacra**, in den drei Sälen des alten Konvents ist Kirchenkunst aus der Region zu sehen. Do u. Fr 10–13 Uhr, Sa/So 16–20 Uhr. Eintritt 3 €.

• *Markt* **Wochenmarkt**, samstagvormittags auf der Piazza Matteotti. Alltägliches und Feinkost. Die Porchetta, ein Spanferkelbraten, ist eine Spezialität und sollte am Verkaufswagen probiert werden.

Ein **Biomarkt** mit allem, was „biologico" ist, findet jeden 4. So von 9 bis 19 Uhr auf der Piazza statt. Am 2. Maiwochenende ist **Blumenmarkt**. Balkon- und Gartenblumen verwandeln die Piazza in ein Meer von bunten Blüten. Ostermontag und am 2. Oktoberwochenende findet der **Mercatino delle Cose del Passato** statt, ein großer Trödel- und Secondhand-Markt. Die **Weinmesse** am 2. Septemberwochenende ist Treffpunkt für internationale Weineinkäufer.

Übernachten/Essen und Trinken

• *Übernachten* *** **Del Chianti (4)**, im Zentrum. 16 Zimmer, nach hinten Garten mit Zitronenbäumchen, außerdem gibt's im Innenhof einen einladenden Swimmingpool. DZ mit Bad und Frühstück 85 €. Piazza Matteotti 86, ✆/℻ 055-853763, info@albergodelchianti.it, www.albergodelchianti.it

*** **Giovanni da Verrazzano (8)**, im Zentrum, schöne Lage genau „über" dem Marktplatz. Das Hotel, dessen Zimmer klein und auf der Rückseite ruhiger sind, hat auch ein gutes Restaurant. DZ mit Bad und Frühstücksbuffet 105 €. Piazza Matteotti 28, ✆ 055-853189, ℻ 055-853648, info@verrazzano.it, www.verrazzano.it

Zimmervermietung Casa al Sole (3), im Zentrum (direkt an der Hauptstraße). Mit älterem Mobiliar eingerichtete Zimmer, nicht gerade günstig. DZ mit Frühstück je nach Saison 80–95 €. Viale Vittorio Veneto 82, ✆ 055-8546429, www.casaalsole.net

Agriturismo Pian del Gallo (1), kleines Anwesen knapp 1 km außerhalb; wer von Norden kommt, biegt links in die Via A. Gramsci ein und folgt ihr. Von außen mit viel Liebe und Geschmack hergerichtet, die zwei Appartements (2/4/6 Pers. zu 60/80/120 €) sind ebenfalls hübsch. Vermietet werden auch DZ zu 65 € (Frühstück 5 € extra). Ein kleiner Pool ist vorhanden. Via di Uzzano 31, ✆ 055-853365, ℻ 055-8546849

Agriturismo und Zimmervermietung La Casa Nuova (2), 1 km vom Zentrum entfernt (10 Minuten zu Fuß). Von Florenz aus - an der Ampel hinter der Touristeninfo links und dann noch ca. 800 m (ausgeschildert). DZ ohne Bad 60 €, mit Bad 75 € (jeweils mit Frühstück). ✆ 055-853459

Bed & Breakfast Casale Le Masse (13), ein paar Minuten vom Zentrum entfernt (Straße Richtung Friedhof/San Michele). Die freundliche Besitzerin vermietet 4 Zimmer, wobei sich jeweils 2 ein Bad (blitzsauber) teilen. Garten und Pool vorhanden. DZ 70 €. ✆ 055-8547401, info@casalelemasse, www.casalelemasse.it

Belvedere (12), kurz vor Casale Le Masse (ausgeschildert). Ein einfaches Miniappartement zu 60–70 €. ✆ 055-853070

• *Außerhalb* Die traumhafte Villa **Vignamaggio** bietet natürlich auch Unterkünfte, allerdings der Luxusklasse. DZ ab 150 €. ✆ 055-854661, www.vignamaggio.com

Agriturismo/Bed & Breakfast Le Muricce, ca. 2 km von Greve entfernt. Empfangen wird man von den zwei netten Besitzern. Die Bilder an den Wänden sind Werke aus dem eigenen Atelier. Neben den Zimmern kann auch ein kleines Appartement gemietet werden. Außerdem wird für die Gäste gekocht, das Abendessen kostet 24 €. DZ 78–85 €. Zunächst in Richtung Panzano, dann am Abzweig nach Lamole links abbiegen und noch etwa 1,2 km weiter. ✆ 055-8544522, ℻ 055-39031195, info@muricce.it, www.muricce.it

** **Albergo/Zimmervermietung Da Omero**, Straßenlage, vermietet werden Zimmer und schöne Appartements. Im nüchtern gekachelten Restaurant findet man eine große Auswahl an einfachen und preisgünstigen Gerichten. DZ mit Bad 78 € (plus 7 € Frühstücksaufschlag). Passo dei Pecorai (ca. 7 km im Nordwesten von Greve, Richtung Castelgreve), ✆ 055-850715, ℻ 055-850495

Agriturismo Poggio all' Olmo, schöner Agriturismo mitten in den Weinbergen und Olivenhainen zwischen Greve und Lamole (von Greve ca. 10 Min.). 2 Appartements (90–110 €) in einem umgebauten Heuschober und 2 DZ mit Kochgelegenheit (75 €). Herrlich kühler Pool ist vorhanden." Via Petriolo 30, ✆ 055-8549056, ℻ 055-853755, olmo@greve-in-chianti.com, www.greve-in-chianti.com/olmo.htm

Agriturismo Castello di Lamole, rustikales Mittelalter im etwas 9 km von Greve entfernten Weiler Lamole. Am steilen Hang unterhalb der 9 Appartements (jeweils mit Terrasse) findet sogar ein Pool noch Platz. 2-Pers.-Appartement 105–115 € (mit Früh-

Übernachten
1 Pian del Gallo
2 La Casa Nuova
3 Zimmervermietung Casa al Sole
4 Del Chianti
8 Giovanni di Verrazzano
12 Belvedere
13 B&B Le Masse
Essen & Trinken
5 Nerbone
6 La Torre delle Civette
7 Il Portico
9 Mangiando Mangiando
10 Via Veneto
11 Giovanni di Verrazzano
Florenz
Greve
Viale Giovanni Verrazzano
Via Giulio Pastore
Via Mario Rossi
V. Montebeni
S. C. di Cologne
Via Salvador Allende
Via S. Allende
Via Giorgio la Pira
Via di Cologne
Piazza Don Minzoni
Via M. Vani
Via dell' Egualianza
Piazza 25 Luglio
Via della Pace
Via della Fratellanza
Via della Libertà
Piazza Indipendenza
Via di Zano
V.le Lino Falsettacci
Via A. Grandi
Via G. Brodolini
Via I Stecchi
Via Antonio Gramsci
V. Buondelmonti
S. C. Castello di Montefioralle
Via Primo Maggio
Via G. di Vittorio
Via A. Vespucci
Viale Rosa Libri
S. C. del Castello
Piazza Trento
Via San Francesco
D. Giuliotti
Via Roma
Viale Vittorio Veneto
V. Corta
Via Battisti
Via dell' Arco
Viale G. Vanghetti
Via Antica Figlinese
Figline
Via B. Sanminiatelli
Piazza della Resistenza
Via Luca Cini
Piazza Matteotti
V. Camaldoli di Sotto
Via Cuccuini
Piazza Trieste
Via Maestro da Greve
P. Mantegazza
Via IV Nov
Via Gius. Garibaldi
Via Danimarca
S. C. di Melazzano
Via d. Lama
Greve
100 m
Castellina

stück 10 € mehr). ✆ 055-8547006, 055-630498 oder 055-8547115 (Restaurant)

• *Essen und Trinken* **Giovanni da Verrazzano (11)**, siehe gleichnamiges Hotel. Einladende Speiseterrasse über dem Platz, gute Küche, nicht zu teuer. Mo geschlossen.

Osteria Mangiando Mangiando (9), der Imbiss (mit kleiner Terrasse) auf der Piazza hat sich zu einer gemütlichen Adresse für kleine Gerichte gemausert. ✆ 055-8546372

Auf der Piazza hat man darüber hinaus noch die Wahl zwischen dem rustikalen Gewölbe des **Nerbone (5)**, ✆ 055-853308, Di geschlossen, und dem Restaurant **Il Portico (7)**, ✆ 055-8547426, Mi geschlossen.

La Torre delle Civette (6), einfache Pizzeria, von Einheimischen und von Touristen besucht. Gute Pizza aus dem Holzofen, nicht teuer. Oberhalb des Parkplatzes (neben dem Palazzo Torre), Di geschl.

Via Veneto (10), gute Pizzen und endlich mal ein paar Fischspezialitäten (zu empfehlen ist die Pasta mit Gamberetti). Zwar mit Neonlampen ausgeleuchtet, aber dafür mal ohne touristischen Toscana- Humbug. Mo geschlossen. Via Veneto 20, ✆ 055-8544841

Pandemonio, wem der Sinn nach leckeren Paninis oder frischen Backwaren (salzig oder süß) steht, kann hier Brotzeit machen. Via Garibaldi (neben der Kirche).

• *Eisdiele* Hervorragende Qualität und gute Auswahl an Eissorten in der **Antica Gelateria** an der Hauptstraße neben dem Coop.

• *Außerhalb* **Ristoro di Lamole**, Restaurant im malerischen, aber einsamen Weiler Lamole (ca. 9 km von Greve entfernt). Mit schöner Terrasse, von der man einen herrlichen Blick auf die Chianti-Hügel genießt. Gute Küche, aber mittlerweile auch hier relativ teuer. Mittags und abends geöffnet, am Wochenende kann es Platzprobleme geben. Mi geschlossen. ✆ 055-8547050 oder 055-8547034

Locanda Borgo Antico, 15 km von Greve entfernt. Trattoria mit nettem Wirt und Florentiner Spezialitäten zu noch akzeptablen Preisen. Die mit uraltem Efeu eingerankte Terrasse mit entsprechendem Blick ist der Tipp sowohl fürs Mittag- als auch fürs Abendessen (Di geschlossen). Auch Übernachtungsmöglichkeit. DZ ab 52 €. Località Dimezzano, Lucolena, ✆ 055-851024, www.ilborgoantico.it

Wanderung Nr. 3: Von Greve nach Panzano

Kurzbeschreibung: Größtenteils leichte Wanderung, der Anstieg ab Greve kostet etwas Kraft. Die Strecke führt zum Großteil durch Wald und ist nicht markiert. Gehzeit ca. 2–2,5 Stunden, keine Bars, Restaurants o. Ä. auf dem Weg.

Verbindungen: Busse an Werktagen etwa stündlich von Panzano nach Greve, von Florenz ebenfalls etwa stündlich Busverbindungen nach Greve und weiter nach Panzano.

Parken in Greve: Am besten an der Piazza della Resistenza oder in den umliegenden Straßen. Zur Piazza kommt man über die SS 222 (aus nördlicher Richtung), im Zentrum von Greve links abbiegen Richtung Figline (SP 16), Parkplatz gleich auf der rechten Seite. Vom Parkplatz zur Piazza Matteotti über den kleinen Fluss (Fiume Greve).

Kartenmaterial: Carta dei Sentieri e Rifugi, Siena e Dintorni – Monti del Chianti (43), Montagnola Senese (44). Edizioni Multigraphic Firenze.

Wegbeschreibung: Ausgangspunkt der Wanderung ist das **Albergo del Chianti** am nordöstlichen Ende der Piazza Matteotti im Zentrum von Greve. Am Albergo in die **Via delle Conce** stadtauswärts einbiegen, kurz darauf (beim Stromhäuschen, **WP 1**) geht es bergauf in die **Via Sagrona**, dann geradeaus weiter auf einen Feldweg, der ziemlich steil den Berg hinaufführt.

Der Feldweg verengt sich bald darauf zum schmalen Pfad und zieht sich weiter steil bergauf in südwestliche Richtung. Nach ca. 15 Minuten Gehzeit stößt man (nach einer Zypressenallee) auf einen größeren Feldweg, dem man rechts hinauf folgt. Auf diesem Weg nun nur noch leicht bergan durch lichten Wald, weiterhin in südwestliche Richtung. Nach knapp 200 m erreicht man eine Kreuzung **(WP 2)**, nach weiteren 150 m die zweite Kreuzung **(WP 3)**, beide ignorieren und geradeaus weitergehen. Wendet man an diesem Abschnitt der Strecke den Blick nach halbrechts, eröffnet sich eine schöne Aussicht auf den festungsartigen Weiler **Montefioralle** auf der gegenüberliegenden Seite.

Der Weg führt weiter – stetig leicht bergauf – durch lichten Wald, wird dann im Verlauf etwas steiler, kurz darauf erscheint auf der linken Seite das eingezäunte Anwesen **Grillaie**, rechter Hand bietet sich immer noch der schöne Blick auf Montefioralle.

Etwa 100 m nach dem eingezäunten Anwesen Grillaie gelangt man zu einer Weggabelung **(WP 4)**: hier links ab und weiter leicht bergauf durch lichten Wald. Etwa 200 m weiter bei einer Abzweigung (ignorieren) wird der Wald von Macchia-Gebüsch am Wegesrand abgelöst (kaum noch Schatten); nur noch vereinzelt Bäume, dafür bietet sich ein toller Blick auf die Gegend.

Der Weg verläuft mittlerweile in südliche Richtung. Nach ca. 30 Minuten Gesamtgehzeit erreicht man das **Gut Montegonzi**, hier werden Appartements vermietet (s. u.).

Von Montegonzi führt der Weg nun bergab weiter in südliche Richtung. Halblinks sieht man auf dem Hügel gegenüber schon das private Anwesen La Rimbecca. 200 m nach Montegonzi gabelt sich die Straße **(WP 5)**, hier geht es links bergauf Richtung **La Rimbecca** (unauffälliges Schild) und im Folgenden am Saum eines lichten Waldes entlang.

Kurz darauf erreicht man La Rimbecca, hier endet der Fahrweg. Gegenüber dem nun links unterhalb liegenden Anwesen biegt man rechts ab auf einen steilen, steinigen Pfad hinauf in südwestliche Richtung **(WP 6)**. Kurz nach Erreichen des Waldes wird der gut erkennbare Pfad (nur z. T. etwas

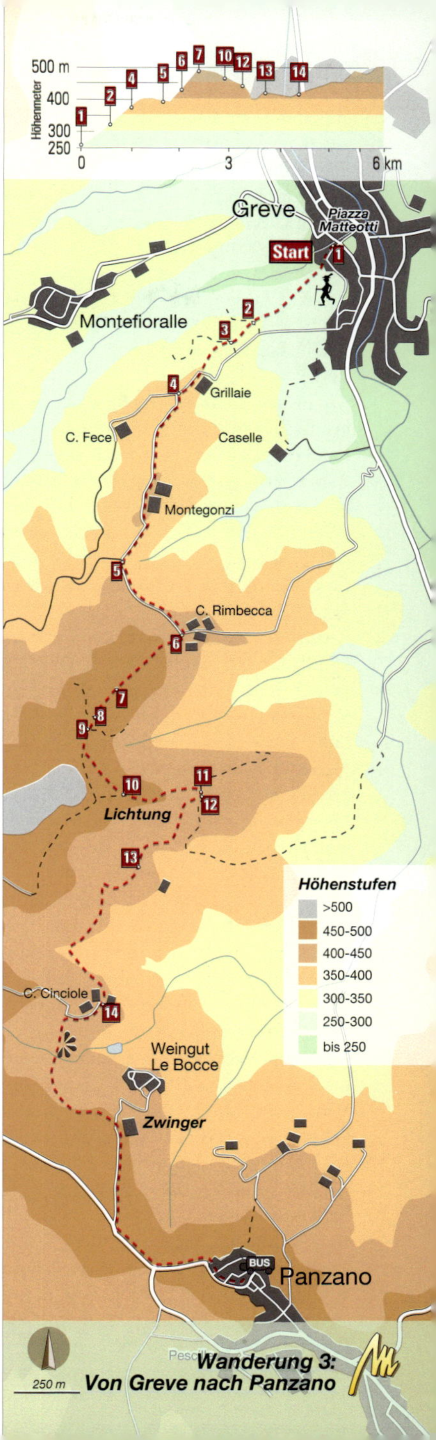

zugewachsen) etwas breiter und führt zunächst recht steil bergauf. Diesem Pfad immer geradeaus in südwestliche Richtung folgen. Nach ca. 15–20 Minuten (ab Rimbecca) passiert man einen **Jagdunterstand (WP 7)**. Etwa 150 m nach dem Unterstand mündet von links ein Weg in den Pfad **(WP 8)**, 30 m weiter – an einer Lichtung **(WP 9)**– folgt erneut ein Weg von rechts (beide ignorieren).

An dieser **Lichtung** (gesamte Gehzeit bis hierher ca. 1 Stunde) geht man halblinks bergab. Den kurz nach der Lichtung abzweigenden Weg rechts bergauf ignorieren, man bleibt weiter auf dem linken Weg, der jetzt – als gut begehbarer Waldweg – in südsüdöstliche Richtung durch einen schönen **Laubwald** führt.

Knapp 10 Minuten nach der Lichtung stößt man auf einen Querweg **(WP 10)**, in den man links hinunter in östliche Richtung einbiegt, dann geht's auf breitem Weg über Steinplatten bergab. Nach weiteren 5 Minuten gelangt man erneut zu einer Lichtung (nicht zu übersehen), von der drei Wege abzweigen. Hier muss man den **mittleren Weg** in östliche Richtung nehmen.

30 m nach der Lichtung gelangt man zu einer **Weggabelung (WP 11)**, hier geht es rechts hinab. Bei der unmittelbar darauf folgenden Gabelung **(WP 12)** (nur ca. 5 m weiter) geht's halbrechts bergab in südsüdwestliche Richtung.

Auf dem Waldweg nun ständig bergab, man verlässt bald darauf den lichten Wald und trifft auf einen breiten Schotterweg (**WP 13**), dem man rechts ca. 200 m weit folgt, um ihn dann gleich wieder bei einer Rechtsbiegung nach links zu verlassen.

Im Verlauf des Weges nun diverse Abzweigungen, die man ignoriert. Immer auf dem Hauptweg bleiben. Bald darauf sieht man halbrechts am Hang die **Casa Cinciole** (**WP 14**). Der Weg verläuft – nun wieder durch etwas dichteren Wald – weiter in südwestliche Richtung. Ca. 15 Minuten nach der letzten Gabelung öffnet sich der Blick auf das Castello di Panzano und auf das unterhalb liegende Weingut Le Bocce sowie auf Cinciole.

Kurz darauf gelangt man zu einer Gabelung, hier rechts weitergehen in südwestliche Richtung. Nach weiteren 5 Minuten erscheint auf der linken Seite des Weges ein Zaun, an dem man ein gutes Stück entlanggeht, oberhalb sieht man ein Gehöft. Kurz darauf überquert man einen kleinen **Bachlauf**, dann geht es wieder an einem Zaun auf der linken Seite entlang, der Weg verläuft jetzt in südöstlicher Richtung.

Kurz darauf kommt man zu einem großen **Hundezwinger** (erkennbar am wütenden Gebell), am Zaun der Hinweis „Area Addestramento Cani". Es geht ein gutes Stück an dem eingezäunten Hundezwinger entlang. Am Tor der Zwingeranlage zweigt man rechts ab den Berg hinauf (ca. 30 Minuten ab der großen Gabelung).

Nach 300 m auf einem Schotterweg bergauf gelangt man zu einer größeren **Schotterstraße**, in die man links (in südliche Richtung) einbiegt. Die breitere Straße verläuft zwischen den Weinbergen, nach links hinunter hat man einen herrlichen Blick auf Le Bocce, den benachbarten kleinen Teich und die Hügellandschaft des Chianti. Nach ca. 600 m auf der Schotterstraße geht es bei einem Haus mit rotem Tor links hinunter zum **Weingut Le Bocce** (s. u.)

Geradeaus weiter führt die Schotterstraße nach Panzano. 400 m nach der Abzweigung nach Le Bocce gelangt man auf die Hauptstraße, hier links hinunter abbiegen. Nach 500 m auf einer asphaltierten Straße erreicht man das **Castello di Panzano**. Zum Castello hoch (hier ein nettes Ristorante) und ins Zentrum von Panzano an der Durchgangsstraße. Hier diverse Bars, Bushaltestelle.

Montefioralle – ein Weinbauerndorf wie im Bilderbuch

Greve/Umgebung

Castello di Montefioralle

Dieser wirklich schöne Weiler liegt knapp 2 km westlich von Greve und thront eindrucksvoll auf einem Hügel. Von hier zogen die Bewohner im späten Mittelalter ins Tal, um den Marktflecken Greve auszubauen. Der Ort selbst soll angeblich die Geburtsstätte des weltberühmten *Amerigo Vespucci* gewesen sein – eine These, die zwar heute kaum mehr haltbar ist, das Image von Montefioralle jedoch bedeutend hebt. Fest steht, dass hier im Mittelalter zahlreiche Adelsfamilien residiert haben, unter ihnen auch die bekannte Familie Ricasoli und die besagten Vespuccis.

Das Castello di Montefioralle wurde erstmals 1085 erwähnt und 1250 zum Sitz der „Lega di Greve" ernannt. Nur zehn Jahre später wurde die einst militärisch bedeutende Festung bei der Schlacht von Montaperti zum großen Teil zerstört. Die zahlreichen Türme trug man ab und errichtete mit dem Material Wohnhäuser. Montefioralle konnte seine einstige Bedeutung nie zurückerlangen. Im Gegenteil: Viele Bewohner wanderten ins nahe gelegene Greve ab.

Sein heutiges romantisches Ortsbild hat Montefioralle im 14. Jh. erhalten. Im Inneren der ehemals oktogonal angelegten Festung (mit vier Toren) gibt es nur eine einzige Gasse, die als Rundweg um die romanische Chiesa Santo Stefano am höchsten Punkt des Weilers herumführt. Die Kirche ist allerdings meist verschlossen.

Wer sich um die Faschingszeit im Chianti aufhält, sollte sich auf keinen Fall die **Sagra delle Fritelle** entgehen lassen. Das Dorffest ist voll und ganz dem Faschingskrapfen gewidmet und vor allem für Kinder ein tolles Erlebnis.

• *Übernachten/Essen* **Taverna del Guerrino**, die einzige Übernachtungsmöglichkeit in der einzigen Gasse von Montefioralle (Hausnummer 39/43). 2-Pers.-Appartements (über steile Stufen zu erreichen) zu 70 € pro Tag. Außerdem gibt es hier die leckersten gegrillten Steaks der Gegend (vom Holzkohlengrill). Für das Gebotene nicht zu teuer, das Restaurant mit Terrasse ist weit über die Grenzen von Greve hinaus bekannt. Mo und Di geschlossen. Unser Tipp. ✆ 055-853106 (im Sommer Reservierung empfehlenswert), niccolai.ma@tiscali.it

La Castellana, rustikales Restaurant gleich am Ortseingang mit kleiner Terrasse für schöne Sonnenuntergänge. Mo geschlossen. ✆ 055-853134

Castello di Verrazzano

An der Stelle einer etruskischen, später römischen Siedlung befindet sich heute eine der Top-Adressen für Chianti-Wein: Das Castello di Verrazzano, in dem seit Ende des 12. Jh. Wein produziert wird, war nicht nur Gründungsmitglied des „Consorzio del Gallo Nero" im Jahr 1924, sondern liefert noch heute äußerst hochwertige, aber auch relativ teure Chianti-Weine.

Der Geburtsort des Lokalhelden *Giovanni di Verrazzano* (s. auch unter Greve) präsentiert sich heute als festungsartiges Anwesen mit zinnengekröntem Turm (1427). Von Verrazzano aus genießt man einen herrlichen Blick auf das Chianti-Gebiet.

• *Anfahrt* Von Greve in nördliche Richtung in den 3 km entfernten Nachbarort Greti fahren, an der Verrazzano-Probierstube (gleiches Angebot und Preise wie im Castello) links abbiegen (beschildert), dann noch 2 km bergauf, zunächst Asphalt, dann Schotter. Keine Busverbindung.

• *Wein* Das Schloss mit Garten und Weinkeller kann von Mo bis Fr um 11 Uhr in Form einer etwa 2-stündigen Führung besichtigt werden (Reservierung erforderlich). Es gibt zwei Varianten: Führung und Verkostung von 4 Weinen zu 16 € oder Führung und eine ausgiebigere Degustation mit Salami-, Schinken- und Käsespezialitäten zu 38 €. Degustation in der angenehmen Probierstube ist aber auch ohne Führung ganztägig möglich (kostenlos). Die Preise für einen Chianti Classico D.O.C.G. liegen bei ca. 12,50 €, Riserva je nach Jahrgang ab 21 €, günstiger die einfacheren I.G.T.-Weine (6–7 €). Supertuscan I.G.T.-Weine im Barrique-Ausbau ab ca. 25 € (Weiße 19,50 €). Darüber hinaus kann man bei Verrazzano auch Grappa, Vin Santo, Olivenöl, Balsamico-Essig und Honig erstehen, alles jedoch auf hohem Preisniveau. ✆ 055-854243, 📠 055-854241, www.verrazzano.com

• *Übernachten* In einem der Bauernhäuser des Anwesens in großzügigen DZ (90 €, inkl. Frühstück) oder im Appartement (2/4 Pers.). ✆ 055-853211 oder 055-854243

Castello Vicchiomaggio

Die „Nachbarburg" von Verrazzano liegt ähnlich exponiert auf einem Hügel und bietet einen herrlichen Blick auf das Grevetal und die Umgebung. Das Castello aus dem 10. Jh., ehemals eine langobardische Festung, diente später den Florentinern als wichtiger strategischer Stützpunkt bei den Auseinandersetzungen mit Siena. Umgebaut wurde Vicchiomaggio erstmals in der Renaissance, heute beherbergt das Weingut u. a. auch ein Hotel (Appartements) und ein Restaurant.

• *Anfahrt* Auf der Chiantigiana (SS 222) von Greve in nördliche Richtung, 4 km nach Greve links ab (beschildert), dann noch 1,5 km auf Asphaltstraße den Berg hinauf. Keine Busse.

• *Wein* Probier- und Verkaufsstube von Vicchiomaggio direkt an der Abzweigung von der SS 222, tägl. 9–12.30 und 14.30–19.30 Uhr geöffnet, kostenlose Degustation. Chianti Classico S. Jacopo D.O.C.G. 10 €, Riserva D.O.C.G. 14–20 €, Supertuscan (I.G.T.) 11,50–26 €, im Angebot auch Grappa und Olivenöl. Beim Castello Vicchiomaggio selbst keine Degustation oder Verkauf.

• *Übernachten* Schicke Appartements im alten Gemäuer des Castello, für das Gebotene noch nicht mal allzu teuer: 2-Pers.-Appartement ab 700 € pro Woche (pro Nacht 107 €), 4er-Appartement ab 900 € pro Woche. Zum Anwesen gehört ein sehr schöner Garten mit Pool. Ohne Auto langweilt man sich hier jedoch wahrscheinlich zu Tode. ✆ 055-854079, 📠 055-853911, www.vicchiomaggio.it

• *Essen und Trinken* Zum Castello gehört auch ein empfehlenswertes, stilvoll eingerichtetes Restaurant, das jedoch meist größeren Gruppen mit Vorbuchung vorbehalten ist. Am Wochenende auch für die Allgemeinheit geöffnet, telefonische Reservierung erforderlich (✆ 055-854079).

Castello di Mugnana

Das vielleicht eindrucksvollste Schloss im nördlichen Chianti-Gebiet liegt hinter hohen Mauern versteckt auf einer Anhöhe. Das Castello mit mächtigem Wachturm befindet sich an der Stelle einer etruskischen Siedlung, die einst „Munius" hieß. Später wurde dieser Ort – wie auch die gegenüberliegende Festung **Sezzate** – von den Langobarden eingenommen. 1198 rief Florenz auf Mugnana die „Lega Toscana", einen Zusammenschluss der Stadt Florenz mit einigen Orten des Chianti-Gebietes, ins Leben. Das Castello di Mugnana zählt zu den besten Beispielen der mittelalterlichen Architektur im Chianti-Gebiet. Leider ist die imposante Burg in der Regel nur von außen zu bewundern, lediglich Gruppenführungen werden mit etwa einwöchiger Voranmeldefrist durchgeführt (✆ 055-8572021). Das Weingut Castello di Mugnana produziert neben Chianti Classico Gallo Nero auch hochwertiges Olivenöl.

• *Anfahrt* Aus nördlicher Richtung: auf der Chiantigiana (SS 222) kurz nach Strada halblinks ab (beschildert), 2,5 km von der Hauptstraße. Aus südlicher Richtung: in Chiocchio bei dem braunen Hinweisschild „Chiesa di San Donato a Mugnana" rechts abbiegen in die Via Mugnana und der Straße folgen.

• *Übernachten* Das Gut **Montegonzi** vermietet frisch renovierte Appartements, jedes mit eigener Terrasse für 2–4 Personen, die im Sommer (August) 600–700 € pro Woche kosten. Sehr ruhiges, einsam gelegenes Anwesen mit Pool, ideal für Ruhesuchende, schöner Ausblick. ✆ 055-8544809, 📠 055-4620006, www.chiantinet.it/montegonzi

Panzano in Chianti

Das malerische Festungsdorf erhebt sich auf einer Hügelkuppe, und zwar an der Stelle, wo der alte etruskische Fahrweg von San Casciano (siehe „Off the beaten track" auf S. 53) auf die Chiantigiana trifft. Die imposante Burg aus dem 12. Jh. mit ihren hübschen Ecktürmen ist nicht zu besichtigen. Ein Österreicher hat hier seinen Traum vom schöneren Wohnen realisiert.

Fast gradlinig führt die Dorfstraße von der Piazza Bucciarelli hoch zur **Chiesa Santa Maria**, einem wuchtig gemauerten Kirchenbau aus der Zeit der Jahrhundertwende. Dahinter sind noch gut erhaltene Teile der Befestigungsmauer zu sehen, dann folgt ein dichter Hain mit uralten, schrumpeligen und bereits mehrfach „verarzteten" Steineichen. Auf dem Weg zur Kirche kommt man an Keramikwerkstätten und anderen kleinen Handwerksbetrieben vorbei, u. a. an einem Schuhmacherladen, wo Lederwaren nach individuellen Wünschen gefertigt werden.

Auf der Piazza wird sonntagvormittags (!) der Wochenmarkt veranstaltet, auch alle anderen Läden am Platz haben dann geöffnet. Das in der Woche beschauliche Dorfleben findet ebenfalls auf der Piazza statt.

In Panzano haben sich schon seit längerer Zeit typische Handwerksbetriebe angesiedelt (Schuhmacherei, Restaurateur- und Keramikwerkstätten etc.), die teilweise zu besichtigen sind und dem Dorf ein kreatives Flair verleihen. Den Höhepunkt bildet aber ganz ohne Zweifel die **Antica Macelleria Cecchini**, deren Besuch dem einer Theatervorstellung nahe kommt: Bei klassischen Opernarien kann hier Salami und toscanischer Schinken mit einem Gläschen Chianti-Wein probiert werden. Zwi-

Chianti Karte Umschlag vorne

schendurch zelebriert Maestro Dario Cecchini sehr anschaulich seine Kunst des Wurstmachens und des Verkaufens! Manchmal finden auch kleine Ausstellungen oder auch Konzertveranstaltungen statt. Besonders an Wochenenden wird man hier alle die treffen, die dazugehören. Wo man schon mal in der Gegend ist, sollte man auch selbst nicht fehlen!

Information/Verbindungen/Adressen

- *Information* In Panzano gibt es kein Touristenbüro mehr. Für Infos wendet man sich an die Touristeninfo in Greve.
- *Busverbindungen* Alle 90 Min. Greve, 4 x Florenz.
- *Wochenmarkt* Sonntagvormittags treffen sich die Einheimischen auf der Piazza Bucciarelli, um inmitten von Gemüse, Schuhen und gegrillten Hähnchen alles zu besprechen, was sich in der vergangenen Woche so ereignet hat.

Chiesa Santa Maria

Am 1. Sonntag eines jeden Monats findet im Zentrum das Markttreiben **Aprilante** statt, eine Art Kunsthandwerksmarkt, auf dem auch toscanische Spezialitäten verkostet werden können.

- *Einkaufen* **Antica Macelleria Cecchini**, hier wird Fleisch und Würsten ordentlich mit Kräutern zugesetzt! 9–14 Uhr, Fr/Sa bis 19 Uhr, Mi geschlossen. Mittags gibt's Snacks und aus dem Röhrenverstärker klassische Arien, die gelegentlich vom Metzgermeister live untermalt werden. Via XX Luglio, ✆ 055-852020

Macelleria Checcucci, auch hier gibt es Fleisch und Geflügel aus einer eigenen kleinen Produktion. Zwar in unspektakulärem Ambiente, aber von sehr guter Qualität, und das zu moderateren Preisen. Piazza Ricasoli.

Il Giardino delle Essenze, schöne Tischdecken aus Leinenstoffen, handbestickte Handtücher, Keramik und andere Dekorationsartikel. Die ansprechende Verkaufsausstellung befindet sich etwas außerhalb des Zentrums. Man orientiere sich vom Zentrum in Richtung Mercatale bis zum Kreisverkehr und achte dann auf die Ausschilderung. Die Ladeninhaberin erteilt auch gern und ausführlich Auskunft über touristisch relevante Fragen. Via Case Sparse 39.

- *Geldautomat* Banca Toscana an der Piazza Bucciarelli (neben der Enoteca Baldi).
- *Handwerk* **Bottega Restauro Mobili**, Antiquitätenladen mit angeschlossener Werkstatt eines jungen Tischlers aus dem Ort. Hier kann man sich ansehen, wie toscanische Bauernmöbel im Arte-Povere-Stil restauriert werden. Via Chiantigiana 6–8.

Janine Loohuis – Keramik, Werkstatt und Verkauf. Piazza Ricasoli.

- *Immobilien* **Studio Montagliari**, Immobilien-Agentur an der Piazza Ricasoli. ✆ 055-852606

Toscana Casa Immobiliare, deutschsprachig, aufs Chianti spezialisiert. Via San Leonino 14, ✆/℻ 055-852749

- *Internet* In der Bar/Pizzeria **Conca d'Oro** im Zentrum an der Via Chiantigiana, neben der Apotheke.

Fensterblick B&B La Piazzetta

Chianti Karte Umschlag vorne

- *Parken* Parkplatz oberhalb der Hauptstraße, kurz nach Ortseingang aus nördlicher Richtung (aus Greve kommend).
- *Zeitungen* Täglich Zeitungen aus Deutschland, der Schweiz und Österreich gibt es im kleine Zeitungslädchen an der Hauptstraße gegenüber der Bar.

Kunsthandwerk: Pro Arte

Der Laden von Federico, einem hier heimisch gewordenen Schweizer, ist außergewöhnlich. Die traditionelle Florentiner Keramik – weißer Grund, Hauptfarbe Blau – haben sie vielleicht schon woanders gesehen. Die anderen Produkte aus der Terrakotta-Werkstatt jedoch, von der farbigen Maske bis zum dekorativen, frostbeständigen Blumenkübel, sind durchaus eigenständige Schöpfungen. Bewundernswert sind auch die edlen, handgemachten Schuhe aus Rindsleder – elegant bis rustikal, wie Sie's möchten, auch Sonderanfertigungen. Darüber hinaus wird Schmuck verschiedener Herstellungsart angeboten.

Sie finden Federicos Laden in Lucarelli, das ca. 4 km von Panzano entfernt liegt (erst Richtung Castellina, dann nach Radda abzweigen). Mi und Sonntagnachmittag geschlossen.

Übernachten

*** **Villa Sangiovese**, ehemaliges Herrenhaus unter Schweizer Leitung mit vielen Stammgästen genau am Dorfplatz. 19 Zimmer, Pool, Restaurant (Mi geschlossen) und Garten mit schöner Aussicht aufs Umland. DZ mit Frühstück je nach Ausstattung 108–160 €. Jan./Feb. geschlossen. Piazza Bucciarelli 5, ✆ 055-852461, ✆ 055-852463, villa.sangiovese@libero.it, www.wel.it/Villasangiovese

*** **Relais Fattoria Valle**, toscanische Villa

aus den ersten Jahren des 19. Jh., von einem Park umgeben und in traumhafter Lage. Aus dem ehemaligen Wohnsitz florentinischer Adliger ist eine komfortable, etwas unpersönliche Ferienresidenz mit 13 schön eingerichteten Zimmern (teilweise mit tollem Ausblick) und Pool geworden. DZ mit Frühstück je nach Ausstattung 110–125 €. Kurz vor Ortseingang (aus Greve kommend) auf der rechten Seite (ausgeschildert). Via Case Sparse 56, ✆ 055-852482, 📠 055-852716, www.fattoriavalle.com

La Piazzetta, das familiär-freundliche Haus im Zentrum Panzanos ist eine Bereicherung in der Rubrik „bezahlbare Bed-&-Breakfast-Unterkünfte". Den Gast erwartet ein moderner Bau mit 7 geschmackvollen Zimmern (Telefon/Satelliten-TV), alles ist sehr gepflegt. Die aufgeweckte Besitzerin hilft mit Tipps für die Umgebung weiter. DZ ab 65 €. Via il Mascherone 45 (ausgeschildert), ✆/📠 055-852933, info@infochianti.com

Zimmervermietung Marco Vigni, in einem alten Stadthaus an der Hauptstraße in Richtung Panzano Alto. Die 4 einfachen, ordentlichen Zimmer erreicht man über steile Steintreppen. DZ 52–72 € (auch Küchenbenutzung). Via G. da Verrazzano 5/7, ✆/📠 055-852748, info@vignituscanyrooms.it, www.vignituscanyrooms.it

Zimmervermietung Sergio Sieni, an der Hauptstraße (gleich an der Apotheke). 3 Zimmer, 2 davon mit eigenem Gärtchen. DZ 57–77 €. Via Chiantigiana 29, ✆ 055-852328, holydaychiantihouse@interfree.it, www.panzano.com/sieni.htm

Panzanino, am südlichen Ortsausgang. 2 Appartements, Vermietung auch tageweise (67 €). Einige Zimmer mit Terrasse direkt zur Straße. DZ ohne Frühstück 57 €. ✆ 055-852274

• *Agriturismo* **Villa Il Palagio**, herrlich restauriert und umgeben von einem sehr gepflegten Garten mit Pool, außerdem hauseigene Cantina. Alles vom Feinsten, trotzdem rustikal und sehr familiär. Entsprechend hohe Preise, Näheres unter www.villailpalagio.com. Via Case Sparse 38, ✆ 055-852933. Mit dem Auto ca. 3 Minuten vom Zentrum in Richtung Mercatale.

• *Außerhalb* **Villa Rosa**, 4,5 km südlich von Panzano gelegen, gepflegte, rosafarbene Villa aus dem 19. Jh. mit Pool und Restaurant für die Hotelgäste. Stilvolles Ambiente, geschmackvoll eingerichtete Zimmer, alle mit Bad, TV, Telefon und Minibar, allerdings nur 3 der 15 Zimmer mit Terrasse. DZ mit Frühstück 90 € (mit Terrasse 120 €). Geöffnet von Ostern bis 1. November, man sollte etwa einen Monat vor der Anreise buchen. Von Panzano auf der SS 222 in südl. Richtung, nach 3,5 km halblinks ab nach Radda, genau 1 km nach der Abzweigung liegt das unübersehbare Gebäude auf der linken Seite. ✆ 055-852577, 📠 055-8560835, www.resortvillarosa.it

Essen und Trinken

Ristorante Il Vescovino, knapp vor der Chiesa Santa Maria. Hübsche, noch nicht ganz zugewachsene Terrasse mit großartigem Blick in die Chianti-Landschaft. Die neuen Besitzer haben sich für eine moderatere Preisgestaltung entschieden. Di geschlossen. ✆ 055-8560152

Trattoria Oltre il Giardino, unterhalb des kleinen Hauptplatzes (Richtung Mercatale). Originelle toscanische Gerichte, allerdings teuer. Tolle Terrasse mit Fernblick. Mo geschlossen. ✆ 055-852828

Fattoria di Montagliari, das Weingut und Restaurant hat nach langer, langer Zeit einen neuen Besitzer. Man kann sich hier auch in den in der Villa neu ausgebauten Zimmern einmieten (DZ 85 € inkl. Frühstück). Das Restaurant ist nach wie vor rustikal-gemütlich eingerichtet. Mo geschlossen. ✆ 055-852014 bzw. 055-852184, www.montagliari.it

Pizzeria Conca d'Oro, die erschwinglichere Variante im Zentrum (an der Hauptstraße), Via Chiantigiana.

• *Außerhalb* **Osteria Le Panzanelle**, mit schönem Gärtchen. Die jungen Leute machen eine einfache, gute Küche. Ungezwungene Atmosphäre mit vielen einheimischen Gästen. Richtung Radda/Castellina an der SS 222, Ortsteil Lucarelli. Mo geschlossen. ✆ 0577-733511

Bar/Pasticceria, mit ein paar Tischen und Stühlen davor. Die Bar für den Cappuccino und ein, zwei Stücken Kuchen aus der reichlichen Auswahl der hauseigenen Bäckerei. Außerdem gibt es hier die Tickets für die Busse nach Florenz.

Café La Curva, die „Kurvenbar" – auch exzellente Eisadresse – ist doch tatsächlich unlängst renoviert worden!

Die Dorfkirche von Sicelle, nahe Panzano

Wein

Es gibt ungefähr ein halbes Dutzend Vinotheken vor Ort, darunter **Il Vinaio** im letzten Haus an der Dorfstraße (direkt vor der Chiesa Santa Maria) mit einer hübschen Panorama-Terrasse an der Rückseite. Do geschlossen.

L'Enoteca del Chianti Classico, die einst winzige Weinhandlung ist in die Hauptstraße (Via Chiantigiana) umgezogen und bietet neben einer schönen Aufmachung und einer großen Weinauswahl auch kleine Speisen an.

Enoteca Baldi, die direkt an der Piazza Bucciarelli gelegene Enoteca lockt ebenfalls mit einer großen Auswahl an Weinen, einem einladenden Ambiente und einer kleinen Speisekarte.

Sehenswertes/Umgebung

Zwei Kirchen in der Nähe von Panzano lohnen alleine schon wegen ihrer Lage einen Besuch. Beide stehen im Zusammenhang mit dem *heiligen Eufrosino*, von dem man recht wenig weiß. Der Legende nach soll er – aus Persien vertrieben – von Paulus persönlich gesandt worden sein, um die Menschen im Chianti zu missionieren. Wahrscheinlich wurde er jedoch erst in einer zweiten Christianisierungsphase im 7. Jh. von Rom hierher geschickt, um den eingewanderten Langobarden das Christentum zu verkündigen.

San Leolino a Panzano: Die Kirche liegt etwa 1,5 km hinter dem Ortsausgang Richtung Castellina links oben am Hügel. Eine mit Ornamenten verzierte Sandsteinplatte vor dem Hauptaltar deutet auf eine vorromanische Gründung um das 8./9. Jh. hin. 1508 wurde die Kirche mit den 17 dazugehörenden Bauernhöfen dem Hospital Santa Maria Nuova in Florenz übergeben, dessen Wappen, ein Krückstock, an den Fenstergittern eingearbeitet ist. Aus dieser Zeit stammen auch der ungewohnt breite, fünfbogige Portikus und der zierliche Glockengiebel.

Im Inneren sind einige bemerkenswerte Gemälde aus dem 12.–15. Jh. aufbewahrt, die nach einem Kunstraub im Jahr 1979 wieder aufgefunden und teilweise restauriert wurden. In einer Nische des linken Schiffes befindet sich eine aus dem 18. Jh. stammende Terrakotta-Büste des heiligen Eufrosino. Zum Abschluss des Kirchenbesuchs sollte man einen Blick auf den schmucken ziegelgedeckten Kreuzgang werfen (rechts vorn durch die Tür).

⌚ täglich 10–12.30 und 15–19 Uhr.

Oratorium des heiligen Eufrosino: Etwas unterhalb des Abzweigs nach San Leolino führt rechts ein Schotterweg hinunter. Das von Bäumen versteckte Oratorium – einst ein beliebtes Pilgerziel – ist auf den ersten Blick von den Bauerngehöften kaum zu unterscheiden. Erst der Anblick des neulich ausgebesserten seitlichen Portikus verschafft Gewissheit, dass man sich vor einem sakralen Bau befindet. Hier soll Eufrosino seinen Lebensabend verbracht haben; angeblich wurde er fast 90 Jahre alt. Auf seinem Grab wurde später das Oratorium errichtet. Wegen Baufälligkeit ist es schon seit längerer Zeit geschlossen. Eine Wiedereröffnung ist nicht vorgesehen: „Eufrosino – wen kümmert denn der Heilige heute noch“, meint der benachbarte Weinbauer. Er selbst habe sich vor allem um seinen Weinberg zu kümmern.

Zum Pilgerziel wurde das Oratorium vor allem wegen einer Quelle, der man Heil- und Wunderkräfte nachsagte. Sie befand sich direkt unterhalb des Altars. Der Priester konnte so das wundertätige Wasser schöpfen und in einer Zeremonie an die Gläubigen verteilen. Heute liegt über der Quelle ein kleines Kapellchen, dessen gläserne Tür nur am ersten Sonntag im Mai, am ersten Sonntag im September und am 3. November, dem Todestag des Heiligen, aufgeschlossen wird. Vermutlich wird aber auch die große Zisterne beim Portikus vom selben heiligen Wasser gespeist.

Unweit des Oratoriums steht das Tempelchen **Fontino di Sant'Eufrosino**, wo einst ebenfalls eine Heilung versprechende Quelle sprudelte. Wegen des dichten Brombeergestrüpps ist es allerdings fast nicht zu finden. Wer es dennoch versuchen will: im Tal zur linken Seite des Oratoriums (ca. 5 Minuten zu Fuß). Falls man – was in dieser Gegend durchaus möglich ist – im Schlamm stecken bleibt, tröstet eine Flasche Chianti-Wein am besten über die erfolglose Pilgerschaft zum heiligen Wasser hinweg.

• *Übernachten* **Agriturismo Volpaie**, ca. 1,5 km vor Lamole. Restauriertes Bauernhaus mit Pool, stilvoll eingerichtet. Extrem ruhige, sehr schöne Lage am Waldrand, äußerst entspannend. DZ mit Bad und Frühstück ca. 94 €. Für die Sommermonate sollte man spätestens im April reservieren. ✆/℡ 055-8547123, levolpaie@user.ats.it

• *Weingut Cennatoio* Vom oberen Tor (falls verschlossen, klingeln) des exklusiven Weinguts führt ein Feldweg 600 m bergab zum Anwesen. Cennatoio wurde wiederholt vom „Feinschmecker“ prämiert, weitere Auszeichnungsurkunden diverser Fachblätter sind in der schlichten Probierstube zu begutachten. Im Angebot befinden sich überwiegend Rotweine allerhöchster Qualität, viele von ihnen werden im Barriquefässern ausgebaut. Außerdem gibt's Grappa, Olivenöl, Balsamico-Essig, eingelegte Oliven und Marmelade.

Das Weingut liegt herrlich auf einer Anhöhe, man kann einen Blick in den Weinkeller werfen, Probierstube und Verkauf sind normalerweise ganztägig geöffnet. Ein Besuch lohnt auf jeden Fall! ✆ 055-8963230, ℡ 055-8963488, www.cennatoio.it

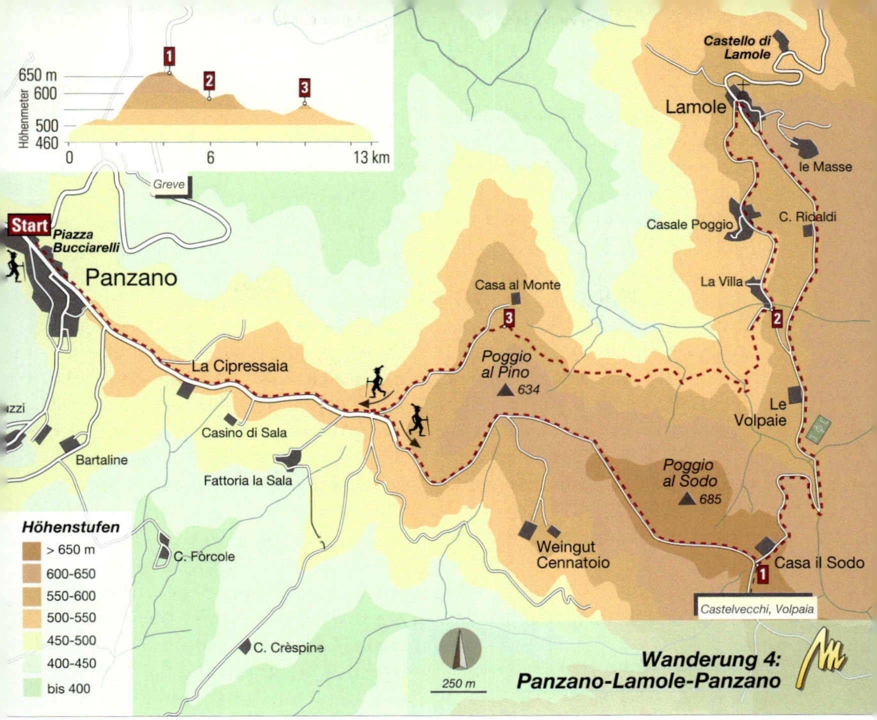

Wanderung Nr. 4: Von Panzano nach Lamole und zurück

Kurzbeschreibung: Lange, aber leichte Wanderung, die etwa 2 km außerhalb von Panzano erst zum Rundweg wird. Anfangs schattenlos über Schotterpiste, nach dem Weiler Lamole schattige und reizvolle Strecke durch den Wald. Restaurant in Lamole. Gehzeit ca. 3,5–4 Stunden, die Wanderung kann bis Volpaia/Castelvecchi ausgedehnt werden (ca. weitere 3 Stunden).

Verbindungen: Busse etwa stündlich von Panzano nach Greve, von Florenz ebenfalls etwa stündlich Busverbindungen nach Greve und weiter nach Panzano.

Kartenmaterial: Carta dei Sentieri e Rifugi, Siena e Dintorni – Monti del Chinati (43), Montagnola Senese (44). Edizioni Multigraphic Firenze.

Wegbeschreibung: Ausgangspunkt ist die **Piazza Bucciarelli** im Zentrum von Panzano (an der Durchgangsstraße SS 222). Von hier nimmt man die zunächst asphaltierte Straße (später Schotter) in südöstliche Richtung zum **Weingut Cennatoio** (beschildert).

Ca. 900 m hinter Panzano gelangt man zur Käserei **La Cipressaia** auf der rechten Seite, die einzige Käserei, in der der Schafskäse Pecorino noch handgemacht wird. Wer hier Käse kaufen möchte, wende sich an das Haus rechts unterhalb der Straße, man geht dann mit Ihnen zur ganztägig geöffneten Käserei, die links oberhalb der Straße liegt.

Nach gut 30 Minuten (ca. 2 km) auf der Schotterstraße (ab Panzano) gelangt man zu einer Straßengabelung, hier rechts abbiegen in Richtung **Castelvecchi**, **Casa al Bosco** und **Le Volpaie**. Diese Gabelung markiert den Beginn des Rundwegs, man trifft später – nach der Rundtour Lamole – wieder auf diese Straße zurück nach Panzano. Gleich darauf geht es auf einer staubigen Piste bergauf, nach etwa 20 Minuten sieht man auf der rechten Seite die Zufahrt zum Weingut **Azienda Vinicola Cennatoio** (s. u.).

Weiter der Piste/Forststraße in südöstliche Richtung auf der Anhöhe folgen, bisweilen kann man Greifvögel (z. B. Milane) sehen. Von hier oben bietet sich ein schöner Weitblick auf die Landschaft des Chianti. Nachdem man (ab Cennatoio) ca. 30 Minuten auf der Anhöhe gelaufen ist, gelangt man zur Gabelung **(WP 1)** von **Casa il Sodo**, hier links ab der Beschilderung nach Lamole folgen. Es geht durch lichten Wald immer leicht bergab, bald überquert man über eine Steinbrücke einen kleinen Fluss. Schön zu laufen, relativ schattiger Streckenabschnitt. Nach etwa 20 Minuten (ab Abzweigung) geht es links ab zum **Agriturismo Volpaie**, hier Übernachtungsmöglichkeiten (s. u.).

Geradeaus weiter auf der Piste gelangt man nach etwa 25–30 Minuten zum Ort Lamole mit Kirche und der mittelalterlichen Befestigung, im Ortskern kann man in der Bar oder im **Ristoro Lamole** (s. u.) eine Mittagspause einlegen, bevor man sich auf den – überwiegend bergauf führenden – Rückweg nach Panzano macht.

Von Lamole genießt man einen wunderschönen Blick hinüber nach Panzano und auf den unterhalb des kleinen Ortes gelegenen Weiler **La Villa** der auch an der Wanderstrecke liegt.

Am Ristorante an der Piazza von Lamole geht es nun links hinunter auf schmaler Asphaltstraße durch Oliventerrassen, kurz darauf kommt man am modernen gelben Gebäude einer Weinproduktion vorbei (nicht zu besichtigen), 400 m später hat man **Casale Poggio**, eine kleine Häuseransammlung, erreicht. Von hier geht man weiter auf der schmalen asphaltierten Straße durch die Weinberge zum Weiler **La Villa**, am letzten Haus des kleinen Orts **(WP 2)** zweigt man rechts ab auf den Feldweg, der zwischen zwei Weinbergen bergab in südliche Richtung führt.

Am Ende des Weinbergs (ca. 200 m nach La Villa) beschreibt der Feldweg einen **Linksknick**, dem man (bergab) folgt. Der Weg führt nun am Fluss entlang, den man bald darauf auf einer kleinen Brücke überquert. Auf der anderen Flussseite jetzt auf dem sehr schön begehbaren, schattigen Waldweg in westliche Richtung bergauf. Der Fluss liegt unterhalb, der Weg schlängelt sich am Hang entlang durch den Wald, sehr idyllisch.

Nach gut 45 Minuten ab La Villa taucht **(WP 3)** auf der rechten Seite die **Casa del Monte** auf einer Anhöhe auf, man bleibt jedoch weiter auf dem Waldweg (einmündende andere Wege ignorieren). Bald darauf wird der Waldweg zu einem breiteren Forstweg, der jetzt leicht bergab, dann wieder etwas bergauf führt. Etwa 15–20 Minuten nach der Casa del Monte kommt man zurück zur ersten Weggabelung (an der man auf dem Hinweg rechts abgebogen ist), von hier sind es noch mal ca. 25–30 Minuten zurück bis Panzano.

• *Essen und Trinken*: **Ristoro di Lamole**, relativ teures Restaurant an der Piazza von Lamole. Mittags und abends geöffnet, von der Terrasse bietet sich ein herrlicher Blick. ✆ 055-8547050 oder 055-8547034.

• *Weingut Cennatoio*: Vom oberen Tor (falls verschlossen, klingeln) des exklusiven Weinguts führt ein Feldweg 600 m bergab zum Anwesen. Cennatoio wurde 1999 zum wiederholten Male vom "Feinschmecker" prämiert, weitere Auszeichnungsurkunden diverser Fachblätter sind in der schlichten Probierstube zu begutachten. Im Angebot befinden sich überwiegend Rotweine allerhöchster Qualität, allen voran der 96er Arcibaldo (50 % Cabernet Sauvignon, 50 % Sangiovese, Barriqueausbau), der mit ca. 50 € pro Flasche an die obere Preisgrenze der Cennatoio-Weine stößt. Außerdem werden noch Olivenöl, Balsamico-Essig, eingelegte Oliven und Marmelade verkauft.

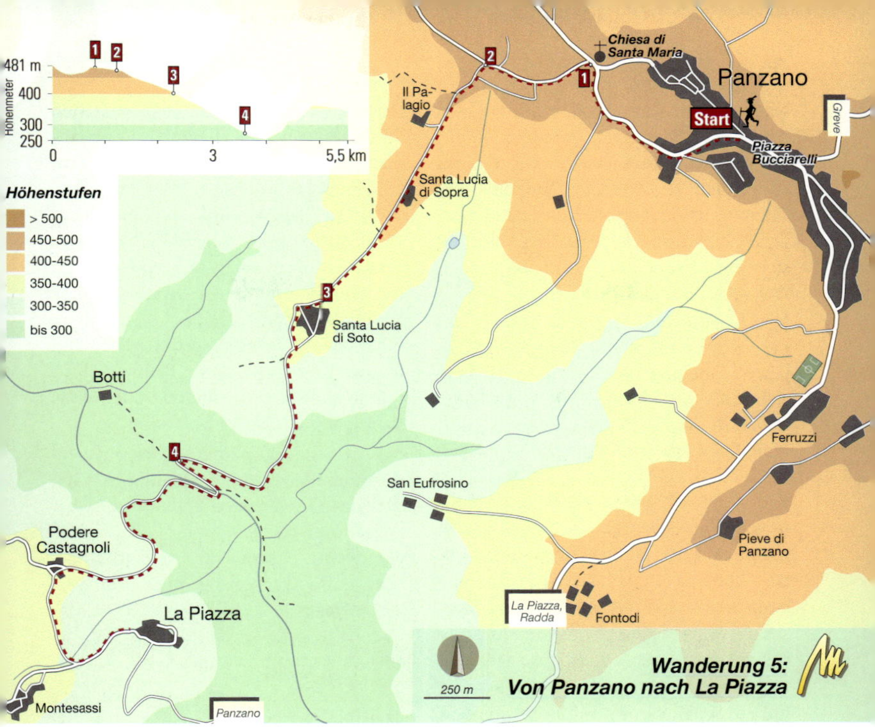

Das Weingut liegt herrlich auf einer Anhöhe, man kann einen Blick in den Weinkeller werfen, Probierstube und Verkauf sind normalerweise ganztägig geöffnet. Ein Besuch lohnt auf jeden Fall! ✆ 055-8963230, 📠 055-8963488. www.cennatoio.it, info@cennatoio.it

Wanderung Nr. 5: Von Panzano nach La Piazza

Kurzbeschreibung: Einfache Wanderung auf Schotter- bzw. Feldweg, zunächst bergab zum Fluss Pesa, nach dessen Überquerung stetig bergauf bis La Piazza. Auf dem ersten Abschnitt kaum Schatten, allerdings auch wenig anstrengend. Ein alternativer Rückweg nach Panzano ist weder ausgewiesen noch leicht zu finden (z. T. auch durch Privatwege kaum passierbar). Hin und zurück ca. 2,5–3 Stunden.

Verbindungen: Etwa stündlich Busse von Greve nach Panzano und zurück, Busse auch ab Florenz via Greve nach Panzano. Achtung: Keine Busverbindung von La Piazza zurück nach Panzano, man muss laufen. Die Chancen, dass man von Panzano ein Taxi anfordern kann, sind gering. Versuchen Sie es ggf. über die Osteria in La Piazza. Verlassen sollte man sich darauf allerdings nicht!

Kartenmaterial: Kompass-Karte Nr. 660, Firenze-Chianti.

Wegbeschreibung: Ausgangspunkt ist die **Piazza Bucciarelli** im Zentrum von Panzano an der Durchgangsstraße SS 222. Von hier die Straße Richtung **Castello di Panzano** in nordwestliche Richtung nehmen. Die Straße führt bergauf (durch einen Torbogen) geradewegs auf die **Chiesa di Santa Maria** (Ende 19. Jh., tagsüber geöffnet) zu. Am höchsten Punkt von Panzano angekommen, wendet man sich nach links und folgt der schmalen asphaltierten Straße.

Nach 400 m (insgesamt ca. 1 km von der Piazza Buccarelli) zweigt man bei der **Cappella delle Grazie (WP 1)** links ab auf den Schotterweg (Beschilderung „Santa Lucia di Sopra") in westsüdwestliche Richtung. Bereits hier eröffnet sich ein schöner Blick auf die Hügellandschaft des Chianti-Gebiets.

Nach knapp 10 Minuten Gehzeit auf der Schotterstraße gelangt man zu einer Gabelung **(WP 2)**, hier hält man sich links in Richtung Casa Nova/Santa Lucia di Sopra. Kurz darauf passiert man das Anwesen **Il Palagio** (Agriturismo, nähere Infos unter ✆ 0339-852070 oder 0338-3997004). Hier dem Schotterweg geradeaus weiter folgen (nicht rechts hinunter abbiegen), wenige hundert Meter weiter (der Weg führt stetig bergab und eröffnet einen tollen Blick auf die Weinberge südlich von Panzano) gelangt man bereits zum Anwesen **Santa Lucia di Sopra** (rotes Haus auf der linken Seite, ca. 40 Minuten ab Panzano). Von hier immer geradeaus weiter (leicht bergab) in südsüdwestliche Richtung. Nach weiteren 500 m erreicht man das Weingut **Santa Lucia di Sotto** (auch *Santa Lucia in Faulle* genannt), hier an der Gabelung **(WP 3)** vor dem Anwesen rechts abzweigen in Richtung **Botti** (Santa Lucia di Sotto quasi links liegen lassen).

Dem kurvigen Schotterweg zwischen Weinbergen weiter bergab folgen, bis man nach 15–20 Minuten (ca. 1 km) ein Holzschild **(WP 4)** mit der Aufschrift „Botti" sieht, hier links halten, weiter der Schotterstraße folgen. Vorbei an der Schranke und nach einigen weiteren Kurven überquert man über eine kleine Steinbrücke den Fluss Pesa. Von nun an führt der Schotterweg bergauf und überwiegend zwischen Bäumen hindurch, sodass man zumindest teilweise ausreichend Schatten vorfindet.

Nach ca. 25–30 Minuten bergauf verlässt man den Wald und sieht direkt vor sich das Gut **Podere Castagnoli**. Dort angekommen, biegt man links ab auf die wenig befahrene Asphaltstraße, nach nur 500 m gelangt man zum Weiler **La Piazza**.

Osteria alla Piazza, leichte etwas innovative Küche, auch gut zum Draußensitzen. ✆ 0577-733580.

Gleicher Weg zurück nach Panzano, Alternativrouten bieten sich nicht an, es sei denn, man schlägt sich querfeldein durch Wiesen und Felder – Panzano als Orientierungspunkt ist jederzeit gut sichtbar. Hält man sich auf dieser Rückroute in nordöstliche Richtung, bietet sich ein Abstecher zum **Oratorium des hl. Eufrosino** an (s. S. 82).

La Piazza

Es gibt einen wirklich gewichtigen Grund, den winzigen Ort südlich von Panzano zu besuchen: die **gleichnamige Osteria**, schön gelegen und mit gemütlicher Terrasse, ist im ganzen Chianti-Gebiet als eines der besten Restaurants der Region bekannt. Ansonsten bietet der Weiler auf einer Anhöhe nur wenig Sehenswertes. Einen Abstecher wert ist allerdings die romanische **Chiesa di San Giorgio a Piazza** (beschildert, tagsüber geöffnet) aus dem 11. Jh. mit Gemälden aus dem 15. Jh. In der **Fattoria San Giorgio alla Piazza** kann man – nach vorheriger Terminvereinbarung unter ✆ 0577-733560 (Signora Eleonora Giovanoni) – Wein, Olivenöl und Honig kaufen. Informationen auch im Restaurant bei ihrem Sohn.

• *Übernachten* **Residence Borgo Sicelle**, 2 km von La Piazza entfernt im Weiler Sicelle (Straße Richtung San Donato). Appartementanlage mit Pool, allerdings ohne Restaurantbetrieb, auch kein Frühstück (Bar im Örtchen fürs Frühstück war bei der Recherche in Planung). Appartements für 2/3/4/6 Pers. je nach Saison 55–75 €. Sicelle ist ziemlich abgelegen, dafür aber auch sehr ruhig (ein Schild weist auf das Hotel hin).

Castellina aus der Ferne

Loc. Sicelle 60, 53011 Castellina in Chianti, ☎ 0577-749737, 📠 0577-807719, www.borgosicelle.it, sicelle@inwind.it

• *Essen und Trinken* **Osteria Alla Piazza**, der Tipp für die Umgebung von Panzano und Radda! Empfehlenswertes, vor allem bei den Bewohnern der Gegend sehr geschätztes Ristorante mit Terrasse, unübersehbar an der Straße in La Piazza gelegen. Jeden Abend bis auf den letzten der 100 Plätze besetzt, man sollte unbedingt einen Tisch reservieren. Sehr gute toscanische Küche, die Weinauswahl ist hervorragend. Für ein Menü (3–4 Gänge) ohne Wein muss man allerdings mit ungefähr 37–42 € pro Person rechnen. Tägl. 12.30–15 und 19.30–22 Uhr, Mo geschlossen. ☎ 0577-733580

Castellina in Chianti

Der Ort liegt im lange umstrittenen Grenzgebiet zwischen Florenz und Siena und hatte häufig wechselnde Besatzer zu ertragen. Gut erhalten ist die alte Burganlage, die heute die Gemeindeverwaltung beherbergt.

In den Sommermonaten ist die Burg zugänglich, oft stehen Kunstausstellungen auf dem Programm. Die Gemeindekirche unterhalb des Burgplatzes ist ein „Neubau", im Inneren wird ein Fresko der Vorgängerkirche San Salvatore aufbewahrt. Nicht weit davon, parallel zur Fußgängerzone, findet man die tunnelartige Via delle Volte; sie ist ein Teil der Stadtbefestigung, in welche die Häuser integriert sind. Sehr schön restauriert und eindrucksvoll beleuchtet, lädt sie vor allem abends zu einem Spaziergang ein. Das dominanteste Bauwerk des Dorfes ist jedoch eine Futtermittelfabrik mit riesigen Silos.

Unter einem kleinen Hügel oberhalb des Hotels Colombaio, im Volksmund „Monte Calvario" genannt, liegt ein **etruskisches Schachtgrab**, dessen vier Eingänge an den Himmelsrichtungen orientiert sind. Gleich am Eingang des Geländes steht ein Kästchen, das auf Knopfdruck für die Beleuchtung der Grabkammern sorgt (Eintritt frei). *Filippo Buonarotti*, einem Nachfahren *Michelangelos*, verdanken wir die Überlieferung der Entdeckungsgeschichte: „Gegenüber dieser Stadt ist ein kleiner Hügel, wo im Jahre des Herren 1507, am 29. Januar, ein gewisser Lando Reben anbaute und dabei, indem er mit dem Eisenpfahl ein Loch machte, um die Reben einzupflanzen, mit dem Pfahl auf ein altes Grab der Etrusker stieß, und aus dem Loch entstieg ein Modergestank, und der Straße zugewandt fanden sie einen mit Kalksteinplatten verschlossenen Eingang, und der Raum war kreuzförmig."

Die meisten der gefundenen Grabbeigaben (2. bis 1. Jh. v. Chr.) sind heute im Archäologischen Museum von Siena zu besichtigen.

Unterwegs

Castellina liegt etwa in der Mitte des Chianti-Gebiets. Die Straßen gehen in alle Himmelsrichtungen ab, sodass man von hier aus ideal Ausflüge unternehmen kann. So führt z. B. die von artenreicher Vegetation gesäumte Panoramastrecke in Richtung Poggibonsi (SS 429) durch schöne Waldgebiete und ermöglicht zwischendurch bemerkenswerte Ausblicke ins weite Land. Die Straße ist allerdings extrem kurvig und stellt hohe Anforderungen an die Fahrkünste. Hier einen Trecker vor sich zu haben kann bedeuten, dass man für die 20 km leicht ein Stündchen Fahrzeit braucht!

Die Route von Castellina in Richtung Monteriggioni/Colle di Val'Elsa ist dagegen ein echter Fahrgenuss, denn die Straße ist nur wenig befahren und führt – je nach Jahreszeit – an Raps-, Mohn- Ginster- und Sonnenblumenfeldern vorbei.

Wer sich von Castellina in Richtung Radda in Chianti orientiert, gelangt über kurvige Straßen in die bewaldeteren Gebiete im Zentrum der Chianti-Classico-Produktion.

Auch die Strecke in Richtung Autostrada Siena–Firenze über S. Donato in Poggio ist in der Landkarte als Panoramastraße grün gekennzeichnet. Bei guter Sicht kann man hier aus weiter Ferne u. a. die Türme von San Gimignano erspähen.

Folgt man der SS 222, der Chiantigina, nach Süden in Richtung Siena, so verlässt man allmählich das Gebiet des Chianti Classico und nähert sich dem Weinanbaugebiet der Colli Senesi.

Information/Verbindungen/Adressen

• *Information* **Tourist-Info** zentral in der Fußgängerzone, hilfsbereit und recht gut organisiert (deutschsprachig). Gebührenfreie Zimmervermittlung, Fahrradvermietung (15 € inkl. Helm) und Internetpoint. März bis Anfang Dez. tägl. 10–13 und 14–18 Uhr. Via Ferruccio 40, ☎ 0577-741392, ℻ 0577-741393, info@essenceoftuscany.it, www.essenceoftuscany.it

Colline Verdi, Eckhaus an der zentralen Piazza del Comune. Reisebüro, ebenfalls gebührenfreie Zimmervermittlung (deutschsprachig). ☎/℻ 0577-740620, info@collineverdi.it, www.collineverdi.it

• *Busverbindungen* Bustickets nach Siena und Florenz gibt es im Tabakladen am Ende der Via Ferruccio und in der Bar Sangallo in der Via Trento e Trieste. Nach Siena 7x tägl., nach Florenz 2x, nach Radda 5x.

• *Internet* In der Touristen-Info im Ortszentrum (s. o.).

• *Medizinische Versorgung* An Englisch sprechenden Ärzten sind vertreten: Dr. Corapi, ☎ 0577-741203, und Dr. Pacella, ☎ 0577-740655. Notarzt unter ☎ 0577-740897.

• *Parken* Besonders am Wochenende wird's sehr voll. Am besten parkt man den Wagen auf dem gebührenfreien Platz, der von der

Die rustikale Basilika von Castellina

Via Trento e Trieste links runter abgeht.

- *Tanken* 24-Std.-Shell-Tankstelle, 2 km außerhalb der Stadt an der Straße Richtung Siena/Castellina Scalo.
- *Camperparkplatz* Hinter dem Hotel Colombaio an der Straße Richtung Radda, 2 Min. vom Zentrum.
- *Markt* Jeden Samstagvormittag.
- *Einkaufen* Es gibt diverse Keramikläden, die von stilvollem Design bis hin zu Kitschkeramik so ziemlich alles bieten. Lebensmittel kauft man am besten im kleinen Coop in der Via Trento e Trieste.

Kräuter, zu den üblichen Geschäftszeiten betreibt Duccio Fontani einen Marktstand mit hervorragende gemahlene Kräutermischungen aus selbstangebauten Kräutern. Am südlichen Ende der Fussgängerzone. ✆ 0039-0577- 740662

- *Reinigung* Die **Lavanderia Chiantigiana** befindet sich in der Via Trento e Trieste im Zentrum.
- *Feste* Weinfest zu Pfingsten im mittelalterlichen Gang der Via della Volte. Musikalisch wird's in der zweiten Septemberwoche, wenn die **Settimana musicale** stattfindet.
- *Kunstpark* Wer zwischen Gotik und Renaissance mal etwas an moderner Kunst gebrauchen kann, sollte den **Parco Sculture del Chianti** besuchen. Der Ausflug lohnt sich auf jeden Fall, um hier in Ruhe die vielen außergewöhnlichen Installationen und Skulpturen internationaler Künstler in einem Steineichenwäldchen zu erwandern. Eintritt 7 €. Località Pievasciata, ✆ 0577-357151, www.chiantisculpturepark.it

Übernachten

Außer den nachstehenden Hotels finden sich einige Luxushotels und Appartements in der Umgebung. Auskünfte in der Tourist-Info oder bei Colline Verdi (siehe Information).

**** **Villa Casalecchi**, ca. 1,5 km außerhalb, etwas abseits der Straße nach Siena. Für Leute, die gerne exklusiv nächtigen. Mitten im Wald, sehr ruhige Lage. Das 200 Jahre alte Gutsherrenhaus ist luxuriös mit Stilmöbeln und Holztäfelungen an den Decken ausgestattet. Familiäre Atmosphäre, großer Park mit Schwimmbad und Tennisplatz. DZ 120–180 €. ✆ 0577-740240, ℻ 0577-741111, info@villacasalecchi.it, www.villacasalecchi.it

*** **Il Colombaio**, an der Chiantigiana (Richtung Florenz, Ortsrand). DZ mit Bad 95 €. ✆ 0577-740444, ℻ 0577-740402

*** **Salivolpi**, 1 km in Richtung San Donato. Bestens renovierter Bauernhof, geschmackvoll eingerichtet, ruhig gelegen. Garten mit kleinem Swimmingpool. DZ mit Bad 95 €. ☏ 0577-740484, ☏ 0577-740998, info@hotelsalivolpi.com, www.hotelsalivolpi.com

*** **Palazzo Squarcialupi**, Palazzo aus dem 15. Jh., genau im Zentrum der Stadt (Fußgängerzone). Telefon, Klimaanlage, Minibar und Satellitenfernseher machen den Aufenthalt in einem der 15 Doppelzimmer der gepflegten Herberge sehr komfortabel (es gibt darüber hinaus noch ein Appartement). Das reichhaltige Frühstück wird in der ehemaligen Küche eingenommen. Im Aufenthaltsraum mit Wandbemalung und Originalmobiliar kann man es sich mit einem Buch bequem machen. Kompetente, deutschsprachige Rezeption. DZ 98–110 €, Appartement 85 €. Via Ferruccio 22, ☏ 0577-741186, ☏ 0577-740386, info@palazzosquarcialupi.com, www.palazzosquarcialupi.com

San Martino, Zufahrt schräg gegenüber dem Albergo Salivolpi. Die meisten Zimmer mit eigenem Bad. Auch eine Gemeinschaftsküche und sogar ein Pool sind vorhanden. DZ ohne Frühstück 60 €. ☏ 0577-740902

Bed & Breakfast Villa Cristina, freundliche Zimmer mit Bad (unbedingt nach dem Turmzimmer mit Panoramablick fragen), die netten Damen machen für ihre Gäste auch Lunchpakete. DZ 73 €. An der Straße Richtung San Donato. Via Fiorentina 34, ☏ 0577-741166, ☏ 0577-742936, cristina@albergacciocast.com, www.villacristina.it

• *Außerhalb* *** **Belvedere di S. Leonino**, ca. 7 km außerhalb, erst Richtung Siena, nach ca. 6 km der Beschilderung folgend rechts abbiegen. Großzügig renoviertes Bauernhaus aus dem 15. Jh., herrliche Umgebung. Pool vorhanden. DZ 130 €. ☏ 0577-740887, ☏ 0577-740924, info@hotelsanleonino.com, www.hotelsanleonino.com

Residenzia del Sogno, in Richtung Greve/Florenz, Zimmer und geräumige Appartements. Die deutschen Besitzer sorgen für ein großes Frühstücksbuffet. Pool vorhanden. DZ 95–105 €, Appartement ab 120 € (bei längerem Aufenthalt wird es billiger). Località Pietrafitta, ☏ 0577-741394, mail@residenziadelsogno.com, www.residenziadelsogno.com

Locanda La Capannuccia, in Richtung Greve/Florenz, vor der Località Pietrafitta auf die Ausschilderung achten. Wer die ca. 2 km lange Schotterpiste hinter sich hat, gelangt zum kleinen, liebevoll geführten Steinhaus im Wald (mit 5 gepflegten Zimmern), wo sich besonders Hausherr Mario um das Wohl der Gäste bemüht. DZ mit Frühstück (selbstgemachte Marmelade) 90–100 €. Abendessen an der schönen Tafel zusammen mit den anderen Gästen möglich. Pool unter Olivenbäumen. ☏ 0577-741183, info@lacapannuccia.it, www.lacapannuccia.it

Casa Vacanze Poderi Val Verde, ca. 2 km außerhalb Richtung San Donato liegt das schöne alte Landgut, in dem man seine Ferien in einer der 6 Wohnungen (mit Pool) verbringen kann – besonders für Familien mit Kindern geeignet. Die deutsche Besitzerin steht mit tatkräftigem Rat zur Seite und kocht auch gerne für die Gäste. Appartements in der Saison nur wochenweise, auf vorherige Anfrage auch ab 3 Tagen möglich. Loc. Casanova di Ricavo 41, ☏/☏ 0577-740266, www.poderivalverde.it

Agriturismo Querceto, ca. 7 km außerhalb in Richtung Greve an der SS 222 liegt der schöne Bauernhof aus dem 15. Jh. Appartements für zwei Pers 93 € (Appartements auch für 4/5/6/8 Personen), Pool, viel Platz zum Draußensitzen und guter Wein. Kochkurse kosten bis 4 Pers. 110 €, ab 5 Pers. 90 €. Bevor es an die Zubereitung geht, werden die Zutaten gemeinsam eingekauft. Località Querceto, ☏ 0577-733590, ☏ 0577-733636, agriturismo@querceto.com, www.querceto.com

Agriturismo Cignan Bianco, 7 km außerhalb in Richtung Castellina Scalo. 2 Appartements, pro Nacht ca. 80 €. Località Cignan Bianco, ☏ 0577-743053, www.cignanbianco.it

• *Camping* **Luxor**, Anfahrt von Castellina aus: erst Richtung Siena, nach ca. 6 km rechts nach San Leonino abzweigen, weiter bis Lornano, von da noch ein Stück Schotterpiste. Geöffnet Juni–August. ☏ 0577-743047

• *Camper* Sein Wohnmobil kann man auf dem Camperparkplatz abstellen, der an der Straße Richtung Florenz/Greve ein paar hundert Meter vom Zentrum entfernt liegt.

Essen und Trinken

Antica Trattoria La Torre, gleich oben neben der Burg. Gehobenes Mittelklasserestaurant, das seit 100 Jahren im Besitz derselben Familie ist. Sowohl bei Einheimischen als auch bei Touristen beliebt. Probieren sollten Sie die Risotto- und Pastagerichte

und die Auswahl an Geflügel- und Fleischgerichten, die alle ausgesprochen schmackhaft sind. Ein empfehlenswertes Lokal mit freundlicher Bedienung. Fr Ruhetag, erste Septemberhälfte Betriebsferien. ✆ 0577-740236

Albergaccio di Castellina, etwas unterhalb des Hotels Salivolpi (s. o.). Der sonst meist deftig-schwere Wildschweinbraten kommt hier in dünnen Scheiben mit leichter Soße auf den Tisch. Die im Chianti-Gebiet renommierte Adresse mit einem Michelin-Stern wurde erst kürzlich renoviert. Hohes Preisniveau. So geschlossen. ✆ 0577-741042

Pizzeria Il Fondaccio, im autofreien Zentrum. Hervorragende Pizza aus dem Holzofen und Vorspeisenbuffet, auch draußen sitzt man hier gemütlich. Immer voll, daher viel Zeit mitbringen, reservieren zwecklos.

Il Fondaccio dai Dottori, die Filiale der Pizzeria Il Fondaccio ist – wie der Name schon andeutet – im ehemaligen Ärztehaus untergebracht. Sie ist das elegantere Lokal, bietet auch andere Speisen als Pizza und hat bereits ab 17 Uhr geöffnet. An der SS 429 nach Poggibonsi. ✆ 0577-742911

Caffetteria/Enoteca Il Cantuccio, gleich daneben. Die Bar mit ein paar Tischen draußen für den Kaffee oder den Drink nach dem Abendessen. Auch für einen Imbiss geeignet (Sandwiches, Salate, Crostini, Bruschette). Biertrinker finden hier eine gute Auswahl, ebenso Liebhaber von Longdrinks. Geöffnet 11–1 Uhr, Di geschlossen. Via IV Novembre 25.

Al Gallopapa, Ristorante-Enoteca im mittelalterlichen Gewölbegang. Gute, aber gekünstelte Küche, mit einem Michelin-Stern ausgezeichnet und mittlerweile sehr teuer. Bei so viel typisch toscanischem Ambiente mit Kerzenschein sieht man nur selten italienische Gäste. Nur abends, Do geschlossen. Via delle Volte, ✆ 0577-742939

Le Tre Porte, Ristorante-Pizzeria, ganz hübsch, sehr beliebt bei Touristen. Ganz im Zentrum gelegen, Di geschlossen. Via Trento e Trieste, ✆ 0577-741163

La Tavolozza, wer einfach nur gut essen und dafür angemessen zahlen möchte, sollte den Rat befolgen und sich für schmackhaftes Fleisch vom Holzkohlengrill hier zwischen den „Eingeborenen" Castellinas niederlassen. Auch die Preise für gute Weine aus der Region sind zur Abwechslung mal reell. Do geschlossen. Ca. 1,5 km in Richtung Siena, Località Croce Fiorentina, ✆ 0577-741077

Pizzeria Chiantigiana, Pizza direkt vom Blech. Ein paar Stühle gibt es auch, ansonsten kann man seine Pizza auf der Bank an der Piazza Roma verzehren.

• *Gelateria* **l'Antica Delizia**, es gibt einfach keine bessere Eisdiele in der Umgebung.

An manchen Tagen mit bis zu 38 Eissorten! Di Ruhetag.

• *Außerhalb* **Pestello**, ca. 6 km außerhalb (an der Straße nach Poggibonsi). Besonders an Wochenenden, wenn die Florentiner in Scharen einfallen, ist trotz der gehobenen Preise kaum ein Platz zu bekommen. Stilvolle mittelalterliche Räumlichkeiten. Sehr gute Vorspeisen, z. B. Tagliatelle alla boscaiola, gute Grillgerichte (auch Bistecca fiorentina). Mi geschlossen, ✆ 0577-740215.

Ristorante Pietrafitta, der Ableger des mit einem Michelin-Stern gekürten Gallopapa (im Zentrum Castellinas) bietet eine einfachere Speiseauswahl und einen spektakulären Sonnenuntergang. Erst ein paar Kilometer Richtung Radda, dann Richtung Florenz. Di geschlossen. ✆ 0577-741123

Osteria il Mulino di Quercegrossa, die ehemalige Osteria di Fonterutoli ist in den Ort Quercegrossa umgezogen. Gute Küche, zu der die renommierten Weine Fonterutolis hervorragend passen. Via Chiantigiana (SS 222), Località Quercegrossa, ✆ 0577-328254

Pizzeria Paola & Bianca, ein Lesertipp: in der Ortsmitte von Quercegrossa, Piazza Jacopo della Quercia, gute und günstige Nudelgerichte und Pizzen, auch mittags. Vorwiegend von Italienern besucht, man trifft jedoch auch auf Touristen, die meist in der direkten Umgebung ihren Urlaub verbringen. Di Ruhetag. ✆ 0577-328038

• *Bars* **Bar Italia**, ungemütlich, aber mit hervorragendem Cappuccino.

Wein

Castellina ist einer der Hauptorte des Chianti-Classico-Anbaugebiets. Kein Wunder also, dass es mittlerweile viele Enotheken gibt, in denen man probieren bzw. die eine oder andere Überraschung für die Lieben daheim kaufen kann.

Das Weingut **La Castellina** hat seinen Direktverkauf im rustikalen Ambiente eines alten Palazzo. Eine kleine Ausstellung im hinteren Bereich des Ladens zeigt eine interessante Kollektion diverser Chianti Classici, die seit 1924 produziert worden sind (sehenswert auch, um mal alte Weinetiketten zu studieren). Im ehemaligen Brunnen aus dem 15. Jh. (die alte Pumpe ist noch vorhanden) lagern heute die Weinfässer. Verkauft werden auch diverse andere Produkte wie Olivenöl, Marmelade, Honig und eingelegtes Gemüse. Via Ferruccio 26 (im Zentrum Castellinas). Weinproben nach Anmeldung möglich (11,50 €). Auf Anfrage kann auch an Weinseminaren (9 €) teilgenommen werden. Infos unter ✆ 0577-740454 und www.lacastellina.it. Reservierung auch in der Tourist-Info.

Nobel präsentiert sich der ebenfalls im - Zentrum gelegene Direktverkauf des Weinguts **Dievole**. Das schöne Weingut selbst befindet sich im Ort Vagliagli. Dort wird man nach telefonischer Anmeldung im neu entstandenen Besucherzentrum mit einem Probierglas ausgestattet und folgt dann der (deutschen) Besuchergruppe, die durch die mit Kerzen stimmungsvoll beleuchteten Gänge der Keller geschleust wird. 7 € inkl. Probe diverser Weine. Einmieten in der Villa oder den Nebengebäuden möglich. ✆ 0577-322632, www.dievole.com

Le Volte, kleine Enoteca in der Via Ferruccio mit guter Auswahl an Chianti-Weinen.

Castellare, renommiertes Weingut, das sowohl für seine Chianti-Classico-Weine als auch für die charakteristische Gestaltung seiner Etiketten (einheimische Vogelarten) bekannt ist. Kellerführungen (auch auf Deutsch) mit Weinprobe nach tel. Voranmeldung (9 €). Von Castellina zunächst in Richtung Poggibonsi, nach einem Kilometer zum Weingut links ab (ausgeschildert). ✆ 0577-740490, www.castellare.it

Rocca delle Macie, auf der Straße nach Monteriggioni sieht man das große Weingut nach ca. 7 km auf der linken Seite. Kellerführungen auf Deutsch mit Verkostung dienstags um 10.30 Uhr auf Anfrage (5 €), Weinverkauf und Weinverkostung täglich 9–19 Uhr (uralte Traubenpresse). ✆ 0577-7321 oder 0577-732221, www.roccadellemacie.com

Lilliano, auf derselben Straße Richtung Monteriggioni geht rechts (ausgeschildert) eine wunderschöne Lindenallee zu diesem Weingut mit Direktverkauf ab. Besichtigung mit Degustation nur nach Vereinbarung zum Preis von 11 €. ✆ 0577-743070

Aiola, großzügig angelegter Weinverkauf mit der Möglichkeit, ausgiebig zu probieren (sehr guter Grappa). Vagliagli, ✆ 0577-322615

Nittardi, in Richtung S. Donato in Poggio bzw. Richtung Autostrada Siena–Firenze geht nach ca. 9 km die Schotterpiste rechts ab

Radda – die Piazza mit dem Gewölbebrunnen

Chianti
Karte Umschlag vorne

(ausgeschildert). Die Fattoria bietet neben edlen Tropfen eine Art „Freilicht-Kunstausstellung" Der Garten ist voll von Statuen und Kunstgegenständen, die hier und da fast zufällig herumzustehen scheinen Auch was die Etikettengestaltung anbelangt, hat man sich einiges einfallen lassen: Jedes Jahr wird eine Anzahl von Flaschen mit von international bekannten Künstlern gemalten Etiketten versehen. All das inspiriert natürlich. Und so kann man hier in sehr persönlichem Ambiente seine Ferien als Sprach-, Mal- oder Kochurlaub verbringen. Darüber hinaus werden Ausflüge, Weinproben und mehr organisiert. Für Besichtigungen besser vorher anmelden. ✆ 0577-740269, ✆ 741080, www.chianticlassico.com, fattorianittardi@chianticlassico.com

Castello di Fonterutoli, auf der Chiantigiana ca. 7 km in Richtung Siena (SS 222). sFeine Adresse für diverse Weinspezialitäten. ✆ 0577-740476 oder 0577-740522

Radda in Chianti

Radda ist vielleicht der einnehmendste Ort des Chianti. Inmitten des ummauerten Städtchens befindet sich ein kleiner Marktplatz und das Rathaus aus dem 15. Jh. mit einer rustikalen Loggia.

Die erste urkundliche Erwähnung Raddas datiert aus dem Jahr 1002. Gut 400 Jahre später (1415) erhielt der Ort die höchste Gerichtsbarkeit im Chianti. Als Papst Sixtus IV. im 16. Jh. gegen die Florentiner kämpfte, wurde das Städtchen arg in Mitleidenschaft gezogen. Trotzdem ist das mittelalterliche Ortsbild weitgehend erhalten geblieben.

An manchen Tagen in der Hochsaison geht es recht international zu. Vor allem deutsche und englische Urlauber tummeln sich dann in großer Zahl in den Gassen des kleinen Ortes, dessen touristische Infrastruktur seit den Chianti-Boom-Zeiten Ende der 90er Jahre um eine Reihe (leider meist hochpreisiger) Hotels, Restaurants, Bars, Enotheken und Souvenirläden bereichert wurde. Beliebter Treffpunkt ist aber nach wie vor die alteingesessene **Bar Dante**, wo man das Straßengeschehen im Blick hat und beim Aperitif draußen vor der Tür wirklich einmalige Sonnenuntergänge erleben kann.

Trotz des zunehmenden Touristenandrangs ist der Charme des mittelalterlichen Städtchens keineswegs verloren gegangen. Folgt man z. B. dem **Camminamento medioevale**, einem Gewölbegang aus dem 12. Jh., kommt man an der alten Backstube Raddas vorbei, die dem Besucher wirklich einen Eindruck vom Leben „di una volta" („von einst") vermittelt. Wie in alter Zeit backt Bäckermeister Semplici in den frühen Morgenstunden mehlbestäubt in alten Kellern das leckere toscanische Brot (ohne Salz!). Moderner dagegen die wirklich geschmackvoll eingerichtete Enothek des Lebensmittelhändlers Porciatti: In einem mittelalterlichen Gewölbe strahlt dem Gast die ganze Wein- und Spezialitätenwelt der Region entgegen.

Information/Verbindungen/Adressen

• *Information* **Pro Loco**, Piazza del Castello (oberhalb der Fußgängerzone Via Roma), - März–Okt Mo–Sa 10–13 und 15–19 Uhr, So 10.30–12.30, Nov.–März Mo–Sa 10.30–12.30 und 15–18.30. ✆/℻ 0577-738494, proradda@chiantinet.it. Gut organisiert werden hier ca. 100 Adressen von Vermietern (Agriturismo, Zimmer und Häuser) verwaltet.

Über die private Agentur **Bit of Tuscany** können ebenfalls Zimmer und Touren gebucht werden. Mo–Sa 10–13 und 14.30–18.30 Uhr. Via Roma, ✆/℻ 0577-738637, www.tuscanytravel.it oder www.divinetours.com

• *Busverbindungen* 3x tägl. Busse nach Florenz, 5x nach Siena (sonntags keine Verbindungen). Tickets im Zeitungsladen in der Via Roma.

• *Kinderspielplatz* Zwischen schöner Landschaft, Weinreben und alten Kirchen ist der kleine Kinderspielplatz im Park von Radda (Dorfzentrum) für die kleinen Chianti-Besucher sicher mal eine willkommene Abwechslung.

• *Kino* Kulturellen Aufschwung erlebte Radda durch die Einrichtung eines Kinos neben der Bar Centrale (Caffè Sandy). Also alle Italienischkenntnisse zusammenkratzen und einmal eine Vorführung besuchen. Sehr zu empfehlen sind die Freiluftvorstellungen **Cinema sotto le Stelle** unterm Sternenhimmel in lauen Sommernächten.

• *Internet* Die Bar **Caffè Sandy** hat eine Ecke dem Internet gewidmet.

• *Einkaufen* Internationale Presse, Tabak, Zigaretten und Bustickets gibt es im Zeitungsladen in der Via Roma.

Porciatti, große Auswahl an lokalen Spezialitäten (Wein, Wurst, Käse). Piazza IV Novembre 1 (Ende der Via Roma, Richtung Florenz).

La Ceramica di Angela Pianigiani, Località Malpensata. Handwerksbetrieb, in dem Angela ihre Keramik selbst herstellt und nach traditionellen Motiven fein bemalt. Am Wochenende geschlossen.

Ceramiche Rampini, handbemalte Keramiken, teils traditionelle Motive, teils Eigenkreationen. Präsentiert wird das Ganze in einer ansprechenden Ausstellung. Casa Beretone di Vistarenni, Radda in Chianti (auf der Straße zwischen Radda und Gaiole). ✆ 0577-738043

Nel Tempo, neben der Bar Dante. Kleines Atelier für toscanisch gestaltete Inneneinrichtung und Dekorationen. Viale G. Matteotti.

Outlet Pratesi, wer für italienische Schuhmode etwas übrig hat, sollte mal einen Blick in den kleinen Laden in der Via Chiasso dei Portici werfen.

• *Markt* Der Wochenmarkt findet an jedem vierten Montag des Monats auf der Piazza IV Novembre statt.

• *Medizinische Versorgung* Wer ärztliche Hilfe braucht, wendet sich am besten an die Apotheke im Zentrum. Gleich nebenan befindet sich eine Arztpraxis (✆ 0577-738007).

• *Tanken* Zwei Minuten vom Ortszentrum entfernt (in Richtung Montevarcchi/Florenz) findet man einen 24-Stunden-Selfservice.

Übernachten

**** **Vignale**, am Ortsausgang (Richtung Castellina). Das erste Haus am Platz. Stilvoll renoviertes Herrenhaus, Pool im Garten. DZ 165–230 €. Via Pianigiani 8, ✆ 0577-738300, 📠 0577-738592, www.vignale.it

Palazzo Leopoldo, der Aufenthalt in der herrschaftlichen Villa im Zentrum von Radda lohnt sich wegen des stilvollen Ambientes. Großzügiges Frühstücksbuffet, das in der uralten Küche aufgebaut wird und im Sommer auf der schönen Terrasse genossen werden kann. DZ je nach Ausstattung und Reisezeit 155–220 €. ✆ 0577-735605, 📠 0577-738031, www.palazzoleopoldo.it

**** **Hotel Radda**, eine der neuen Luxusherbergen am Ortsausgang (an der Straße Richtung Castellina). Ob man wohl Einrichtungen wie einen Salzwasserpool vermissen würde? Alles kühl und eher modern eingerichtet. So richtig schön war eigentlich nur die Aussicht auf Radda, die man von einigen Zimmern aus genießt. DZ ca. 170 €. ✆ 0577-73511, 📠 0577-738284, www.hotelradda.it

* **Il Girarrosto**, Ortskern. Etwas ältliches Hotel mit 9 Zimmern und bislang unschlagbaren Preisen, von dem man nie so recht weiß, wie lange es noch geöffnet sein wird. DZ (nicht alle mit eigenem Bad) 30–35 €. Im angeschlossenen Restaurant (Mi geschlossen) kehren hungrige Bauarbeiter, Bankangestellte aus dem Dorf und hin und wieder auch Touristen ein, die die bescheidene Auswahl der authentischeren toscanischen Gerichte schätzen. Nur Mittagstisch. Mi geschlossen. Via Roma 41, ✆ 0577-738010

*** **Hotel Villa Miranda**, 1 km außerhalb von Radda (an der SS 429). Seit vielen Jahren steht Signora Miranda noch immer an der Rezeption ihres Hotels, wenn Sie nicht gerade am Herd des hauseigenen Restaurants kocht. Geschäftstüchtig wird vermietet, was es zu vermieten gibt. Einfachste, nur mäßig gepflegte Zimmer, in der gegenüberliegenden Villa Residence S. Cristina gibt es auch teurere mit besserer Ausstattung. DZ ab 50 €. ✆ 0577-738021, 📠 0577-738668, info@villamiranda.it, www.villamiranda.it

• *Privatzimmer/Appartements* Schräg gegenüber dem Hotel Girarrosto vermietet **Pistolesi** DZ mit Dusche/WC und TV für 55 €. Außerdem Appartements in einer Villa am Ortsrand. ✆ 0577-738556, www.lodginchianti.it

Bottega di Giovannino, stattliche Herberge mit 15 Zimmern. DZ mit Frühstück (in der Bar) 62 €, Mini-Appartements 455 € pro Woche. Via Roma (direkt im Zentrum), ✆/📠 0577-738056

L'Angolino, 1 km von Radda entfernt im Ortsteil La Villa vermieten nette Leute 2 DZ (45/55 €, mit Frühstück 53/68 €), 1 Appartement für 2 Pers. (65 €). Untergebracht ist das Ganze in einem Bauernhaus mit kleinem Pool und schöner Terrasse. ✆ 0577-738428, 349-3135944 (mobil)

Casa Lastrucci, zwei ordentliche Zimmer mit Frühstück für 60 bzw. 60 € (mit Frühstück) in einem Einfamilienhaus bei der freundlichen Familie Lastrucci. ✆ 0577-738082 oder 339-4313305 (mobil)

• *Außerhalb* **** **Relais Vescine**, in Vescine, auf halber Strecke nach Castellina in Chianti. Luxusrenoviertes Landgut mit 45 Betten und Pool. DZ 180–240 €. ✆ 0577-741144, 📠 0577-740263, vescine@chiantinet.it, www.vescine.it

*** **Le Noci**, neues Hotel mit 15 Zimmern, mäßige Lage, 2 km von Radda entfernt an der Straße nach Gaiole. Ziemlich sterile Aufmachung, aber mit Pool. DZ mit Frühstück 95 €. ✆ 0577-738124, info@lodgingchianti, www.lodgingchianti.it

Bar/Ristoro a Lucarelli, an der SS 222 in Richtung Florenz, im Ortsteil Lucarelli (ca. 8 km von Radda). In der alten Einkehr mit kleinem Laden gibt es 5 einfache, ordentliche Zimmer ab 55 € (mit Frühstück in der Bar). ✆ 0577-733564, ristoro@lucarelli.info, www.lucarelli.info

• *Agriturismo* **Fattoria Castelvecchi**, zunächst Richtung Florenz, dann rechts ab → Volpaia, nach 500m halblinks (beschildert). Auf neu asphaltierter Straße zum großen, alten Weingut mit Villa und den umliegenden Bauernhäusern, in denen ca. 15 Zimmer und 7 Appartements untergebracht sind. Zwei Swimmingpools, ein schöner, alter Park und ein Restaurant eigens für die Gäste sind die touristischen Einrichtungen dieses Weilers. In rustikalem Ambiente kann man ruhige Ferientage verbringen, ohne allerdings Hotelservice geboten zu bekommen. DZ ab 83 €. ✆ 0577-738050, 📠 0577-738608, www.castelvecchi.com

Podere Canvalle, im Ortsteil La Villa (Richtung Montevarchi). Auf dem Grundstück, umgeben von 6 ha Wein und Oliven, steht ein renovierter mittelalterlicher Turm, der zum

Chianti
Karte Umschlag vorne

Feriendomizil umfunktioniert worden ist. Im Erdgeschoss befindet sich die Küche mit Kamin. Über eine Wendeltreppe erreicht man die beiden oberen Stockwerke, dort jeweils ein Raum mit 2 Betten. Vermietung nur wochenweise ab 800 € (in der Nebensaison auch 3–4 Nächte möglich). ✆/℡ 0577-738321, www.canvalle.chiantionline.com

Podere Mariotti, fünf Minuten vom Ortskern Raddas entfernt, vom Ortsteil La Croce auf der Straße in Richtung Lecchi in Chianti aus rechts abbiegen. Fünf ordentliche Zimmer in einem winzigen Weiler. Man kann auch Wein und Olivenöl kaufen. Vor dem Haus ein schattiges Gartenplätzchen unter Bäumen mit Panoramablick auf Radda. DZ ohne Frühstück 75 €. Località Malpensata, ✆ 0577-738394

Val delle Corti, Azienda Agricola, auf der Straße in Richtung Lecchi in Chianti, ebenfalls keine fünf Minuten von Radda entfernt (am Holzfass links runter). Der Weinbauer Roberto Bianchi, der schon viel rumgekommen zu sein scheint, vermietet wochenweise ein renoviertes Häuschen für 4 Personen. Signor Bianchi kann gute Tipps für die Erkundung der Umgebung geben, und als Winzer erklärt er einem in seiner kleinen Cantina auch gern individuell die Geheimnisse des Wein- und Olivenanbaus. Pro Woche 670 €. ✆ 0577-738215, ℡ 0577-739521, gbianchi@chiantinet.it

Essen und Trinken

Ristorante Vignale, im gleichnamigen Hotel (s. o.). Wegen der hervorragenden Küche und der gepflegten Atmosphäre über die regionalen Grenzen hinaus bekannt. Die Preise fürs Menü entsprechen leider nicht jedem Reisebudget. Im Sommer wird auf der schönen Terrasse der angeschlossenen **Taverna del Vignale** gespeist. Do geschlossen. ✆ 0577-738701

La Taverna del Vignale, Wein-Bar unterhalb des Hotels Vignale. Im Sommer Betrieb auf der schönen Panoramaterrasse.Mi geschlossen. ✆ 0577-738094

Le Vigne, mitten in den Weinbergen, knapp außerhalb des Orts, Abzweigung (Schotterstraße) von der Straße nach Montevarchi. Mäßige Preise, angenehme Atmosphäre. Das Lokal ist schon so bekannt, dass ohne Reservierung kaum ein Platz zu bekommen ist. Spezialitäten sind das Kaninchen in Weinsoße und als Nachtisch der berühmte Käsekuchen. Außerhalb der Saison Di geschlossen. ✆ 0577-738640

Al Chiasso dei Portici, im historischen Zentrum. Das kleine künstlerisch-modern eingerichtete Restaurant wird von zwei Frauen geleitet. Nettes Gärtchen, mäßige Preise. Di geschlossen. ✆ 0577-738774

Ristorante-Pizzeria da Michele, die unkompliziertere Alternative zu den anderen Restaurants in Radda. Michele hat immer gute Laune und backt an manchen Abenden bis zu 100 Pizzen mit superdünnem Teig (nur abends). Im Zentrum unterhalb der Bar (mit großem Parkplatz). Mo geschlossen. ✆ 0577-738491

Pizzeria Pizza Pie, Pizza vom Blech zum Mitnehmen oder aber vor Ort an einem der Tische. Di geschlossen. An der Hauptstraße von Radda (neben der Bar Dante).

• *Außerhalb* **L'Osteria Rifugio del Chianti**, eines von den einfachen, alten toscanischen Gasthäusern mit Barbetrieb, Lebensmittelverkauf und soliden Preisen (hier kehren auch die Dorfbewohner ein). Freundlicher Familienbetrieb abseits vom Radda-Rummel in einem idyllischen kleinen 35-Seelen-Dorf, in dem einst das Kloster Badia Montemuro stand. Das Dorf liegt auf dem Weg von Radda in Richtung Cavriglia/Lucolena. Località Montemuro (Badiaccia Montemuro), Radda in Chianti. Di geschlossen. ✆ 0577-738036

Osteria Le Panzanelle, an der SS 222 in Richtung Florenz, Ortsteil Lucarelli. Unkomplizierte, rustikale Osteria mit einfacher, guter Küche, die von jungen Leuten geführt wird. Von Einheimischen und Reisenden gelobt. Mo geschlossen. ✆ 0577-733511

Ristorante La Cantoniera, Località Vescine, Radda in Chianti (Straße in Richtung Castellina), gleich neben dem Landgut Vescine (s. o.). Vornehm, mit schöner Terrasse, teurer. Mi geschlossen. ✆/℡ 0577-741195

• *Bars* **Bar Dante**, der Treffpunkt für Cappuccino und Aperitivo auf der Terrasse mit Blick auf das Dorfgeschehen. Schließt leider schon gegen 20 Uhr, Sa ganz geschlossen.

Bar Caffe Sandy, von der Dorfbevölkerung frequentierter Treffpunkt mit leckerem, hausgemachtem Eis und guter Konditorei für das erste, zweite oder dritte Frühstück. Bis spät abends geöffnet. Internetpoint. Mo geschlossen.

Es gibt wieder gute Tropfen in der bauchigen Ballonflasche

Chianti
Karte Umschlag vorne

Wein

Arte Vino, Enoteca mit guter Auswahl, auch Snacks. 700 m außerhalb → Florenz/Volpaia.

Castello di Ama, ca. 8 km südlich von Radda (den Ort Richtung Castellina verlassen, nach knapp 1 km links abzweigen, von da ab ausgeschildert). Eines der namhaftesten Weingüter des Chianti. Dementsprechend gut, aber auch teuer sind die Spitzenweine des Hauses: Vigna L'Apparitat (Merlot) und Vigna Il Chiuso (Pinot Nero). Hervorragende Verkostung mit verschiedenen Oliven, Brot. Bei Weinkauf kostenlos, sonst 4,50 € pro Person. (Lesertipp Claudius Mierswa, Troisdorf u. Ulf Stosch, Amtsberg). Es stehen auch einige günstige Weine zur Auswahl. ✆ 0577-746031

Fattoria Poggerino, knapp 3 km hinter La Villa, rechts hoch; gut ausgeschildert. Besitzer sprechen gut englisch, exzellenter Rosso di Toscana „Il Labirinto". Es werden auch zwei herrliche, rustikale, 110 qm große Wohnungen vermietet. ✆ 0577-738958

Sehenswertes

Chianti Cashmere Company: Der Traum vom einsamen, zurückgezogenen Leben irgendwo in der Toscana. Die amerikanische Tierärztin Nora Kravis hat vor ca. 30 Jahren begonnen, sich diesen Traum zu erfüllen, und ihn immer noch nicht ausgeträumt. Wenn man die lebensfrohe, etwas eigensinnige Individualistin auf dem kleinen Biobauernhof besucht, erscheint alles herrlich unkompliziert und improvisiert. Trotzdem hat die Tierliebhaberin alles im liebevollen Griff.

Gezüchtet wird hier (neben Hunden) eine besondere Ziegenrasse, die Lieferant der kostbaren Kaschmirwolle ist, aus der in den umliegenden Handwebereien Schals und Decken anfertigen werden. Aus der handgemolkenen Milch der Tiere werden darüber hinaus allerlei Seifen und Körperlotionen hergestellt. Die hochwertigen Naturprodukte werden dekorativ verpackt und sind eine echte Alternative zum obligatorischen Urlaubsmitbringsel Chianti-Wein. (Kenner benutzen sie natürlich für den Eigenbedarf).

Wer den Betrieb näher kennen lernen will, kann sich in das Bauernhaus für maximal sechs Personen oder in das kleine Appartement für zwei Personen (auch tageweise) einmieten. Einen Besuch sollte man telefonisch kurz anmelden.

Adresse **Az. Agricola La Penisola**, Dr. Nora Kravis, 53017 Radda in Chianti (Siena), ✆/℻ 0577-738080, www.chianticashmere.com

Area archeologica Poggio la Croce: Von Radda (Ortsteil La Croce) aus der Straße ca. 1 km in Richtung Castellina in Chianti folgen, den Wagen rechts an der Bauruine, aus der irgendwann mal ein Hotel werden soll, stehen lassen. Von dort zu Fuß etwa 20 Minuten Spaziergang zur Area archeologica Poggio la Croce, wo 2000 Jahre v. Chr. eine etruskischen Siedlung entstand. Heute wird dort aktiv gegraben und geforscht, und in den letzten Jahren kamen Ruinen und Fundstücke zum Vorschein, die Aufschluss über die etruskische Kultur geben.

Wanderung Nr. 6: Rundwanderung San Sano – Dievole

Kurzbeschreibung: Rundwanderung zum bekannten Weingut Dievole mit Einkehrmöglichkeit. Die zwei dazu notwendigen Bachüberquerungen sind meist kein Problem. Reine Gehzeit ca. 4–5 Stunden. Im Talgrund die vermooste Ruine der alten Wassermühle Molino San Polo.

Wegbeschreibung: Wir verlassen San Sano auf der Straße, die an der Trattoria Grotta delle Rana vorbeiführt (hier auch ein Alimentari, um noch Verpflegung einzukaufen). Das erste Teilstück verläuft ziemlich geradlinig auf einer schmalen, durch Steineichen abgeschatteten Teerstraße bis zum Landgut **Casalino (WP 1)**. Ab Casalino verlässt man das landwirtschaftlich genutzte Gebiet und folgt einem sanft ins Tal führenden Feldweg. Unten angekommen, überquert man den **Bachlauf (WP 2)** und geht dann ca. 50 m nach links, bis man eine **Talwiese** erreicht. Hier rechts am Saum der Wiese entlanglaufen, am Ende muss man sich dann rechts durch die Büsche schlagen und einem weiteren Bach ca. 50 m aufwärts folgen. Auf der anderen Bachseite erblickt man bald die Mühle **Molino del Lupo (WP 3)**, eine Furt führt durch das Bachbett ans andere Ufer.

Von der Mühle führt ein Waldweg bergauf und vorbei am Landgut Carpinete. Bald erscheint am Wegesrand ein Felsblock (**WP 4**) mit einem Richtungspfeil nach Dievole. Von dort sind es durch die Weinberge des Gutes nur noch wenige hundert Meter bis zum Ziel.

Zu den Öffnungszeiten des **Restaurants** kann man sich als Brotzeit z.B. einen Antipastiteller bestellen, dazu ein Glas vom edlen roten *Broccato* aus der Kellerei. Die **Weinbar** etwas weiter oberhalb ist durchgehend geöffnet.

Um zurückzukommen, verlassen wir das Gut auf der Hauptzufahrt, biegen am Ende der Allee rechts ab und erreichen bei **(WP 5)** den Abzweig von unserer Route, die wir auf dem Hinweg benutzt haben. Der Abzweig ist ein schlecht zu gehender, ausgewaschener Geröllweg, der unten im Tal bei der Ruine **Molino S. Polo (WP 6)** über eine alte Brücke den Bach quert.

Eine schmale Schotterstraße führt nun in sanften Serpentinen bergauf und am Gut **S. Polo in Rosso** (mit eigener Kirche) **(WP 7)** vorbei. Ab dem kleinen Dörfchen **Poggio S. Polo** ist die Straße wieder geteert. Wir folgen ihr zu einer **Abzweigung mit kleiner Kapelle (WP 8)**. Dort geht es rechts ab nach **Casanova/Ama**. Ab dem Weiler Casanova **(WP 9)** beginnt wieder ein Schotterweg. Bei

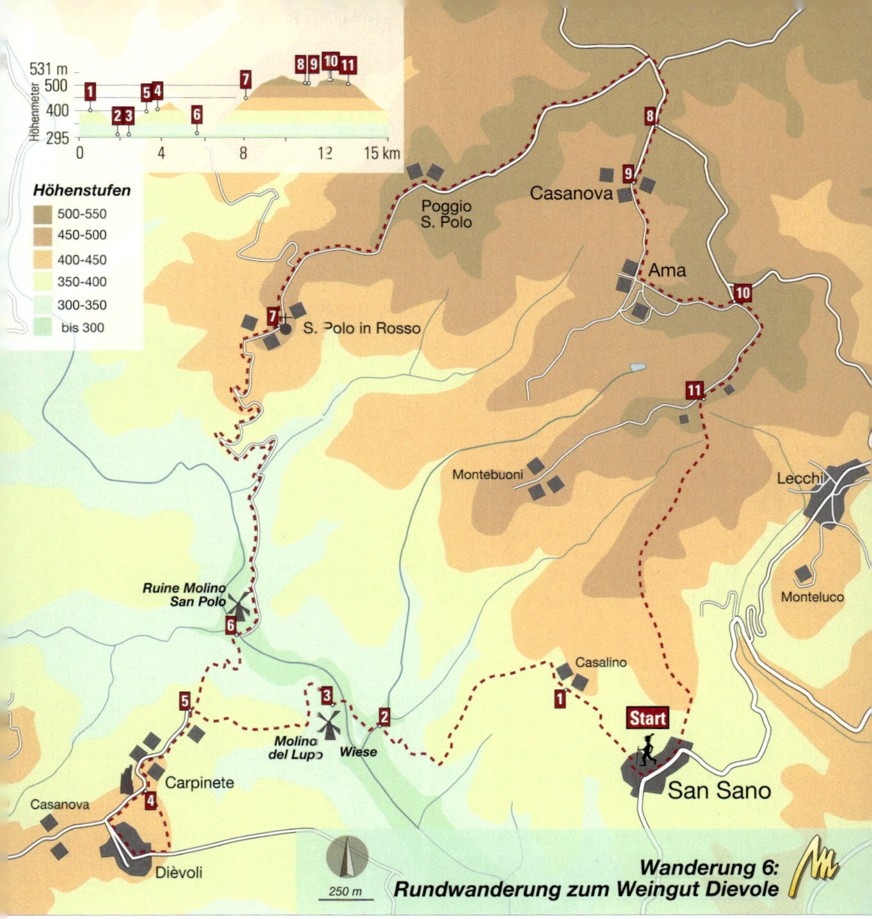

WP 10 rechts in den Schotterweg einbiegen. Bei **WP 11** links in den Weg einbiegen (Zypresse am Eck, weiß-rot markiert). Belohnender, sanfter Abschluss ist das letzte Wegstück hinunter nach San Sano mit grandiosen Blick auf den Monte Amiata.

Volpaia

Der kleine Weiler, auf einem Bergrücken nördlich von Radda gelegen, ist ein Juwel – das pure Mittelalter.

Hinter den Gemäuern aus dem 12. Jh. verbergen sich allein sieben Weinkeller des **Weingutes Castello di Volpaia**, aber auch die Wohnungen der insgesamt 42 Bewohner des Ortes, die zum Großteil in der Wein- und Olivenölproduktion der Familie Mascheroni, den Besitzern des Weingutes, beschäftigt sind.

Volpaia, genau an der Grenze zwischen den einstigen Einflussbereichen von Florenz und Siena gelegen, entstand wahrscheinlich bereits im 10. Jh. als Schutzfestung. 1172 wurde der Ort erstmals offiziell erwähnt, 1250 wurde Volpaia Mitglied

Blick aufs mittelalterliche Volpaia

der „Lega del Chianti". Volpaia war jahrhundertelang in die militärischen Auseinandersetzungen zwischen Florenz und Siena verwickelt, bis es im 16. Jh. in die Bedeutungslosigkeit versank. Mittlerweile wurden die meisten Gebäude originalgetreu renoviert; entsprechend schön und gepflegt ist das Ortsbild.

Neben den wuchtigen Mauern der Burg sticht aber auch ein weiterer Bau ins Auge: die **Commenda di San Eufrosino**, eine burgähnliche, turmlose Kirche aus dem Jahr 1456, die bis 1932 für ihren eigentlichen Zweck genutzt wurde. Mittlerweile finden hier Kulturveranstaltungen und Weinproben statt (im seitlichen Anbau wird Wein gekellert).

Die älteste Kirche des Weilers hatte schon im 14. Jh. ausgedient: Das ehemalige Gotteshaus an der Piazza erkennt man kaum noch, hier ist heute die Bar „La Bottega" untergebracht. An den Längsseiten des Gebäudes wurden später Häuser angebaut.

Da das malerische Örtchen schon lange kein Geheimtipp mehr ist, wurde die hübsche Piazza unlängst gleich um zwei neue Einkehrmöglichkeiten bereichert, um an Wochenenden alle Gäste satt zu bekommen. Das Auto sollte man unbedingt auf dem links vor dem Dorfeingang ausgewiesenen Parkplatz abstellen.

• *Wein* **Az. Vinicola Castello di Volpaia**, in der Enoteca an der Piazza von Volpaia kann man sich mit Chianti Classico (auch Riserva), Vin Santo di Volpaia und diversen anderen Weinen eindecken. Die Preise liegen bei 10,50–14.50 € für einen Chianti Classico 11 € / Riserva und bei 17 € für einen I.G.T. Toscano. Vergleichsweise günstig ist der weiße Val d'Arbia für knappe 6 €. Daneben werden auch hochwertiges Olivenöl und Honig angeboten. Die einstündige Kellerbesichtigung inkl. Weinprobe ohne Kauf kostet für eine Person satte 22,50 € (vorherige Anmeldung erforderlich). Tägl. 10–18 Uhr geöffnet (außer Jan./Febr.). ✆ 0577-738066, ℻ 0577-738619, www.volpaia.com

• *Übernachten* **Castello di Volpaia**, die Familie Mascheroni bietet in Volpaia 5 Appartements in historischem Gemäuer an. Neu renoviert, jeweils mit Küche und Bad ausgestattet, den Gästen stehen außerdem ein Tennisplatz und ein Pool zur Verfügung. 2er-App. 930 € pro Woche, 6er-App. 2070 €, Adresse s. o. Die Appartements kann man sich auch im Internet anschauen (s. o.).

Podere Vergelli, (aus Radda kommend) am Ortseingang von Volpaia das erste Haus auf der linken Seite (handbemaltes Schild). Vermietet wird 1 Appartement (75 € pro Tag) und ein DZ (ab 68 €, mit Kochnische). Eventuell werden in Zukunft auch Appartements im Ortskern vermietet. ✆ 0577-738382

Fattoria Castelvecchi, auf der Straße von Radda nach Volpaia. Das Weingut bietet als Agriturismo gute Unterkunftsmöglichkeiten (siehe Radda/Übernachten).

Podere Pruneto, an der Straße nach Volpaia links ab (beschildert). DZ im Dachgeschoss mit Bad/Kochnische 65 € (350 € pro Woche). Es wird auch ein Studio vermietet. Kein Restaurant, es besteht jedoch die Möglichkeit, sich am Chianti Classico (Gallo Nero) des Guts zu laben. ✆ 0577-738013

• *Essen und Trinken* **La Bottega** an der Piazza von Volpaia. Genau das Richtige, um sich nach anstrengender Wanderung zu stärken. Man sitzt unter Sonnenschirmen an der idyllischen Piazza. Carla kocht hier immer noch gute toscanische Küche. Di geschl. ✆ 0577-738001

Osteria Volpaia, gehobene Gastronomie und damit auch eher für den dickeren Geldbeutel konzipiert. Mi geschlossen. ✆ 0577-738905

Bar Uci, von 9 bis 21 Uhr durchgehend geöffnet. Getränke, Bruschette etc., kleine Speisen auf der Terrasse. Mo geschlossen.

Die Kapelle von Volpaio

Wanderung 7: Von Volpaio nach Castelvecchi

Kurzbeschreibung: Etwa einstündige Wanderung zur heute touristisch genutzten Fattoria Castelvecchi. Am Weg die romanische Pieve Santa Maria Novella. Ursprünglich war einmal eine Rundwanderung möglich, bei der letzten Recherche wurde die Fortsetzung der Wanderung aber durch Eigentümersperrungen verhindert.

Kartenmaterial: Carta dei Sentieri e Rifugi, Siena e Dintorni – Monti del Chinati (43), Montagnola Senese (44). Edizioni Multigraphic Firenze.

Wegbeschreibung: Von dem kleinen Kirchplatz von Volpaio gelangt man in südlicher Richtung zu einem Tor bzw. gemauerten Bogen **(WP 1)**. Von dort folgt man einem langen Zypressenweg mit dem Wegweiser zur Casa Caseto, die nach einigen Minuten erreicht ist **(WP 2)**. Von der Casa führt der Weg weiter talabwärts bis zur **Podere Pruneto (WP 3)**. Nach weiteren 300 m sieht man einen Richtungsstein mit der Aufschrift „Radda“ **(WP 4)** und folgt ihm. Unmittelbar danach ein zweiter Stein mit der Aufschrift „S. Maria Novella“ **(WP 5)**, der nach rechts weist. Der breite Weg verläuft parallel zum Fluss, und nach ca. 10 Minuten passiert man eine Brücke **(WP 6)**. Jetzt geht es bergauf,

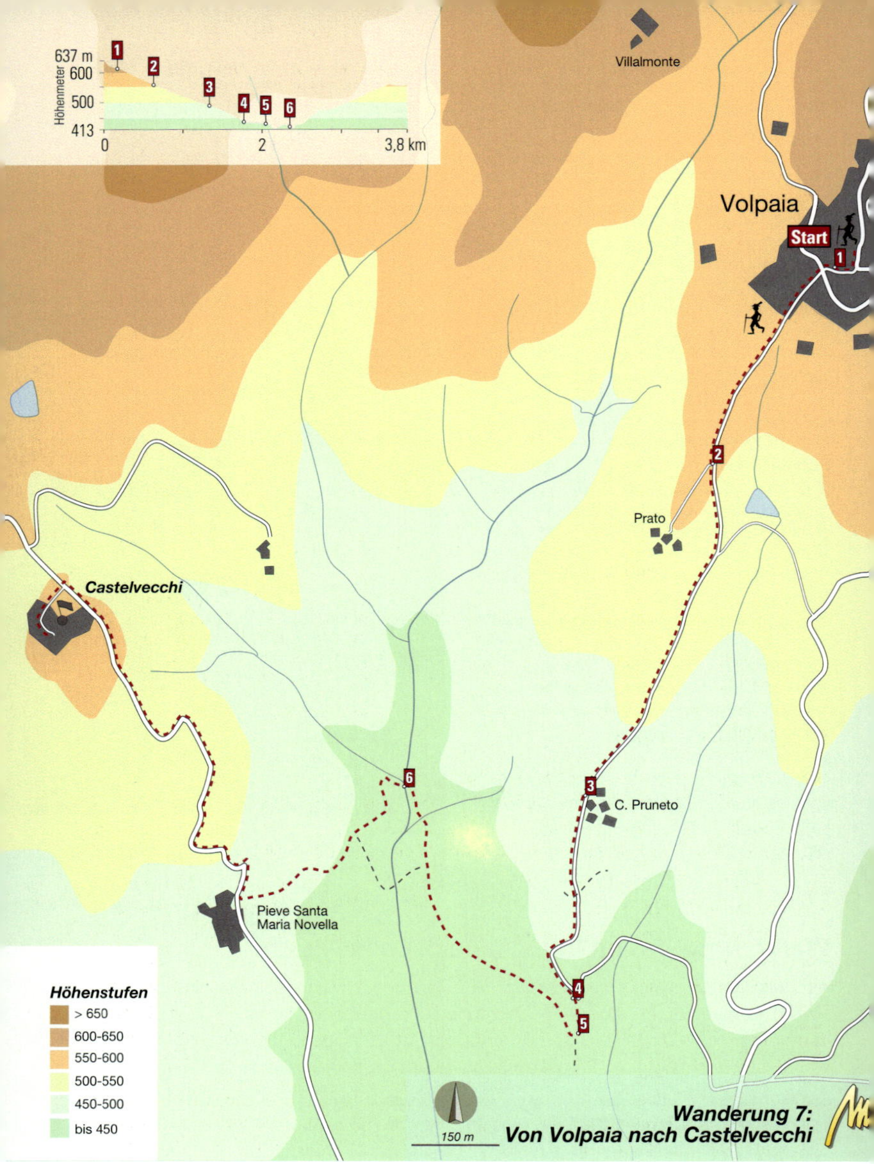

und nach weiteren 15 Minuten erscheint die Pieve Santa Maria Novella aus dem 12 Jh., deren Grundsteinlegung jedoch bereits etwa auf das Jahr 1000 zurückgeht. Das romanische Gotteshaus mit angebautem Glockenturm aus dem 19. Jh. kann leider nicht besichtigt werden.

Auf der nun asphaltierten Straße erreicht man in ca. 10 Minuten die große **Fattoria Castelvecchi**, eigentlich ein kleines mittelalterliches Borgo. Es kann besichtigt werden und verfügt über ein Ristorante.

Weingut Castello d'Albola (Cassero d'Albola)

Das terrassenförmig am Hang gelegene und von Zypressen umstandene Weingut liegt ganz im Osten des Chianti-Classico-Gebiets (von Radda die Straße Richtung Lucolena nehmen, das Anwesen liegt auf der linken Seite, beschildert). Zwar wird es Castello d'Albola genannt, doch es liegt nicht im Schloss selbst, sondern in dessen ehemaliger Schutzburg namens Cassero d'Albola. In diesem Gebäude aus dem 12. Jh. finden Produktion, Degustation und Verkauf der hochwertigen Chianti-Classico-Weine von Albola statt. Überaus angenehm ist die kühle Probierstube der ehemaligen Burg. Ein Besuch mit Weinprobe kann durchaus lohnend sein, zumal die Preise teilweise etwas niedriger liegen als bei manch anderem renommiertem Weingut (s. u.).

Ein Besuch des mittlerweile dem Verfall preisgegebenen Schlosses ist hingegen kaum lohnenswert: Der Festungsturm ist nicht zugänglich, und in direkter Nachbarschaft befinden sich einige private Anwesen, deren Besitzer über Fremde nicht unbedingt erbaut wirken. Einzig der Blick vom Castello auf die umliegenden Hügel ist recht nett (Anfahrt: vom Cassero auf der Straße Richtung Lucolena weiter, dann rechts ab auf Schotter, beschildert).

• *Weingutführungen* Bestens organisiert und bislang kostenlos sind die Kellerführungen (ca. 1 Std.), die auch eine Degustation mit einschließen. In der Saison täglich ohne Voranmeldung um 12, 14 und 17 Uhr.

• *Degustation und Verkauf* **Cassero d'Albola**, tägl. 10–18.30 Uhr, sonntags geschlossen. Chianti Classico 8 €, Riserva 12 €, Grappa 15 €, Olivenöl 8,50 €, Vin Santo 25 €. ✆ 0577-738019, ℻ 0577-738793, www.albola.it

Parco di Cavriglia

Der Naturpark, eine Art Freilandzoo, liegt von Kastanien- und Eichenwäldern geschützt auf Kammhöhe in den Monti del Chianti. In dem gut organisierten, familienfreundlichen Freizeitpark mit weitläufigem Waldgebiet (600 Hektar) kann man allerlei unterschiedlichen Tieren begegnen: z. B. Bären, Affen, Bisons, Eseln, Lamas, Pfauen, allen Arten von Federvieh und – gleich am Eingang – einem Hängebauchschwein mit dem schönen Namen Priscilla. Für Kinder ein Erlebnis. Auf dem Gelände gibt's Picknickplätze, ein einfaches Restaurant und jede Menge Spazierwege.

• *Anfahrt* Von Radda Richtung Lucolena, auf Höhe des Bergkamms rechts ab, beschildert.

• *Eintritt* Nur am So 1 € (mit Auto 3 €), ansonsten ist der Eintritt frei. Das Auto sollte man jedoch vorm Eingang abstellen und den Park zu Fuß erwandern.

• *Übernachten* Im einfachen **Albergo** im Park kostet die Übernachtung im DZ ab 50 €. Geöffnet April–Oktober. ✆ 055-967418, ℻ 055-967546.

• *Camping* **Piano Orlando**, knapp oberhalb des Parks (Straße nach Radda) Einladendes, schattiges Gelände mit Pool, Tennisplatz und Boccia-Bahn. Es werden auch Bungalows für 4 Pers. vermietet (im Apr./Mai/Juni/Sept. 360 € und im Juli/Aug. 450 € pro Woche). Geöffnet April–Sep. ✆ 055-967422, ℻ 055-967546, www.campingpark cavriglia.com

• *Essen* Von April bis September wird an Wochenenden der Holzofen in der **Pizzeria** im Park angeschmissen, und es gibt leckere Pizzen (nur samstag- und sonntagabends). Einkehrmöglichkeit bietet auch das einfache **Ristorante del Parco** im Park.

Gaiole in Chianti

Der in einer Talsenke an der Straße ins Valdarno gelegene Ort ist ein alter Marktflecken und noch heute ein Zentrum der Landwirtschaft.

Das Ensemble der Häuser, deren Balkone über dem Wildbach hängen, ist ein Foto wert. Ansonsten ist Gaiole ziemlich zersiedelt, und auch eine lange andauernde städtebauliche Restaurierungsphase hat den Ort noch nicht zur schönen Prinzessin werden lassen. So ist es kaum verwunderlich, dass die Gaioleser selbst in der Hauptsaison weitgehend unter sich bleiben und es in den Geschäften rund um den mit ein paar Blumenkübeln geschmückten Marktplatz meist beschaulich zugeht. Am meisten los ist noch auf der etwas zu groß geratenen Terrasse des *Lo Sfizio di Bianchi*, dessen Gäste schon seit vielen Jahren von der Familie Bianchi kulinarisch bestens versorgt werden.

Reizvoller als Gaiole selbst ist seine Umgebung, die mit mittelalterlichen Weilern und jeder Menge Anlaufstationen für Weinliebhaber aufwartet, darunter auch eine Reihe von Burgen – schließlich beginnt in Gaiole ja die nach Süden verlaufende **Strada dei Castelli**. Bequem zu Fuß auf der mit Kastanien gesäumten Straße kann man die ehemalige Abtei Badia a Coltibuono erreichen, die sich ebenfalls in Sachen Wein einen Namen gemacht hat.

Information/Adressen

• *Information* **Pro Loco**, am Ortseingang links (aus Richtung Siena kommend). Täglich 10–13.30 u. 14–18.30 Uhr. Via Galileo Galilei 1, ✆/℻ 0577-749411, prolocogaiole@libero.it

• *Busverbindungen* Zwei- bis dreimal täglich nach Siena.

• *Markt* Jeden 2. Montag im Monat in der Via Galileo Galilei.

• *Handwerk* **L'Orditoio**, Handweberei auf der Straße in Richtung Castello di Brolio. Auf Webstühlen werden nach alter Tradition kostbare Textilien wie Decken, Handtücher, Schals und Capes aus Leinen, Wolle und Seide gewebt. Man spricht auch Deutsch. Località La Dudda, ✆ 0577-747275

Maniera – Handmade in Toscana, auch wenn die Reisekasse hier in der Regel nur zum Umschauen reicht, lohnt sich der Besuch des Ladens unterhalb des Castello di Meleto: schöne Stoffe, Keramiken, Glaswaren, Taschen, Schmuck und andere Deko-Artikel. Von Gaiole Richtung Siena am ersten Abzweig links nach Castello di Meleto abbiegen (ca. 5 Minuten vom Zentrum).

• *Medizinische Versorgung* Dr. Bova, ✆ 0577-749462, Dr. Dell' Anna, ✆ 0577-749630. Beide Ärzte sprechen Englisch.

• *Immobilien* Im verlassenen und völlig verfallenen kleinen Weiler **Montefienale** sind in letzter Zeit Häuser und Wohnungen entstanden, die man als Feriendomizile mieten oder kaufen kann. Die Immobilien werden von einer Engländerin verwaltet. Von Gaiole über Castagnoli hoch nach Monteluco (834 m) fahren, von dort rechts die Straße (SP 73) nach San Gusmè einschlagen und noch vor dem Abzweig nach Fietri links der Ausschilderung nach San Vincenti/Montefienale folgen (schlechte Straße!). Info unter ✆ 0577-746202 oder 335-5738179, ℻ 0577-746691, sabina@ppmcompany.net, www.ppmcompany.net

Übernachten

Wer nur über einen schmalen Geldbeutel verfügt, hat hier keine reelle Chance!

**** **Castello di Spaltenna**, knapp 1 km außerhalb, Abzweig von der Straße nach Vertine. DZ 210–320 € (Suiten sehr viel teurer). Beim Castello handelt es sich um einen wuchtigen Komplex aus Pfarrkirche und Klostergebäuden. Anstelle asketischer Mönche bewohnen heute betuchte Touristen die Zellen und schwelgen im Luxus. ✆ 0577-749483, ℻ 0577-749269, info@spaltenna.it, www.spaltenna.it

San Donato in Perano, die nächste Luxusherberge, die in einem uralten Anwesen inmitten der Weinberge unweit vom Ortszentrum entsteht, war 2005 noch nicht fertig gestellt. Die angeschlossene Weinbar war aber bereits in Betrieb.

Le Fonte del Cieco, kleine Herberge mit idyllischem Gärtchen im Zentrum von Gaiole. Die 8 Zimmer sind größtenteils geräumig. DZ mit Frühstück 90–100 €. Via Ricasoli 18, ✆ 0577-744028, ℻ 0577-744077, www.lafontedelcieco.it

• *Außerhalb* ****** L'Ultimo Mulino**, auf halben Weg nach Radda. Die kleine, exklusive Landherberge liegt romantisch im Grünen und wurde um eine alte Mühle herum gebaut. Fast jedes der 13 Zimmer hat seine kleine Terrasse. Über dem Hotel liegt am Waldrand versteckt ein großer Swimmingpool. Absolute Ruhe garantiert. Auch Restaurant mit einfacher guter Küche (Kochkurse ab 85 €). DZ 175–232. ✆ 0577-738520, ℻ 0577-738659, hotelmulino@chiantinet.it, www.ultimomulino.it

****** Hotel Le Pozze di Lecchi**, mit viel Liebe zum Detail wurde eine alte Mühle, mitten im Wald an einem Bach idyllisch gelegen, restauriert und zu einem Landhotel mit 14 Zimmern umgebaut. Mit Restaurant und Pool. DZ mit Frühstück 160–210 €. ✆ 0577-746212, info@lepozzedilecchi.it, www.lepozzedilecchi.it

***** Hotel Residence San Sano**, von Lecchi aus geht auf halbem Weg in Richtung SS 408 rechts eine scharfe Biegung ab, die nach San Sano führt. Das kleine, stilvolle Country-Hotel in dem gepflegten Örtchen ist in einem Gebäudekomplex aus dem 13. Jh. untergebracht und hält für seine Gäste 14 Zimmer und absolute Ruhe bereit. Abends wird nach alter Tradition für die Hotelgäste gekocht. Mit Pool. DZ 128–140 €. ✆ 0577-746130, ℻ 746156, info@sansanohotel.it, www.sansanohotel.it

B & B Castellare de'Noveschi, 3 romantische DZ (teilweise mit Baldachinbett) zu 120 € (der Pool des Hotels San Sano kann mitbenutzt werden). ✆ 0577-746010, www.castellaredenoveschi.com

Borgo Argenina, Bed & Breakfast vom Feinsten, dazu ein innenarchitektonischer Gaumenschmaus. Ein, zwei Tage sollte man sich schon mal den Aufenthalt gönnen. Von der Terrasse aus genießt man den schönsten Blick in die Chianti-Landschaft, DZ 150 €. Auch Häuservermietung direkt im kleinen Weiler. Von Gaiole auf der SS 408 ca. 12 km in Richtung Siena fahren, am Abzweig nach Monti links abbiegen und gleich rechts auf die Ausschilderung achten. ✆/℻ 0577-747117, www.borgoargenina.it

Casa Guiggiani, unser Tipp für eine einfache, aber ordentliche Unterkunft mit Garten und Pool zu reellenPreisen bei netten Leuten. DZ ab 50 € (ohne Frühstück 44 €). Appartements für 2/4/6 Pers., pro Pers. ab 25 € (ohne Frühstück 22 €). Von Gaiole in Richtung Siena am ersten Abzweig links nach Meleto/Nusenna/Monteluco abbiegen und weiter zur Località Castagnoli, dort folgt man der Ausschilderung. ✆ 0577-731031, www.casaguiggiani.com

Zimmervermietung Oliveta, einfache DZ (50 € ohne Frühstück) und Appartements ab 25 € pro Pers. Mit Pool. 4 km von Gaiole entfernt. Ebenfalls in Richtung Castagnoli. Località Rietine, ✆ 0577-731047, info@oliveta.it, www.oliveta.it

*** La Pineta**, im Ortsteil Monteluco. Das preiswerte Gegenstück zu den vorgenannten Unterkünften, aber 12 km von Gaiole entfernt und völlig ab vom Schuss. DZ 46–50 €, die billigeren mit Etagendusche (41 €). Frühstück gibt's in der Bar. ✆ 0577-734051

Agriturismo Vistarenni, fährt man auf der Straße von Radda nach Gaiole, thront links oberhalb der Weinberge die Villa mit imposanter Fassade. Über eine längere, von alten Zypressen gesäumte Schotterstraße erreicht man das Weingut Vistarenni mit Direktverkauf und Appartementvermietung direkt in der Villa. ✆ 0577-738476, ℻ 0577-738754, www.villavistarenni.com

Chianti
Karte Umschlag vorne

Essen und Trinken/Wein

• *Essen und Trinken* **Lo Sfizio di Bianchi**, die Institution auf dem Marktplatz von Gaiole. Freundlicher Familienbetrieb, seit Jahren mit eigener Eisproduktion, Konditorei und Bäckerei. Verkauf von Feinkost und selbst gemachten Spezialitäten. Auf der etwas überdimensionalen Terrasse auf der Piazza kann man mittags und abends gut essen, allerdings wird recht früh zugemacht. Di geschlossen. ✆ 0577-749501

Carloni, „si manga bene – si paga poco" („man isst gut – man zahlt wenig"), so das Motto. In erster Linie wird das Lokal, in dem ohne viel Firlefanz gekocht und aufgetischt wird, von Einheimischen besucht, da es *die* Adresse für eine gute Bistecca Fiorentina ist. Leider war die Preisdifferenz bei den Rechnungen für Einheimische und Touristen manchmal etwas irritierend. Am Ortsausgang. Mi geschlossen. ✆ 0577-749549

Ristorante Le Conrade, oberhalb von Gaiole. Hier kann man ausgezeichnet essen. Das mit elegantem Interieur ausgestattete Restaurant bietet feine italienische Küche bei hohem Preisniveau. Lassen Sie sich von Silvan beraten, er kommt aus Norddeutschland! Im Sommer speist man auf der Terrasse inmitten der Weinberge. Von Gaiole in Richtung Barbischio, links auf die Ausschilderung achten. Do und Freitagmittag geschlossen. Località Vinci, ✆ 0577-749504, www.wilhelm-chianti.com

La Romita, Trattoria-Pizzeria im Zentrum Gaioles (oberhalb des Parkplatzes). Toscanische Küche (auch eine Auswahl an Fischgerichten) und abends Pizza. Do geschlossen. ✆ 0577-749290

Pizza.it, Pizza vom Blech, sonntagmittags und Mo geschlossen. Im Dorfzentrum (links neben der Bar Il Barrino).

• *Außerhalb* **Trattoria Il Carlino**, bodenständige Hausmannskost (u. a. auch Wildschweinbraten, wie er sein sollte, allerdings nur nach vorheriger Anmeldung). Bis auf die Sommermonate leider nur Mittagstisch. Località San Regolo (gleich an der Kreuzung unterhalb des Castello di Brolio). Mo geschlossen. ✆ 0577-747136

La Grotta della Rana, familienbetriebenes Landgasthaus mit toscanischer Hausmannskost mit gehobenen Preisen. Es ist schön, hier im Sommer draußen auf der Terrasse zu sitzen. Das Lädchen nebenan ist bis auf mittwochs immer geöffnet. Località San Sano. Mi geschlossen. ✆ 0577-746020

Osteria del Castello, unterhalb der Burg Brolio mit idyllischem Garten, wo man tagsüber im Schatten der Zypressen raffinierte toscanische Küche serviert bekommt. Abends speist man im geschmackvoll eingerichteten Restaurant. Manchmal gibt der Wirt, ein passionierter Bongospieler, etwas aus seinem afrikanischen Repertoire zum Besten. Die Preise sind dem Ambiente entsprechend gehoben. Do geschlossen. Località Brolio, ✆ 0577-747194

Osteria di Starda, das rustikale Gasthaus ist in einer restaurierten Ölmühle untergebracht und liegt schön einsam im Zehn-Seelen-Ort Starda (14 km von Gaiole aus). Im Angebot gute toscanische Küche, nicht zu teuer. Von Gaiole in Richtung Siena, dann links den Abzweig in Richtung Monteluco abfahren, immer weiter den kurvigen Straßen folgen, bis man links den Hinweis zur Osteria sieht. Nun folgen noch 3 km Schotterstrecke. Es gibt auch einfache DZ. Mo geschlossen. ✆ 0577-734100, info@castellodistarda.it, www.castellodistarda.it

• *Bar* **Blu Bar**, endlich mal eine „richtige" Bar, nicht nur eine, in der alle nur Kaffee trinken! Das kann man hier ab 11 Uhr zusammen mit einem Stück selbst gemachtem Kuchen zwar auch, aber viel schöner ist, dass man hier abends nach dem Essen draußen im mittelalterlichen Ambiente dieses entzückenden Weilers noch einen Drink zu sich nehmen kann. Eine kleine toscanische Speisekarte gibt es auch. Località Vertine. Geöffnet bis Mitternacht, Di geschlossen. ✆ 0577-749029

• *Wein* **Enoteca Montagnani**, Via Baccio Bandinelli (im Zentrum). Von den ortsansässigen Vinotheken eine der empfehlenswertesten. Gute und teure Gallo-Nero-Produkte. Hier sind praktisch alle Weingüter der Umgebung vertreten. Als besonders gut gelten die Tropfen aus dem Castello di Ama, aus dem Castello di Cacchiano und der Badia a Coltibuono.

Umgebung von Gaiole

▸ **Barbischio**: Der Weiler, nur 3 km von Gaiole entfernt auf einem Hügel gelegen, wirkt aus der Ferne eindrucksvoller und vor allem auch größer, als er letztendlich ist. Von den früheren Wehrmauern, die bei der Plünderung des Ortes 1530 zerstört wurden, ist nichts mehr zu sehen, einzig ein imposanter Turm aus dem 10. Jh. (nicht zugänglich) krönt noch heute das kleine Dorf. Ansonsten besteht Barbischio aus einer Hand voll Häuser und viel Beschaulichkeit. Im Dorf stößt man auf die schlichte romanische Chiesa S. Jacobo, die jüngst renoviert wurde (tagsüber offen und frei zugänglich).

▸ **Pieve di S. Giusto in Salcio**: Auf der Straße zwischen Lecchi und Radda geht es links ab (ausgeschildert) zu einem ca. 1000 Jahre alten Juwel romanischer Kirchenbauar-

Barbischio – mit der Leinwand auf Wanderschaft

Chianti
Karte Umschlag vorne

chitektur aus Feldsandstein, das an heißen Tagen mit seinem schlichten Innenraum wie eine kühle Oase der Ruhe erscheint.

▸ **Montegrossi**: Aus der Entfernung wirkt dieser 1000 Jahre alte ehemalige Wachturm weit eindrucksvoller als aus der Nähe. Wer die kraxelige Tour dennoch auf sich nehmen will, sollte nicht enttäuscht sein, wenn er am Ende vor ziemlich desolaten Überresten steht. Unterhalb der Ruine hat man allerdings einen spektakulären Blick auf das Valle del Chianti. Möglicherweise ist die gesamte Gegend nach dem ursprünglichen Namen des Flusses benannt worden, der sich durch dieses Tal schlängelt. Dieser Fluss, früher eben Chianti genannt, heißt heute Massellone. Zu erreichen ist Montegrossi von der Kreuzung der SS 408 mit der SS 429.

Roseto Botanico – Botanischer Rosengarten

Die duftende Idylle beim kleinen Ort Cavriglia präsentiert die gesamte Artenvielfalt der Rosen. In aller Ruhe kann man hier durch die Reihen der dicht an dicht gepflanzten Rosen schreiten und sich für die persönliche Gartengestaltung inspirieren lassen. Der Garten ist nur vom 20. Mai bis 30. Juni von 9 bis 19 Uhr geöffnet. (Spende von 5 € erbeten, ✆ 055-966638, www.rosetofineschi.org).

Cavriglia erreicht man von Gaiole aus auf der SS 408 in Richtung Montevarchi (ca. 11 km). Beim Ortseingangsschild biegt man links ab und folgt dem Straßenverlauf bergab bis zur ersten großen Kreuzung, die auch schon das Zentrum Cavriglias bildet. Hier geht es rechts in Richtung Montevarchi/S. Giovanni. Man bleibt auf der Hauptstraße, die einen Knick nach links macht, bis man an einen Kreisverkehr kommt. Dort nimmt man die erste Ausfahrt wiederum in Richtung Montevarchi/S. Giovanni. Nach ein paar hundert Metern auf das Hinweisschild „Roseto Botanico“ achten.

Castello di Meleto

▸ **Castello di Meleto**: Weingut und Schloss aus dem Mittelalter (12. Jh.), das während der kriegerischen Auseinandersetzungen zwischen Florenz und Siena heiß umstritten war. Die Besichtigung der wunderschönen Anlage mit den zwei Rundtürmen, der hübschen Renaissance-Innenausstattung und einem entzückenden schlosseigenen Theater lohnt sich. Tägliche Schlossführungen, außerdem Weindegustation und Direktverkauf.

• *Anfahrt* Etwa 3 km von Gaiole in Richtung Siena (ausgeschildert).

• *Schlossführungen* Mo 15/16.30 Uhr, Di–Sa 11.30/15/16.30 Uhr, So 11.30/16/17 Uhr, Führung (auch in Deutsch) inkl. Weinprobe 8 € bzw. 9,50 €. Infos unter 0577-749129 oder 0577-749762

• *Übernachten* Im Schloss sind schöne Zimmer hergerichtet worden. DZ mit Frühstück ab 148 € (im Nebengebäude ab 115 €). Gut eingerichtete Appartements für 2–4 Personen in unmittelbarer Nähe des Schlosses, den Gästen steht ein Pool zur Verfügung. Alle mit Küche, Bad und Terrasse, teilweise auch zweistöckig. Nur wochenweise buchbar, in der Hochsaison liegen die Preise bei 791–1694 €/Woche. ✆/℻ 0577-749129, info@castellomeleto.it, www.castellomeleto.it

▸ **Castello di Brolio**: Die große Kellerei befindet sich unterhalb des imposanten Schlosses mit trutzigen Burgmauern, das als beeindruckendes Wahrzeichen von weither sichtbar ist. Brolio ist sicherlich das interessanteste und auffallendste Schloss des südlichen Chianti. Am unteren Parkplatz (ein weiterer kleiner Parkplatz befindet sich weiter oben beim Schloss) liegt das einladend schattige, aber teure Gartenrestaurant „Osteria del Castello“, in dem die Weine des Hauses Ricasoli (Castello di Brolio) ausgeschenkt werden. Als der Werbefotograf Barone Francesco Ricasoli das heruntergewirtschaftete Landgut seiner Familie Mitte der 90er Jahre übernahm, dachte er sicher nicht im Traum daran, dass es die Weinpäpste des Gambero-Rosso-Weinführers im Jahr 2002 zum Weingut des Jahres küren würden.

• *Anfahrt/Öffnungszeiten* Von Gaiole in Richtung Siena (11 km von Gaiole, ausgeschildert). Besichtigung der Gartenanlagen, Burgmauern und der Kapelle S. Jacopo 3 €. Tägl. 9–12 und 15–18 Uhr geöffnet.

• *Wein* Eine geführte Besichtigungen der Cantina Baron Ricasoli (Mo–Fr 10.30 und 15 Uhr) inkl. Weinprobe ist nach vorheriger Anmeldung und Bezahlung von 15 € pro Pers. möglich. Das Verkosten der Weine in dem großzügig aufgemachten Verkaufsraum an der Straße direkt an der Weggabelung unterhalb der Burg ist kostenlos. Mo–Fr 9–19.30 Uhr geöffnet, am Wochenende 11–18.30 Uhr. ✆ 0577-7301, ℻ 0577-730225, www.ricasoli.it

Badia a Coltibuono – hier wohnen die Nachfahren der Medici

Chianti
Karte Umschlag vorne

▸ **Castello di Cacchiano**: Ein weiteres traumhaft gelegenes Chianti-Schloss an der Burgenstraße. Allein der Ausblick von hier oben auf das südliche Chianti und das gegenüberliegende Castello di Brolio lohnt den Abstecher hierher. Das Castello befindet sich im Besitz der Familie Ricasoli-Firidolfi. Direktverkauf Mo/Di/Do/Fr 8–13 Uhr, Mi/Sa 10–13 u. 15–19 Uhr.

Località Monti in Chianti, an der Abzweigung beim Castello di Brolio links ab (beschildert). ✆ 0577-747018, 📠 0577-747157, cacchiano@chianticlassico.com, www.chianticlassico.com

▸ **Casanuova di Ama**: Kleineres Weingut mit familiärem Charakter. Geöffnet Mo-Sa 9–12 u. 14–20 Uhr. Von Lecchi in Chianti ca. 2 km in nördliche Richtung, dann links ab (beschildert), ✆ 0577-746119.

▸ **Capanelle**: Kleines, schickes Weingut, das von Gaiole aus zu Fuß zu erreichen ist (dem Schild mit der Aufschrift „wine-tasting" folgen). Eine Führung durch die kleine, moderne Kellerei inkl. „tasting" kosten 13 € (Mo–Fr) und bedarf der vorherigen Anmeldung (✆ 0577-74511). Beim Einmieten in eines der Appartements bekommt man seinen persönlichen Butler gleich dazu (✆ 0577-749691).

▸ **Badia a Coltibuono**: Die Benediktinerabtei aus dem Jahr 930 ist allein schon wegen ihrer zauberhaften Lage einen Ausflug wert. Man blickt von hier oben ins Valdarno hinunter, meist weht eine leichte Brise, der alte, tiefgrüne Zedernwald bewirkt zusätzliche Frische. Der italienische Alpenclub hat die Situation erfasst und in der Umgebung einige Wanderwege angelegt (4–6 Stunden).

Die Abtei (mit Ausnahme der Kirche) wurde vor vielen Jahren von einem Mailänder Zeitungsverleger und Weinliebhaber gekauft. Zusammen mit seiner Frau Lorenza d'Medici hat er Coltibuono zu einem der international bekanntesten Weingüter der Toscana werden lassen. Die diversen Weine, die in den Weinbergen bei Monti in Chianti (ca. 20 km Richtung Siena) reifen und dort auch in der neuen, modernen Kellerei vinifiziert werden, können in der Osteria (unterhalb der Klosteranlage) probiert werden. Mönche gibt es auf Coltibuono schon seit ca. 180 Jahren nicht mehr. Heute wird das Geschehen hinter den Mauern durch täglich Besichtigungen und Kochkurse belebt. Die restaurierte Klosterkirche in Form eines lateinischen Kreuzes lohnt einen Blick einzig wegen ihrer strengen romanischen Architektur.

- *Anfahrt* Von Gaiole fährt man zunächst in Richtung Montevarchi. Nach knapp 5 km geht es links ab, ein paar hundert Meter weiter hat man die Abtei erreicht.
- *Besichtigungen* Führungen durch den Kreuzgang, die historischen Keller und den wunderschönen Garten Mo–Fr zwischen 14 und 17 Uhr stündlich, Eintritt 5 €. Besichtigung mit anschließender Wein- und Olivenölprobe nur nach vorheriger Anmeldung (20 €, mind. 6 Pers.).
- *Kochkurse* Es werden sowohl Tageskochkurse als auch mehrtägige Kochkurse mit Unterkunft in der Villa von Coltibuono angeboten. Anmeldung unter ✆ 0577-74481/744832, ℻ 0577-749235, Infos unter www.coltibuono.com
- *Essen* **Ristorante Badia a Coltibuono**, das herrlich gelegene, renommierte Ausflugslokal präsentierte sich bei unserem Besuch mit nur mäßiger Qualität in Küche und Service, gekünstelt und überteuert. Im Sommer hat man es auf der Terrasse angenehm kühl. Tischreservierung wird angeraten. Am Nachmittag auch Bistro-Service. Mo geschlossen. ✆ 0577-749424

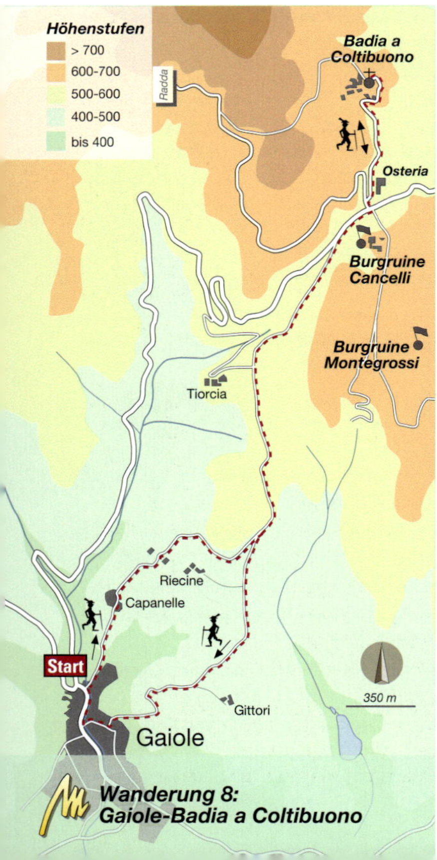

Wanderung Nr. 8: Von Gaiole zur Benediktinerabtei Badi a Coltibuono

Kurzbeschreibung: Eher ein ausgedehnter Spaziergang, kaum anstrengend. Bis Coltibuono überwiegend bergauf, meist durch Wald, der Rückweg entsprechend bergab. Das letzte Stück bis Coltibuono muss man auf der viel befahrenen Asphaltstraße zurücklegen. Ristorante in Coltibuono, Bars, Enoteca und weitere Restaurants in Gaiole. Gesamtgehzeit ca. 2 ¼ Stunden, der Hinweg dauert durch die Steigung etwas länger als der Rückweg.

Parken: am Ausgangspunkt der Wanderung in der Via Roma.

Kartenmaterial: Carta dei Sentieri e Rifugi, Siena e Dintorni – Monti del Chinati (43), Montagnola Senese (44). Edizioni Multigraphic Firenze.

Wegbeschreibung: Ausgangspunkt der Wanderung ist der **nördliche Ortsausgang** von Gaiole (an der Straße Richtung Montevarchi). Hier geht es rechts ab über eine kleine Brücke in die **Via Roma** (wer mit dem Bus kommt: von der Bushaltestelle an der Piazza im Zentrum gelangt man in nördliche Richtung in die Via Roma). Man folgt auf steil bergauf führender, asphaltierter Straße der Beschilderung zur **Azienda Agricola Capanelle**. Das Weingut erreicht man nach ca. 15 Minuten stetigen Aufstiegs (kaum Schatten), hier gibt es eine Cantina (Degustation, tagsüber geöffnet).

Am Weingut vorbei geht man nun auf dem Feldweg weiter in nordöstliche Richtung und passiert im Folgenden einige sehr schön gelegene Landgüter. Etwa 30 Minuten ab Gaiole stößt man auf eine breitere **Schotterstraße**, in die man links bergauf einbiegt (in Richtung der weithin sichtbaren Burgruine Cancelli).

Nach ca. 10 Minuten kommt man an der Abzweigung zum **Weingut Tiorcia** auf der linken Seite vorbei, es geht aber geradeaus weiter, bis man kurz darauf auf die stark befahrene Straße nach Montevarchi stößt. Hier rechts einbiegen, nach 150 m verlässt man die Straße bereits wieder und zweigt links ab zur **Badia a Coltibuono** (ebenfalls auf Asphaltstraße), gleich darauf geht es rechts ab (beschildert).

Vorbei an der **L'Osteria di Coltibuono** (s. u.) sind es noch 10–15 Minuten auf Asphalt hinauf zur Badia a Coltibuono, der eindrucksvollen Benediktinerabtei mit der schlichten Klosterkirche. Das **Ristorante Badia a Coltibuono** befindet sich neben der Anlage (s. u.).

Lecchi in Chianti

Idyllische und gepflegte Chianti-Ortschaft mit viel Charme und auffallend netten Bewohnern. Am Abend sitzt man auf Stühlen vor den Wohnhäusern oder auf der kleinen Piazza und bespricht die Tagesereignisse.

Lecchi in Chianti liegt an der Straße zwischen Radda und der SS 408 und gehört zur Gemeinde Gaiole. Alles in allem zählt der Ort gerade mal 90 Einwohner, doch die sind – was die Gestaltung des Dorflebens anbelangt – überraschend initiativ. So gilt das in Lecchi organisierte Sommerfest im Juni als das schönste in der ganzen Gegend. Außerdem hat man in den vergangenen Jahren einen Fußballplatz angelegt und mit vereinten Kräften und ausschließlich mit privaten Mitteln einen örtlichen Jugendtreff geschaffen – für die Chianti-Gegend reichlich ungewöhnlich, denn normalerweise sind die Dorfgemeinschaften hier eher lose.

Um Jahrhunderte zurückversetzt fühlt man sich, wenn man den Frauen von Lecchi am „lavatoio", einem mit frischem Wasser gefüllten Steintrog, beim Wäschewaschen zusieht. Hier kommt man garantiert mit Einheimischen ins Gespräch.

• *Einkaufen* **Alimentari Palmira**, eines dieser kleinen Lädchen, in denen es fast alles zu kaufen gibt.

• *Übernachten* **Borgolecchi**, in einem alten Bauernhaus an der Straße von Lecchi sind 4 hübsche Doppelzimmer und 2 Appartements mit Balkon, Panoramablick und einigem Komfort untergebracht. Die Einrichtung wurde von in Lecchi ansässigen Handwerksbetrieben gefertigt. Das B & B steht unter Schweizer Leitung. DZ 105–120 €. Via S. Martino 50, ✆ 0577746903, info@borgolecchi.com, www.borgolecchi.com

• *Essen/Wein* **Ristorante Malborghetto**, kleines Restaurant mit einer verblüffend großen Auswahl an toscanischen Speisen, die hier von einem jungen Team zubereitet werden. Bei schönem Wetter sitzt man draußen auf dem Vorplatz des Dorfkirchleins, der abends romantisch beleuchtet ist. Direkt im Ortszentrum von Lecchi. In der Saison immer geöffnet, außerhalb der Saison Di geschlossen. ✆ 0577-746201

Alimentari e Vini, Weinhandlung und Bar mit gut sortierter Weinauswahl der besten Weingüter aus der Umgebung. Der Inhaber Paolo berät fachkundig und engagiert. Tagsüber bietet die Bar mit einer kleinen Speisekarte die Möglichkeit einer *merenda* (Vesperbrotzeit), die man hier draußen auf der Straße sitzend einnimmt. Morgens gibt es italienisches Frühstück mit wirklich gutem Cappuccino. Geöffnet bis 19.30 Uhr, mittwoch- und sonntagnachmittags geschlossen. Via S. Martino. ✆ 0577-746021, rinaldivini@si.technet.it

Spaziergang/Baden

Monteluco di Lecchi: Ein schöner Spaziergang von 10 Minuten aufwärts in Richtung des alten Turms führt zu dieser 1000 Jahre alten Festung. Einst gehörte sie den Mönchen von Coltibuono, bis sie im Mittelalter von der Familie Ricasoli übernommen wurde. Die ringförmig angelegten Gebäude sind in privatem Besitz, doch kann der schöne Innenhof mit dem Brunnen besichtigt werden. Bei gutem Wetter hat man eine schöne Aussicht bis nach Siena. Der Turm von Monteluco gehört einem wohlhabenden Mailänder. Der im Inneren des Turmes eingebaute Aufzug ist im Gegensatz zum optisch nicht besonders stilvoll modernisierten Dach glücklicherweise unsichtbar.

Le Pozze di Lecchi: Mitten in der Natur ein Wildbach mit eiskaltem Wasser, dessen Wasserfälle kleine Becken füllen, in denen man ein erfrischendes Bad nehmen kann. Hinter der Häuserzeile, in der auch die Weinhandlung/Bar integriert ist (s. o.), führt eine Schotterpiste links hinunter aus dem Ort heraus. Der Piste bis zum ersten Feld eines Weinberges folgen, dort scharf links den kleinen Pfad talabwärts durch die Macchia-Landschaft hinab bis zum Bach (ca. 20 Minuten Fußweg von Lecchi).

Castelnuovo Berardenga

Das Dorf, ursprünglich einer der ersten Weinorte des Chianti, liegt südlich der heutigen Chianti-Classico-Gebietsgrenzen. Da zahlreiche Weinberge von Castelnuovo Berardenga aber noch zum Chianti Classico gehören, wird auch der Ort selbst eng mit dem Wein in Verbindung gebracht.

Wenn man sich dem Ort von Norden nähert, fällt seine Randlage auch geographisch auf: Keine Hügel bis zum Horizont, nur weite und beinahe flache Landschaft mit entsprechendem Weitblick prägt die Gegend. Castelnuovo Berardenga selbst wirkt aus der Ferne größer, als es ist. Das Dorf wird von der Piazza Marconi dominiert, an der sich ein großer Teil des Lebens abspielt. Im gesamten Gemeindegebiet leben rund 7.000 Menschen.

Castelnuovo Berardenga geht auf eine Festungsgründung der Republik Siena aus im Jahr 1386 zurück. Der Name Berardenga stammt jedoch schon aus dem 11. Jh. Er ist von einem gewissen Bernardo abgeleitet, einem der letzten fränkischen Grafen von Siena, der damals dieses Gebiet als Lehen erhielt. Mit dem Niedergang Sienas versank auch Castelnuovo Berardenga in die Bedeutungslosigkeit.

Eindrucksvollstes Gebäude des Ortes ist heute die **Villa Chigi Saracini**, die sich im Besitz der Bank Monte di Paschi di Siena befindet. Lediglich der Park des großzügigen Anwesens ist an Sonn- und Feiertagen für die Öffentlichkeit zugänglich. Sonst ist Berardenga mit Sehenswürdigkeiten kaum gesegnet, sieht man einmal von der neoklassizistischen Fassade der **Chiesa S.S. Giusto e Clemente** ab (im Zentrum). Am Ortseingang (von Norden kommend) wartet das bescheidene **Museo del Paessaggio** auf Besucher. Zu sehen bekommt man eine Fotoausstellung und einige archäologische Funde aus der Gegend um Castelnuovo.

• *Information* Am Ortseingang rechts (aus Richtung Gaiole kommend). Apr.–Okt. Di–Sa 10–13 u. 15–18, So 9–13 Uhr, Nov.– März Di–Sa 10–13, So 9–13 Uhr. Im selben Gebäude ist das Museo del Passaggio untergebracht. Eintritt 3 €. Via del Chianti 61,

Berardenga – einladend mit großzügigen Kern

☏/℻ 0577-355500, castelnuovo@vacanzesenesi.it, www.vacanzesenesi.it

• *Busverbindungen* Busse fahren an der Via Chianti (nördl. Einfallstr.) ab, Tickets in der Bar/Trattoria della Berardenga (Via del Chianti 70). 8x tägl. nach Siena, 5x nach Villa a Sesta und San Gusmè.

• *Parkbesuch* An der Rezeption der vornehmen Herberge Villa Arceno (zwischen Castelnuovo und San Gusmè) bekommt man die Schlüssel fürs Vorhängeschloss des **Parco romantico**. In dem großen Gelände des herrlich verträumten Parks mit altem Baumbestand gibt es wunderschön verschlungene Wege und einen See, in dem sich Schwäne und Nutrias tummeln.

• *Übernachten* **La Foresteria dell'Aia**, im Zentrum. Schlichte Zimmer, nette Terrasse, DZ 44 €, Frühstück 5 € pro Person. An der Piazza Marconi gegenüber der Tankstelle durch den Torbogen gehen, dann gleich links, erstes Haus auf der rechten Seite. ☏/℻ 0577-355565 oder 0577-355516, www.laforesteriadellaia.it

Pozzo della Citerna, über steile Treppen erreicht man die 3 einfachen DZ im schmalen Gebäude. Je nach Zimmergröße 40–50 € ohne Frühstück, aber mit Küchenbenutzung. Auch Fahrradvermietung. ☏ 0577-355337, info@ilpozzodellaciterna.it, www.ilpozzodellaciterna.it

• *Außerhalb* **Relais & Chateaux Borgo San Felice**, ca. 10 km in Richtung Gaiole wurde ein mittelalterlicher Weiler in eine vornehme Country-Herberge umgewandelt. Das Hotel liegt von Weinbergen umgeben in schönster Chianti-Landschaft. Selbstverständlich mit Pool, elegantem Restaurant und allem Komfort ausgestattet. Bekannt ist auch die Kellerei von San Felice. DZ ab 280 €. ☏ 0577-3964, info@borgosanfelice.it, www.borgosanfelice.com

Casa Cernano, die Patronin kommt aus Österreich, ist schon lange hier und hat das alte Anwesen mit 8 einfachen Zimmern ausgestattet. Bei einem Glas kam man gut ins plaudern. DZ ohne Frühstück 60–70 €. ☏ 0577-355580, office@casa-cernano.com, www.casa-cernano.com

• *Essen/Wein* **Trattoria La Berardenga**, gute, bodenständige Küche in netter, ungekünstelte Atmosphäre und noch dazu bezahlbar. Fr geschlossen. Via del Chianti 70, ☏ 0577-355547

Enoteca Bengodi, an der Piazza Marconi, mittags und abends geöffnet, zum Wein gibt es diverse Snacks, aber auch magenfüllendere Gerichte. Gleich an der Piazza, Mo geschlossen. ☏ 0577-355116

Ristorante Da Antonio, allabendlich werden ausschließlich komplette Fischmenüs für teure 60 € (ohne Wein) angeboten. Wer Pech hat, bekommt den arroganten Service zu spüren. Mo geschlossen. Via del Chianti 28–32 (gegenüber vom Theater), ✆ 0577-355321

Osteria al Prato, drinnen oder draußen auf Plastikstühlen gibt's einfache, preiswerte Gerichte. Mi geschlossen.

• *Außerhalb* **Il Bivacco**, in Colonna di Grillo (ca. 6 km südöstlich). Besonders empfehlenswert die Fleischgerichte (die Tiere kommen aus eigenen Ställen). Man kann auch im Freien sitzen. Mi Ruhetag. ✆ 0577-352009

La Bottega del Trenta, s. u. Villa a Sesta.

Castelnuovo Berardenga/Umgebung

▸ **San Gusmè**: Das kleine, wirklich beschauliche Dorf mit kleinen Piazzas und verwinkelten Gassen ist unbedingt einen Abstecher von der SS 484 wert (aus Norden kommend, geht es kurz hinter Villa a Sesta links ab, beschildert). San Gusmè, eine ehemalige Befestigung der Stadt Siena, wird derzeit restauriert und wirkt zunehmend „herausgeputzt".

• *Essen* **Da Sira e Remino**, der Tipp im Zentrum für die toscanische Brotzeit: auf Holztellern werden gute Portionen von frisch aufgeschnittenem Schinken und Käse serviert. Dazu gibt's offenen Wein. Durchgehend ab 8 Uhr geöffnet. Mo geschlossen.

In der Enoteka **Terre delle Arti** mit demselben Besitzer gegenüber wird's gleich teurer (Di geschlossen), ✆ 0577-358009. Wer im Restaurant speisen möchte, kehrt im Saal mit Kreuzgewölbe des **La Porta del Chianti** ein. Mi geschlossen. ✆ 0577-358010

▸ **Villa a Sesta**: Wenige Kilometer nördlich von Castelnuovo Berardenga liegt der winzige Ort an der SS 484. Kleiner als San Gusmè und ein total verschlafenes Nest, das aber im ganzen Chianti-Gebiet für sein hervorragendes Feinschmeckerrestaurant bekannt ist (s. u.). An der Piazza del Popolo befindet sich eine Bar (auch Snacks), gleich nebenan steht die neoklassizistisch restaurierte Pieve di Santa Maria, deren Gründung bereits auf das 8. Jh. zurückgehen soll – das war's dann auch schon.

Besuchenswert: der Park von Berardenga (nur an Sonntagen)

• *Essen und Trinken* **La Bottega del 30**, chiantiweit bekanntes und geschätztes Restaurant mit nur zehn Tischen bzw. 30 Sitzplätzen im idyllischen Innenhof. Ohne vorherige Reservierung (im Sommer ca. 4–5 Tage im Voraus) geht hier gar nichts. Die hervorragende Küche wird Jahr für Jahr von „Veronelli", aber auch vom „Feinschmecker" ausgezeichnet, das Preisniveau ist entsprechend hoch. Dennoch: Ein kulinarischer Ausflug hierher lohnt sich. Nur abends geöffnet, Di und Mi geschlossen. Es gibt auch Kochkurse. Infos unter www.labottegadel30.it, ✆/℻ 0577-359226. Anfahrt: Aus Norden kommend, muss man gleich am Anfang von Villa a Sesta von der SS 484 rechts abbiegen in die Via S. Caterina (beim Spielplatz), dann das erste Haus auf der rechten Seite.

Villa di Sotto, malerisch gelegenes kleines Bauerngehöft am unteren Ortsrand mit weitem Blick in die Umgebung. Doppelzimmer im Haupthaus, einige Appartements in einem flachen Giebelbau daneben. DZ mit Frühstück 57 €, die kleinen Appartements kosten ohne Frühstück etwas mehr. Via S. Caterina 30/40, ✆ 0577-330220, ℻ 0577-359169, www.villadisotto.it

Eindrucksvoller Verteidigungsposten – Castello di Monteriggioni

Abstecher nach San Gimignano

Castello di Monteriggioni

Schon der Blick von der Superstrada Florenz–Siena macht neugierig: Mitten aus den Weinbergen ragt märchenhaft eine Mauer mit Türmen in regelmäßigen Abständen heraus.

Beim anschließenden Besuch erweist sich das 1203 zur Verteidigung Sienas errichtete Kastell als ein hochkarätiges mittelalterliches Schmuckstück. Die Rundmauer (570 m) mit ihren 14 Wehrtürmen ist komplett erhalten. +Zur Zeit der Recherche fanden gerade Bau- und Instandsetzungsarbeiten statt, um auf den wuchtigen Festungsmauern entlang wandern zu können. Im Inneren findet der Besucher eine winzige Dorfgemeinschaft von ca. 60 Einwohnern vor, die sich daran gewöhnt hat, dass Touristen um die paar Häuser streifen. Um den Hauptplatz mit dem Dorfbrunnen gruppieren sich ein Lebensmittelladen, ein Bioladen mit allerhand Kräutern in der Vitrine, drei Souvenirshops, drei Bars und die Kirche. Außerdem gibt es hier zwei Restaurants, das „Castello" und das „Pozzo", die beide eine sehr gute, aber auch recht teure Küche pflegen (s. u.).

Information/Adressen

- *Information* Eine **Touristen-Info** befindet sich innerhalb der Burgmauern an der Kirche. März–Okt. 9.30-19.30 Uhr, sonst 11–17 Uhr (Mo geschlossen). Piazza Roma 23, prolocomonteriggioni@libero.it, www.prolocomonteriggioni.it, ✆ 0577-304810.
- *Feste* Das berühmte Mittelalterfest Monteriggionis findet jährlich am zweiten Juliwochenende statt. Gaukler, Handwerker, Feuerschlucker und Wahrsager tummeln sich in den Gassen der Festung, sogar sein Geld tauscht man gegen die Mittelalterwährung „scudi" ein. Am überzeugendsten ist ein in Lumpen gehüllter, von der Pest befallener Bettler, der seit Jahr und Tag auf diesem Fest durch die Straßen humpelt und

Monteriggioni – verlassen oder verschlafen?

die Leute erschreckt. Abgerundet wird das sehenswerte Spektakel durch Tanz- und Musikvorführungen.

• *Parken* Parkgebühren pro Std. 1,50 €, ganzer Tag 2,50 €. Ein Stück weiter unterhalb kostet es nichts. Von hier erreicht man bequem in wenigen Minuten über eine breite Steintreppe die Burganlage.

Übernachten/Camping

**** **Hotel Monteriggioni**, 12 komfortable Zimmer und ein Swimmingpool inmitten der Mittelalterszenerie Monteriggionis. DZ 220 €. Via 1° Maggio, ✆ 0577-305009, ℻ 0577-305011. info@hotelmonteriggioni.net, www.hotelmonteriggioni.net

Il Piccolo Castello, 6 schöne DZ, teilweise mit noblem Wohnzimmer (Kamin!) und Blick auf Castellina in Chianti bzw. auf die Piazza. 80-100 € (ohne Frühstück). Auskünfte bei Mauro Maestrini im gleichnamigen Restaurant. ✆ 0577-304370. www.ilpiccolocastello.com

Apartment Monteriggioni Castello, einfache, ordentliche Unterkünfte für 2/3/4 Pers. zu 80/100/120 € pro Nacht. Piazza Primo Maggio (gleich neben dem Hotel), ✆ 0577-304217 oder 338-9270601. monteriggioni castello@hotmail.com, www.monteriggioni castello.net

Bar il Feudo di Mariotti Giuliano, nur zwei Zimmer und ein Appartement, ebenfalls innerhalb der alten Burgmauern im Turm – in der Tat recht „mittelalterlich“, d. h. eher spartanisch und ungemütlich. DZ 65–70 €, das App. ca. 75 €. ✆ 0577-304108 oder 0577-328334. info@sherpaid.net

Camping Luxor, Loc. Trasqua. Nah und doch nicht ganz einfach zu finden: von Monteriggioni erst auf der Landstraße ein Stück Richtung Siena, dann Abzweig Richtung Busano–Lornano, nach der Unterquerung der Superstrada links (ausgeschildert). Der relativ preiswerte Platz (mit Swimmingpool) liegt abseits auf einer dicht bewaldeten Hügelkuppe und gehört zum Areal der **Fattoria di Trasqua**, die einen Chianti Gallo Nero produziert. Ausgezeichneter Ausgangspunkt für Ausflüge nach Siena, San Gimignano und Volterra. Ende Mai bis Mitte September geöffnet. ✆ 0577-743047. www.luxorcamping.com, info@luxorcamping.com

• *Außerhalb* **Castel Pietraio**, Unterkunft in einer mittelalterlichen Burg 4 km außerhalb von Monteriggioni. 8 DZ 110–170 €, Appartements ab 440 €. Die Verwalterin stammt aus Regensburg, kannte sich aus und konnte dementsprechend Tipps geben. Eigene Weinproduktion (Kellerbesichtigung für Gäste), kinderfreundlich und mit Pool. Von Monteriggioni aus rechts der Via Cassia Richtung Colle Val d'Elsa folgen, durch den Ort Badia Isola fahren, nach 1,5 km liegt links die Burg. Strada di Strove 33–37, ✆ 0577-300020, ✆ 0577-300977. castelpietraio@tin.it, www.castelpietraio.it

***Hotel Casalta**, gepflegtes, kleines Hotel im idyllischen Örtchen Strove (ca. 6 km von Monteriggioni entfernt). DZ mit Frühstück 85 €. Auch gutes (teures) Restaurant. Anfahrt zunächst wie **Castel Pietraio**, dann an der Burg vorbei bis nach Strove. ✆ 0577-301002. casalta@chiantiturismo.it

Bed & Breakfast Casanuova, 2 einfache DZ mit gemeinsamem Badezimmer zu 65 €. Gastgeberin ist Maria Paola mit ihren zwei Hunden. Von Monteriggioni aus links der Via Cassia für ca. 4,5 km in Richtung Siena folgen, dann links den Abzweig nach Poggiolo nehmen. Das zweite Haus rechts ist das Casanuova. Strada del Poggiolo 4, ✆/✆ 0577-318366 oder 348-5112261. maripa54@hotmail.com, www.casanuova-bed-and-breakfast.it

Essen und Trinken/Wein

Il Pozzo, renommiertes, gutes, aber auch recht teures Restaurant mit idyllischer Terrasse zum Draußensitzen. Sonntagabend und Mo geschlossen. ✆ 0577-304127.

Il Piccolo Castello, zweite sehr gute Adresse für toscanische Küche in schönem Ambiente zu entsprechenden Preisen. Täglich selbst gebackenes Brot und frische Pasta, umfangreiche Weinkarte. Auch Zimmervermietung (siehe Übernachten). ✆ 0577-304370. www.ilpiccolocastello.com

• *Bars* **Antico Travaglio Bar**, Borgo Monteriggioni, täglich bis Mitternacht geöffnet, schönes Gärtchen zum Verweilen (kleine Speisenauswahl).

Il Feudo, Borgo Monteriggioni, Barservice auch draußen auf der Piazza. Pizza vom Blech, Kuchen und Panini. Auch Zimmervermietung im antiken Turm (siehe Übernachten).

• *Außerhalb* **Taverna del Gallo**, in Castellina Scalo (1 km nördlich von Monteriggioni), u. a. Fischspezialitäten, die wie überall teuer sind. Mo geschlossen. Via Berrettini, ✆ 0577-304245.

La Leggenda dei Frati (Antica Osteria), in Abbadia Isola. Auch heute noch lohnt sich die „Pilgerfahrt" in den kleinen Ort, der seit dem 11. Jh. nur aus einer Klosteranlage bestand. Auf dem Weg nach Rom kehrten hier die Pilger ein und machten letzte Station vor dem Halt in Siena. Im Unterschied zu damals ist in den alten Gemäuern der Klosterruine heute eine kleine, vornehme Osteria untergebracht, die mit ihrer raffinierten Küche und einer exzellenten Weinkarte hervorsticht. Der Tipp für den besonderen Abend. Es lohnt sich auch, den winzigen Ort wegen des Fernblicks auf die Burganlage von Monteriggioni zu besichtigen. Mo geschlossen. Von Monteriggioni Richtung Colle Val d'Elsa, dann links ab (beschildert). ✆ 0577-301222.

Capitano Uncino, Pub mit Garten, von dem man ebenfalls den spektakulärsten Blick auf die Burg Monteriggioni hat.

• *Wein* Castello di Monteriggioni heißt der lokale Tropfen. Die **Fattoria di Monteriggioni** unterhält innerhalb der Mauern einen Direktverkauf. Die Spezialität ist der Rotwein „Il Cigolino", drei Jahre im Barriquefass ausgebaut.

Poggibonsi *(ca. 27.000 Einw.)*

Es gibt eigentlich keinen wirklichen Grund für einen Aufenthalt in der größten Stadt zwischen Florenz und Siena. Einziger Pluspunkt sind die guten Bus- und Bahnverbindungen, mit denen die Touristeninformation etwas zu großmundig wirbt: „Poggibonsi – der Verkehrsknotenpunkt Italiens".

Die Stadt, im Mittelalter „Castrum Podium Bonitii" genannt, wurde Anfang des 12. Jh. von Siena als Schutzfestung gegen Florenz errichtet. Später wurde sie von den Florentinern komplett zerstört, womit der Weg für die Einnahme des Val d'Elsa frei war. Heute ist Poggibonsi das größte Handelszentrum der Gegend und der Verkehrsknotenpunkt für die nördliche Toscana. Unschön ist dagegen der Verkehr in der Stadt selbst. Durch ein kompliziertes Verkehrsleitsystem kann Autofahren hier in Stress ausarten, vor allem, wenn man eine Abzweigung verpasst hat und das gesamte Einbahnstraßensystem um Poggibonsi noch einmal abfahren muss.

Hat man es dann aber doch einmal aus der unschönen Peripherie bis zum Centro storico um die Piazza Cavour im oberen Bereich der Stadt geschafft, eröffnet sich erstaunlicherweise ein recht idyllisches Bild: Sehenswert sind das **Museo Paleontologico** im wappengeschmückten Palazzo Pretorio (14. Jh.) und die neoklassizistische **Collegiata di Santa Maria Assunta** am oberen Ende der Piazza Cavour (nicht zugänglich). Unweit davon stößt man auf die abweisende, außerordentlich schlichte Fassade der **Chiesa di San Lorenzo** aus dem 14. Jh.

Einkaufsstraße von Poggibonsi ist die Via della Repubblica (Verbindungsstraße zwischen Largo Gramsci und Piazza Cavour) mit zahlreichen Bekleidungs- und Haushaltsgeschäften. Um die Piazza Cavour finden sich Bars und Cafés, oberhalb davon auch einige wenige Restaurants.

• *Information* **Ufficio Turistico**, Piazza Mazzini 6 (gegenüber dem Bahnhof), tägl. 9.30–20 Uhr. Zimmervermittlung und Fahrkartenverkauf für Busse. ☎ 0577-935113, ℻ 0577-982509. poggibonsi@vacanzesenesi.it

• *Busverbindungen* Busse fahren am Largo Gramsci oder an der Piazza Mazzini ab. Von 5 bis 21 Uhr halbstündlich nach Siena, des Weiteren häufige Verbindungen nach Florenz, San Gimignano, Colle Val d'Elsa, Castellina Scalo, Staggia Senese, Monteriggioni, Barberino, Tavarnelle und San Casciano.

Poggibonsi – Verkehrsknotenpunkt mit städtischen Flair

• *Bahnverbindungen* Bahnhof an der Piazza Mazzini. Mehrmals täglich Verbindungen nach Siena und Florenz, nach Florenz muss man gelegentlich in Empoli umsteigen.

• *Erste Hilfe* Das neue Krankenhaus befindet sich in der Località Campostaggia, 2 km Richtung Colle Val d'Elsa. ☎ 0577-919941.

• *Polizei* Via Galvani (Carabi.), ☎ 0577-998600.

• *Post* An der Piazza Mazzini (beim Bahnhof).

• *Übernachten* **** **Hotel Villa Lucchese**, ca. 2 km südöstlich vom Zentrum in Richtung Basilica San Lucchese. In schönem Park im Grünen gelegen, moderne und komfortable Ausstattung, mit Pool. DZ ab 166 €. Via San Lucchese 5, ☎ 0577-937119, ℻ 0577-934729. www.villasanlucchese.com

*** **Hotel Alcide**, professionell geführtes Haus an der Haupteinfallstraße aus Norden, nicht gerade eine Augenweide. Bei Einheimischen ist das angeschlossene Fischrestaurant beliebt (Mo geschlossen). DZ mit Bad, TV und Aircon. 80 €, EZ 55 €, Frühstück 5 € pro Person. Viale Marconi 67, ☎ 0577-937501, ℻ 0577-981729. www.hotelalcide.it

*** **Hotel Europa**, am südlichen Stadtrand an der Straße Richtung Siena gelegen, ca. 2 km vom Zentrum. DZ mit Bad und Frühstück 75–80 €, EZ 43 €. ☎ 0577-933402, ℻ 0577-936069. www.hotel-europa.it

** **Hotel Italia**, am oberen Ende der Piazza Mazzini (beim Bahnhof). DZ mit Frühstück 65 €, EZ 40 €. Via Trento 36, ☎ 0577-936142, ℻ 0577-939970. www.albergo-italia.it

Historisch Interessierten sei von Poggibonsi ein Abstecher ins wenige Kilometer südöstlich gelegene **San Lucchese** empfohlen: einige Relikte aus dem Mittelalter, von denen die eindrucksvolle Kirche aus dem Jahr 1213 und die unvollendet gebliebene Burg **Poggio Imperiale** hervorzuheben sind.

Unbedingt einen Abstecher wert – Colle di Val d'Elsa

Colle di Val d'Elsa

(ca. 20.000 Einw.)

Die zweigeteilte Oberstadt erstreckt sich auf einem Bergrücken über dem Elsa-Tal: Im Castello dominiert das Mittelalter mit dem Dom im Zentrum, im Borgo die Renaissance mit ihren Prachtpalästen. Obwohl die Superstrada nicht weit von Colle entfernt ist, trifft man in den romantischen Gassen der Altstadt auf erstaunlich wenig Touristen. Die Mehrzahl scheint sich mit einem Blick von der Straße aus zu begnügen – selber schuld!

Colle hat sich im frühen Mittelalter lange Zeit als selbständige Kommune neben den mächtigen Städten Florenz, Siena und Volterra halten können. Die Florentiner, die im 16. Jh. fast die gesamte Toscana unter Kontrolle bekamen, gestanden der Stadt 1592 den Status einer „Città nobile" mit einer eigenen Diözese zu. Die Paläste aus dem 16. und 17. Jh., die Burg und die Kathedrale erinnern den Besucher auf Schritt und Tritt an Colles vergangene Größe.

Colle di Val d'Elsa, der „Hügel am Elsa-Tal", ist seit Jahrhunderten als die Stadt des Kristalls und der Glasherstellung bekannt (daneben war der Ort bereits im Mittelalter ein Zentrum der Papierherstellung). Dokumente bezeugen, dass das Gewerbe schon im 14. Jh. ausgeübt wurde und dass ab dem 15. Jh. Trinkgefäße aus Glas für den Export hergestellt wurden. Noch heute sind fünf Betriebe mit der Herstellung von Tafelkristall beschäftigt. 95 % der italienischen Kristallwaren werden in Colle Val d'Elsa hergestellt, die größte Fabrik, Calp, hat über 800 Mitarbeiter.

Einen guten Eindruck von diesem alten Handwerk kann man sich im September verschaffen, wenn in der Oberstadt, also im alten Teil Colles, das Kristallfest **Cristallo tra le mure** veranstaltet wird. Der gesamte Altstadtbereich mit seinen eher düster und ernst wirkenden Hausfassaden verwandelt sich dann in eine interessante Verkaufsausstellung, im Rahmen derer das Handwerk demonstriert wird.

Überall in Colle di Val d'Elsa begegnet man übrigens „Herrn Arnolfo": Arnolfo di Cambio, ein berühmter florentinischer Baumeister und Bildhauer aus dem 12. Jh., wurde hier geboren, was ihm die Ehre einbrachte, diversen Örtlichkeiten und Einrichtungen als Namensgeber zu dienen – Piazza Arnolfo, Torre di Arnolfo, Hotel Arnolfo und dann natürlich das weit über die Grenzen von Colle hinaus bekannte Restaurant Arnolfo. Jeder, der in kulinarischer Hinsicht etwas auf sich hält, muss einmal hier eingekehrt sein. Arnolfos Denkmal steht in Colle Alta (Oberstadt) an der Piazza Canonica.

Auch die Neustadt (Unterstadt) ist durchaus einen Besuch wert – vor allem für Shoppingbegeisterte. Von der großen Piazza Arnolfo (mit Obelisk), auf der die Pensionäre Colles ihre Zeit unter dem großen Magnolienbaum verbringen, gehen die belebten Straßen in Richtung Piazza B. Scala und Piazza S. Agostino ab. Hier kann man Schuhe, Goldschmuck und in einigen Boutiquen auch modische Kleidung kaufen. An der Via Oberdan ist eine Art kleines Einkaufszentrum entstanden (schicker Schuhladen).Vom Zentrum der Unterstadt erreicht man die Oberstadt derzeit am besten über einen gepflasterten Weg namens „Costa". Der schöne Spaziergang dauert etwa 10 Minuten. Ab Herbst 2006 können die 40 m Höhenunterschied zwischen Unter- und Oberstadt dann mit einem Personenaufzug bewältigt werden. Für die Bewohner Colles bestimmt noch schöner!

Information/Verbindungen/Adressen

• *Information* **Pro Loco**, Borgo (Oberstadt), direkt an der Campana-Brücke, Via del Campana 43. Ostern–Mai 10–12 und 15–18 Uhr, Juni–Okt. 10–13 und 15.30–19 Uhr, im Winter 10-12 und 15–17 Uhr. ✆ 0577-922791, 📠 0577-922621. proloco.colle@tin.it, www.terrediarnolfo.it

Punto Città heißt die Touristeninfo in der Unterstadt gleich an der Piazza Arnolfo Nr. 9 (in Kombination mit dem Busticketverkaufsschalter, der durchgehend von 6.40 bis 20.30 Uhr geöffnet hat). April bis Mitte Nov. 10–13 und 16–19 Uhr. Im Winter bekommt man auch am Fahrkartenverkauf Auskunft. ✆/📠 0577-921334.

• *Busverbindungen* Täglich geht's ca. 30x nach Siena (Fahrzeit ca. ½ Stunde), ca. 25x nach Florenz (Fahrzeit ca. 1 Stunde), 4x nach Volterra und ca. 18x nach San Gimignano. Abfahrt an der zentralen Piazza Arnolfo in der Unterstadt. Fahrkartenverkauf beim Reisebüro Arnolfo an der Piazza.

• *Parken* An der Umgehungsstraße Florenz–Volterra befindet sich ein Gratis-Parkplatz (nur für PKW); von da 2 Minuten zu Fuß in die Oberstadt. Ansonsten lässt man sein Gefährt in der Unterstadt stehen und erreicht das alte Colle von da aus am einfachsten über die „Costa". In der Neustadt bekommt man auf der Piazza Arnolfo fast immer einen Parkplatz (jede Stunde 1 €). Es gibt auch ein kostenpflichtiges Parkhaus in der Via di Spugna (östlich der Piazza Arnolfo).

• *Fahrrad- und Mofaverleih* **Mario Antichi**, Via F. Livini 1 (Unterstadt, Ortsausgang Richtung Florenz, Abzweig Volterra). Klassische Räder und Mountainbikes ab 15 €, Scooter ab 30 €. ✆ 0577-923366.

Gippo, nur Renn- u. Mountainbikes (ab 13 €), etwa 5 km außerhalb des Zentrums in Pian dell' Olmino (südlich von Colle in Richtung Grosseto). ✆ 0577-904405.

• *Kristallwaren* Das traditionelle lokale Handwerk ist die Herstellung von Kristallwaren. Einschlägige Boutiquen mit gehobenen Preisen findet man v. a. in der Oberstadt: z. B. **La Moleria** in der Via delle Romite 26 und **La Grotta del Cristallo** in der Via del Muro Lungo 20. In der Unterstadt kann man in der **Cristalleria Loreno Grassini** einem Meister des Gravurhandwerks bei seiner Arbeit zusehen. Via di Spugna 124 (Zentrum).

Wen hingegen das Handwerk der Glasherstellung interessiert, sollte an einer kleinen Führung (in Englisch) im Betrieb **La Vilca** teilnehmen. Mo–Fr zwischen 9.30 und 11 Uhr (auch ohne Anmeldung). Località Graciano, Via Fratelli Bandiera 53 (vom Zentrum Colles (Piazza Arnolfo) in Richtung Grosseto/Follonica fahren). ✆ 0577-929188. www.collecristallo.com

Bankfiliale, nach einem Entwurf von Michelucci

- *Feste* Im Rahmen des **Festival di Musica Antica** im Mai werden mehrere Konzerte im schönen Teatro dei Varii veranstaltet. www.comune.collevaldelsa.it

Cristallo tra le mure (in den ersten 3 Septemberwochenenden), widmet sich dem Handwerk der Glasherstellung.

- *Wein* **Enoteca Il Salotto**, auch Weinproben möglich. Via Gracco del Secco 31 (Oberstadt), ✆/℻ 0577-926983.

- *Wochenmarkt/Einkaufen* Fr 8–13 Uhr zwischen Via Oberdan und Via Fontibona. Hier bekommt man vom Korsett über Töpfe, Kinderspielzeug, Süßwaren, Obst und Fisch bis zum Einmachglas wirklich alles.

Camminare & Viaggiare, Schuh- und Taschenladen in der Via dei Fossi (gleich neben dem Museo del Cristallo).

La Selleria, verstecktes Lädchen an der Piazza Arnolfo 18. Reitsportartikel und ausgesprochen schicke Countrymode.

- *Internet* In der Via dei Fossi 59 (an der Piazza Agostino in der Unterstadt). Hier auch Pizza, Erfrischungen und Call-Center mit günstigen Telefontarifen ins Ausland, was den Laden zum Treffpunkt albanischer Immigranten macht. In der Oberstadt geht man bei **Openlinea** in der Via Campana 37 (neben dem Proloco) online.

- *Schwimmbad* In Colle findet man eines der wenigen Schwimmbäder der Toscana. Zwei große Becken, ein Sprungturm (3,5 m und 10 m), eine Rollschuhbahn und eine riesige Liegewiese. Juni bis Anfang September 9–19 Uhr. Knapp außerhalb des Orts. Anfahrt: erst Straße Richtung Siena, dann der Beschilderung folgen.

Übernachten/Essen und Trinken (siehe Karte S. 122)

- *Übernachten* *** **La Vecchia Cartiera (10)**, Unterstadt, Nähe Piazza Arnolfo. Colles erste Adresse liegt in einer umgebauten Papierfabrik aus dem 13. Jh. (die 130 Fenster dienten der Durchlüftung der Papierlager). Alle 38 Zimmer blitzsauber und mit TV, einige mit tollem Blick auf die Oberstadt. Der seriöse Herr an der Rezeption ist der Besitzer. Er kommt aus Colle und kann daher einiges über den Ort berichten – und das in hervorragendem Deutsch! DZ ab 97 € (Frühstück extra). Via Oberdan 5, ✆ 0577-921107, ℻ 0577-923688. cartiera@chiantiturismo.it, www.chiantiturismo.it

*** **Arnolfo (6)**, Borgo. Einziges Hotel in der Altstadt (Oberstadt). Steht in puncto Sauberkeit und Service dem Vecchia Cartiera in nichts nach. DZ 75 €, EZ 50 €, Dreier 90 €.

Das Frühstück gibt's im Gewölbe. Via F. Campana 8, ✆ 0577-922020, 📠 0577-922324. arnolfo@temain.it, www.hotelarnolfo.it

**** **Relais della Rovere**, Luxusherberge in einer ehemaligen Abtei aus dem 11. Jh. Am Ortsausgang Richtung Siena (neben der Glasfabrik). DZ 170–250 €. ✆ 0577-924696. dellarovere@chiantiturismo.it

Bed & Breakfast Le Tre Perle (12), unser Tipp in der Unterstadt. Die quirlige Wirtin, die nach 20 Jahren Australien wieder nach Italien zurückgekehrt ist, empfängt ihre Gäste sehr freundlich und vermietet 3 schöne Zimmer. DZ 60 €, Dreier 70 €. Ganzjährig geöffnet, Via Pieve in Piano 23 (hinter der Piazza Agostino), ✆ 0577-921489 oder 347-8302033. www.letreperle.com

Die **Enoteca Il Salotto** vermietet 2 einfache DZ zu 60 €, Zustellbett 10 € extra (ohne Frühstück). Via Gracco del Secco 31 (Oberstadt), ✆/📠 0577-926983. www.enotecailsalotto.com

Für **Appartements in der Oberstadt** sollte man sich beim Pro Loco der Oberstadt erkundigen. Es gibt einige Wohnungen in den mittelalterlichen Häusern, z. B. in der Via delle Romite und der Via dell Castello, die wochenweise zu mieten sind (Infos auch unter www.toscanavacanza.com).

• *Essen und Trinken* **Ristorante Arnolfo (11)**, Borgo, in einer Parallelstraße unterhalb des gleichnamigen Hotels (hat mit diesem nichts zu tun). Gediegener Empfang für Liebhaber raffinierter Küche in einem der 2 kleinen, hellen Räume des renommierten Restaurants. Sehr intim und vornehm. Feinste Speisen sowohl à la carte als auch als Degustationsmenü, kreiert von Chef Gaetano Trovato (80–90 € ohne Wein). Di u. Mi geschlossen. Via XX Settembre 50, ✆ 0577-920549. www.arnolfo.com

Molino il Moro, gleich neben der Piazza Arnolfo in der Via Ruota. Die mittelalterliche Mühle – das Wasser fließt noch durch das Gebäude – wurde originalgetreu restauriert. Das schöne Ambiente entschädigt für die Defizite im Service. Die Küche ist gut und bietet auch Fisch. Mo geschl. ✆ 0577-920862.

L'Antica Trattoria, Unterstadt, altes, gediegenes Haus mit Tradition, das für seine innovative toscanische Küche von Michelin mit drei Gabeln ausgezeichnet wurde. Sehr gute Weinkarte. An der Piazza Arnolfo mit einigen Tischen draußen. Di geschlossen. ✆ 0577-923747.

L'Oste di Borgo (7), winzige Wirtschaft mit Auswahl an Crostoni, Antipasti, Primi und Salaten, im Sommer auch auf der Piazza. Die Osteria bleibt Mi geschlossen. Via Gracco del Secco 58, ✆ 0577-922499.

Vibbò (13), an der Piazza S. Agostino in der Unterstadt. Betrieben wird die Osteria von einem der Zöglinge des berühmten Arnolfo-Restaurantchefs. Die feine, innovative Küche wird in übersichtlichen Portionen bei ungezwungener Atmosphäre serviert. Mi geschlossen. ✆ 0577-920231.

Bacco (4), Unterstadt. Etwas edlere Pizzeria (Holzofen), in der es auch andere italienische Spezialitäten gibt. Ein paar Terrassenplätze in der Fußgängerzone sind vorhanden. Via Garibaldi, Di geschlossen. ✆ 0577-924018.

Pane & Olio (2), Unterstadt. Osteria mit sizilianischer Rohrmattendeko. Täglich wechselndes Einheitsmenü zu 12 €. Mo geschlossen. Via Mazzini, ✆ 0577-920146.

Nonna Papera, kleinen Imbiss, schon der Duft von Pizza und anderen dortigen Speisen überzeugt. Di–Sa 10.30–14 und 17–21.30 Uhr, Mo nur nachmittags. Via Cennini 15 (20 m nördlich der Piazza Arnolfo).

Ristorante Dietro le Quinte (1), Castello, Durchgang bei der Piazza Canonica. Einladende Sonnenterrasse. Hausgemachte Pasta und ideenreiche Küche in höherer Preislage. Qualität und Service schwanken. Mi geschlossen. Piazza Canonica 2.

Ristorante Vittorio (9), Unterstadt, Nähe Piazza Arnolfo. Mehrere Fischspezialitäten und über 20 verschiedene Pizzen erschweren die Auswahl. Di geschlossen. Via dei Bagni 8, ✆ 0577-922525.

La Bettola di Pisto (8), Borgo. Pizza und toscanische Küche sowie einige vegetarische Gerichte. Di geschlossen. Via G. del Secco 40 (Piazza Baios).

• *Bars/Cafés* **L'Angolo di Sapia (3)**, Castello. Cocktails auf der Terrasse mit Sonnensegel und Tee drinnen im orientalischen Ambiente. Mo geschlossen. Via del Castello 14b.

Caffè Garibaldi (5), Unterstadt, an der zentralen Piazza. Sehr sonnig und daher sehr touristisch. Touristisch sind auch die Preise, und die Bedienung kann schon mal ein wenig schnodderig sein. Auch Mittagstisch. Piazza Arnolfo.

Lido, Borgo, eine schöne, alte Bar mit traditioneller Eis- und Kuchenproduktion. Auf einer großen Terrasse sitzt man hier unter Linden und hört das Plätschern des kleinen Brunnens. Treffpunkt der Oberstadt-Bewohner. Piazza S. Caterina 4.

Sehenswertes

▸ **Oberstadt**: Dorthin führen von der Piazza Arnolfo aus zwei Wege: Über die Via Garibaldi und ihre Verlängerung, die Via Matteotti, gelangt man exakt an die Schnittstelle der beiden Altstadtviertel Borgo und Castello. Romantischer, ruhiger und kürzer ist der Weg über die Via San Sebastiano, dann die breite La Costa hoch, die zum Bollwerk an der Ostseite (Stadtteil Castello) führt.

Bar-Birreria-Caffè, Castello, große, kneipenartige Bar mit Terrasse auf einem kleinen, ruhigen Platz. Piazza Canonica 2.

Campana-Brücke: An der Stelle der ehemaligen Zugbrücke verbindet heute eine steinerne Brücke die beiden Altstadtteile Castello und Borgo. Durch den gewaltigen Torbogen im Palazzo Campana – ein Palast aus dem 16. Jh. mit großen Fenstern, Säulen und sogar einem Balkon – gelangt man in den Stadtteil Castello.

Dom: Der zwischen 1603 und 1630 erbaute Dom ist nicht sonderlich aufregend. Einzig die Renaissance-Kanzel verdient Beachtung: eine hübsche, auf vier Säulen ruhende Marmorarbeit.

Archäologische Museum: Das Museum gleich neben dem Dom zeigt in seinen drei sehr schön gestalteten Stockwerken vor allem Funde aus verschiedenen etruskischen Nekropolen sowie einige Fresken aus dem 13. und 14. Jh. Im Erdgeschoss sind sechs Gefängniszellen zu besichtigen, die noch Anfang des 20. Jh. als solche Verwendung fanden.

⌚ Di–So 10–12 und 16.30–19 Uhr. Eintritt 3 €.

Teatro dei Varii: Die vier großflächig verglasten Bögen der Fassaden werden von achteckigen Säulen gestützt und lockern so die gesamte Architektur auf. Im oberen Stockwerk fallen zwei hübsche, zweibogige Fensteröffnungen auf. Das Gebäude diente einst als Ratssitz der Gemeinde, dann zeitweilig als Krankenhaus. Wenn möglich, sollte man einen Blick ins Innere des Theaters werfen – eindrucksvoll! Via del Castello 64.

Chiesa Santa Caterina: Die Kirche mit dem prächtigen, farbigen Fenster liegt am gleichnamigen, 1987 restaurierten Platz des Borgo-Viertels und stammt aus dem

Palazzo Campana als Eingang zum Castello

15. Jh. In einem Nebengebäude an der linken Seite ist über dem Altar eine wunderschön bemalte Terrakotta-Gruppe aus dem 17. Jh. zu sehen: „Die Klagen über den Leib Christi" des Volterraners *Zaccaria Zacchi.*

Porta Nova: Ganz im Westen schließt ein Torbogen mit zwei wuchtigen Wachtürmen das Borgo ab – Militärarchitektur aus dem 15. Jh.

Kloster San Francesco: Knapp außerhalb der Stadt, in der Nähe der Porta Nuova, stößt man auf eine zehnbogige Brücke, die über das Tal zum Franziskanerkloster aus dem 12./13. Jh. führt. Das Kloster selbst hat nichts Atemberaubendes, doch der kleine Vorplatz mit den Zypressen ist ein herrliches Fleckchen zum Ausruhen oder Picknicken und bietet obendrein einen schönen Blick auf die gesamte Oberstadt.

▶ **Unterstadt**: Das Industriezeitalter ist weniger schmuck als das Mittelalter, dennoch kann man in der Unterstadt zumindest zwei Sehenswürdigkeiten in Augenschein nehmen:

Museo dell Cristallo: Neueröffnung 2001, in einem Glasdom am Platz hinter dem Hotel La Vecchia Cartiera. Geboten wird ein Rundgang durch die Geschichte der Glasherstellung und -verarbeitung. Werkzeuge und Maschinen werden ebenso gezeigt wie wertvolle Exponate aus den im Ort ansässigen Glasfabriken. Originell ist das kleine Spiegellabyrinth im Keller der gläsernen Ausstellung. Das Museum entstand an der Stelle, an dem sich von 1820 bis 1953 eine Glasfabrik befand, von der nur noch die Überreste des Schmelzofen-Schornsteins übrig geblieben sind.

⌚ Eine Woche vor Ostern bis Okt. 10–12 und 16–19.30 Uhr, im Winter 10–12 und 15–19 Uhr. Mo geschlossen. Eintritt 3 €. Via dei Fossi 8

Chiesa Sant'Agostino: Die außen sehr schlichte Kirche in der Nähe der ehemaligen Cartiera di Mezzo (heute Hotel La Vecchia Cartiera) wurde im 13./14. Jh. erbaut und 1521 restauriert. Der neugotische Glockenturm kam im Jahr 1900 hinzu. Im

Inneren ist rechts eine „Madonna mit Kind" von *Taddeo di Bartolo* zu sehen. Außerdem eine Darstellung des Martyriums der Katharina von Alexandria, der Schutzheiligen der Philosophen, aber auch der Papierhersteller (was es nicht alles gibt ...). Wie auch immer, es bleibt zu hoffen, dass nach den jahrelangen Restaurierungsarbeiten etwas von den Fresken übrig bleiben wird. Auch die ganz in Marmor gehaltene Bertini-Kapelle (16. Jh.) verdient Beachtung.

Filiale der Bank Monte dei Paschi di Siena: Das umstrittene Werk in unmittelbarer Nähe der Piazza Arnolfo wurde 1983 vom Architekten *Michelucci* entworfen. Ob die Konstruktion aus roten Stahlträgern und Plexiglas in das alte Städtchen passt, muss jeder selbst entscheiden. Mutig ist die Konstruktion im Herzen Colles allemal.

Certaldo

Ganz aus rotem Ziegelstein gebaut, thront das befestigte mittelalterliche Städtchen auf einem Hügel, während unten im Tal die moderne Neustadt den schweren Durchgangsverkehr erduldet. Zwischen den beiden Welten pendelt seit 1999 eine Drahtseilbahn.

In der Oberstadt dominiert der alte **Palazzo Pretorio** aus dem 12. Jh. (Apr.–Okt. 10–19 Uhr, Nov.–März Di–So 10.30–16.30 Uhr, Eintritt 3 €/Kombiticket zu 6 € schließt das Wohnhaus Boccaccios und das Museo Arte Sacra mit ein). Außen bringen die Familienwappen früherer Nobilitäten etwas Abwechslung in das monotone Ziegelrot, innen sind einige restaurierte Fresken zu bewundern. Seit die Stadtverwaltung nach Neu-Certaldo umgezogen ist, wird der Palast vor allem für Ausstellungen genutzt.

Certaldo ist vor allem deswegen bekannt, weil Giovanni Boccaccio (1313–1375) hier seine letzten Lebensjahre verbrachte. Der große italienische Dichter war zu Lebzeiten ein armer Mann, der sich mit den verschiedensten Tätigkeiten über Wasser hielt – eine Zeit lang war er Gesandter in Mailand und Avignon, wo die meisten seiner Werke entstanden. Sein „Decamerone" (von Pier Paolo Pasolini verfilmt), eine Sammlung von 100 schriftlich überlieferten oder bei Gesprächen erlauschten Geschichten, wurde zum Wegbereiter der europäischen Novellendichtung. Hintergrund und Rahmenhandlung dieses streckenweise frivolen Werks ist die große Pestepidemie von 1348, die in der Toscana über die Hälfte der Bevölkerung dahinraffte.

Das **Wohnhaus Boccaccios** (Via Boccaccio 18) kann besichtigt werden (1.4. bis 30.9. tägl. 10–19 Uhr, 1.10. bis 4.11. Mo–Fr 10.30–16.30 Uhr, Sa/So 10–19 Uhr (Di geschlossen), 5.11. bis 31.3. tägl. 10.30–16.30 (Di geschlossen), Eintritt 3,10 €/Kombiticket mit Palazzo Pretorio und Museo Arte Sacra 6 €). An den Wänden im Erdgeschoss hängen Illustrationen aus dem „Decamerone", im Obergeschoss hat das *Zentrum für Boccaccio-Studien* seinen Sitz.

Eine Steinplatte im Fußboden der Kirche **SS. Jacopo e Fillippo** weist auf Boccaccios Grab hin. Ein größeres Grabmal aus dem 16. Jh. wurde 1783 zerstört – vermutlich von frommen Eiferern, die den „Gotteslästerer" in dem geheiligten Raum nicht länger ertragen konnten, möglicherweise aber auch von der Kirchenverwaltung selbst.

Information/Adressen

• *Information* **Pro Loco**, Certaldo Alto, Via Boccacio 16. Im Sommer 10–13 und 14–19 Uhr, im Winter 10–12.30 und 14–17 Uhr. Eher ein Souvenirshop als ein Informationsbüro.

Per Zufall wurde 1999 bei Renovierungsarbeiten im Büro ein etruskisches Grab entdeckt. ✆/℻ 0571-652730. prolococertaldo@katamail.com

Ufficio Turistico, Unterstadt. Im Sommer Mo–So 9–13 und 15.30–19 Uhr, im Winter Di–So 10–13 und 15–17.30 Uhr. Viale Fabiani (Hauptstraße Richtung Poggibonsi), ✆/℻ 0571-656721. info.turismo@comune.certaldo.fi.it, www.comune.certaldo.fi.it

• *Drahtseilbahn* Sie pendelt im Viertelstundentakt zwischen Ober- und Unterstadt. Hin und zurück zahlt man 1,20 €.

• *Parken* Die Auffahrt nach Certaldo Alto ist morgens ab 10 Uhr verboten; in der Saison würde das Hochfahren auch wenig Sinn machen, weil die Parkmöglichkeiten in der kleinen Altstadt sehr beschränkt sind.

Wer erst gar nicht in das Gewirr der Einbahnstraßen Certaldos eintauchen möchte, lässt das Auto am besten gleich auf der Piazza di Macelli stehen (auch Schattenplätze), der auch der Abstellplatz für Camping-Caravane ist (ohne Parkgebühren). Ebenfalls gebührenfreies Parken ist hinter dem Bahnhof möglich. Auf der Piazza Boccaccio ist das Parken gebührenpflichtig. Folgt man der ausgeschilderten Strada panoramica (hält, was sie verspricht) kommt man zu einem P-Platz, von dem man die Altstadt gut zu Fuß erreicht.

• *Einkaufen* In der Via 2 Giugno, der Fußgängerzone in der Neustadt, gibt es einige Boutiquen und Schuhgeschäfte.

• *Fest* **Mercantia** heißt das schönste und wichtigste Fest Certaldos. Es findet in der 2. oder 3. Juliwoche von Di bis So statt. In den Gassen von Certaldo Alto tummeln sich Straßenkünstler und Handwerker, die ihre Waren anbieten; außerdem gibt es Straßentheatervorstellungen und natürlich reichlich Speis und Trank. Eintritt 13 €.

• *Handwerk* **Stelle & Stalle**, in dem kleinen Laden werden vor allem Korbwaren aus Weidenruten verkauft, darunter auch Körbe für den Transport großer Glasbehälter, in die bis zu 70 Liter Wein passen. In Certaldo hatte das Handwerk des Flascheneinflechtens bis in die 50er Jahre große Bedeutung. Die ganze Geschichte des traditionellen Korbmacher- bzw. Korbflechterhandwerks kann man sich hier erklären lassen. Certaldo Alto, Via del Rivellino.

Artesia, eine der vier Kunsthandwerkstätten im Palazzo Giannozzi. Den Keramikmalern, Schmuckdesignern, Lithographen und Graveuren kann hier bei ihrer Arbeit zugeschaut werden. Certaldo Alto, Via Boccaccio, Palazzo Giannozzi.

Museo del Chiodo, im selben Palazzo befindet sich das „Museum zur Geschichte des Nagels". Die einst vom Tischler Beppe Chiodo zusammengetragene Sammlung umfasst alles nur denkbare Holzwerkzeug, das das Herz eines jeden Heimwerkers höher schlagen lässt (Nägel, Hämmer, Sicheln, Hobel, Beitel, Holzbohrer, Sägen, Schraubzwingen etc.). Darüber hinaus sind alte Gebrauchsgegenstände ausgestellt, z. B. einige Modelle des „scaldaletto" (eine voluminöse Konstruktion aus Holz, in der ein Topf mit glühender Kohle aufgehängt wurde, um das Bett anzuwärmen). Normalerweise ist das kleine Museum nur samstag- und sonntagnachmittags von 16 bis 19 Uhr zu besichtigen. An anderen Tagen kann man sich an die Kunstwerkstatt Artesia gleich nebenan wenden oder direkt an Signora Renata, die Witwe Beppe Chiodos: ✆ 0571-667457.

• *Markt* Der Wochenmarkt findet mittwochvormittags auf dem Viale Giacomo Matteotti statt (Neustadt).

• *Medizinische Versorgung* Eine große Apotheke befindet sich in der Fußgängerzone (Via 2 Giugno).

• *Tanken* Auf der Hauptstraße, der Via Roma, gibt es zwei kleine Tankstellen.

Übernachten

*** **Il Castello**, in einem uralten Palast am unteren Ende der Via Boccaccio. Altmodische, aber sympathisch eingerichtete Zimmer. Die zur Altstadt sind empfehlenswerter als die mit Ausblick über das Val d'Elsa mit seinem entfernten Straßenlärm. DZ 100 €. Restaurant angeschlossen. Romana Marcori pflegt die traditionelle toscanische Küche. Di geschlossen. Via G. della Rena 6, ✆/℻ 0571-668250.

*** **Del Vicario**, rechts vom Palazzo Pretorio. Wenige Zimmer über einer historischen Osteria, die einst zum kleinen Klosterkomplex San Tommaso gehörte, von dem noch die kleine Kirche nebenan mit Fresken erhalten ist. DZ mit Frühstück 90 €. Via Rivellino 3, ✆ 0571-668228, ℻ 0571-668676.

** **La Speranza**, an der Durchgangsstraße in der Neustadt. Restaurant angeschlossen.

DZ mit Bad 52 €, ohne 42 €. Borgo Garibaldi 80, ✆ 0571-668014.

Linando II, unser Tipp. Ein paar DZ in einem ganz außergewöhnlichen Ambiente: dunkle und angenehm kühle Räume mit antikem Mobiliar, einer etruskischen Münzsammlungen (wohl eher unecht), alten Teppichen und allerlei Kuriosem. Untergebracht ist das Ganze in einem ehemaligen Stall aus dem 13. Jh. Außerdem gibt es einen kleinen Innenhof zum Draußensitzen und einen winzigen Kellerraum, eine Art Grotte aus Tuffstein, zum Kartenspielen und Ähnlichem mehr. Gemeinsam mit Ihrer Tochter Chiara Olivieri vermietet die Besitzerin DZ mit Bad/Frühstück zu 82 € und EZ zu 52 €. Certaldo Alto, Via Valdracca 13/15, ✆ 0571-652961, ✆ 0571-666806. info@linando2.it, www.lindano2.it

• *Camping* **Toscana Colliverdi**, 12 km in Richtung San Casciano fahren, dann Abzweigung in Richtung Fiano, kurz vor dem Dorf Marcialla auf der rechten Seite. 60 Stellplätze und saubere sanitäre Anlagen in hübscher Hanglage Die familiäre Atmosphäre wurde von einer begeisterten Leserin so beschrieben: „Der Platzbesitzer macht einfach alles (!), empfängt die Gäste mit einer Flasche Rotwein, hat für alle ein offenes Ohr, gibt Ausflugstipps, ist also einfach klasse." Nächste Einkaufsmöglichkeit im nahen Marcialla (1 km). Schade nur, dass gerade hier eine Hochspannungsleitung vorbeiführt. Geöffnet April bis Oktober. ✆/✆ 0571-669334. www.camping.it/toscana/colliverdi

Das Rathaus von Certaldo

• *Agriturismo* **Il Rosolaccio**, siehe San Gimignano.

Essen und Trinken/Bar

Osteria del Vicario, im gleichnamigen Hotel. Toscanische Küche auf einer von historischem Ziegelgemäuer eingerahmten Speiseterrasse. Die Innenausstattung etwas plüschig und stickig. Mittlerweile ausgesprochen teuer. Im Winter So geschlossen. ✆ 0571-668228.

Dolci Follie, in der Neustadt. Bar, Enoteca, Pasticceria und Osteria. Im „Saletta", dem verspiegelten Hinterstübchen, werden inzwischen komplette Menüs, aber auch Bruschette, Panini, Parmaschinken und Käse serviert. Dazu das gute Weinangebot aus der angeschlossenen Enoteca zu „Enoteca-Preisen". Piazza Boccacio.

Trattoria Bruchi, der Bar anschlossen, die genau an der Piazza Macelli liegt (Neustadt). Gute Hausmannskost. Sa geschlossen. Via Romana.

Borgo Basso, gemütliche Pizzeria mit Pizza aus den Holzofen und Gegrilltem vom Holzkohlengrill. Nur abends ab 18 Uhr. Mo geschl. Borgo Garibaldi 20 (Neustadt), ✆ 0571-664711.

Ristoro dell' Antica Fonte, kleine Taverne gleich neben dem B&B Linando II in der Altstadt. Lauschiges Gärtchen mit Fischteich, Blumen und kleinen Gerichten. Di geschlossen. Via Valdracca 25.

La Tinaia, Ristorante/Pizzeria in der Altstadt, großer Saal im alten Gewölbekeller. Via Boccaccio 35, ✆ 0571-656681.

• *Außerhalb* **Il Piviere**, toscanisches Landgasthaus mit Terrasse und zwei Räumen, einer für Raucher und Gäste mit Hunden, einer für Nichtraucher und Gäste ohne Hunde! Einfach und nicht teuer. Mi geschlossen. Ca. 9 km von Certaldo in Richtung Fiano (an der Straße). Via Case Nuove, ✆ 0571-669080.

Il Paese del Campanelli, hier isst man sehr gut, aber nicht billig. Località Petrognano, Semifonte 4, ✆ 055-8075280.

La Taverna, in Marcialla (Anfahrt siehe Camping). „Wir sind dort gleich mehrere Male hin", schreibt eine Leserin, die an diesem einfachen Lokal schätzte, dass man sich hier nicht unbedingt vom Antipasto (hausgemacht!) bis zum Dolce durchessen muss, sondern sich auch nur zu einem Wein und einer Kleinigkeit niederlassen kann – und dies von 19 Uhr bis Mitternacht. Mi geschlossen.

• *Bar* **Boccaccio**, die einzige in der Oberstadt. Auch ein paar Tische am Brunnen zum Draußensitzen

Castelfiorentino

Nicht die hübscheste Perle der toskanischen Festungsstädte entlang der Frankenstraße, doch ein untouristischer Ort, noch dazu mit einem intakten historischen Stadtkern, der nach Besuchen von S. Gimignano und Greve äußerst wohltuend sein kann. In der Bibliothek sind die bekannten Fresken von *Benozzo Gozzoli* anzuschauen. Sie schmücken zwei Tabernakel, die einst in Kapellen an der Via Francigena außerhalb der Stadt standen.

⌚ Di, Do, Sa 16–19 Uhr, So 10–12 u. 16–19 Uhr.

Die Stadtkirche (17. Jh.) mit ihrer mächtigen Fassade ist der heiligen Verdiana gewidmet. Sie reiste viele Jahre durch Spanien und Portugal, bis sie sich hier in eine enge Zelle zurückzog und 1236 starb. Unter der Kirche kann die sog. „kleine Zelle" besucht werden.

• *PLZ* 50051

• *Information* Via Ridolfi 1, ✆/℻ 0571-629049. Mo–Do 9.30–12.30, 15.30–18.30; Fr–So 9–12.30, 15.30–19 Uhr (Apr.– Okt.).

Auskünfte und kostenlose Hotelbuchungen auch bei **Global Service Group** (ganzjährig geöffnet). Via Niccoli 61, ✆/℻ 0571-638324. www.globalservicest.it

• *Übernachten/Essen* **Jugendherberge**, schicker Neubau auf der anderen Seite des Flusses (neben dem Fußballstation). Die **Pizzeria La gatta matta** ist praktischerweise gleich angeschlossen. Viale Roosevelt 26, ✆/℻ 0571-64002.

Osteria da Carlo, im vorderen Raum Pizzeria/Rosticcheria mit Selbstbedienung, in den hinteren Gasträumen mit Service und Stofftischdecken. Piazza J. F. Kennedy 20/22.

Gambassi Terme

Der Ort hat leider kein Mineralwasserschwimmbad. Die heilenden Wässerchen werden für Trinkkuren und in Form von Wannenbädern verabreicht. Gambassi Terme war im Mittelalter ein wichtiger Herstellungsort von Glasbechern. Im Museum für Glasproduktion sind Exponate aus der langen Produktionsgeschichte ausgestellt (La Produzione Vetraria, im Gemeindeamt in der Via Garibaldi). Etwa einen Kilometer weit außerhalb steht an der Straße nach Castelfiorentino die hübsche romanische Kirche Santa Maria a Chianni.

• *Information* Piazza Roma 8, ✆/℻ 0571-639192. Mo–Sa 10 –12, 15–19 Uhr; So 10–13 Uhr. Auskunft erteilt auch **Global Services** (siehe Castelfiorentino).

• *Übernachten/Essen* **Locanda dell'Agresto**, ca. 3 km außerhalb, rechts der Straße nach Castelfiorentino. Der kleine Landgasthof mit 8 familiären Gästezimmern besitzt einen Pool, und die Zimmer werden mit einer Klimaanlage gekühlt. Die Herberge besitzt auch ein gutes Restaurant. DZ mit Frühstück 90 €. ✆ 0571-663678. info@agresto.it, www.agresto.it

* **Le Torri**, einfaches Hotel mitten im Ort. DZ 47 €. ✆ 0571/6381889.

Pizzeria Rimondino, nette Atmosphäre im Gewölbebau. Variationsreiches Vorspeisenbuffet und leckere Pizzen aus dem Steinofen. Via Icilio Franchi 11. Mi geschl.

▸ **Montaione**: oben auf einem Berg liegt die Altstadt. Der zentrale Treffpunkt der Einheimischen und Touristen liegt nicht in der Altstadt, sondern an der Piazza Cavour, direkt vor den Toren der Altstadt. Von diesem terrassenförmig angelegten Platz herrliche, kilometerweite Ausblicke in die Umgebung. Oberhalb des Coop-Marktes, an der Via Italia, befindet sich das Restaurant *Corte Antica da Lido,* hervorragend aber nicht ganz billige, aber köstliche Holzofenpizzen (Lesertipp von Thomas Müller).

San Gimignano

Die besterhaltene mittelalterliche Stadt der Toscana. Schon von weitem wirkt San Gimignano wie ein Miniatur-Manhattan: Schlanke, hoch aufragende Türme (bis 50 m) beherrschen das Stadtbild. Dagegen nimmt sich der mittelalterliche Kirchenbau eher bescheiden aus. Der Grund für die sonderbare Architektur: Die herrschenden Familien lieferten sich einen erbitterten Wettstreit um das höchste und damit prestigeträchtigste Gebäude der Stadt. Nur das Rathaus durfte nicht überragt werden.

Allerdings waren die Türme nicht nur Statussymbole, sondern dienten gleichzeitig als kleine Festungen. Sie sollten in erster Linie vor Übergriffen rivalisierender Familien schützen, denn wie in vielen anderen toscanischen Städten kam es auch in San Gimignano häufig zu blutigen Auseinandersetzungen zwischen papsttreuen Guelfen und kaisertreuen Ghibellinen. Aber auch nach außen hin war die Stadt jahrzehntelang in die großen Machtkämpfe des 13. Jh. verwickelt. Im 14. Jh. konnte sie sich als vergleichsweise kleine Kommune gegenüber den regionalen Großmächten nicht mehr behaupten und fiel an Florenz.

Die seit dem Mittelalter nahezu unverändert gebliebene (autofreie) Altstadt wurde von der UNESCO zum Weltkulturerbe erklärt. Anders als in den großen toscanischen Städten, bei deren Gestaltung viel Wert auf einheitliches Baumaterial gelegt wurde, präsentiert sich das städtebauliche Gepräge San Gimignanos als bunter Mix: Sandstein, rötlicher Klinker, feine Travertin-Quader, bisweilen in ein und demselben Gebäude neben- bzw. aufeinander.

San Gimignano steht Siena und Florenz in puncto Tourismus in nichts nach, im Gegenteil: In den engen Gassen können sich die Besuchermassen nicht so gut verteilen, sodass die Stadt im Sommer tagsüber aus den Nähten zu platzen scheint, besonders an Wochenenden. Erst nach Einbruch der Dunkelheit wird es ruhiger. Dann sind die Tagesausflügler mit den Reisebussen wieder in Richtung Florenz abgefahren, und man kann sich hier richtig wohl fühlen.

Die Einheimischen stehen der Touristenflut übrigens auffallend gelassen gegenüber. Man ist an den Trubel gewöhnt und profitiert natürlich auch davon. Dicht an dicht reihen sich kleine Souvenir- und Feinkostläden aneinander und bieten ihre Waren an: Seifenartikel, Keramik, Lederwaren, Kunst und Kitsch aus Alabaster, Pecorinokäse und Salami in allen nur denkbaren Variationen. Ausgestopfte Wildschweine vor den zahlreichen Feinkostläden machen auf eine Spezialität der Gegend aufmerksam: Das Fleisch der *cinghiale* (= Wildschwein) wird in und um San Gimignano hauptsächlich als Schinken angeboten, in vielen Restaurants wird es auch in Kombination mit Pasta oder als Hauptgericht serviert.

Stadtspaziergänge

Passegiata delle mura: Stadtspaziergang außerhalb der Stadtmauern von der Porta San Giovanni zur Porta San Matteo über die Porta delle Fonti und die Porta S. Jacobo. Auf der Strecke gibt's keine Geschäfte, deswegen trifft man auch nur vereinzelt auf Touristen.

Camminamento medioevale: Der Spazierweg beginnt an der Porta San Matteo (Vicolo Mainardi über die Via Diacceto) und endet an der Piazza delle Erbe. Er verläuft an der Innenseite der Stadtmauer, aber etwas abseits des großen Trubels. Der Gang ist teilweise offen und teilweise mit kleinen Brücken überbaut, die die Stadtmauer mit den Wohngebäuden verbinden.

Information/Verbindung/Adressen

• *Information* **Pro Loco**, Piazza del Duomo. Verkauf von Bustickets, kostenlose Zimmer- und Agriturismovermittlung (keine Hotels), Adresslisten für den Besuch von Weingütern auf der Strada del Vino, Anmeldung für organisierte Weingutbesichtigung. Audioguides zur Stadtgeschichte 5 €. März–Okt. 9–13 und 15–19 Uhr; Nov.–Feb. 9–13 und 14–18 Uhr. ✆ 0577-940008, ℻ 0577-940903. prolocsg@tin.it, www.sangimignano.com

• *Zimmervermittlung* **Associazione Strutture Extralberghiere**, Piazza della Cisterna 6, ✆/℻ 0577-943190, maurizio@temainf.it. Vermittlung von Privatzimmern, Appartements und Agriturismo-Unterkünften. Überaus freundlich und hilfsbereit, aber provisionspflichtig. Wer sich die Vermittlungsprovision (10 %) sparen will, bekommt auch im Touristenbüro eine Liste der Privatvermieter.

Siena Hotels Promotions, bei der Porta S. Giovanni. Vermittlung von Hotels in der ganzen Provinz Siena, also auch in San Gimignano. ✆/℻ 0577-940809. www.hotelsiena.com

• *Bahnverbindung* Der nächste Bahnhof liegt in Poggibonsi. Fahrplanauskunft auch im Tourist-Info mit Hilfe des PC.

• *Busverbindungen* Von und nach San Gimignano bestehen hervorragende Busverbindungen: ständig ab/nach Florenz, mind. 10x tägl. ab/nach Siena, fast stündlich ab/-nach Poggibonsi. Busbahnhof an der Porta San Giovanni (Piazzale Montemaggio).

• *Fahrrad- und Mopedverleih* **Bruno Bellini**, neben dem großen Parkplatz an der Straße nach Poggibonsi (beschildert). Verleih von Fahrrädern und Mountainbikes zu 15 €, von Mofas, Mopeds und Skootern ab 31 € (mit Reparaturwerkstatt). Helme sind im Preis enthalten. Tägl. 9–13 und 15–20 Uhr geöffnet. Via Roma 41. ✆/℻ 0577-940201, mobil unter 348-4125488 erreichbar. www.bellinibruno.com

• *Parken* Praktisch alle Parkplätze sind tagsüber gebührenpflichtig. P1 1–5 €, P2 2–15 €, P3/P4 2–10 €. Gebührenfreie Parkmöglichkeiten findet man nur weiter außerhalb oder beim großen COOP-Supermarkt (mit Parkscheibe und nur für 1 Stunde).

• *Einkaufen* **COOP-Supermarkt**, Via Baccanella (südlich vom Zentrum). Werktags von 8.30–20 Uhr geöffnet.

P4
Spezeria,
Archäologisches Museum,
Galerie für moderne Kunst
P3
Via Ghiacciai
Viale Garibaldi
Augustiner-
kloster
Certaldo, Pisa
WC
Porta
S. Jacopo
Piazza
S. Agostino
1
Via Folgore da S. Gimignano
Porta
Matteo
2
V. S. Martino
WC
V. XX Settembre
Via delle Fonti
3
4
V. Mainardi
5
Via S. Matteo
Porta
delle Fonti
altes
Waschhaus
6
Via Diacceto
Via delle Romite
Viale dei Fossi
Via Capassi
Via S. Stefano
Rocca
Dom
Piazza
Duomo
WC
Folter-
museum
P
nur für
Einwohner
Museo del Vino
Palazzo
del Popolo
Via del Castello
Piazza
Cisterna
7
Lokale
Zimmer-
vermittlung
8
WC
Via Quercecchio
Via Palestro
9
Via di Bonda
Porta
Quercecchio
Via Piandornella
Viale dei Fossi
Via Berignano
Via S. Giovanni
10
11
12
13
Hotelzimmervermittlung
f. Provinz
Siena
P2
Porta
S. Giovanni
Piazzale M.
Montemaggio
14
15
Via Roma
Supermarkt
Coop
Via Vecchia
Via Baccanella
WC
P
WC
P1
16
S. Chiara
Volterra
S. Lucia
Poggibonsi, A1
Siena
100 m
Übernachten
5 Hotel L'Antico Pozzo
8 Hotel La Cisterna
10 Hotel Bel Soggiorno
16 Hotel Graziano
Essen & Trinken
1 Locanda di Sant'Agostino
2 Locanda Il Pino
3 Beppone
4 Antica Taverna
6 Stella
7 Enoteca Dulcis in Fundo
9 Le Vecchie Mura
11 La Mandragola
12 Lo Sfizio
13 Chiribiri
14 Il Rigoletto
15 Granducato
San Gimignano

• *Kino* Vorführungen „Sotto le Stelle" (unter dem Sternenhimmel) im Parco della Rocca.

• *Feste* **Ferie delle Messi**, Mittelalterfest meist am dritten Juniwochenende mit Musik, Handwerkskunst, Reiterturnieren – alles in historischen Kostümen. Die Kulisse könnte nicht schöner sein.

Festival „Dentro e fuori le mura", Konzerte und Opernaufführungen unter freiem Himmel auf der Piazza Duomo im Zentrum der Stadt und auf Plätzen und in Kirchen außerhalb San Gimignanos. Ab Mitte Juni bis Mitte August. Programm unter www.sangimignano.com.

• *Kunsthandwerk/Galerien* Zwanzig Kunsthandwerksbetriebe und Galerien haben sich zur *Associazione Artisti e Artigiani* zusammengeschlossen, darunter: **Galleria della Rocca**, zwischen Skulpturen und Zypressenbildern nimmt man sich hier Zeit für ein interessantes Schwätzchen, Via della Rocca; **Le Bateau Ivre**, u. a. moderne Malerei, Via Marsilli; **Studio d'Arte La Costarella**, Skulpturen, Via della Costarella. Einen Überblick kann man sich unter www.artsangimignano.org verschaffen.

Galleria Arte Continua, siehe unter Sehenswertes.

• *Markt* Der Wochenmarkt findet jeden Donnerstag statt.

• *Internet* **Tam Tam**, Via XX Settembre; Zeitungsladen **Tuscia** außerhalb der Porta San Matteo (gleich rechts); **Bar Boboli**, Via San Giovanni 30.

• *Fundbüro* **Ufficio Vigili Urbani**, Via S. Stefano 23, ✆ 0577-940346.

Übernachten

Unter 3 Sternen läuft in San Gimignano nichts! Allerdings werden auch etliche Privatzimmer angeboten. DZ ab ca. 26 €.

*** **L'Antico Pozzo (5)**, hübsch restauriertes Stadthaus aus dem 15. Jh., jedes Zimmer hat seine spezielle Einrichtung, alle sehr einladend. In Nr. 14 schlafen Sie unter einem blütenweißen Baldachin. In der ersten Etage liegt ein sehr schöner „Innenhof", in dem auch gefrühstückt werden kann.

Im alten Brunnen, der dem Hotel den Namen gab, hat man, so die Legende, einst widerspenstige Jungfrauen eingesperrt, die den Feudalherren „das Recht der ersten Nacht" verweigerten – 3 Tage und 3 Nächte lang. Keine Legende ist, dass der heutige Frühstücksraum im 18. Jh. ein Tanzsaal war, in dem rauschende Feste gegeben wurden. DZ mit Frühstück 110–130 €. Via San Matteo 87, ✆ 0577-942014, ℻ 0577-942117. info@anticopozzo.com, www.anticopozzo.com

*** **La Cisterna (8)**, sehr schöne Lage im Zentrum der Altstadt. Die meisten Zimmer gehen nach hinten. Oft mit Balkon und Blick über die Dächer ins toscanische Umland. Im Haus auch ein empfehlenswertes Restaurant. DZ ab 90 €. Piazza della Cisterna 24, ✆ 0577-940328, ℻ 0577-942080. info@hotelcisterna.it, www.hotelcisterna.it

*** **Bel Soggiorno (10)**, seit 1886 von derselben Familie geführt. DZ mit Frühstück 95–110 €. Via S. Giovanni 91, ✆ 0577-940375, ℻ 0577-907521. info@hotelbelsoggiorno.it, www.hotelbelsoggiorno.it

*** **Graziano (16)**, 10 Fußminuten von der Altstadt entfernt. Über dem gleichnamigen Restaurant werden 6 geräumige, neu eingerichtete Zimmer vermietet, jedes mit hübschem Bad und eigenem Balkon. Schräg gegenüber in einer Dependance weitere 6 Zimmer mit Blick auf S. Gimignano. DZ 68–84 €. Via Matteotti 39/A, ✆ 0577-940101, ℻ 0577-940655. hotelgraziano@cybermarket.it, www.sangimignano.com/dagraziano

> Auch einige Restaurants vermieten Zimmer: die **Locanda Il Pino (2)** in der Via Cellolese 4 (DZ 52 €), das Restaurant **La Stella (6)** (DZ 65 €) und das Restaurant **Le Vecchie Mura (9)** in der Via Piandornella (DZ 50 €).

• *Außerhalb* *** **Casolare Le Terre Rosse**, ca. 5 km Richtung Volterra. DZ 95–124 €. Loc. San Donato, ✆ 0577-907046, ℻ 0577-902200. www.hotelterrerosse.com

*** **La Cappuccina**, tolle Villa (mit Wellness und Pool) in schöner Lage (Panoramablick auch auf S. Gimignano), ca. 2 km außerhalb Richtung Larniano (Pisa). DZ 100–140 €. ✆ 0577-940381, ℻ 0577-942031. info@lacappuccina.com

*** **Le Colline**, ca. 1,5 km Richtung Poggibonsi. DZ 96 €. Loc. Sovestro, ✆/℻ 0577-940225.

*** **Le Renaie**, ruhige Lage, 6,5 km außerhalb von San Gimignano, sehr idyllisch im Grünen. Mit Restaurant und Pool. Gediegenes Ambiente, Zimmer mit Aircon., Telefon und TV, das DZ mit Bad, Balkon und inkl.

Frühstück kostet 134 €, ohne Balkon 110 €. Man sollte mindestens 2 Monate vorher reservieren. Località Pancole, lerenaie@iol.it, ☏ 0577-955044, 📠 0577-955126. Anfahrt: Von San Gimignano zunächst auf der Straße nach Certaldo, nach ca. 4 km geht es links ab und den Berg hinauf, der Beschilderung folgen.

Camere La Fornace di Racciano, auf einem Hügel gegenüber von San Gimignano, schöner Blick auf die Stadt. Zum Anwesen gehört ein kleiner Pool. Schlichte, aber geschmackvoll eingerichtete Zimmer in einem renovierten Bauernhaus, allerdings ohne Balkon, daher z. T. etwas dunkel. Nur 5 Zimmer mit Bad, TV und Kühlschrank. DZ 90 €, reichhaltiges Frühstücksbuffet für 8 € pro Person. Località Racciano, criboldrini@libero.it, ☏ 0577-942156, 📠 0577-907689. Anfahrt: Von San Gimignano in südliche Richtung die Straße nach Volterra nehmen, nach 2,5 km geht es rechts den Berg hinauf (beschildert). Nur etwa 300 m vom Ristorante Il Rifugio (s. u.) entfernt.

• *Agriturismo* **Il Rosolaccio**, ca. 8 km in Richtung Certaldo, dann rechts abbiegen (ausgeschildert). Schöne Lage auf einer Anhöhe. Großer Swimmingpool. Von Mai bis Oktober wird draußen vor dem Haus abends ein Menü serviert. Man spricht auch Deutsch. Appartements für 2–5 Personen (ab 3 Tagen), DZ mit Dusche/WC für 94–102 € (Frühstück inklusive). San Benedetto 34, Loc. Capezzano, ☏ 0577-944465, 📠 0577-944467. www.rosolaccio.com

• *Appartements* **Bellavista**, ca. 3,5 km außerhalb, Abzweig von der Straße nach Volterra. Kleine Wohnanlage mit netten Appartements (Schlafzimmer, Bad, Küche, Wohnraum), die alle über einen eigenen Garten oder eine eigene Terrasse verfügen. Swimmingpool. Tiere sind leider nicht erlaubt. Schöner Blick über San Gimignano, und zum Essen liegt das Rifugio (s. u.) ganz nah. Appartement für 2 Personen 80 € pro Nacht (mindestens 3 Nächte Aufenthalt). Loc. Racciano, ☏ 0577-941942, 📠 0577-941946. www.bellavistaappartamenti.it

• *Camping* * **Il Boschetto di Piemma**, ca. 2,5 km außerhalb in Richtung S. Lucia (neben dem Fußballplatz). Die steile Hanglage mit dem harten und staubigen Boden macht das Zelten nicht gerade zu einem Vergnügen. Cafébar (mit preiswerten Standardgerichten) und Schwimmbad am Platz. Geöffnet April bis Mitte Oktober. camping@selvadelletorri.com, www.boschettodipiemma.com, ☏ 0577-940352.

Essen und Trinken (siehe Karte S. 131)

Weinspezialität von S. Gimignano ist der Vernaccia, ein trockener Weißwein, dessen Geschmack mit dem von Stachelbeeren und Äpfeln verglichen wird. Der Feinschmecker-Papst Martin IV. pflegte sein Lieblingsgericht – gebratene Aale – vorher in Vernaccia-Wein einlegen zu lassen.

Le Vecchie Mura (9), in einem liebevoll restaurierten Gewölbebau. Etwas abseits gelegen, mit schöner Terrasse mit Fernblick, nicht zu teuer, nur abends geöffnet. Di geschlossen. Via Piandorne la 15.

Chiribiri (13), die kleine Trattoria liegt eine halbe Etage unter der Erde und serviert in angenehmer Atmosphäre eine gute Küche zu vernünftigen Preisen. Piazza della Madonna 1, ☏ 0577-941948.

Graziano (16), ein Leser schreibt: „Selten haben wir zu einem so günstigen Preis so gut gegessen. Ebenfalls suchen die nur abends erhältlichen Pizzen ihresgleichen." Bleibt noch zu erwähnen, dass der Wirt und sein junges Personal überaus freundlich sind. Adresse siehe gleichnamiges Hotel. Mo geschlossen.

Beppone (3), Kellerrestaurant im touristischen Abseits. Toscanische Küche und Pizzen (z. B. Pizza del bosco mit Trüffelcreme und Steinpilzen) – alles zu vernünftigen Preisen. Do geschlossen. Via delle Romite 13, ☏ 0577-943135.

Lo Sfizio (12), Pizzastücke und Focaccia frisch vom Ofen an der Stehbar. Mi geschlossen. Via S. Giovanni 38.

Locanda di Sant'Agostino (1), beim Augustinerkloster. Großes Angebot an Bruschette, aber auch Pizzen und Panini. Der kühle Wein wird im Becher serviert. Auf dem sonnigen Platz ist es fast so ruhig wie im Kreuzgang des benachbarten Klosters. Wären die Preise nicht so hoch, man müsste es geradezu empfehlen. Di geschlossen. Piazza Sant'Agostino.

Bel Soggiorno (10), toscanische und internationale Küche, höheres Preisniveau. Mi geschlossen. Via San Giovanni 41, ☏ 0577-940375.

Il Pino (2), im rustikalen Ambiente wird traditionell gekocht. Do geschlossen. Via Cellolese 6 (neben gleichnamiger Locanda), ☏ 0577-940415.

Dulcis in Fundo (7), charakteristische Enoteca/Bar mit kleinen Antipasti. Mi geschlossen. Via degli Innocenti 21.

Ristorante/Pizzeria Granducato (15), bei Touristen wie Einheimischen gleichermaßen beliebtes Lokal mit Terrasse am Piazzale M. Montemaggio. Leckere Pizzen ab 4,50 €. Gute, vielfältige Küche (Empfehlung fürs Pastagericht: *pici cacio e pepe*), netter Service, nicht zu teuer. Einziges Manko: direkt an der Straße, der Durchgangsverkehr wirkt etwas störend. Gegenüber dem kleinen Park und unterhalb der Porta San Giovanni (am südlichen Ende von San Gimignano). Mittags und abends geöffnet.

Ristorante La Mandragola (11), gehobenes Niveau, der Hauswein stammt aus der Fattoria Paradiso (s. u.). Gute Küche, sehr beliebt bei Touristen. Leider waren die Portionen manchmal recht klein und die Serviceleistungen eher unfreundlich. Mittags und abends geöffnet. Via Berignano 58, ✆ 0577-940377 oder 0577-942110.

Il Rigoletto (14) winzige Trattoria außerhalb der Porta S. Giovanni. Mo geschlossen. Via Roma 23, ✆ 0577-941981.

La Bruschetteria – Antica Taverna (4), nur Bruschette, aber in 90 Variationen. Di geschlossen. Auf dem Camminamento medioevale, Vicolo Mainardi.

Gelateria di Piazza, Piazza della Cisterna. Der Meister Sergio Dondoli bedient oft selbst, auch gern in deutscher Sprache.

• *Außerhalb* **Il Rifugio**, auf einem Hügel ca. 3 km außerhalb, Abzweig von der Straße nach Volterra. Man sitzt hier auf der blumengeschmückten Terrasse und wird mit guten Speisen verwöhnt, z. B. Farfalline-Nudeln mit Lauch (porro) und Safran. Di geschlossen. Loc. Racciano, ✆ 0577-940771.

Casa al Chino, um gut und relativ günstig zu speisen, empfiehlt es sich, von S. Gimignano erst ca. 1,5 km Richtung Certaldo und dann links in Richtung Gambassi zu fahren; nach weiteren 4 km erscheint rechts auf einer Anhöhe etwas oberhalb der Straße die Casa al Chino, zu der eine Zypressenallee hinaufführt (Beschilderung ca. 150 m vorher an der Straße). Es werden auch 3 einfache DZ ab 47 € vermietet. Loc. Larniano, ✆ 0577-946022. Do geschl.

Podere Il Caggiolino, ca. 12 km auf der Straße nach Volterra rechts auf den Abzweig in den Wald achten. Die deutsche Besitzerin vermietet in einem abgelegenen Bauernhaus 5 kleine, luftige DZ zu 55 €, das größere kostet 65 € (Frühstück 7,50 € extra). Familiäre Atmosphäre. Castel di San Gimignano, Loc. Il Caggio, ✆ 0577-953190 oder 338-2824081. caggiolino@gmx.net, www.toscana.net/caggiolino

Wein

In der Villa des Parco della Rocca ist das **Museo del Vino** untergebracht (vgl. Sehenswertes). Im Park geben Musiker manchmal ganz entzückende Ständchen auf dem Cembalo.

Convento San Francesco, ein ehemaliges Kloster aus dem 12. Jh. dient als Weindepot und Verkaufsstelle des Weinguts „Azienda Agricola Tollena". In den Rundbögen der Räume sind Tausende von Flaschen Vernaccia, Chianti der Colli Senesi sowie Chianti Superiore aufgestapelt. Via S. Giovanni 71. www.tollena.it

Azienda Agricola Il Paradiso, bei dem herrlich gelegenen, traditionsreichen Weingut von Vasco Cetti und seiner Frau Graziella Cappelli Cetti kann man ganz hervorragenden Vernaccia di San Gimignano (D.O.C.G.) kaufen – und das sogar vergleichsweise günstig. Der leichte, junge Weißwein ist bereits ab 4,90 € pro Flasche zu haben, eine echte Empfehlung! Im Angebot sind natürlich auch teurere Weine, z. B. der Vernaccia in Barrique-Ausbau, daneben einige Chianti-Weine. Außerdem gibt's Grappa di Vernaccia und hochwertiges Olivenöl. Vom „Feinschmecker" ausgezeichnet wurde 1999 der schwere Rotwein Paterno II (Sangiovese), die Flasche kostet 13,50 €. Bekannt ist das Weingut aber hauptsächlich für seinen Vernaccia, der auch in vielen Restaurants in San Gimignano von der Weinkarte nicht mehr wegzudenken ist. **Anfahrt:** Das Weingut liegt ca. 3,5 km außerhalb von San Gimignano. Zunächst fährt man auf der Straße Richtung Certaldo, kurz nach der Abzweigung, bei der es links nach Gambassi geht, weist ein Schild nach rechts zum Podere Paradiso. Ab hier noch 1 km auf Schotter (beschildert). Mo–Fr ganztägig geöffnet. Località Strada 21/A, ✆ 0577-941500 oder 0577-940213, 📠 0577-941500. www.telematicaitalia.it/ilparadiso, 0577941500@iol.it

Tipp: Die Azienda Agricola Il Paradiso unterhält in San Gimignano eine Cantina (Verkaufsstelle mit Probierstube), gleiche Preise wie beim Weingut selbst. Tägl. 10–20 Uhr geöffnet. Am unteren Ende der Via S. Giovanni.

Sehenswertes

Es werden verschiedene Kombinationstickets angeboten, die den Besuch mehrerer Sehenswürdigkeiten erschwinglicher machen.

Piazza della Cisterna: Zusammen mit dem Domplatz, der nebenan liegt, bildet die Piazza della Cisterna das Zentrum von San Gimignano. Mit ihrer dreieckigen Grundform, dem gewölbten Profil und den riesigen Hausfassaden stellt sie ein Stück Mittelalter in reinster Form dar. Die Zisterne in der Mitte des Platzes datiert aus dem Jahr 1273.

Piazza del Duomo: Hier sind die vielfältigen Bauformen hübsch vertrackt – bogenförmige Loggia, Treppen, der Dom und ein hoch aufragender Turmkoloss.

Rocca: Vom Turm der alten Burgruine westlich vom Dom hat man den schönsten Überblick über San Gimignano.

Palazzo Comunale: Der links oben an der Piazza del Duomo gelegene Bürgermeisterpalast mit seinem 54 m hohen Turm wurde 1310 fertig gestellt und ist neben dem Dom das am meisten besuchte Bauwerk der Stadt. In den Obergeschossen befindet sich das Museo Civico (s. u.). Auf eine Besteigung des Turms *(Torre Grossa)* sollte man trotz des hohen Preises (5 €) nicht verzichten, denn der Blick über die Stadt ist phantastisch. Ein architektonischer Leckerbissen ist der Innenhof des Palazzo mit seinem überdachten Treppenaufgang, seinen Rundbögen und den ausgebleichten Wandfresken. Hier wurde im Mittelalter öffentlich Recht gesprochen; ob es dabei immer mit rechten Dingen zuging, sei dahingestellt. Jedenfalls wurde das Fresko mit dem heiligen Ivo (Schutzpatron der Advokaten) schon im 16. Jh. mit dem folgenden Spruch verunziert: „Ich verspreche, dass du siegen wirst, wenn du dich mit dem Geldbeutel beeilst".

Museo Civico: In den nüchternen, kahlen Sälen des ersten Obergeschosses kann man sich Fresken anschauen, u. a. von *Benozzo Gozzoli*. Im sog. Dante-Saal ist die „Maestà" bemerkenswert; sie stammt von *Lippo Memmi*, einem Schüler, Mitarbeiter und Schwager *Simone Martinis*, des großen sienesischen Künstlers aus dem 14. Jh. Im Nebenzimmer, dem „geheimen Sitzungssaal", ist ein wertvolles Gestühl ausgestellt.
In den oberen Stockwerken wird die Sammlung fortgesetzt. Besonders beeindruckend sind hier zwei Rundbilder von *Filippo Lippi*, die „Verkündigung" und der „Engel" – schöne Farbgebung und bei der „Verkündigung" eine im flämischen Stil gemalte Landschaft.
Im Rückgebäude findet man den Eingang zu einer kleinen etruskischen Sammlung mit Fundstücken aus der Gegend von San Gimignano: Öl- und Weinamphoren, Urnen aus dem 2. und 3. Jh. v. Chr., etc.

Torre Grossa: Der einzige Turm, der bestiegen werden kann, Zugang durch das Museo Civico. 200 Stufen führen durch den ausgehöhlten Turm zur Plattform mit der stillgelegten Glocke

⌚ Museum März–Oktober 9.30–19 Uhr; Nov.–Februar 10–17.30 Uhr. Eintritt 5 €, erm. 4 € (beinhaltet Besichtigung des Palazzo Comunale, der Pinakothek und des Torre Grossa). Das Kombinationsticket (biglietto cumulativo) kostet 7,50 € (erm. 5,50 €) und schließt die Besichtigung der Spezieria, der Galerie für moderne Kunst und des Archäologischen Museums ein.

Foltermuseum (Museo di Criminologia Medioevale): Das Mittelalter hat nicht nur Kunstwerke und Geschlechtertürme hervorgebracht, sondern kannte auch eine Justiz. Einblick in deren dunkle Kapitel gewährt diese Privatsammlung mit Folter- und Hinrichtungsinstrumenten. Zu den Ausgeburten des menschlichen Geistes zählen Daumenschrauben, Katzenpfoten, Schandflöten, Halsgeigen, Garotten und dergleichen mehr. Es wurde gehenkt und gepfählt, gerädert und gevierteilt, auf dem Scheiterhaufen verbrannt oder ganz einfach lebendig eingemauert. Mit welch teuflischen Werkzeugen die Inquisition den Ketzern zu Leibe rückte, bis diese gerade noch ein „Ich gestehe" röcheln konnten, ist schier unfassbar. Schautafeln und ausführliche Legenden, meist auch in deutscher Sprache, erhöhen den Kitzel.

Ein Raum mit zeitgenössischen amerikanischen Hinrichtungsmethoden bringt den Besucher unvermittelt auf den Teppich der Gegenwart zurück. Elektrischer Stuhl (erfunden 1888), Gaskammer und Giftspritze wirken nach dem Parcours durch den mittelalterlichen Horror geradezu harmlos – als gäbe es so etwas wie eine humane Hinrichtung. Ein Verzeichnis an der Wand hält fest, wer wo wann und wie in den USA hingerichtet wurde – es wird fortgeführt ...

🕐 10–19 Uhr, im Sommer bis 20 bzw. 24 Uhr. Eintritt 8 €, Studenten 5,50 €, ebenso Kinder (für diese ist die Ausstellung jedoch gänzlich ungeeignet). Via del Castello 1/3.

Wer noch nicht genug hat, kann dann noch das speziellere **Foltermuseum für Hexen (Museo della Tortura e Stregoneria)** besuchen.

🕐 tägl. 9–19 Uhr. Eintritt 6 €. Via San Giovanni 123.

Galleria Arte Continua: Zahlreiche Initiativen für moderne und zeitgenössische Kunst in einem Kino der 50er Jahre. Mario, der Initiator dieser Einrichtung, ist inzwischen auch für die Ausstellungen in den Räumen von Santa Maria della Scala zuständig. Alles recht spannend und gut gemacht.

🕐 Via del Castello 11, ✆ 0577-943134, www.galleriacontinua.com. Di–Sa 14–19 Uhr und nach Vereinbarung.

Spezieria di Santa Fina (mittelalterliche Gewürzhandlung), Archäologisches Museum, Galerie für moderne und zeitgenössische Kunst: Die drei Ausstellungen sind in einem Gebäude untergebracht. Die Spezieria zeigt u. a. alte Keramik- und Glasbehälter, die der Aufbewahrung von Kräutern und zum Anmischen von Medikamenten dienten. Das Archäologische Museum stellt Funde vom frühen etruskischen Zeitalter bis ins 18. Jh. aus, die in der Gegend um San Gimignano zu Tage gefördert wurden. In der Galerie für moderne Kunst wird toscanische Kunst des 19. und 20. Jh. präsentiert, sie steht aber auch wechselnden Ausstellungen zur Verfügung.

🕐 Via Folgore. April bis 6. Januar 11–18 Uhr, Eintritt 3,50 € (erm. 2,50 €). Das Kombinationsticket kostet 7,50 € (erm. 5,50 €) und schließt die Besichtigung des Palazzo Comunale, der Pinakothek und der Torre Grossa mit ein.

Museo del Vino: Das Museum widmet sich vor allem dem regionalen Vernaccia. Degustation gegen Bezahlung ist ebenfalls möglich.

🕐 tägl. 11.30–19 Uhr, Mi 15–19 Uhr, Di geschlossen. Eintritt frei. Rocca di Montestaffoli, Villa della Rocca.

Dom

Das außen schmucklose romanische Bauwerk aus dem 12. Jh. ist innen über und über mit Wandfresken bemalt.

Linkes Seitenschiff: Szenen aus dem Alten Testament, sehr realistische Darstellungsweise von *Bartolo di Fredi,* einem Schüler *Ambrogio Lorenzettis*. Der Bilderzyklus beginnt mit der Erschaffung der Welt. Nach den Pflanzen und Tieren folgt Adam und schließlich – im 4. Bild ganz plastisch aus seiner Rippe hervorsteigend – Eva. Etwas aus dem Rahmen fällt der „Durchzug durchs Rote

Meer“ (4. Bild der unteren Reihe): Das Heer des Pharaos trudelt ertrinkend auf der Bildfläche.

Rückwand: Oben sieht man eine grandiose Darstellung des „Jüngsten Gerichts“ von *Taddeo di Bartolo,* beeindruckend ist vor allem die Illustration der Hölle. Die Details kann man besser auf den Postkarten der Kioske erkennen: die Unmäßigen, die Unzucht, viel Mord und Totschlag, gierige Teufel. Die öffentlichen Hinrichtungen und Torturen der damaligen Zeit bildeten die Vorlage für den Künstler. Über dem Eingang ist ein großflächiges Fresko von *Benozzo Gozzoli* zu sehen, das „Martyrium des heiligen Sebastian‘, der im Pfeilhagel stirbt.

Rechtes Seitenschiff: Szenen aus dem Neuen Testament von *Barna di Siena.* Die letzten Bilder wurden erst Mitte des 14. Jh. fertig gestellt, allerdings nicht mehr vom Meister selbst: Der verunglückte tödlich bei einen Sturz von seinem Arbeitsgerüst.

Kapelle Santa Fina: Die am Ende des rechten Seitenschiffs im Renaissancestil angebaute Kapelle bricht völlig mit dem Rest der Kirche. Die Hochkultur dieser Epoche zeigt sich in den Wandfresken von *Ghirlandaio:* Die Gesichtszüge mit ihrer individuellen Mimik verraten Porträtmalerei.

⌚ März Mo–Sa 9.30–16.40, So 12.30–16.40 Uhr; April–Okt. Mo–Fr 9.30–19.10, Sa 9.30–17, So 12.30–17 Uhr. Eintritt 3,50 € (erm. 3 €), zusammen mit dem Museo d'Arte Sacra (einer bescheidenen Ausstellung zur Kirchenkunst) 5,50 € (erm. 4,50 €).

Augustinerkloster

Der Spaziergang durchs mittelalterliche San Gimignano endet beim Augustinerkloster aus dem 13. Jh. im Norden der Stadt. Die ziemlich schmucklose einschiffige Kirche bietet eine einzige nennenswerte Sehenswürdigkeit: den großartigen Bilderzyklus von *Benozzo Gozzoli* und seinen Schülern. Er befindet sich im Chor und erzählt in 17 Szenen die Lebensgeschichte des heiligen Augustinus (354–430), zu lesen von links unten nach rechts oben:

Im ersten Bild (linke Wand, unten links) bringen die Eltern den kleinen Augustinus in die Schule. Die Szene spielt in Tagaste (im heutigen Algerien). Im Vordergrund wird gerade einem ungezogenen Schüler der Hintern versohlt... Es folgen u. a. die Übersiedlung nach Italien, der Rhetorik-Unterricht in Rom, das Treffen mit Ambrosius (neben Augustinus der zweite große Kirchenlehrer der Epoche), der ihn drei Bilder später taufen wird. Im zwölften Bild (rechte Wand, Mitte links) wird die Parabel

Gemäuer vergangener Macht: Geschlechtertürme in San Gimignano

von der Unzulänglichkeit des menschlichen Verstandes erzählt: Augustinus weilt am Meeresufer und versucht, das vertrackte Problem der Heiligen Dreieinigkeit zu verstehen. Da erscheint ihm Jesus als Kind und macht sich mit einem Löffel daran, das gesamte Meer in sein Eimerchen zu füllen – Augustinus begreift, dass der menschliche Verstand nicht ausreicht, die unendliche Weisheit Gottes zu erfassen. Auf einem weiteren Fresko segnet Augustinus als Bischof von Hippo Regius (wieder in Nordafrika) die Gläubigen, das letzte Bild (rechte Wand, oben) zeigt die Begräbnisfeierlichkeiten.
Zum Abschied werfe man noch einen Blick in den doppelstöckigen Kreuzgang mit dem gepflegten Garten, der um einen alten Ziehbrunnen angelegt ist.

Wanderung Nr. 9: Große Rundwanderung südlich von San Gimignano

Kurzbeschreibung: Anfangs fast schattenlos leicht bergab verlaufend, führt das zweite Drittel der Wanderung in leichter Steigung (teilweise aber auch durch Schatten spendenden Baumbestand) überwiegend bergauf. Das letzte Stück geht einen Südhang in Serpentinen ziemlich steil bergauf, v. a. in der Mittagshitze eher unangenehm zu wandern. Im Verlauf der Wanderung muss ein Fluss auf Steinen überquert (oder durchwatet) werden. Zeitweise anstrengend, jedoch überaus abwechslungsreich. Keine Bars, Restaurants o. Ä. auf der Strecke, man sollte sich unbedingt etwas zu trinken mitnehmen. Gesamtdauer ca. 4–5 Stunden. Wer bereits in San Gimignano losgelaufen ist, kann ab Montauto die beschilderte Straße zurück nehmen und die Strecke etwas abkürzen.

Parken: großer Parkplatz (COOP-Supermarkt) am südlichen Ortsausgang von San Gimignano.

Kartenmaterial: Carta Turistica Volterra – San Gimignano – Casole d'Elsa; Nr. 01, Litografia Artistica Cartografia, Firenze.

Wegbeschreibung: Ausgangspunkt der Wanderung ist **San Gimignano** (man kann aber auch mit dem Auto bis Santa Lucia fahren und somit die ersten 2 km auf Asphaltstraße – eine eher langweilige Strecke – abkürzen; keine Busverbindungen bis Santa Lucia). Von der **Via Baccanelle** (großer Parkplatz, COOP-Supermarkt) am südlichen Ortsausgang von San Gimignano läuft man zum nur wenige Meter unterhalb liegenden Verkehrskreisel. Von hier geht es in Richtung Volterra, man biegt aber gleich darauf links ab Richtung **Santa Lucia** und **Monte Oliveto**.

Nach knapp 1 km auf kaum befahrener Asphaltstraße erscheint rechts die **Chiesa di Monte Oliveto** (leider nicht zugänglich). Von der Kirche ist es noch gut 1 km bis **Santa Lucia**. Das kleine Dorf mit seiner beschaulichen Piazza stellt einen echten Kontrast zu San Gimignano dar. An der Kirche geht's rechts ab ins Neubaugebiet von Santa Lucia und zurück auf die größere Straße, in die man links einbiegt. Gleich darauf (nach ca. 20 m) geht es bei einer Kapelle **(WP 1)** (hier kann man auch parken) geradeaus in östliche Richtung auf einen **Schotterweg**.

An einigen kleineren Gehöften vorbei und durch Olivenplantagen kommt man nach 400 m zur **Podere Copini**. Von dort geradeaus weiter (am Hühnerstall vorbei) den Feldweg hinunter in östliche Richtung. Auf schmalem, von Hecken gesäumtem Weg nun bergab, links Olivenplantagen, auf der rechten Seite Weinberge.

Bald taucht ein **Anwesen (WP 2)** auf, an dem man sich links hält. Dann geht es zunächst auf ebener Straße und später wieder bergab weiter in östliche Richtung. Nach etwa 150 m passiert

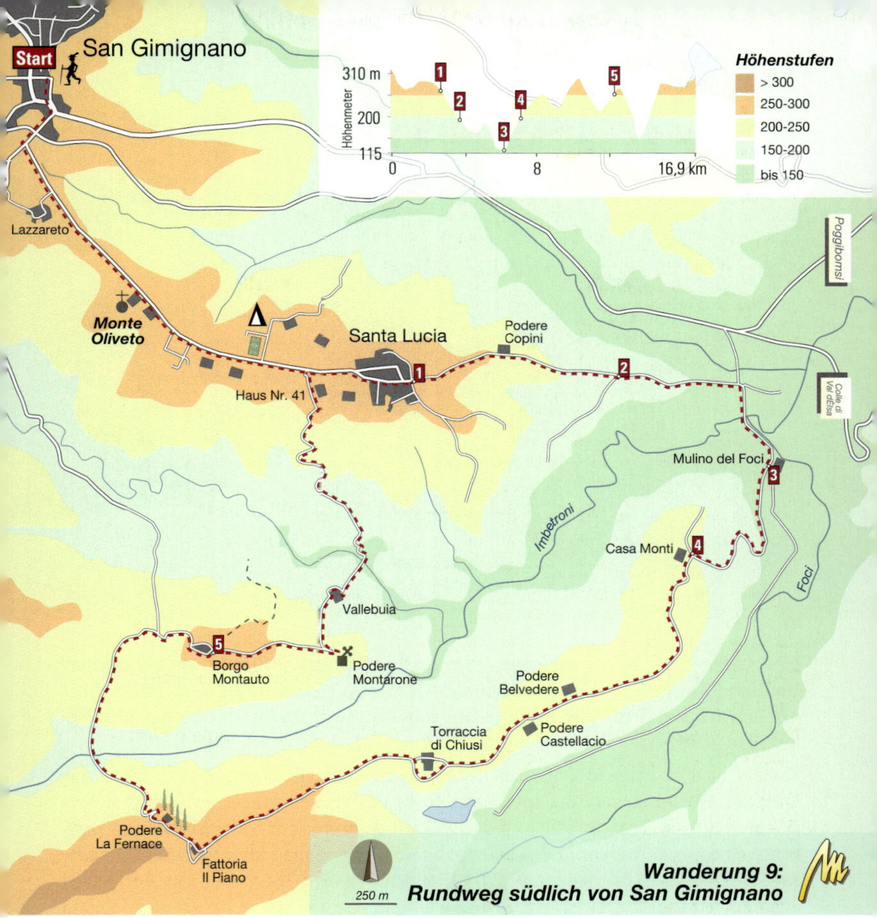

man ein weiteres Anwesen (unangenehmer Rottweiler, glücklicherweise hinter dem Zaun), danach verläuft die Schotterstraße steil bergab, halblinks sieht man die viel befahrene Straße nach Poggibonsi.

Im Tal angekommen, biegt man rechts ab auf den Schotterweg in südliche Richtung, überquert nach knapp 200 m auf einer **Steinbrücke** das Flüsschen Borro Imbotroni und läuft nun zunächst im schattigen **Wald**. Am Fluss Foci auf der linken Seite entlang erreicht man nach wenigen Metern die **Mulino dei Foci**. An der Gabelung **(WP 3)** geht es dann halbrechts auf dem Schotterweg hinauf Richtung **Fortezza del Cortesi**.

Etwa 20 Minuten wandert man nun stetig bergauf (nur anfangs einige schattige Abschnitte), bis man etwa 50 m vor der **Casa Monti** alias B & B Fortezza del Cortesi **(WP 4)** in den nach links hinauf abzweigenden Weg in südliche Richtung einbiegt (rot-weiße Markierung). Kurz darauf passiert man auf der rechten Seite ein umzäuntes Haus (mit wachsamem Dobermann), der recht schattige Weg durch lichten Wald führt noch immer leicht bergauf (weiter rot-weiße Markierung).

Florenz

Firenze

Der Kunst- und Kulturreichtum der Stadt ist überwältigend. Insbesondere bauliche Zeugnisse der Renaissance-Architektur begegnen dem Betrachter auf Schritt und Tritt: Von außen eher schlicht, sind sie innen umso prunkvoller ausgestattet.

Florenz liegt in einer weiten Flussniederung, die Altstadt drängt sich dicht an das Ufer des trüben Arno. Weiter außerhalb, in der grünen Hügellandschaft, stehen jahrhundertealte Sommervillen. Wer die Stadt während der brütend heißen Hochsommertage besucht, wird den Aufenthalt weniger genießen können – Hitze, Staub, Krach, Abgase und in jedem Winkel Heerscharen von Touristen. Von seiner angenehmsten Seite zeigt sich Florenz im Frühling und Herbst, wenn von den Hügeln rundum kühle Luft durch die Straßen zieht und die Altstadt weniger bevölkert ist.

Dem Besucher wird einiges geboten: Kammermusik in altehrwürdigen Palästen, Jazzkonzerte auf historischen Plätzen (Eintritt frei), und am Fluss unter den Gewölben des Uffizien-Palastes warten Kunststudenten auf Kundschaft, um Porträtzeichnungen anzufertigen. Ein Eldorado für Schmuckkäufer ist der Ponte Vecchio. Dicht an dicht reihen sich auf der ältesten Brücke der Stadt kleine Juweliergeschäfte aneinander und vereinigen sich so zu einer einzigen Ladenzeile (leider drängen sich die Touristen oft noch viel dichter aneinander).

Rom, Venedig und eben Florenz sind die wichtigsten Zentren der Geschichte und Kunst Italiens. Architektonisch verblasst Florenz ein wenig neben den beiden anderen Städten. Florenz ist nüchtern, seine Paläste wirken streng und ähneln oft mehr Festungen als Prunkbauten. Zweifellos gibt es lieblichere Orte in der Toscana.

Wer jedoch Sinn für Geschichte und Kunst mitbringt, wird in Florenz immer wieder Interessantes kennen lernen. In der Altstadt rund um die Piazza della Signoria sind zudem viele Straßen, meist Einkaufsmeilen, verkehrsberuhigt oder zur Fußgängerzone umfunktioniert worden.

Übersicht der einzelnen Rubriken

Karte Umschlag hinten

Zwiesprache mit einem kleinen Gaukler – auf der Piazza Santa Croce

Fast ein Jahrhundert lang war die Stadt das geistig-kulturelle Zentrum des Abendlandes: Philosophie, Literatur, Wissenschaft und die Renaissance-Kunst blühten,

das Bank- und Finanzwesen florierte, der Florin war die härteste Währung ganz Europas. Die Bankiersfamilie der Medici überspannte den Kontinent mit einem Netz von Bankfilialen und Handelsniederlassungen.

Über 600.000 Menschen leben heute im Großraum Florenz, die Bevölkerung in der Innenstadt nimmt aber – wie andernorts auch – ständig ab. Zählte man 1975 noch etwa 400.000 Einwohner in Florenz-Stadt, sind es heute nur noch 380.000 – genauso viele wie im Jahr 1952, als die Landflucht gerade begonnen hatte. Hohe Mieten, Smog und Straßenlärm treiben die Menschen wieder hinaus aufs Land. Zudem stehen und fallen die Arbeitsplätze in der Stadt mit dem Massentourismus. Industrie gibt es praktisch nur in den nordwestlichen Randgebieten, die sich bis Prato hinziehen. Florenz ist somit eine Art Riesenmuseum geworden, der Touristenansturm versiegt nie, auch nicht während der „toten" Jahreszeit, womit man hier vor allem die Wintermonate meint. Hauptaktionsgebiet ist der „Laufsteg" zwischen Palazzo Pitti und dem Dom. In den Seitenstraßen daneben reißt der Besucherstrom sofort ab.

Touristenzahlen: Der Touristenandrang ist nach wie vor hoch, obwohl die etwa 3,7 Millionen Besucher des Jahres 2001 im Folgejahr nicht erreicht wurden („nur" gut 3,4 Millionen). Während die Zahl der ausländischen Gäste von 2001 auf 2002 um 3,6 % zurückging (hauptsächlich Amerikaner blieben aus), kamen mehr Italiener in die Stadt.

Am schwierigsten ist es, eine Übernachtungsgelegenheit in der Zeit um Ostern, im Mai, Juni, September und Oktober zu ergattern, wenn sich zu den Unmengen von Touristen noch die Besucher wichtiger Messen und Ausstellungen hinzugesellen (darunter Pitti Immagine Uomo und Pitti Immagine Bimbo, die berühmtesten italienischen Modemessen für Herren- und Kinderbekleidung, die Mitte bis Ende Juni stattfinden).

Kriminalität: Autoaufbrüche sind während der letzten Jahre etwas seltener geworden, aber Taschendiebe oder Handtaschenräuber gibt es noch genug. Allein etwa 500 geschädigten Deutschen gewährt das deutsche Konsulat in Florenz jährlich

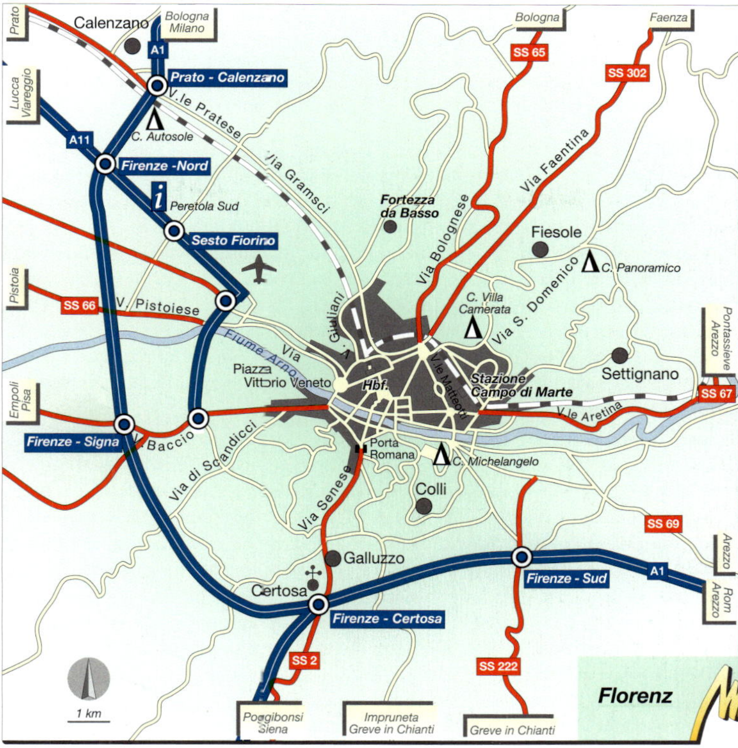

Florenz
Karte Umschlag hinten

Hilfe. Wie hoch die Dunkelziffer ist, weiß niemand. Nachts ist der Stadtpark flussabwärts des Ponte della Vittoria für einen Spaziergang kaum geeignet, denn Prostitution und Drogenhandel florieren hier. Seit ein paar Jahren versucht man, diesen „dunklen Fleck" auf der florentinischen Landkarte zu beseitigen und die von der Kleinkriminalität in Beschlag genommenen Zonen mit Hilfe kultureller Initiativen wie Open-Air-Konzerten, Straßentheater, Ausstellungen u. Ä. wieder zurückzugewinnen. Bisher mit Erfolg!

Information

Hauptbahnhof, Piazza Stazione 4, das APT-Büro befindet sich gegenüber dem Südausgang (Hauptausgang) und hinter der Kirche Santa Maria Novella etwas versteckt in einer Nische. Ganzjährig Mo–Sa 8.30–19 Uhr, Feiertage 8.30–14 Uhr, So geschlossen. turismo3@comune.fi.it, ✆ 055-212245, 📠 055-2381226.

Borgo S. Croce, ganzjährig Mo–Sa 9–19 Uhr, Sonn- u. Feiertage 9–14 Uhr. Borgo S. Croce 29r, turismo2@comune.fi.it, ✆ 055-2340444, 📠 055-2264524.

Via Cavour 1r, nahe der Galleria dell'Accademia. Mo–Sa 8.15–19.15, Sonn- u. Feiertage 8.30–13.45 Uhr. infoturismo@provincia.fi.it, ✆ 055-290832, 📠 055-2760383.

APT-Flughafenbüro, täglich 7.30–23.30 Uhr (keine Flugauskünfte!), infoaeroporto@aeroporto.firenze.it, ✆/📠 055-315874.

APT-Hauptbüro, Via A. Manzoni 16. Mo–Sa 8.30–13.30 Uhr. www.firenzeturismo.it, info@firenzeturismo.it, ✆ 055-23320 u. 055-2478141, 📠 055-2346286. Für **weitere Informationen** kann man sich auch direkt an die Stadt Florenz wenden (Comune aperto, turismo1@comune.fi.it, ✆ 055-2769703/4, 📠 055-2769705) oder im Internet surfen (www.firenzeturismo.it, www.firenze.net www.fionline.it).

Die **Websites der staatlichen Museen:** www.firenzemusei.it, www.polomuseale.firenze.it

Übernachtungsinfos weiter hinten unter „Übernachten/Reservierungen".

Anreise

▸ **Mit dem Auto**: Wer aus Richtung Bologna nur für einen Tagesbesuch in die Stadt kommt, verlässt entweder bereits bei Prato/Calenzano die Autobahn, um über den Viale Pratese zur Tiefgarage am Hauptbahnhof (2 €/Std., ab der 3. Std. 3 €) vorzustoßen. Oder man hält sich vor dem Bahnhof Richtung Fortezza da Basso und fährt von dort zum Parkplatz an der Piazza della Libertá, der nicht nur größer, sondern auch günstiger ist (15 € für 24 Std.). Zentrumsnäher parken Sie an der Porta Romana, die Sie über die Autobahnabfahrt Firenze-Signa erreichen. Auch hier, direkt an den Boboli-Gärten, kostet ein Tag 15 €. Wenn Sie Campingplätze suchen, sollten Sie die Stadt auf der Autobahn umfahren (Richtung Rom) und dann von Süden her (Ausfahrt Firenze-Sud) in Richtung Zentrum einbiegen.

▸ **Hauptbahnhof (Stazione Santa Maria Novella)**: Der futuristische, kühl und funktionell wirkende Bau mit viel Marmor und einem gezackten Glasdach stammt aus dem Jahr 1932; erbaut wurde er von Giovanni Michelucci. Hier stoppen die Fernreisezüge der Europaverbindungen Hamburg–Basel–Mailand–Rom sowie München–Bologna–Rom (mit Ausnahme weniger Verbindungen über den **Bahnhof Campo di Marte**, von dem die meisten *Schlafwagenzüge* Richtung Norden losfahren). Querverbindung über Empoli nach Pisa, nach Siena (in Empoli umsteigen) oder in den Mugello. Als Teil eines großen Umbauprogramms, das landesweit 13 Bahnhöfe umfasst, soll die Statione Santa Maria Novella umfassend modernisiert werden. Gegenwärtig wird der Vorplatz neu erschlossen, Staus deswegen vorprogrammiert.

Ticketschalter: im Erdgeschoss gleich neben dem Haupteingang, ✆ 055-2356423.

Internet: www.firenzesantamarianovella.it

Gepäckaufbewahrung: Am Bahnsteig 16 (besser zu sehen ist das Schild mit der Nr. 15), die italienische Aufschrift lautet: Deposito Bagagli a Mano. Jedes Gepäckstück kostet umgerechnet 3,80 € für die ersten 5 Stunden, danach gestaffelt: 0,60 € bis 12 Std., 0,20 € ab der 13. Std. Zwischen 1.30 und 4.15 Uhr ist der Bahnhof geschlossen, die Gepäckaufbewahrung ist zwischen 6 und 24 Uhr geöffnet. Schließfächer gibt es nicht! ✆ 055-2352190 (hier kann man auch nachfragen, wenn man im Zug etwas liegen gelassen hat). Tipp: Im Untergeschoss befindet sich eine Filiale der Supermarktkette Conad. Supermärkte sind ein rares Gut in der gesamten Altstadt!

Zugauskunft: 9–17 Uhr. Telefonische Auskunft (7–21 Uhr) unter 055-892021 (0,54 €/Min.). Es meldet sich eine Automatenstimme in Italienisch; antwortet man auf die erste Frage mit „*no*", schaltet der Apparat um, und man gerät unversehens an einen Menschen aus Fleisch und Blut, der Englisch und mit ein bisschen Glück sogar Deutsch spricht.

Fahrscheine für Stadtbusse (ATAF): an Automaten und am Kiosk vor dem Osteingang. Preise: 1 €/1 Std., 4,50 €/24 Std.

Hotelinformation/Reservierung: **Consorzio ITA**, Büro am Ostausgang in der Haupthalle (direkt vor dem Bahnsteig 16). Täglich 9–20 Uhr, an den Weihnachtsfeiertagen geschlossen. ✆ 055-282893, 055-283500, 055-2478231, 055-2478232

▸ **Überlandbusse**: Alle Terminals befinden sich unmittelbar links und rechts vom Hauptbahnhof.

LAZZI, Piazza Adua 4–6r. Nach La Spezia, Livorno, Lucca, Pisa, Prato, Viareggio, Pistoia. ✆ 055-351061 (Fahrplanauskünfte), 055-287117 (Tickets). www.lazzi.it

SITA, Via Santa Caterina da Siena 15r (großer Terminal westlich des Bahnhofs). Nach Anghiari, Arezzo, Assisi, Bologna, Borgo San Lorenzo, Camaldoli, Casentino, Chianciano Terme, Città di Castello, Colle Val d'Elsa, Firenzuola, Greve, Grosseto,

Fahrradvermietung vor dem Hauptbahnhof

Gubbio, La Verna, Massa Marittima, Montevarchi, Perugia, Piombino, Pontassieve, San Piero a Sieve, Sansepolcro, Scarperia, Siena, Vallombrosa, Volterra. ✆ 055-47281, 800373760. www.sita-on-line.it

Copit und CAP, Largo F. lli Alinari 9 (am Anfang der Via Nazionale). Nach Borgo San Lorenzo, Impruneta, Marradi, Pistoia und Prato, ✆ 055-214637. www.copitspa.it, www.capautolinee.it

▸ **Flughafen „Amerigo Vespucci"**: Der Airport liegt ca. 4 km nordwestlich des Zentrums im Viertel Peretola (Via del Termine). Auskünfte täglich 6–23.30 Uhr unter ✆ 055-3061300, ℻ 055-315874 oder bei der 24-Std.-Hotline 055-3061700702 (siehe auch unter „Nützliche Adressen und Telefonnummern/Fluggesellschaften", S. 148) bzw. im Internet unter www.aeroporto.firenze.it (infoaeroporto@aeroporto.firenze.it). Mehrmals täglich Direktflüge mit der *Lufthansa* und der *DBA* nach München und mehrmals wöchentlich nach Genf (*Flybaboo*). Vom Bahnhof fahren zwischen 6.30 und 20 Uhr alle 30 Minuten Shuttlebusse (SITA oder ATAF) zum Flughafen, danach bis 23 Uhr stündlich, Kostenpunkt: 4 €. Die Fahrt dauert etwa 25 Minuten, nur unwesentlich schneller ist man mit dem teureren Taxi: 15 Minuten für ca. 15 €.

Fundbüro im Flughafen (✆ 055-3061700702, ℻ 055-3061664) täglich 8–14 und 16–23 Uhr geöffnet.

Unterwegs in der Stadt

Die Orientierung wird erschwert durch die unterschiedlichen Hausnummern: Die roten (für Gewerbebetriebe) und die schwarzen (für Privathäuser) laufen in dieselbe Richtung. In unseren Adressenangaben steht hinter der Ziffer ein „r", sofern es sich um eine rote Hausnummer handelt.

Stadtbusse: Am Bahnhof hält fast jede Linie. Tickets muss man sich vorher besorgen! Man erhält sie im Bahnhof (am Automaten) und vor dessen Osteingang (ATAF-Kiosk), in vielen Bars und an den meisten Zeitungsständen. Ein 60-Minuten-Ticket kostet 1 € (im Viererticket etwas billiger), ein Dreistundenticket gibt es für 2,80 €, **Touristenkarten** für 24 Stunden kosten 4,50 €, für 2 Tage zahlt man

Gemütliche Stadtrundfahrt

7,60 €, für 3 Tage 9,60 € und für eine ganze Woche 16 €. Tickets vor der ersten Fahrt entwerten; wenn man ohne Fahrschein erwischt wird, kostet der Spaß 40 €! Ein Infotelefon (800424500) ist täglich zwischen 6 und 21 Uhr besetzt. Die Webseite der Verkehrsbetriebe gibt's auch auf Englisch und ist in Sachen Streckennetz sehr übersichtlich (www.ataf.net). Achtung: Nach 21.30 Uhr wird das Busfahren in Florenz zum Suchspiel; entweder fährt überhaupt keiner mehr, oder die Liniennummer hat sich geändert, sodass man manchmal ganz dumm aus der Wäsche schaut. In den APT-Büros gibt es allerdings einen sehr guten Plan der Busgesellschaft ATAF, der hier weiterhilft.

Taxis: Eine Fahrt vom Dom zum Campingplatz Michelangelo kostet etwa 10 €, vom Bahnhof zum Flughafen etwa 15 €. Pro Koffer, Reisetasche etc. (höchstens vier an der Zahl!) wird 0,59 € zusätzlich verlangt. Der Startpreis beträgt im Normalfall 2,54 €, zwischen 22 und 6 Uhr klettert er auf astronomische 5,49 € und an Sonn- und Feiertagen werden immer noch beachtliche 4,31 € fällig.

Funktaxi ✆ 055-4242, 055-4798, 055-4499 oder 055-4390

Straßenbahn: Seit 1998 wird an einer 7 km langen Verbindung vom Hauptbahnhof nach Sandicci gebaut. Ein Weiterbau bis zum Flughafen im Viertel Perétola ist vorgesehen. An dieser Strecke soll dann auch der neue Bahnhof für die Hochgeschwindigkeitsstrecke Mailand–Rom entstehen.

Mit dem Auto in der Stadt: Die erweiterte Innenstadt ist *Zona di Traffico Limitato* (ZTL, frühere Bezeichnung *Zona Blu*), d. h. sie ist für Anwohner reserviert. Sie dürfen nur zum Hotel fahren, um ihr Gepäck unterzubringen (lediglich zwischen 19.30 Uhr und 7.30 Uhr kann die ZTL frei befahren werden). Die historischen Stätten von Florenz (*Piazza Signoria, Uffizien, Ponte Vecchio, Dom, Piazza S. Maria Novella, Piazza S. Croce, Piazza Pitti, Piazza S. Spirito, Piazza S. Lorenzo, Piazza SS. Annunziata*) sind ganz und gar für den Verkehr gesperrt und nur für Fußgänger zugänglich (*Zona pedonale*).

Die Anfahrt zum Hotel zwecks Ablieferung des Gepäcks ist in der ZTL natürlich nach wie vor möglich, offiziell aber nur mit einem Buchungsbeleg in der Tasche. Das Auto muss dann allerdings wieder raus! Sonst droht ein Bußgeld in Höhe von mindestens 32 €.

Wenn Sie sich in der Stadt verloren haben oder Ihr Auto nicht mehr finden, wenden Sie sich getrost an die schneidigen *vigili* und *vigilesse* der Stadtpolizei, die an den strategischen Punkten der Stadt dem Touristen mit Rat und Tat zur Seite stehen (dieser *Tourist-Help-Service* ist in der Zeit von Ostern bis Ende Oktober täglich zwischen 8.30 und 18.30 Uhr für Sie da).

• *Parken* Abgesehen von gebührenpflichtigen Parkplätzen (aufpassen, kann teuer werden, da inzwischen auch nachts kassiert wird) gibt es keine Parkmöglichkeit im Innenstadtbereich (dafür erhöhte Abschleppgefahr).

Es empfiehlt sich, den Wagen auf einem Parkplatz am Rand der Altstadt abzustellen. In der Regel wird dort eine Gebühr von je 1 € für die erste und von 1,50 € für jede zusätzliche Stunde erhoben. Diese Tarife gelten aber nicht überall, vor allem in der Nähe von Marktplätzen kann das Dauerparken ein Vermögen kosten; deshalb genau auf die Gebührentafeln achten.

Bei **blau eingerahmten Parkflächen** muss an einem Automaten ein Parkschein gelöst werden, für Parkflächen, die in der Mitte mit einem Punkt gekennzeichnet sind, zahlt man etwas mehr. **Weiß eingerahmte** Parkflächen sind Anwohnern vorbehalten.

Detaillierte Informationen erhält man beim **Consorzio Firenze Parcheggi** (Via G. La Pira 21, ✆ 055-272011, ✆ 055-2720134) oder unter www.firenzeparcheggi.it. Die Website informiert zwar leider nur in Italienisch, dennoch ist sie sehr nützlich, da sie gleich zu Beginn unter „P" alle aktuellen Preise und Adressen der großen Parkplätze auflistet.

> **Wichtig**: Jeder Straßenzug wird einmal pro Woche zu nächtlicher Stunde gereinigt. Beachten Sie das Schild **Pulizia Strada** mit der Angabe des Wochentages. Wer dennoch hier parkt, findet seinen Wagen irgendwo bei der Stadtpolizei wieder und muss tief in die Tasche greifen: Das Bußgeld in Höhe von ca. 32 € wird den ausländischen Besuchern zwar derzeit erlassen, aber ca. 100 € Abschleppgebühren werden allemal fällig! Und jeder unfreiwillige „Parktag" unter polizeilicher Obhut kostet 6 € zusätzlich (angesichts der horrenden Parkgebühren in der Stadt ist es daher fast ratsam, den abgeschleppten Wagen einfach dort stehen zu lassen!). Auskunft über abgeschleppte Fahrzeuge unter ✆ 055-783882. Bei Problemen wendet man sich an die Polizia Assistenza Turistica, Via Pietrapiana 50r, ✆ 055-203911.
>
> Es kann aber auch weniger tragisch enden, wie uns ein Leser schrieb: „Kostenschonend und fremdenfreundlich kann das Auto unter Umständen auch in einer bereits gereinigten (Neben-)Straße gefunden werden. Daher: Vielleicht hilft ein bisschen Suchen über den ersten Schock des verschwundenen Autos hinweg."

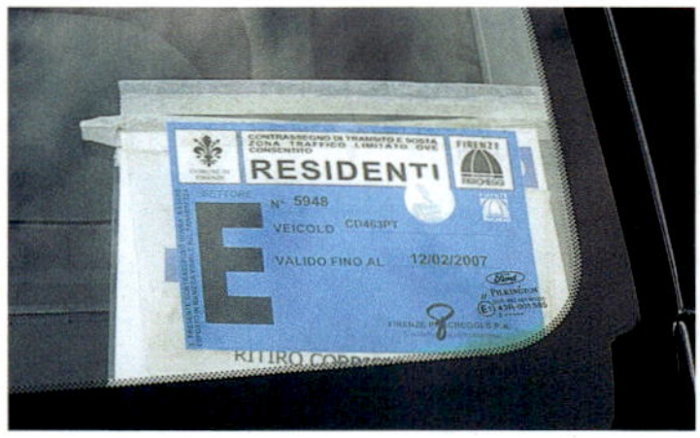

Eine riesige **Tiefgarage** mit 2000 (!) Stellplätzen wurde 1992 am Hauptbahnhof eröffnet. Hier sind die Tarife allerdings mit am höchsten, die ersten 2 Stunden kosten 4 €, danach müssen stündlich weitere 3 € berappt werden. Preisnachlässe gibt es erst nach 4 Tagen!

Die größten Parkplätze befinden sich heute an der Piazza della Libertá und an der Porta Romana, wo jeweils 15 € für 24 Std. fällig werden. Eine Stunde kostet 1,50 €. Das Parkhaus oberhalb der Piazza della Libertà liegt noch relativ zentral am Stadtring (vom Dom die Via Cavour stadtauswärts). Samstags gibt es sogar eine Art Shuttlebus, mit dem man gratis in die Innenstadt kommen kann. Zentrumsnäher (direkt an den Boboli-Gärten, 5 Gehminuten vom Palazzo Pitti) ist die Porta Romana. Sollte der dortige Platz belegt sein, gibt es nicht weit entfernt eine Ausweichmöglichkeit an der Piazza San Francesco di Paola (erst rechts in den Viale Francesco Petrarca einbiegen, dann links in die Via del Casone). Auch hier zahlt man 1 €/Std.

Parkhäuser: Es gibt etliche Parkhäuser in der Innenstadt. Dauerparken kostet dort je nach Wagengröße 30–60 € (24 Std.). Viele Hotels haben private Abmachungen mit den Parkhausbetreibern getroffen; deshalb immer an der Rezeption nachfragen. Es ist ratsam, Autos mit Gepäck in privaten Garagen, die von den Hotels empfohlen werden, zu parken. Hier ist die Einbruchgefahr relativ gering.

Kostenloses Parken: Nur außerhalb der Innenstadtzone möglich. Am sichersten auf dem Piazzale Michaelangelo oder vielleicht an der Piazza Vittorio Veneto. Von hier fahren häufig Busse via Hauptbahnhof ins Zentrum (aber Vorsicht: Einbruchgefahr!).

Karte Umschlag hinten

Nützliche Adressen und Telefonnummern

• *Apotheken* Durchgehend geöffnet (Nachtdienst und Wochenende) sind:
Farmacia Comunale, im Hauptbahnhof, ✆ 055-216761;
Farmacia Molteni, Via Calzaiuoli 7r (Piazza Signoria), ✆ 055-214572;
All'Insegna del Moro, am Dom (Ecke Via Borgo S. Lorenzo), ✆ 055-211343;
Farmacia Sodini, Via dei Banchi 18/20r (ganz in der Nähe des Bahnhofs). Homöopathische Arzneimittel. Mo–Fr 9–13, 16–20 Uhr. ✆ 055-211159, ℻ 055-294640.

• *Ärzte* Eine komplette Liste mit. deutschsprachigen Ärzten ist beim Konsulat erhältlich.
Dr. Giorgio Gargini, **Herzspezialist**, Via V. Giornate 52, ✆ 055-473804.

Dr. Liane Ledwon, **Homöopathin**, Via Roma 6, ✆ 055-213395.
Dr. Barbara Brodbeck, **Frauenärztin**, Via Lorenzo il Magnifico 59, ✆ 055-461465 (deutsche Patienten 055-2286048 od. 0335-8353612). Bei gynäkologischen Problemen außerdem: **Ospedale Santa Maria Nuova** (beim Dom).

Dr. H. Silberhorn, **Kinderärztin**, Via Lorenzo il Magnifico 59 (Gemeinschaftspraxis), ✆ 055-4754111, mobil 339-2970302.

Poste italiane

Dr. Barbara Glückert, **Orthopädie**, c/o Studio Medico Naldi, Via Aretina 397/a, Tel. 055 6504798 od. 8364282, mobil 335 7061278.

Dr- Ulrike Inkofer, **Psychotherapeutin**, Via XX Settembre 28, 055 472633, mobil 380 7092223.

Dr. Gabriele Friedl, **Innere u. Pneumologie**, Via Martelli, 8, 4. OG, 055 218912.

Dr. Eleonore Lumer, **Allgemeinärztin**, Via Puccinotti 82, ✆ 055-4627418, mobil 333 9386140.
Dr. Detlef Bangert, **Zahnarzt**, Vicolo Canneto 2, ✆ 055-214533.
Ansonsten gibt es die *English Yellow Pages* (im Buchhandel erhältlich), ein englischsprachiges Branchenfernsprechbuch, in dem weitere Ärzte verzeichnet sind.

Außerdem bietet Florenz rund um die Uhr einen „Tourist Medical Service" an, ✆ 055-475411. Ist das Büro nicht besetzt, erfährt man über einen Anrufbeantworter die Mobiltelefonnummer des jeweils zuständigen Arztes. Diese Ärzte sprechen auf jeden Fall Englisch, z. T. auch Deutsch und machen Hausbesuche. Büroadresse: Via Lorenzo il Magnifico 59.

• *Automobilclubs* **Automobil Club d'Italia (A.C.I.)**, Viale Amendola 36, ✆ 055-24861.
Touring Club Italiano (T.C.I.), Viale S. Lavagnini 6r, ✆ 055-474192.

• *Autoverleih* **Italy by Car – Tristi**, Borgo Ognissanti 134r, ✆ 055-287161; **Avis**, Borgo Ognissanti 128r, ✆ 055-213629; **Hertz**, Via Maso Finiguerra 33r, ✆ 055-282260; **Europcar**, Borgo Ognissanti 53r, ✆ 055-290437. Verleihstellen gibt es selbstverständlich auch am Flughafen.

• *Fahrräder/Mofas* **Alinari**, Via Guelfa 85r, auch Mountainbikes im Verleih, ✆ 055-280500; **Florence by Bike**, Via S. Zanobi 1r, ✆ 055-488992 (5.11. bis 11.3 geschl.).

• *Fluggesellschaften* **Lufthansa**, c/o Intertravel, Via Lamberti 39r, ✆ 055-217936 oder über die Hotline 02-80663025.

Alitalia, Lungarno Acciaiuoli 10/12r (gleich beim Ponte Vecchio), ✆ 055-27881. Grüne, d. h. gebührenfreie Nummern: Flugauskunft unter ✆ 848865643, Reservierung unter ✆ 848865641 (national) bzw. 848865642 (international).

Meridiana, Lungarno Soderini 1, ✆ 055-32961 od. 199111333.

Flybaboo, fliegt 4x wöchentlich nach Genf ✆ 00800-44544545.

Austrian Airlines, tägl. Wien–Florenz, ✆ 02-89634296.

Andachtsecke in altem Wohnviertel

• *Fundbüro* Via Circondaria 17 b (Bus 23 vom Bahnhof oder Dom aus), geöffnet Mo–Fr 9–13 Uhr. Die von den Dieben geleerten Portemonnaies kommen meist erst mit einer Woche Verspätung hier an. ✆ 055-3283942.

• *Internationale Buchhandlungen* **Feltrinelli International**, Via Cavour 12r (große Auswahl an Kunstbüchern) und Via Cerretani 30r.

City Lights, Via S. Niccolò 23r.

Libreria Edison, Piazza Repubblica 27r, größte Auswahl deutschsprachiger Literatur über Italien. Auch sonntags geöffnet.

Paperback Exchange, Via Fiesolana 31r.

Wer kulturell interessiert ist, sollte mal in der **Libreria Cima**, Borgo Albizi 37r, vorbeischauen. Ausstellungen, Autorenlesungen und Musikabende gehören zum Programm; außerdem gibt es eine Cafeteria.

• *Internetpoints* Sie sprießen wie die Pilze aus dem Boden; einige wenige seien hier genannt:

Internet Train, größter Anbieter mit zahlreichen Filialen: Via dell'Oriulo 25r, Via Guelfa 24a und Borgo San Jacopo 30. **Cyber Office**, Via San Gallo 4r. **Virtual Café**, Via de Neri 37r. **Res Futuram**, Via delle Ruote 14r. **Café Area 51**, sehr trendy – multimediales Café in der Via U. della Fagiola 30 (Firenze Sud). Die Preisunterschiede sind enorm. Etwas abseits am Borgo degli Albizi (hinter dem Dom, Ri. Arno) kosten 3 Stunden 5 €, an der Touristenlaufmeile beim Palazzo Pitti werden 2 € für 15 Minuten verlangt.

• *Kartenvorverkauf* Für alle 13 **staatlichen Museen** (Biglietteria di prenotazioni), darunter Palazzo Pitti, Uffizien, Galleria dell'Accademia, Bargello und Medici-Grabkapellen: ✆ 055-294883. Man bezahlt 3 € Vorverkaufsgebühr, bekommt eine Buchungsnummer mitgeteilt und kann sich den genauen Zeitpunkt des Besuchs aussuchen. Die Extragebühr lohnt sich, denn die Wartezeiten für die Uffizien und die Galerien im Palazzo Pitti können bis zu vier (!) Stunden betragen. Für Sonderausstellungen wird auch ✆ 055-2654321 freigeschaltet.

Für kulturelle Veranstaltungen im **Box Office**: Via Alamanni 39 (Nähe Bahnhof) und im Stadtzentrum, Chiasso de' Soldanieri 8r (Porta Rossa/Ecke Via Tornabuoni), Informationen unter ✆ 055-210804, Vorbestellungen unter ✆ 055-213112.

• *Konsulate* **Deutschland**, I-50122 Firenze, Corso dei Tintori 3, ✆ 055-2343543, 📠 055-2476208.. Mo–Fr 9.30–12.30 Uhr, nachmittags nur nach telefonischer Vereinbarung. ✆ 055-294722, 📠 055-281789.

Österreich, Lungarno Vespucci 58. Mo–Fr 9–12 Uhr. ✆ 055-2654222.

Schweiz, c/o Hotel Park Palace **(98)**, Piazzale Galileo 5. Di und Fr 16–17 Uhr. ✆ 055-222434.

• *Krankenhäuser* **Ospedale di S. Maria Nuova**, Piazza S. Maria Nuova 1, ✆ 055-27581.

Ospedale Careggi, Viale Morgagni 85, ✆ 055-42777111.

Kinderklinik Ospedale Pediatrico Meyer, Via L. Giordano 13, ✆ 055-56621.

• *Kunsthandwerkskurse* **Firenze Arte**, drei mal zwei Stunden pro Woche verbringt der Teilnehmer in den Werkstätten der Handwerker. Angeboten werden unter anderem Kurse in Malerei, Kostümfertigung, Möbelrestaurierung etc. Piazza S. Spirito 4, ✆ 055-2396966. Lässt sich gut mit einem Sprachkurs kombinieren, denn die unter der gleichen Adresse zu erreichende **Sprachenschule Machiavelli** bietet Unterricht in meist kleinen Gruppen an (www.alba.fit.it/machiavelli).

Klassischer Feinkostladen im Marktviertel

• *Polizei* **Polizia Assistenza Turistica**, Via Pietrapiana 50r, ✆ 055-203911. **Polizeipräsidium + „Questura"**, Via Zara 2, ✆ 055-49771. **Staatspolizei (Carabinieri)**, ✆ 112 u. 113 (SOS-Nr. gratis). **Stadtpolizei (Polizia Municipale)**, ✆ 055-3283333.

Im Bahnhof wende man sich gleich an das Carabinieri-Büro in der Nähe der Gepäckaufbewahrung (Gleis 16).

Übersetzungsbüro der Polizei, Mo–Sa 8.30–19.30 Uhr, ✆ 055 20391221.

• *Postämter* **Palazzo delle Poste**, Via Pellicceria (neben Piazza Repubblica), ✆ 055-218156, Mo–Fr 8.15–19 Uhr, Sa 8.15–12.30 Uhr. **Poste Nuove**, Via Pietrapiana 53/55 (im Viertel S. Croce, gegenüber dem Supermarkt Standa), ✆ 055-211415, Mo–Fr 8.15–19, Sa 8.15–12.30 Uhr. **Stadtteil-Postämter** unter ✆ 160 erfragen. Am letzten Samstag des Monats schließen die Postämter um 12 Uhr.

• *Telefonieren* **Postämter** (s. o.), **Telecom**, Via Cavour 21r, mit Fax-Service, 7–23 Uhr. **Phone-Center**, Via della Scala 63r, Mo–Fr 9.30–13 u. 13.30–21.30 Uhr. **Phone Store Communication**, Via dell'Albero 22r, täglich 9–21 Uhr. **Primelink Service Center**, Via Panicale 18r, 9.30–13 u. 15–20, Do u. So 9–22 Uhr.

• *Schwimmbäder* **Costoli**, Via le Paoli. **Nannini**, Via Bellariva, Lugarno A. Moro 6. **Flog il Poggetto**, Via M. Mercati 26. **Le Pavoniere**, Via della Catena 4.

• *Sprachkurse* Zu den besten Sprachenschulen der Stadt zählt das der Universität angeschlossene **Centro di Cultura per Stranieri**, Via V. Emanuele 64, ✆ 055-472139 (eine Auswahl aller Institute – auch Mode, Musik, Kunst etc. – ist übrigens beim APT-Büro erhältlich: „Studying in Florence, a guide". Gut ausgebildete Lehrer, bester Service, annehmbare Preise und wunderbares Ambiente in einer alten Villa (s. auch Sprachenschule Machiavelli unter „Kunsthandwerkskurse").

Istituto Parola, Corso die Tintori 8, ✆ 055-242182. 2-wöchiger Kurs ab 260 €, Unterkunft bei Familien wird organisiert.

• *Studentenreisebüro* **C.T.S.**, Centro Turistico Studentesco e Giovanile, Via die Ginori 25 (parallel zur Via Cavour), www.cts.it, ✆ 289570.

• *Waschsalons* **wash & dry**, täglich 8–22 Uhr, Via dei Servi 105r, Via Ghibellina 143r, Via della Scala 52/54r, Via dei Serragli 87r, Via del Sole 29r, Via Nazionale 129r.

Einkaufen

Für Selbstversorger und Camper ist es nicht einfach, einen ganz gewöhnlichen Lebensmittelladen oder Supermarkt zu finden (abgesehen vom Stadtviertel um die Markthalle – in der Nähe der Medici-Grabkapellen, Kirche San Lorenzo). Die Mieten im Zentrum sind so hoch, dass ein Lebensmittelhändler sie kaum bezahlen kann (Gemüsemärkte siehe weiter unten).

• *Supermärkte* Mit am zentralsten gelegen ist **Standa** (gegenüber der neuen Post). Vom Dom die Via dell'Oriuolo entlang bis zur Via Pietrapiana. Etwas dezentraler liegen **Coop**, Via Cimabue 49 (im Viertel Santa Croce, auf der anderen Seite des Viale Gramsci; neuerdings mit Produkten aus biologischem Anbau), und **Esselunga**, Via Masaccio 274/276 (beim Bahnhof Campo di Marte). Im Untergeschoss des Hauptbahnhofs Santa Maria Novella gibt es eine Filiale von **Conad**.

• *Luxusläden* Die **Via Tornabuoni** (Palazzo Strozzi) ist eine der teuersten Einkaufsstraßen Italiens – Bekleidung, Leder, Parfüm etc. **Gucci**, **Armani**, **Trussardi** u. a. stellen hier aus. **Roberto Cavalli** hat sich zusätzlich mit einem neu gestylten Café niedergelassen: Das traditionsreiche Giocosa liegt gleich um die Ecke in der Via della Spada 10 und ist längst *der* Treffpunkt für gestresste Luxusshopper.

• *Szeneläden* Vor allem Via Nazionale (Hauptbahnhof) und Querstraßen in Richtung der Kirche San Lorenzo.

• *Basar* In den Straßen rund um die Markthalle von San Lorenzo bis zur gleichnamigen Kirche gibt es viele fliegende Händler und noch mehr Trubel. Große Auswahl an Spielsachen, Bekleidung, Taschen, Ledererzeugnissen, Schuhen und Secondhand-Klamotten. Ganzjährig geöffnet.

• *Schmuck* **Ponte Vecchio**, winzige Läden, dicht an dicht.

• *Holzspielzeug* **Bartolucci**, hier findet sich von den etwas kitschigen Wackeluhren bis zum Automobil aus Massivholz allerlei Originelles. Via Condotta 12r.

• *Keramik* **Ginori**, Via dei Rondinelli 5r. Exklusives Porzellan. **Sbigoli**, Via Sant'Egidio 4r. Eine seit 1850 bestehende Töpferwerkstatt mit rostbrauner Toscana-Keramik.

Luxus in der Via Tornabuoni

• *Brokat/Seidenstoffe* **Bacci**, Via dell'Ariento 32r (Nähe Großmarkthalle Mercato di San Lorenzo), eines der ältesten Stoffgeschäfte der Stadt. **Lisio**, Via Fortini 143/int (auf der anderen Arnoseite, Richtung Viale Europa). U. a. mit Motiven aus Botticelli-Bildern. Gute Qualität aus Asien bietet **Fatto a mano**, Via XXVII Aprile13.

• *Gucci* Großzügig gestaltetes Mutterhaus des alten Florentiner Couturiers in der Via Tornabuoni.

• *Fabrikverkauf* **Clara Lori**, günstige Angebote aus Beständen berühmter Modedesigner. Viale E. de Nicola 15 (kurz vor dem Autobahnzubringer nach Firenze-Sud), ✆ 055-6503204. Ebenso: **Stock House – Grandi Firme**, Via Verdi 28r, Via dei Castellani 26r, Borgo Albizi 85–87 und Via Nazionale 38r. **Madova** (Lederhandschuhe), Via Guicciardini 1r.

Museo Salvatore Ferragamo, im Obergeschoss des Luxusschuhgeschäftes Ferragamo. Der italienische Auswanderer bekleidete in den 20er Jahren die Füße der Filmköniginnen Hollywoods. 1927 kehrte er nach Italien zurück und eröffnete im riesigen Palazzo Spini Feroni in der Via Tornabuoni sein Geschäft. Viele Schuhkunstwerke und nostalgisch vergilbte Fotos aus dem alten Hollywood sind zu sehen.

Im 2. OG, Besichtigung nur nach Voranmeldung, Eintritt frei. Mo, Mi u. Fr 9–13 und 14–16 Uhr. Im August geschlossen.

• *Liköre/Kräutertees etc.* **Officina di San Maria Novella**, Via della Scala 16r. Allein der üppig ausgeschmückte Verkaufsraum der alten Klosterapotheke (1612 gegründet) ist einen Besuch wert. Würzige Kräuterliköre und verführerische Düfte auf Pflanzenbasis.

Antica Farmacia San Miniato, direkt an der gleichnamigen Kirche. Liköre, Salben, Kräutertees, alles aus der Natur.

• *Wein* **Antinori**, Piazza degli Antinori 3. Die weltberühmten Weine der Marchesi Antinori werden bis Japan und Amerika exportiert. Degustation und kleine Gerichte. Unsere Empfehlung: Santa Cristina oder Chianti Classico Villa Antinori Riserva. Mehr über die Firma Antinori siehe S. 56.

Frescobaldi, Via Santo Spirito 11. „Die Frescobaldi gelten als die ältesten Weinproduzenten Italiens. Obwohl das ‚Unternehmen' einen außerordentlichen Ausstoß an Flaschen hat, ist die Qualität durchaus beachtlich. Besonders empfehlenswert sind der Chianti Rufina Montesodi, der Chianti Rufina Nipozzano und der Pomino Rosso" (Leserbrief).

Märkte

Strohmarkt: Via Calimala (neben der Piazza della Repubblica). Früher war in der wuchtigen Loggia mit den hohen Säulenbögen im Renaissance-Stil (gebaut 1547–1551) der Seiden- und Goldmarkt zu Hause. Heute ist der Strohmarkt auf Touristen ausgerichtet: viele Ledersachen, Strohhüte und Taschen.

Mercato di San Lorenzo: Via dell'Ariento (Nähe Medici-Kapellen). Die größte Lebensmittelmarkthalle der Stadt. Unten gibt es Fisch, Fleisch, Geflügel und Käse, oben (per Rolltreppe) Gemüse und Obst. Nichts für Menschen mit schwachen Nerven und Mägen. Auch nichts für Vegetarier, denn an den Fleischständen baumeln tote Hasen, das Geflügel wird zwar gerupft, doch der Kopf bleibt meistens dran, an den Wildschweinkeulen kleben noch die Borsten. Auch der etwas strenge Geruch in der unteren Halle dürfte nicht jedem gefallen. Der Markt ist von Montag bis Samstag zwischen 7 und 14 Uhr (im Winter auch samstags 16–19 Uhr) geöffnet.

In den Straßen rundherum (bis zur Kirche San Lorenzo) haben sich unzählige Freilufthändler angesiedelt, die ein großes Publikum ganzjährig mit günstigen Angeboten locken (siehe Einkaufen/Basar).

Mercato Cascine: Großer Wochenmarkt, der jeden Dienstag zwischen 8 und 13 Uhr am Arno-Ufer zwischen dem Ponte della Vittoria und der Fußgängerbrücke zum Stadtviertel Isolotto (die Florentiner nennen es „Le Bronx") abgehalten wird. Auf zwei Kilometern Länge reihen sich hier die Stände am Cascine-Park entlang. Das Angebot ist entsprechend groß: Lebensmittel, Geschirr, Töpfe, Küchenzubehör, Kleidung, Geschenkartikel, Taschen, Schmuck – es gibt einfach alles, vom einfachen Porzellanteller für eine Mark bis zur Levis-Jeans oder dem Kronleuchter. Und das bei einem gewissen Maß an Verhandlungsgeschick zu günstigen Preisen. Modische Jacketts wechseln hier beispielsweise auch schon mal für ca. 20 € den Besitzer.

Mercato S. Ambrogio: kleiner, preiswerter und urtümlicher Markt auf der Piazza Ghiberti (zwischen Piazza S. Croce und Piazza C. Beccaria). So geschlossen.

Kunsthandwerk: Auf der Piazza Santo Spirito (Oltrarno, Nähe Palazzo Pitti) findet jeden zweiten Sonntag im Monat ab 9 Uhr ein großer Kunsthandwerksmarkt statt.

Flohmarkt in Florenz

GRAN CAFFE' MOZART
CAFFE' MESETA
50

Zum großen Teil kommen die Meister selbst und fertigen ihre Bilder, Schmuckstücke oder Eisengießereien vor den Augen des Publikums an. Man muss nicht unbedingt etwas kaufen, um eine gute Show zu erleben. Außerdem gibt es Antiquitäten und Möbel, daneben auch Lebensmittel aus biologischem Anbau.
Kunsthandwerkliche Produkte werden außerdem jeden Donnerstag an der Loggia del Grano angeboten (Ende Via de Neri, hinter dem Palazzo Vecchio).

Biomarkt: Im Herbst findet auf der Piazza Santissima Annunziata die *Fierucola del Pane* statt; dort werden Bioprodukte, handwerkliche Gegenstände, Bilder und Ähnliches mehr feilgeboten.

Blumenmarkt: Er wird jeden Donnerstag vor dem Hauptpostamt abgehalten. Wenn man sich im Mai in Florenz aufhält, sollte man sich die große *Iris-Schau* (unterhalb des Piazzale Michelangelo) nicht entgehen lassen. Züchter aus aller Welt stellen hier ihre Schöpfungen vor (vom 2. bis 20. Mai täglich 10–12.30 und 15–19 Uhr, Eintritt frei).

Trödlermarkt: Auf der Piazza dei Ciompi findet man täglich eine gute Auswahl an alten Kristallleuchtern. Möbel überteuert, Kleinutensilien interessant. Im Winter Sonntag und Montag geschlossen.

Feste und Veranstaltungen

Scoppio del Carro: Ostersonntag. Während im Dom die Messe gefeiert wird, fährt vor dem Dom der von zwei Ochsen gezogene *carro* vor – ein Holzkasten, einem chinesischen Heiligtum ähnlich, bestückt mit Bildern und jeder Menge Feuerwerkskörpern. Während man in der Kirche das Gloria anstimmt, schlägt aus dem Portal ein Feuerschweif (die sog. *colombina*) und entzündet das Feuerwerk. Das Fest geht auf das 11. Jh. zurück.

Calcio Storico Fiorentino: Das traditionelle Florentiner „Fußballspiel" findet um den 24. Juni, den Tag des Schutzheiligen San Giovanni, auf der Piazza Santa Croce statt. Es hat seinen Ursprung im 16. Jh., als Karl V. ohne Erfolg die Stadt belagerte.
Die Mannschaften der vier historischen Stadtteile spielen gegeneinander. An zwei dem 24. Juni vorangehenden Sonntagen finden in der Regel die Vorspiele statt. Das Finale beginnt mit einem langen Festzug, der sich von der Kirche Santa Maria Novella zur Piazza Santa Croce bewegt. Die über 500 Teilnehmer stecken in historischen Kostümen, vom Feldmeister bis zu den mächtigsten Vertretern der Zünfte. Beim anschließenden Endspiel geht es recht derb zu, es wird mehr geschlagen als gespielt (das Spiel soll auf das römische *arpasto* zurückgehen). Die Stadtbevölkerung nimmt regen Anteil an dem Wettkampf und erhitzt sich und die Spieler mit anfeuernden Zurufen, wobei es nicht selten zu Handgreiflichkeiten kommt. Den krönenden Abschluss bildet ein riesiges Feuerwerk *(I Fochi di San Giovanni)*, das alle Florentiner auf die Straße treibt.

Gespielt wird mit zwei Mannschaften zu je 27 Spielern. Punkte werden nicht nur durch erfolgreiche Torschüsse erzielt, sondern auch, wenn die gegnerische Mannschaft am Tor vorbeischießt. Die Verteidiger müssen in der Tat höllisch aufpassen: Wird nämlich der Ball abgewehrt und fliegt dabei über das Tor hinweg, gibt's einen halben Punkt für den Gegner. Angezeigt werden die Punkte durch Heben von Fähnchen: ein rechteckiges für einen ganzen, ein dreieckiges für einen halben Punkt. Das Match dauert 60 Minuten.

L'Estate Fiorentina: Alljährlich von Juni bis September verwandelt sich Florenz in eine riesige Schaubühne. Dann bilden Straßen und Plätze, versteckte Kreuzgänge und verwinkelte Parks altehrwürdiger Villen die eindrucksvolle Kulisse für kulturelle Ereignisse von internationalem Rang. Die Palette reicht von Jazz-, Rock-, Folklore- und klassischen Konzerten über Filmfestivals, Dance- und Straßentheater, Dichterlesungen und Ausstellungen bis hin zu bunten Stadtteilfesten. Die einzelnen Stadtteile überbieten sich dabei mit Ideen und Initiativen, und es gilt das alte Sprichwort: „Wer die Wahl hat, hat die Qual". Obendrein sind die meisten Veranstaltungen gratis! Neben dem **Säulenhof der Uffizien** sind die wichtigsten Veranstaltungsorte die folgenden:

Le Murate, im Viertel S. Croce. Bis in die 80er Jahre machten hier die Insassen des ehemaligen Männergefängnisses ihre Runden. Noch früher, im 14. und 15. Jh., waren die Murate ein Nonnenkloster, wo man hinter dicken Mauern die widerspenstigen Töchter von Patrizierfamilien einsperrte, die man nicht anderweitig unter die Haube bringen konnte; daher der Name (le murate = die Eingemauerten). Neben Konzerten finden hier auch Open-Air-Filmvorführungen statt, zudem ist dies ein beliebter Ort für professionelle Party-Veranstalter.

Park der Villa Fabbricotti, Via Vittorio Emanuele, auf der anderen Seite des Flüsschens Mugnone (Nähe Piazza della Libertà). In der Villa finden die Sprachkurse des *Centro di Culturale per Stranieri* statt (s. „Nützliche Adressen/Sprachkurse", S. 150).

Le Rampe, so heißen die Terrassen, die hinter dem Stadttor San Niccolo zum Piazzale Michelangelo hinaufführen.

Piazzale Michelangelo, der große Platz mit einer Kopie von Michelangelos David-Statue hoch über den Dächern von Florenz.

Giardini di Boboli, der italienische Garten par excellence, hinter dem Palazzo Pitti.

Parterre, das moderne Ausstellungsgelände im Norden der Stadt (Piazza della Libertá), wo man auch das preisgünstigste Parkhaus von Florenz findet.

Le Cascine, der wegen Drogenhandels berühmt-berüchtigte Park am diesseitigen Arno-Ufer (Ponte della Vittoria) hat eine durchaus noble Vergangenheit: Im 19. Jh. und noch Anfang des 20. Jh. flanierte hier die feine Gesellschaft und führte ihre Garderobe spazieren. Vor ein paar Jahren haben die Florentiner diese ins gesellschaftliche Abseits gedrängte Uferpromenade für sich wiederentdeckt und holen sie mit Hilfe nächtlicher Flutlichtbeleuchtung, Snack-Bars und kultureller Veranstaltungen aus der Versenkung.

Stazione Leopolda, Piazzale Porta a Prato. Dieser ehemalige Bahnhof, vom Großherzog Pietro Leopoldo di Toscana Ende des 19. Jh. erbaut, lag jahrzehntelang brach, bis man jüngst auf die Idee kam, das großartige Gelände umzufunktionieren. Jetzt wird auf Kultur gesetzt.

San Salvi, das weitläufige Gelände befindet sich nordöstlich der Piazza Alberti und südöstlich des Stadions. Die Wiederbenutzung dieser jahrzehntelang vernachlässigten Anlagen ist vornehmlich einer kleinen neapolitanischen Theatergruppe *(Chille de la Balanza)* zu verdanken.

Park der Villa dell'Ombrellino, auf dem wunderschönen, südlich vom Stadtzentrum gelegenen Hügel Bellosguardo.

Für alle hier aufgeführten Orte lohnt es sich, im **Monatsmagazin Firenze Spettacolo** (1,60 €) nach Veranstaltungen zu schauen (siehe auch S. 156).

Maggio Musicale Fiorentino: Das Event schlechthin für Liebhaber klassischer Musik. Der Maggio Musicale wurde im Mai 1933 ins Leben gerufen. Die eine Zielsetzung war, in Vergessenheit geratene Kompositionen wieder ins öffentliche Bewusstsein zu rücken, die andere, jungen, noch unbekannten Musikern die Gelegenheit zu bieten, ihre Fähigkeiten vor einem größeren Publikum unter Beweis zu stellen. An der Bühnengestaltung beteiligten sich in den Anfangsjahren so berühmte Maler wie *De Chirico, Sironi, Cagli* und *Casorati*. Seit seinem nunmehr fast 70-jährigen Bestehen hat der Maggio immer für Aufsehen gesorgt und zum Teil heftige Kontroversen unter Musikern, Kritikern, Politikern und dem Publikum ausgelöst. Und das hat sich bis heute nicht geändert. Unbestritten ist und bleibt aber die außergewöhnlich hohe Qualität der dargebotenen Werke und ihrer Interpreten. Namen wie *Claudio Abbado, Riccardo Muti, Zubin Metha* und *Sylvano Bussotti* sprechen für sich. Kein Wunder also, dass es fast unmöglich ist, Karten für Uraufführungen zu bekommen. Aber es gibt genug andere Vorstellungen, wo man sich mit etwas Glück – besonders als Nicht-Florentiner – einen Platz ergattern kann. Das Orchester des Maggio Musicale spielt auch außerhalb der eigentlichen Konzertsaison; schauen Sie im Programm des *Teatro del Maggio Musicale Fiorentino* oder im Informationsheft *Firenze Spettacol* (s. u.) nach.

Die Veranstaltungen des Maggio Musicale (Konzerte, Opern, Ballettvorführungen) finden von April bis Ende Juni in den folgenden Theatern statt: **Teatro Comunale** und **Piccolo Teatro**, Via Solferini 15 bzw. Corso Italia 16 (Parallelstraßen), **Teatro Goldoni**, Via dei Serragli 109, und **Teatro della Pergola**, Via della Pergola 18.

Vorbestellung Biglietteria Teatro Comunale, Via Solferino 15, 50123 Firenze, ✆ 0424-600458 (Mo–Fr 8-20 Uhr, Sa 8–15 Uhr). Oder direkt bei der Kasse (Di–Fr 10 –16.30, Sa 10–13 Uhr): ✆ 055-213535, 055-2779410, www.maggiofiorentino.com.

Festivals

Fabbrica Europa, internationales Festival der zeitgenössischen Kunst: Musik, Tanz, und Videokunst. Auf dem stillgelegten Bahnhofsgelände der Stazione Leopolda (s. vorherige Seite), Piazzale Porta a Prato. ✆ 055-2478332. Mai/Juni.

Musica dei Popoli, Musik und Tänze aus aller Welt. Im Auditorium FLOG, Via M. Mercati 24/B, Poggetto, ✆ 055-4220300. Oktober und erste Novemberwoche.

Festival del Film etnomusicale, bekannte und weniger bekannte Filme aus vielen verschiedenen Ländern, deren Zentralthema die Musik ist. Arena estiva del Centro FLOG, Via M. Mercati 24/B, Poggetto, ✆ 055-4220300. Juni/Juli.

Festival dei Popoli, qualitativ hochwertige Dokumentarfilme zu ethnographischen und soziokulturellen Themenkreisen. In Programmkinos, meist im Alfieri Atelier, Via del l'Ulivo 6. Erste Novemberhälfte.

France Cinéma, neue französische Filme und jeweils eine Retrospektive eines renommierten Regisseurs. Zur Preisverleihung erscheinen Regisseure, Schauspieler und andere Größen des französischen Films. Ein gesellschaftliches Ereignis für Kinofans. Im Institut Français, Piazza Ognissanti, ✆ 055-287988, und im Teatro della Compagnia, Via Cavour 50r, ✆ 055-219638. Erste Novemberwoche.

Cinema delle Donne, ein mittlerweile etabliertes Frauenfilmfestival, das in den 80er Jahren von Florentinerinnen aus der Frauenbewegung gegründet wurde. Im November in verschiedenen Programmkinos und im Institut Français.

Kaufen Sie sich das (italienische) Informationsheft **Firenze Spettacolo** (1,60 €) mit einem vollständigen Veranstaltungskalender des laufenden Monats. Die Highlights sind in Englisch abgedruckt. Eine neue Publikation ist die 14-täglich erscheinende Zeitung **The Florentine**, die kostenlos am Flughafen, in den APT-Büros sowie in zahlreichen Hotels und Restaurants erhältlich ist. Auf vier Seiten finden sich die interessantesten Konzerte, Filme, Ausstellungen, Märkte etc. aufgelistet, versehen jeweils mit einem nützlichen Kommentar. Die restlichen 20 Seiten widmen sich aktuellen Ereignissen in Florenz und beschreiben die alltäglichen Erfahrungen ausländischer Einwohner. Alle Texte sind auf Englisch geschrieben.

Wintergarten der Villa Bellosguardo

Übernachten

„Teuer?" – „Nein", werden Sie von Ihrem Zimmervermieter zu hören bekommen, „in Rom liegen die Preise 18 % und in Venedig gar 25 % über Florentiner Niveau". Trotz des riesigen Angebots ist es besonders in der unteren und mittleren Preisklasse schwierig, ein Zimmer zu bekommen. Gelegentlich stößt man auf Pensionen in aufwendigen Kaufmannshäusern mit riesigen Zimmern, Stuckarbeiten und antiken Möbeln. Nachteil: Oft ist es sehr laut, der Verkehrslärm kann bis tief in die Nacht anhalten. (Allerdings hat sich in den vergangenen Jahren auf diesem Gebiet einiges geändert, denn die Innenstadt wird immer mehr zur Fußgängerzone.)

Ruhige Hotels, meist solche der gehobenen Preisklasse, findet man in den Villenvororten auf den Hügeln rund um Florenz, den sog. *Colli fiorentini*, die etwa 3 km vom Stadtzentrum entfernt liegen.

Preiswerte Pensionen konzentrieren sich im Bahnhofsviertel. Ob sie ihren Preis wert sind, sei dahingestellt. Immerhin kosten auch Zimmer in Hotels mit nur einem Stern inzwischen mindestens 50 € für zwei Personen.

> Das offizielle **Unterkunftsverzeichnis online** unter www.toscanaeturismo.net/dovedormire/, deutsche Version: www.tourimus-toskana.com

Reservierungen

• *Von Deutschland aus* Alle von der Tourismusbehörde lizenzierten Hotels sind im Internet unter www.apt-firenze.it (mit dt. Menüführung) bzw. im **Guida all'ospitalità** der APT zu finden – eine zunehmende Anzahl verfügt über Website und E-Mail und kann somit direkt gebucht werden.

Florence Promhotels, Viale A. Volta 72, www.promhotels.it, ✆ 055-553941, ℻ 055-587189. In Italien kann man die gebührenfreie Nummer 800866022 benutzen.

1st Top Reservation Center, Viale Don Minzoni 11r, 50129 Florenz, www.familyhotels.com, ✆ 800608822 od. 055-334041, ℻ 055-3247058.

Associazione Bed & Breakfast Affitacamere, Privatzimmer in der gesamten Toscana. Via P. Mastri 26, www.abbafirenze.it, info@abbafirenze.it, ✆ 055-6540860, ℻ 055-6123369.

Oft wird bei Reservierungen eine Anzahlung per Postanweisung oder Scheck erwartet, oder die Nummer Ihrer Kreditkarte wird zur Abrechnung Ihrer Buchung benutzt (der Betrag wird auch abgebucht, wenn Sie nicht erscheinen).

• *Wer per Zug ankommt* **Hotelinfo/Reservierung Consorzio ITA**, 9–20 Uhr, ✆ 055-282893 oder 055-283500. Reservierungsbüro im Hauptbahnhof (linker Hand, wenn man von den Zügen kommt). Während der Saison langes Schlangestehen; die auch anwesenden privaten Vermittler offerieren preiswerte Alternativen. Ansonsten Reisegepäck zur Aufbewahrung geben, bevor man sich selbst auf die Suche macht. Alternative: Zum APT Santa Maria Novella (schräg vorm Bahnhof), Hotelverzeichnis besorgen und selbst telefonieren.

Hotels/Pensionen (siehe Karte S. Umschlag hinten)

Eine Hoch- und Nebensaison im herkömmlichen Sinn gibt es in Florenz und den meisten anderen Städten der Toscana nicht mehr. Im Allgemeinen gelten die Höchstpreise in der Zeit um Ostern, von April bis Mitte Juli, im September und Oktober. Nebensaison ist immer dann, wenn weder Messen noch andere Events (z. B. Feiertage) anstehen. Konkret heißt das: im Februar, vom 1. bis 15. März, im November und Dezember (vor Weihnachten). Auch der Monat August fällt überraschenderweise unter diese Rubrik, weil dann die meisten (Florentiner wie Touristen) am Meer sind.

Nachfolgende Preisangaben beziehen sich auf die Perioden mit dem höchsten Touristenandrang, in den übrigen Zeiten kann die Übernachtung erheblich billiger werden (bis zu 40 %). Angegeben werden die Höchstpreise für ein Doppelzimmer mit Bad oder Dusche (inkl. Frühstück). Zimmer ohne Bad, in Drei- und Zwei-Sterne-Hotels allerdings praktisch nicht vorhanden, kosten in der Regel wesentlich weniger.

**** **Baglioni (28)**, dieses klassische Grand Hotel dominiert den Platz vor der Kirche Santa Maria Novella. Der massige, aber dennoch einnehmend-elegante Jahrhundertwendebau war ursprünglich ein Prinzenpalais und ist dementsprechend prunkvoll ausgestattet. 195 Zimmer, Panoramarestaurant mit Blick auf den Dom, Dachterrasse. DZ 258 €. Piazza dell'Unitá Italiana 6, ✆ 055-23580, ℻ 055-23588895. www.hotelbaglioni.it

**** **Fenice Palace (30)**, 100 m vom Dom entfernt an einer Hauptverkehrstraße, was aber durch den Komfort eines modernen Luxushotels wieder wettgemacht wird. DZ 260 €. Via de'Martelli 10. ✆ 055-289942, ℻ 055-210087. www.hotelfenicepalace.it

*** **Beacci Tornabuoni (57)**, im 3. und 4. Stock eines alten Stadtpalastes mit verwinkelten Treppen und Gängen, die hübsch mit Antiquitäten dekoriert sind. Frühstück auf einer bepflanzten Dachterrasse. 50 geräumige Zimmer. DZ 240 €. Via Tornabuoni 3, ✆ 055-212645, ℻ 055-283594. www.tornabuonihotels.com

*** **Golf (9)**, hier ist man eher auf den Geschäftsreisenden eingestellt. Folge: auch außerhalb der Saison oft ausgebucht. Für Autofahrer gibt es Parkplätze hinterm Haus. DZ 198 €. Viale Fratelli Rosselli 56, ✆ 055-281818, ℻ 055-268432. www.hotelgolf.it

*** **Globus (26)**, zentrale Innenstadtlage (beim stets belebten Markt San Lorenzo). Modern eingerichtete Zimmer, wenn auch vielleicht etwas unpersönlich. Dafür ist das Globus das preiswerteste Florentiner Hotel seiner Klasse. DZ 100 €. Via S. Antonino 24, ✆ 055-211062, ℻ 055-2396225. www.hotelglobus.com

*** **San Giorgio (24)**, nur wenige Meter vom Globus entfernt bietet dieses sympathische, kleine Hotel familiäre Atmosphäre, angenehme Zimmereinrichtung und eine schmale Sonnenterrasse. DZ 175 €. Via Sant' Antonino 3, ✆ 055-284344, ℻ 055-283580. www.hotelsangiorgioflorence.com

*** **Select (6)**, knapp außerhalb des Stadtzentrums. Modern und komfortabel, alle Zimmer mit Bad, Klimaanlage, TV und Minibar.

Hoteleigene Garage. Deutschsprachige Rezeption. DZ 206 €. Via G. Galliano 24, ✆ 055-330342, 📠 055-351506. www.selecthotel.it

*** **Annalena (96)**, etwa 5 Min. vom Palazzo Pitti entfernt. Verwinkeltes Haus mit niedrigen Holzdecken. Die Zimmer meist mit Blick auf die Giardini dei Boboli oder den alten Klostergarten, der noch vor einigen Jahren für Pensionsgäste zugänglich war (jetzt eine Gärtnerei). DZ 166 € (in toten Zeiten Preisnachlass!). Via Romana 34, ✆ 055-222402, 📠 055-222403. www.hotelannalena.it

*** **Relais Il Cestello (63)**, an der ruhigen, kleinen Piazza di Cestello gelegen. Insgesamt 10 Zimmer, davon drei mit tollem Blick auf den Arno.. Renovierte Zimmer, die meisten sehr geräumig. Klimaanlage, Garage 15 € pro Tag. DZ ca. 150 €, EZ 90 €. Piazza di Cestello 9, ✆ 055-280632, 📠 055-280631. www.relaisilcestello.it

*** **Porta Rossa (61)**, mit die älteste Herberge der Stadt (14. Jh.). Viele Umbauten während der vergangenen Jahrhunderte haben ein interessantes Stilgemisch entstehen lassen. Meist geräumige Zimmer, in denen man sich wohl fühlen kann, obwohl die Betten aus der Campingabteilung eines Kaufhauses stammen könnten. Relativ ruhig, aber dennoch zentral in einer engen Gasse gelegen. DZ 170 €. Via Porta Rossa 19, ✆ 055-287551, 📠 055-282179. www.hotelportarossa.it

*** **Il Granduca (13)**, nahme dem Piazzale Donatello. 3-stöckiges Hotel, 10 Gehminuten von der Altstadt entfernt. Die 22 Zimmer wurden kürzlich renoviert, sauber. Kleiner Garten, eigene Garage. DZ 200 €. Via Pier Capponi 13, ✆ 055-572803, 📠 055-579252. www.ilgranduca.it

*** **Pendini (48)**, in den oberen Stockwerken eines Monumentalbaus (Ende 19. Jh.) an der Piazza Repubblica. Riesige Zimmer mit spiegelndem Parkettboden, jedes mit einer kleinen Hausbar, halbbarockes Mobiliar. Ein Teil der Zimmer mit Blick auf die Piazza, der andere Teil etwas trist zum dunklen Innenhof. DZ 150 €. Via Strozzi 2, ✆ 055-211170, 📠 055-281807. www.florenceitaly.net

*** **Vasari (8)**, gehobenes Hotel in der Nähe des Bahnhofs, es gibt teurere, die weniger bieten. Begrenzte Parkmöglichkeit im Innenhof. DZ ca. 155 €, Auto ca. 8 €. Via B. Cennini 9–11, ✆ 055-212753, 📠 055-294246. www.hotelvasari.com, hotelvasari@box.it

*** **Sempione (17)**, trotz Bahnhofsnähe ruhige Zimmer, hervorragend restauriert, elegant in altem Stil eingerichtet – ein bisschen Frankreich, ein bisschen Toscana –, Holzmöbel und vergilbte Fotos an den Wänden, Terrakottavasen, Keramikdekor. Herr und Frau „Receptionist" sind ausgesprochen herzlich und trotzdem professionell. DZ 180 € (in der Nebensaison gibt es bis zu 40 % Preisnachlass). In der Hauptsaison unbedingt vorbestellen. Via Nazionale 15, ✆ 055-212462, 055-283012, 📠 055-212463. www.hotelsempione.info

*** **Mia Cara (4)**, zentral, 5 Minuten vom Hauptbahnhof entfernt, nach einer Totalrenovierung erst kürzlich zum Drei-Sterne-Hotel aufgewertet (vorher ein Stern), mit entsprechender Inflationsrate. Reichlich sterile Möblierung. DZ 120 €. Via Faenza 58, ✆ 055-216053, 📠 055-2302601. www.hotelmiacara.it

** **La Scaletta (82)**, gleich hinter dem Ponte Vecchio. Mit Lift hinauf, oben liebenswert unaufgeräumte Rezeption, über verwinkelte Treppen steigt man hinauf zu den Zimmern sehr unterschiedlicher Größe (fragen Sie nach dem großen Zimmer). Solide eingerichtet mit Tapeten und schönem Keramikziegelboden, dazu altertümliches Mobiliar. DZ 135 €. Vom Dachgarten herrlicher Blick auf die Boboli-Gärten. Die nette Besitzerin spricht Englisch. Via Guicciardini 13r, ✆ 055-283028, 📠 055-289562. www.hotellascaletta.it

** **Alessandra (69)**, zentrale Lage. Weiß gekalkte, große Zimmer in den oberen Etagen des Hauses. Schwere, geschmackvolle Holzmöbel. DZ 145 €. Borgo SS. Apostoli 17, ✆ 055-283438, 📠 055-210619. www.hotelalessandra.com

** **Palazzo Vecchio (15)**, nahe der Fortezza da Basso. Einfache, etwas altmodische Zimmer, aber mit Telefon. Parkmöglichkeit für einige Gästeautos im Vorhof. DZ 130 €. Via B. Cennini 4, ✆ 055-212182, 📠 055-216445. www.hotelpalazzovecchio.it

** **Casci (22)**, gut geführtes Hotel in Domnähe. Die Inhaberin ist Schweizerin. Die meisten Zimmer nicht zur lauten Via Cavour hinaus. DZ 140 €. Via Cavour 13, ✆ 055-211686, 📠 055-2396461. www.hotelcasci.com

** **Medici (42)**, gleich hinter der Piazza Repubblica. Die 4 Zimmer im 5. und 6. Stock bieten eine unvergleichliche Aussicht auf den Dom (der auch auf der Dachterrasse zum Staunen nah ist). DZ 180 €. Via de' Medici 6, ✆ 055-284818, 📠 055-216202. www.hotelmedici.it

** **Lorena**, die Zimmer sind nicht besonders geräumig, aber nett eingerichtet. Auch

Florenz Karte Umschlag hinten

preiswerte Zimmer ohne Bad. DZ 108 €. Via Faenza 1 (gegenüber der alten Medici-Kapelle), ✆ 055-282785, ℻ 055-288300. www.hotellorena.com

** **Santa Croce (66)**, ruhige Lage in einer mittelalterlich-düsteren Gasse des Santa-Croce-Viertels. Kleine Zimmer. DZ 103 €. Via Bentaccordi 3, ✆/℻ 055-217000. www.hotelsantacroce.it

** **Azzi – Locanda degli Artisti (14)**, 200 m vom Hauptbahnhof entfernt. Ruhige Lage, 12 in altem Stil eingerichtete Zimmer, im Aufenthaltsraum ein Kamin. Wegen seiner besonderen Atmosphäre bei Künstlern, Musikern, Sängern und Schauspielern beliebt. Ausgestattet mit Bibliothek, Terrasse, Sauna, Weinkeller, Bar und natürlich kostenlosem Internet-Zugang. DZ 70–110 €. Mindestens einen Monat vorher reservieren! Via Faenza 56, ✆ 055-213806, ℻ 055-398322. www.hotelazzi.it, hotelazzi@hotmail.com

** **Monica (10)**, renoviert, klein, freundlicher Inhaber. Sogar eine Terrasse zum Draußensitzen gibt's im 1. OG. Klimaanlage. Mit Parkplatz. DZ 140 €. Via Faenza 66, ✆ 055-283804, ℻ 055-281706. www.hotelmonicafirenze.it

* **Bretagna (62)**, prächtige Lage, zentral am Arno-Ufer. Im wunderschön ausgestatteten Salon Kristallleuchter und dicke Plüschsessel. Die langen, verwinkelten Gänge mit grünen Teppichböden, die Zimmer dagegen eher einfach gehalten. Nur von einem der insgesamt 18 Zimmer Blick auf den Fluss. DZ 115 €. Lungarno Corsini 6, ✆ 055-289618, ℻ 055-289619. www.bretagna.it

* **Giselda (20)**, klein, aber sauber. DZ 113 €. Via L. Alamanni 5, ✆ 055-287421, ℻ 055-214456.

* **Le Sorelle Bandini (88)**, historische Atmosphäre im obersten Stockwerk eines altehrwürdigen Palazzo aus dem 15. Jh. Phantastische Loggia mit kuscheligen Korbstühlen und Blick auf die belebte Piazza tief unten und weit über die Dächer. Vom Speiseraum und einigen Zimmern Blick auf Innenstadt, Dom und Palazzo Vecchio. Nachteil: der relativ hohe Preis. DZ 112 €. Piazza Santo Spirito 9, ✆ 055-215308, ℻ 055-282761.

* **Firenze (51)**, kleine, renovierte Zimmer in zentraler Lage. In diesem Haus wurde vor über 700 Jahren Gemma Donati geboren, die spätere Ehefrau von Dante Alighieri. Sehr freundlicher Empfang. DZ 88 €. Piazza Donati 4, ✆ 055-214203, ℻ 055-212370.

* **Locanda Orchidea (47)**, nur 7 Zimmer ohne Bad (75 €), aber angenehme Atmosphäre. Zimmer nach hinten ruhig. Borgo degli Albizi 11, ✆/℻ 055-2480346. hotelorchidea@yahoo.it

Ferienwohnungen (siehe Karte Umschlag hinten)

Bellosguardo (100), ruhig im Grünen liegt dieses ehemalige Kutscherhaus aus dem 16. Jh., das sein Münchner Besitzer vor wenigen Jahren renoviert hat. Das Villenviertel Bellosguardo ist wegen seiner Zentrumsnähe (5 Autominuten bis zu den Boboli-Gärten an der Porta Romana) und der gleichzeitig abgeschirmten Lage in den südlichen Hügeln eine der Top-Adressen von Florenz. Drei modern ausgestattete Appartements stehen wochenweise für jeweils 4–5 Personen zur Verfügung. Die 45–65 m^2 Fläche sind aufgeteilt in Wohnschlafzimmer, Wohnküche, Bad und Schlafzimmer. Selbstversorger finden Herd, Mikrowelle und Geschirrspüler vor, zur Ausstattung gehören ferner Klimaanlage, Heizung und TV. Der Boden ist mit Terrakottafliesen ausgelegt. Hinter dem Haus breitet sich ein großer Garten aus, davor sind stets einige kostenlose Parkplätze frei. Für Fahrten ins Zentrum kann am Fuße des Bergs für 1 €/Std. geparkt werden. 650 € pro Woche f. 2 Pers., 750 € f. 4 Pers. (Hochsaison); der Preis in der Nebensaison liegt 100 € niedriger. Nach Absprache sind auch 4 Tage Wohnzeit möglich. Piazza del Bellosguardo 9, Mario von Seelstrang, Primelstrasse 62, 82178 Puchheim, ✆ 089-89027061 oder über die Homepage www.florenz-apartments.de (Mail an: info@florenz-apartments.de). Das Haus wird von Brigitte Gori verwaltet, die seit langem in Florenz lebt, fließend Deutsch spricht und stets für Fragen jeder Art zur Verfügung steht.

Perlage Agency (29), nur wenige Meter vom Hauptbahnhof entfernt vermittelt die Agentur drei Dutzend Luxusappartements in zentraler Lage. Preise auf Anfrage, englischsprachige Ansprechpartner vorhanden. Via Maso Finiguerra 19r, ✆ 055-2399037, 055-2678226, 335-228163, 335-7808041. www.luxuryflats.net

Luxushotels/Hotels im Grünen (siehe Karte Umschlag hinten)

Südlich der Boboli-Gärten (in Richtung Siena). Weitere Hotels findet man ca. 7 km nordöstlich von Florenz in Fiesole (s. S. 210) und ca. 15 km südlich in Impruneta (s. S. 53).

**** **Carolus (3)**, einige Schritte von der Piazza San Marco, klassizistischer Palazzo. Von Schauspielern und Theaterleuten besucht. Einige Zimmer mit schönem Blick auf den Dom. DZ 355 €. Via XXVII Aprile 3, ✆ 055-2645539, ℻ 055-2645550. www.carolushotel.com

**** **Villa Belvedere (84)**, von der Porta Romana stadtauswärts auf die Via Senese, dann dem Schild auf der linken Seite folgen. Der Name der Villa hält, was er verspricht. Garten, Tennis, Pool und die Ruhe der Vorstadt. DZ 207 €. Via Benedetto Castelli 3, ✆ 055-222501, ℻ 055-223163. www.villa-belvedere.com

*** **Villa Betania (99)**, von der Porta Romana stadtauswärts, dann erste große Ampel links (Abzweigung zum Piazzale Michelangelo). Altes, hübsch renoviertes Landhaus. Ruhige Lage inmitten eines kleinen Parks. Große, helle Räume mit Stuckdecken und modernem Mobiliar. DZ 125 €. Viale del Poggio Imperiale 23, ✆/℻ 055-222243. www.villabetania.it

**** **Torre di Bellosguardo (81)**, wer sich mal was ganz Besonderes leisten will, steigt in diesem Erste-Klasse-Hotel mit vergleichsweise günstigen Preisen ab. Alte Villa mit Gewölbefresken, stilgerecht eingerichteten Zimmern und einer spektakulären Aussichtsterrasse (mit Swimmingpool) über den Dächern von Florenz. DZ 290 €. Via Roti Michelozzi 2 (oberhalb der Piazza Tasso), ✆ 055-2298145, 055-2309046, ℻ 055-229008. www.torrebellosguardo.com

Preiswerte Pensionen (siehe Karte Umschlag hinten)

In Florenz sind preiswerte Übernachtungsmöglichkeiten oft von Dauermietern (z. B. Studenten) belegt. Viele davon liegen im Stadtviertel östlich des Bahnhofs: In den Straßen **Via Fiume**, **Via Faenza**, **Via Nazionale** und **Via Guelfa** sind in manchen Häusern bis zu fünf Pensionen untergebracht. 1-Stern-Pensionen sind in Bahnhofsnähe allerdings inzwischen immer seltener zu finden, und bei den 2-Sterne-Etablissements steigt die Tendenz, eine Kategorie höher zu gehen. In einigen 1-Stern-Pensionen stehen bis zu fünf Betten im Zimmer (dann wird's billiger). Gerade in dieser Kategorie fällt es schwer, einige Häuser besonders hervorzuheben. Zu betonen ist auch, dass hier die Pächter öfter wechseln und sich somit der jeweilige Zustand schnell verändern kann.

* **Ottaviani (37)**, wenige Schritte von der Piazza Santa Maria Novella entfernt. Einfache, saubere Pension. DZ 70 €. Piazza Ottaviani 1, ✆ 055-2396223, ℻ 055-293355.

* **Giacobazzi**, kleine, ruhige Pension, einige Zimmer mit Blick auf den Dom. Familiäre Atmosphäre, internationales Publikum. DZ 87 €. Piazza Santa Maria Novella 24, ✆ 055-294449, ℻ 055-2302263.

* **Marcella**, 5 Minuten vom Hauptbahnhof entfernt, im Gebäude des Mia Cara (s. o.), nur einen Stock höher. Einige Zimmer mit schöner Aussicht. DZ ohne Frühstück 60 €. Via Faenza 58, ✆ 055-213232. www.maryshouse.it

B&B Bellevue, im 3. Stock eines Palazzos aus dem 16. Jh., der vor ein paar Jahren komplett renoviert wurde. 6 Zi., alle mit Bad. „Herr Antonio di Grazia ist ein hervorragender Gastgeber und spricht auch gut Deutsch", schreibt ein Leser. DZ ca. 110 €. Via della Scala 21, gleich hinter der Kirche Santa Maria Novella, ✆ 055-2608932, ℻ 055-2655315. www.bellevuehouse.it.

B&B Dei Mori (54), klein und gepflegt, nur sechs Zimmer, davon drei mit Gemeinschaftsbad. Einige Räume mit Deckenfresken. Beliebt bei Leuten aus der Gay-Szene. DZ mit Bad 90–110 €. Üppiges Frühstück! Wer will, kann sich in der Gemeinschaftsküche selbst etwas kochen. Via Dante Alighieri 12, ✆ 055-211438, ℻ 055-2382216. www.deimori.com, deimori@bnb.it

Soggiorno Abaco (32), ein Leser fand „das Hotel im alten Stil mit dunklem Holz und hohen Räumen [...] einfach gemütlich." DZ ca. 90 €. Via dei Banchi 1, ✆ 055-2381919, ℻ 055-282289. www.abaco-hotel.it

• *Kirchliche Einrichtungen* Eine ganze Reihe von diesen oft ruhigen und behaglichen Unterkünften steht zur Auswahl. Der APT-Führer (www.toscanaeturismo.net/dovedormire/)

führt sie interessanterweise unter *Case per Ferie*. Die Preise beginnen bei ca. 25 € pro Person, manchmal finden sich hier auch Drei- und Vierbettzimmer – also eine wirklich günstige Variante für Familien, die mit kleinem Budget reisen.

C.S.D. Istituto Gould (80), Via de Serragli 49, ✆ 055-212576; **Istituto Pio X (91)**, Via de Serragli 106, ✆ 055-225044; **Istituto Santa Chiara**, Borgo Ognissanti 56, ✆ 055-215915; **Istituto Sant'Anna**, Via L. Lanzi 41, ✆ 055-486402; **Istituto del Sacro Cuore**, Viale Michelangelo 27, www.sacrocuore.com, ✆ 055-6811872.

Jugendherbergen/Studentenwohnheime (siehe Karte Umschlag hinten)

• *Jugendherbergen* **Ostello Archi Rossi (11)**, private Jugendherberge mit 22 Zimmern und insgesamt 80 Betten in Bahnhofsnähe. Ab 18 € pro Person. Via Faenza 94r, ✆ 055-290804, 055-2302601. www.hostelarchirossi.com

Ostello Gallo d'oro, sehr kleines, ganz neues Ostello. 40 € pro Person. Via Cavour 104, ✆ 055-5522964, 055-5534823. www.ostellogallodoro.it

IYH Ostello Villa Camerata, liegt ca. 4 km außerhalb am Stadtrand (Richtung Fiesole) inmitten eines Parks. Zu erreichen vom Bahnhof per Bus Nr. 17 B, Fahrtzeit ca. 25 Min. Aussteigen am Viale Augusto Righi, von dort ca. 1 km eine schmale Straße bergauf. In der Villa Camerata aus dem 17. Jh. herrscht Massenbetrieb, ca. 400 Betten, 10–20 Betten pro Saal. Großzügige, prunkvolle Empfangshalle. Übernachtung inkl. Frühstück kostet ca. 18 €, auch warmes Abendessen. Nachteil: Da die Herberge so weit außerhalb liegt und um ca. 24 Uhr geschlossen wird, gibt es für die Gäste kein „Florenz bei Nacht". Auch Campingmöglichkeit (ganzjährig geöffnet), Kategorie: 2 Sterne. Ungefähr ein Drittel billiger als der städtische Camping Michelangelo (s. u.). Viale Augusto Righi 2/4, ✆ 055-601451, 055-610300.

Ostello Santa Monaca (75), Privatherberge in einem alten Kloster aus dem 15. Jh. Vorteil: nur etwa 10 Min. vom Zentrum entfernt. Leider oft überfüllt (am besten schon am Morgen in die Liste eintragen). Etwas teurer als die IYH, pro Person ca. 16 €. Kochmöglichkeit. Geschlossen von 9.30–14 Uhr, dann wieder geöffnet bis 1 Uhr. Via Santa Monaca 6, ✆ 055-268338, 055-280185. www.ostello.it

• *Studentenwohnheime* Case dello studente vermieten im August Unterkünfte zu ca. 15 € pro Person, keine Reservierung möglich, nur mit Studentenausweis. Anlaufstelle ist das Infobüro für Studenten, Viale Gramsci 36, ✆ 055-2261314. Mo–Fr 9–13 Uhr, Di und Do auch 15–17 Uhr (Elda Mignani).

- **P. Calamandrei (5)**, in der Nähe der Piazza Dalmazia im Norden der Stadt. Zwei bis vier Betten in einem Zimmer. Zum Zeitpunkt der Recherche wegen Renovierung geschlossen, voraussichtlich bis Ende 2006. Viale Morgagni 51, ✆ 055-4389506.

- **Residence Salvemini (2)**, zentral in Bahnhofsnähe. Piazza dell'Indipendenza 15, ✆ 055-50741, Infos auch unter ✆ 055-22611 oder 055-4389603.

Im Stadtteil Varlungo (östlich vom Stadtzentrum, Richtung Autobahnauffahrt Firenze-Sud) gibt es eine Dependance mit Mini-Appartements und Kochgelegenheit, ca. 40 € pro Tag. ✆ 055-50741 oder 055-4389902.

- **Fattoria Basseto**, Certaldo (zu erreichen über Via Cassia, Poggibonsi Nord). Das ehemalige Benediktiner-Kloster ist ein Luxushostel mit passablen Preisen (22 € im 3- bis 6-Bett-Zimmer, 37 € p. P. im DZ in der Villa) und einem riesigen Freizeitangebot (von Workshops bis zu geführten Ausritten). Ideal als Ausgangspunkt fürs Trekking. Via Avanella 42, ✆ 0571-668342, 0571-656400. www.fattoriabassetto.com.

Camping

In unmittelbarer Umgebung der Stadt gibt es nur drei Plätze, die von Juli bis September immer ausgebucht sind. Nur wer vormittags ankommt, hat eine reelle Chance.

** **Michelangelo**, ca. 20 Min. vom Zentrum entfernt. Verbindung vom Bahnhof (McDonald's) per Bus Nr. 12 und 13. Der städtische Campingplatz von Florenz liegt hübsch am Hang unterhalb des Piazzale Michelangelo, beim Zähneputzen sieht man im Spiegel die Kuppel des Doms. Nur wenig Schatten durch dünne Olivenbäume. Nachts dringt viel Verkehrslärm aus der Stadt hinauf, am frühen Abend dröhnt die

Musikbox am Terrassencafé mit den neuesten Hits. Preise: 2 Personen plus Zelt ca. 19 €, Auto 4 € extra. Ganzjährig geöffnet. Viale Michelangelo 80, ✆ 055-6811977, 📠 055-689348.

*** **Internazionale**, Impruneta, Viertel Bottai, am Ortsausgang von Galluzzo (ca. 7 km südlich von Florenz, Straße nach Siena, nicht weit von der Autobahnausfahrt Firenze-Certosa). Etwa zweimal stündlich Bus Nr. 37 ins Zentrum. Großzügiges Gelände auf einem Hügel. Mit Restaurant. Von der einen Seite hört man den Autobahnverkehr. 9 € pro Person. Geöffnet eine Woche vor Ostern bis Oktober. Via S. Cristoforo 2, ✆ 055-2374704, 📠 055-2373412.

** **Villa Camerata**, IYH Ostello della Gioventù (siehe unter Jugendherbergen).

** **Autosole**, Spazzavento, Calenzano (ca. 10 km von Florenz entfernt, neben der Autobahn Richtung Bologna, Ausfahrt Prato-Calenzano). Der Camping liegt im Industriegürtel zwischen Florenz und Prato, viele Dauercamper. Nur für Anreisende zu empfehlen, die kaum mehr die Aussicht haben, einen freien Platz in Florenz zu ergattern. Via Vittorio Emanuele II, ✆ 055-882391, 055-8827819, 📠 055-8825576.

Weitere Campingmöglichkeit siehe Fiesole, S. 211.

Essen & Trinken

Wer echte Florentiner Küche kosten will, muss eine Menge Geld hinblättern oder eine längere Suche am Altstadtrand in Kauf nehmen. Die Restaurants im Zentrum sind zu 90 % auf Touristen eingestellt – die Wirte haben Laufkundschaft. Um den Laden voll zu bekommen, braucht hier keiner zu zaubern. Preisgünstig ist gelegentlich das *menu* (*a prezzo fisso*) ab 15 € viel Genuss darf bei der günstigen Variante des Menüs jedoch nicht erwartet werden. Meiden Sie auch die Pizza-Stuben im Altstadtkern! An Sonntagen ist es schwierig, ein passendes Lokal zu finden, die meisten Familienbetriebe haben an diesem Tag geschlossen. Generell gilt: je exponierter die Lage und je größer der Andrang, umso höher der Stressfaktor der Beschäftigten. Das wiederum hat Auswirkungen auf Wartezeit, Gemüt des Personals und Qualität der Speisen. Wer gegen 19.30 Uhr und vor 13 Uhr bestellt, hat oft Glück, nicht lange warten zu müssen. Ansonsten hilft der Griff zum Handy und eine kurze Reservierung – das spart Zeit. Denn die ist knapp bemessen: Mittagszeit ist zwischen 12 und 14/15 Uhr, danach schließen die Restaurants bis 19 Uhr. Und nach 22.30 Uhr haben nur noch die wenigsten geöffnet.

Wer hat wohl mehr Auszeichnungen?

Restaurants/Trattorien (s. Karte Umschlag hinten)

Centro Storico / nördlich des Arno

Trattoria Cibréo (52), Via A. Del Verrocchio 8r (neben dem Mercato S. Ambrogio). Das Florentiner Feinschmeckerlokal mit der bodenständigen Note hat im Nebenhaus die gleichnamige Trattoria eröffnet. Menü um die 36 €. So/Mo geschlossen. Direkt gegenüber das gleichnamige Straßencafé, in dem im Sommer Primi und Salate serviert werden. Unbedingt reservieren! ✆ 055-2345853.

Trattoria Gozzi (23), Piazza S. Lorenzo 8. Viel Stammpublikum kommt mittags für 3–4 Primi und Secondi. Wenig Auswahl, aber beste Qualität. Wer bis 12.30 Uhr hier ist, kann noch Platz finden, sonst reservieren. So geschlossen. ✆ 055-281841

La Carabaccia (25), Via Palazzuolo 190r. Auch hier treffen sich Feinschmecker mit dünnem Portemonnaie. Täglich nur eine kleine Auswahl an Hauptgerichten, z. B. *Cinghiale ai porri* (Wildschwein mit Lauchgemüse, eine Seltenheit in Italien) oder *Bocconcini di vitella al curry* – man wird nicht enttäuscht. Menü ca. 35 €, Wein aus eigener Fattoria! So und Montagmittag geschlossen. ✆ 055-214782 .

Da Benvenuto (77), Via della Mosca 16r. Hier wurde vor einiger Zeit eine dieser stromlinienförmigen Glas-Alu-Türen angebracht. Innen ist der Familienbetrieb aber unverändert geblieben – enge Tischreihen mit Bänken im kleinen Speisesaal neben der Küche (im Nebenraum etwas gepflegter). Man tritt über die Café-Bar ein, in der sich besonders abends die Gäste für einen Sitzplatz anstellen. Gute Auswahl an Tagesgerichten, preiswerte und sehr gut zubereitete Mahlzeiten für ca. 15 €. Eine köstliche Spezialität sind die *Rigatoni alla sorrentina*. So geschlossen. ✆ 055-214833.

Anita (70), Via del Parlascio 2r, etwas versteckt, nur ein paar Schritte von der Piazza Signoria entfernt. Die drei Gasträume, etwas düster im Stil der 30er Jahre eingerichtet, sind meist gut gefüllt. Durchschnittliche Preise, meist gut gelaunte Bedienungen. Üppig das *Filetto Anita* mit Pilzen (12,50 €). So geschlossen. ✆ 055-218698.

Il Pizzaiuolo (53), hier gibt's neapolitanische Pizzen mit dem dicken Teig (ab 6 €). Sehr gut besucht von florentinischen Studenten, deshalb besser vorbestellen, ✆ 055-241171. Via de' Macci 113r. Abends bis 24 Uhr geöffnet, So geschlossen. ✆ 055-241171.

Sostanza detto il Troia (38), Trattoria, nostalgisch wie aus dem Kino. Etwas enge Räumlichkeiten, freundlich, preiswert. Via del Porcellana 25r, So geschl. ✆ 055-212691.

La Baraonda (65), in den zwei kleinen, gekachelten Gasträumen stehen 5 Gerichte zur Auswahl (wöchentl. wechselnd). Es gibt wohl kein zweites Restaurant in Florenz, das mit so vielen Erwähnungen in Fressführern aufwarten kann, zumindest in dieser Preisklasse. Hauptgerichte ca. 12 €. Via Ghibellina 67r. So ganztägig und Montagmittag geschl. ✆ 055-2341171.

Ottorino, Via delle Oche 12–16, schmale Gasse, praktisch parallel zum Domplatz. Hier essen viele Geschäftsleute und ältere Menschen aus der Umgebung. So geschl.

Il Profeta (33), berühmt sind die frisch gemachten Suppen und als Vorspeise die *Penne di Profeta*, eine rosarote Soße mit Steinpilzen und Schinken. Immer eine große Auswahl an Tagesgerichten. Menü ca. 27 €. Claudio, der Wirt, berät Sie in akzentfreiem Deutsch. Borgo Ognissanti 93r, So geschlossen. ✆ 055-212265

Sasso di Dante (40), Piazza delle Pallottole 6r. Unmittelbar beim Dom und vollkommen auf den Tourismus eingestellt. ✆ 055-282113.

Ristorante Il Cardellino (1), Via San Gallo 37r. Unprätentiöse, preiswerte Hausmannskost, z. B. *Bocconcini alla fiorentina* (Rindsgulasch in Tomatensoße). Menü ca. 20 €, aber auch à la carte sehr preiswert. Als Wein wird ein Chianti (La Quercia) oder ein leichter Hauswein serviert. Di geschlossen.

Le Mossacce (44), Via del Proconsolo 55r. Mitten im Zentrum, doch scheinbar unbeeindruckt von den vorbeiziehenden Touristenmassen: Schinken hängen an der Theke, die Korbflasche steht auf dem Tisch. Mittags ist Hochbetrieb, man bekommt einen freien Platz an einem der langen Tische zugewiesen und kommt schnell mit dem Nachbarn ins Gespräch. Arbeiter verdrücken hier eine Portion Spaghetti und einen Teller Kutteln hinterher. Ein uriger Betrieb, in dem man ohne Italienischkenntnisse allerdings ziemlich verloren dasitzt. Menü ab 18 €, Sa/So geschlossen. ✆ 055-294361.

Rosticceria La Spada (41), Via della Spada 62r. Leckere Salate und gegrillte Hähnchen zum Mitnehmen (wie in einer Metzgerei). Im Hinterzimmer Trattoria. Relativ teuer. Die ganze Woche über geöffnet. ✆ 055-218757.

Trattoria/Fiaschetteria Mario (18), Via Rosina 2r. Stark frequentiert, einfach und bodenständig.

Snack Amon (34), Via Palazzuolo 28r. Kleiner ägyptischer Imbiss.

Lo Skipper (21), Via degli Alfani 70 (Seitenstraße der Via Cavour). Neues Lokal, das an die Kajüte eines Segelschiffs erinnert. Der Speiseplan wechselt jeden Monat und wartet mit Spezialitäten aus verschiedenen Ecken Italiens und fernen Ländern auf. Eine Seltenheit in der Toscana! Menü ca. 25 €. So u.

Portraitmaler im Innenhof der Uffizien

Samstagmittag geschlossen. ✆ 055-284019.

Tre Merli (45), Via die Fossi 12r Der Inhaber besitzt eine Fattoria in San Gimignano und setzt hier seine Ideen der ländlichen Küche um. Antipasti 6 €, Secondi 14 €. ✆ 055-287062.

Il Vegetariano (7), Via delle Ruote 30r (zwischen Piazza S. Marco und Piazza Indipendenza). Vegetarischer Selfservice, meist mit Bioprodukten. Zu ca. 14 € kann man sich hier satt essen. Mo geschlossen, Sa/So nur abends. ✆ 055-475030.

Ruths (35), Via Farini 2a (bei der jüdischen Synagoge). Gut gewürzte arabisch-vegetarische Küche. Köstliche Suppen. Freitagabends u. samstagmittags geschlossen. ✆ 055-2480888.

Salamanca (60) (siehe auch Kneipen), Via Ghibellina 80r. Tapas, Tostadas und spanische Leckereien. ✆ 055-2345452.

Il Forno, Via die Cerchi 34r, zwischen Dom und Piazza Signoria gibt's Pizza vom Blech.

La Gratella (12), Via Guelfa 81r. Lesertipp: „Ein sehr günstiges und zentral gelegenes Lokal mit gut zubereiteten toscanischen Spezialitäten. Ein Menü, das man fast nicht in der Lage ist, zu bewältigen – so großzügig sind die Portionen –, kann man dort für unter 10 € bekommen – eine absolute Ausnahme in Florenz. Von außen unscheinbar, aber der Schein trügt." Überhaupt ist die Via Guelfa eine sehr gute Adresse für günstige, kleine Familienrestaurants.

Oltrarno / südlich des Arno

La Mangiatoia (93), Pizzen aus dem Holzofen, auch an der Bar (mit Sitzgelegenheit). Im Hinterzimmer Tische. Pizzen ab 5 €. Mo geschl. Piazza S. Felice 8–10r, gleich neben der Piazza Pitti. ✆ 055-224060.

Di Cambi (59), die empfehlenswerte Familientrattoria hat jeden Tag einen komplett neuen Speisezettel mit hausgemachten Nudeln als Primi und einer guten Auswahl typisch Florentiner Secondi. Freundlicher, schneller Service und moderate Preise, Menü ca. 25 €. Abseits der Touristenströme, obwohl eines der ältesten Wirtshäuser der Stadt. Via Sant'Onofrio 1r, am Eck des kleinen Platzes (Ponte Vespucci). So geschlossen. ✆ 055-217134.

Caffè Ricchi (85), preiswerte Mittagsgerichte (ca. 12 €), die man auch auf der Terrasse an der hübschen Piazza S. Spirito einnehmen kann. Innen im Nebenraum wurden die Wände bis auf den letzten Fleck mit Phantasieentwürfen für die Fassadengestaltung der S.-Spirito-Kirche behängt, Produkte eines Ideenwettbewerbes. Piazza S. Spirito 9r. So geschlossen. ✆ 055-215864.

Quattro Leoni (79), Piazza della Passera (bei der Piazza Pitti in die Via dello Sprone einbiegen). Das etwas versteckt liegende Lokal war jahrzehntelang eine preiswerte Studenten-

Karte Umschlag hinten

Der Caffè kann warten ...

Liebhaber nostalgischer Cafékultur sollten die Cafés an der **Piazza della Repubblica** besuchen. Dezenter Unterhaltungsmusik am Flügel lauscht der Besucher abends im matten Art-Déco-Glanz des **Paszkowski (43)**. An derselben Seite des Platzes liegt das 1733 gegründete **Gilli**, das zu den ältesten Cafés der Stadt zählt: Insbesondere die Terrasse lockt viele Gäste an. Gegenüber hat sich das ebenso elegante **Giubbe Rosse (55)** eingerichtet, das mit einem beachtlichen Angebot an Tageszeitungen aufwartet. Insbesondere dieses von einem deutschen Bierbrauer namens *Reininghaus* Ende des 19. Jh. gegründete Café hat im Laufe seines Bestehens viel erlebt:
Kurz vor dem Ersten Weltkrieg wurde es zu einer Art Hauptquartier der Futuristen, in den 20er Jahren trafen sich hier Literaten und Künstler aus aller Welt. Jeder, der einen Namen hatte – darunter Künstler wie André Gide, Ezra Pound oder Oscar Wilde –, machte während seines Florenzbesuches in dem Lokal mit den rot befrackten Kellnern Halt. Der Florentiner Dichter Dino Campana schrieb hier in den 20er Jahren Teile seiner "Canti Orfici", und sogar Lenin soll einmal vorbeigekommen sein. Hier diskutierte und debattierte man, hier stellte man seine Werke vor, und wenn's drauf ankam, vertrat man seine Position mit äußerster Vehemenz, so dass es bisweilen gar zu Handgreiflichkeiten kam. Klar, dass den immer stärker werdenden Faschisten dieses Intellektuellennest ein Dorn im Auge war. Entsprechend versuchten sie, dem Treiben mit den bekannten Methoden ein Ende zu setzen. Gegen Ende des Zweiten Weltkriegs richteten die Amerikaner hier ihren Offiziersclub ein (das Paszkowski wurde von den englischen Intellektuellen nicht freigegeben), aber schon 1947 kehrten die *giubbe rosse*, die "roten Fracks", zurück. Seit ein paar Jahren greift man die einstige Tradition wieder auf und veranstaltet Dichterlesungen, Diskussionsrunden und Vernissagen. Moderne Zeiten aber auch hier: Das Zusatzangebot lässt man sich ordentlich bezahlen. Während für das ordentliche Essen „normale“ 8-9 € verlangt werden, kostet der Capuccino stattliche 3,50 € und ein Bier gar phantasievolle 7 €.

trattoria. Der neue Besitzer ließ deshalb gleich ein Schild anbringen, dass ein Primo und ein Secondo obligatorisch sind. Obwohl die Preise etwas angestiegen sind, findet die gutbürgerliche Küche auch bei den Einheimischen weiterhin Zuspruch. Menü zwischen ab 25 €. So geschlossen. ✆ 055-218562.

Antica Mescita San Niccolo (94), Via San Niccolo 60r. Inmitten einfacher Holzbänke, ungedeckter Tische, holzgetäfelter Wände und einer blank polierten Messing-Kaffeemaschine bekommt man hier so seltsame Dinge wie *Pappa ai pomodori* (Tomatenbrei mit Zwiebeln) oder *Lingua in salsa verde* (Zunge in grüner Soße) serviert. Die Preise sind der Einfachheit halber einheitlich: Vorspeisen oder Primi kosten 6 €, Hauptgerichte 7 €, der halbe Liter Rotwein ist für 4 € zu haben. So geschlossen. ✆ 055-2342836.

Diladdarno (89), Via de' Serragli 108r. Geräumiges Interieur mit langen Tischen. Die farbenfrohen Gemälde wirken etwas exotisch auf den blassen, lindgrünen Wänden. Für das Menü (22 €) relativ große Auswahl. Eine aparte Sache zur Abrundung des Mahls sind die *biscottini*, steinharte Mandelplätzchen, die man in Vinsanto eintaucht. Mo geschlossen. ✆ 055-225001.

Pizzeria I Tarocchi (92), Via de' Renai 14r. Preiswerte und gute Pizzeria. Pasta und Pizza ab 6,50 €. Dementsprechend meist überfüllt. Wartezeiten bis zu einer Dreiviertelstunde keine Seltenheit. Vorbestellung (fast) unmöglich. Tipp: Wer in Ruhe essen will, kommt lieber gleich erst um 22 Uhr. Bedienung immer im Stress, dabei aber erstaunlich gelassen. Abends bis 1 Uhr geöffnet, Mo geschlossen, Mittagstisch nur Di–Fr. ✆ 055-2343912.

Sabatino (58), Via Pisana 2r (Porta S. Frediano). Äußerst preisgünstiges Restaurant mit leckeren Tagesgerichten. Sehr gemischtes Publikum. Einladender, geräumiger Speisesaal. Guter, freundlicher Service. Sa/So geschlossen. ✆ 055-225955.

Angiolino (71), Via S. Spirito 36r. Eine der charakteristischsten Trattorien von Florenz, wo man dem Koch noch auf die Finger schauen kann. Ein länglicher Saal mit Bullerofen, im hinteren Teil befindet sich die Küche. Es geht dementsprechend volksnah zu. Menü ca. 26 €. Mo geschlossen. ✆ 055-2398976.

Al Tranvai (78), Piazza Tasso 14r. Klitzekleines Lokal, das nicht umsonst „Straßenbahn" heißt. Mittags meist brechend voll. Traditionelle Speisen und gute Salate zu annehmbaren Preisen (Primi ab 6 €). Sa/So geschlossen. ✆ 055-225197.

Momoyama (67), Borgo San Frediano 10r. Sushi-Bar und Kunstraum. Gut und teuer, ✆ 055-291840. Mo geschl.

Borgo Antico (83), Piazza S. Spirito 6r. Gutbürgerliches Lokal, im Sommer sitzt man draußen. Pizza oder Primo ab 6 €, ein Glas Bier vom Fass 4 €, Menü ab 18 €. ✆ 055-210437.

Afrikanische Straßenhändler

Enotheken (siehe Karte Umschlag hinten)

De' Giraldi (56), Via de Giraldi 4r. In den alten Kreuzgratgewölbe-Lagern des Palazzo Borghese. Leckere Speisen, seltene Weine und gute Auswahl auch an Käsesorten kleiner Fattorien, ✆ 055-216518.

Boccadama (72), Piazza S. Croce 25. Enoteca mit hausgemachter Pasta und leckeren Kleinigkeiten. Angenehme Atmosphäre, gute Weinkarte. ✆ 055-243640.

Le Barrique (68), Via del Leone 40r. Die Weinstube wurde mehrfach von Fachzeitschriften ausgezeichnet. Drinnen klein und sehr behaglich, es gibt auch einen Sommergarten. Zur Wahl stehen 250 Weine, Wert wird aber auch auf die Küche gelegt. gelegen in einer typischen Wohnstraße des Viertels San Frediano (mit kleinen Ateliers, Handwerkerstuben und Kfz-Werkstätten), an den Wänden hängen die Werke lokaler Künstler. ✆ 055-224192.

Enoteca Fuori Porta (97), Via del Monte alle Croci 10r. Die ehemalige Studentenkneipe gleich hinter dem Stadttor San Miniato (Viertel San Niccolò) hat sich in den letzten Jahren sehr gemausert. Im Sommer sitzt man draußen, im Winter etwas gedrängt an Holztischen. Es gibt Primi (ab 7 €) und eine Riesenauswahl an leckeren *crostini, crostoni, panini* und *focacce*. Man kann aber auch nur ein Glas Wein zu 1.50 € trinken, auch wenn die Auswahl aus 600 (!) verschiedenen Marken sicher schwer fällt. Mo–Sa 12.30–15.30, 19–0.30, So geschlossen. www.fuoriporta.it

Gelaterie (siehe Karte Umschlag hinten)

Gelateria Vivoli (64), Via Isola delle Stinche 7r (in einer unscheinbaren Gasse hinter dem Teatro Verdi). Die traditionsreichste Eisstube von Florenz. Die verschiedenen Eissorten sind auch in New Yorker Edelrestaurants zu haben.

Festival del Gelato (50), Corso 75r. Der Eispalast würde einer Disko alle Ehre machen: Es glitzert und blinkt zur musikalischen Dauerberieselung. Die Qualität des Eises ist allerdings schlechter als im vorgenannten Lokal.

Gelateria dei Neri (76), Via dei Neri 22r. „Di M. Vivoli" prangt über dem Eingang. Doch hat das Lokal mit dem traditionsreichen Betrieb (s. o.) nichts zu tun. Trotzdem: hervorragendes Eis.

Gelateria Badiani (16), Viale dei Mille 20r (in der Nähe des Stadions Campo di Marte). Traditionsreiche Konditorei mit dem besten Eis und Gebäck in ganz Florenz, ein Muss für alle, die Süßes mögen. Besonders zu empfehlen: *Gelato alla Crema Buontalenti*. Mittags auch schmackhafte Primi und belegte Brötchen.

Gelateria Frilli (95), Via San Miniato 5r (Viertel San Niccolò, unterhalb des Stadttors San Miniato). Winzig, wenig Auswahl, aber gut, besonders das Semifreddo!

Abends in Florenz

Freunde nicht nur klassischer Musik besorgen sich den Veranstaltungskalender der Azienda di Promozione Turistica (APT), werfen einen Blick in die Zeitschrift *Firenze Spettacolo* oder besorgen sich die Broschüre *Firenze Estate* beim Touristenbüro (gratis). Besonders während der Sommermonate wird fast täglich etwas geboten (siehe „Feste und Veranstaltungen/L'Estate Fiorentina", S. 154).

Kneipen/Lokale/Livemusik *(siehe Karte Umschlag hinten)*

Kneipen und Musiklokale gibt es viele, insbesondere im Universitätsviertel zwischen Dom und Piazza SS. Annunziata (dort v. a. am Borgo Pinti und in der Via dei Servi). Die Studenten, vornehmlich die Sprachenschüler aus den USA und Deutschland, möchten ein buntes Abendprogramm nicht missen. Die Kneipe am Eck (*birreria, fiaschetteria*) zählt in Florenz allerdings fast zu den Luxusvergnügen – die Halbe Bier kostet ca. 4 €!

Um Steuern zu sparen, sind viele „Clubs" nur für Mitglieder zugänglich, will heißen, man bekommt für den Abend eine Besucherkarte ausgestellt – gelegentlich umsonst, wenn's innen leer ist. Bei anderen ist der erste Abend kostenlos, wer ein zweites Mal kommt, zahlt Clubbeitrag (*tessera* für ca. 5 € pro Monat).

Lidò, Teatro dell'acqua (87), zwei Open-Air-Lokale am Flussufer (Lungarno Pecori Giraldi 1). Während im *Teatro* mehr Disco-Sound und Salsa angesagt ist, wird im *Lido* Jazz, Reggae und House aufgelegt; man sitzt zusammen, süffelt sein Getränk und kann sich dabei sogar unterhalten. Geöffnet von Mitte Juni bis Mitte September. Die Clubmitgliedschaft (ca. 7 €) gilt für beide Lokale.

Apollo Bar (19), Via dell'Ariento 41. Nicht zum Abheben, aber in Ordnung

Astor, direkt am Domplatz. Großzügiger Gastraum mit Bar und Ristorante, trotzdem meist rammelvoll. Piazza del Duomo 20r.

Area 51, Via U. della Fagiola 30, Firenze Sud, Bus 14/23. Für alle, die an multimedialen Räumen und Experimenten interessiert sind. Internet-Zugang auf zig Computern.

Salamanca (60) (siehe auch Restaurants), Via Ghibellina 80r. Tapas, Tostadas und spanische Leckereien. Montags und dienstags lateinamerikanische Live-Musik.

Rex Caffè (36), Via Fiesolana 25r. Absolut hippe Gestaltung mit Spiegeln, Glasfragmenten, und Mosaiken. Anspruchsvolle Kunst und Happenings.

Caffè Megara (49), Via della Spada 11. Alles wird geboten: Brunch, Cafeteria, Satelliten-TV, Cocktails und Jazz.

Be Bop (27), Via dei Servi 28. Regelmäßig Live-Konzerte, vorwiegend Studenten.

XO, Via Verdi 59r. Rock-Café, in dem häufig Live-Konzerte regionaler Gruppen stattfinden. Auftritte gegen 23 Uhr, Schließung gegen 4 Uhr. Ab Mitternacht in der Regel brechend voll. Mindestverzehr 6 €.

Red Garter (73), Via dei Benci 33r. Eine rockige Musikkneipe, viele amerikanische Gaststudenten. Do, Fr und Sa Livemusik, es wird gerne wild getanzt. Eintritt ca. 7 €, erstes Getränk frei.

Giacosa (46), erschöpft vom Geldausgeben in den Edel-Boutiquen der Via Tornabuoni, erholt sich die internationale Hautevolee in diesem schicken Café des Modedesigners Roberto Cavalli. Schon seit Jahren schwer angesagt. Via della Spada 10 (Seitenstraße der Tornabuoni).

Jaragua (101), Via dell'Erta Canina 12r, unterhalb des Piazzale Michelangelo (bei der Porta S. Niccolò). Halb Bar, halb Disko.

Sonnenuntergang über der Ponte Vecchio

Südamerikanische Musik bis 3 Uhr in der Früh. Kein Eintritt, Mo geschlossen.

Spaziouno (39), Via del Sole 10 (westlich der Via Tornabuoni). Die Kneipe mit kaum zu unterbietenden Preisen hat inzwischen geschlossen, nur noch das Programmkino im 1. Stock ist übrig geblieben. Oft Werkschauen bekannter Regisseure. Ein Leckerbissen für Cineasten.

Dolce Vita (74), Piazza del Carmine 5. Hier trifft man sich, um seinen Cocktail oder Aperitif einzunehmen und die weitere Gestaltung des Abends vorzubereiten. Im Hinterraum und an den Tischen draußen auf dem Platz kann man auch essen. Bis 1.30 Uhr nachts geöffnet.

Cabiria (86), Piazza S. Spirito 4r. Café, Snackbar und Restaurant. Vor allem südamerikanische Klänge, im Sommer treten auch Gruppen auf. Sympathisch, aber nichts für Zimperliche, denn hier darf man nicht so genau hingucken, was unter dem Tisch weitergereicht wird.

Caffè Notte (90), Via delle Caldaie 28r. Hier treffen sich vor allem Künstler und Handwerker aus dem Viertel – in trauter Eintracht.

Tanzen (siehe Karte Umschlag hinten)

Die Eintrittspreise liegen zwischen 15 und 25 €, erster Drink umsonst.

Im Zentrum einige Diskos, u. a. **Space Electronic (31)**, Via Palazzuolo 37 – verrückte Einrichtung, junges Publikum, Acid und House, megalaut.

Universale, in der Via Pisana 77r. Altes Filmtheater, geschickt umgestaltet. Mischung aus Disco, Bar und Restaurant. Musik nach Tagesform und Laune der DJs.

Auditorium Flog, Via M. Mercati 24b, sehr beliebt bei eher alternativ eingestellten Studenten, italienischen wie ausländischen. Auch Konzertbühne für lokale Bands. Die Busse Nr. 8 und 14 fahren vom Hauptbahnhof hierher. Eintritt 5 € (Disco) bis max. 10 € (Konzert).

Central Park, teure Großdisco mit 5 Tanzflächen und tgl. wechselnder Musikrichtung. Eintritt 20 €. Via Fosso Macinante 2.

Tenax, legendäres Theater, Mode-Shows, Live-Konzerte, Disko. Pop, Rock und südamerikanische Musik. Samstags House mit internationalen DJs. Eintritt 12 €, Studenten kommen in der Woche umsonst rein. Liegt ca. 10 km außerhalb (auf halbem Weg nach Prato), Bus Nr. 29/30. Via Pratese 46.

Full Up, Via della Vigna Vecchia 23–25r. Gestandene Disko, blutjunges Publikum jeder Couleur – viel Rauch um nichts.

Maramao, Via dei Macci 79r. Geöffnet von 23–2 Uhr. Die Innenausstattung erinnert an die amerikanischen Cave-Clubs, an kupferverkleideten Wänden hängen Werke junger florentinischer Künstler. Hip-Hop, House und Funk.

Meccanò, Viale degli Olmi 1, am Anfang des Cascine-Parks. Berühmteste Disko von Florenz, Tanzfläche unter freiem Himmel. Hip-Hop, House, Commerciale. Im ersten Stock befindet sich das **Planet Rock Café**, man speist bei Rhythm-and-Blues-Klängen.

YAB, Disko-Pub in der Via Sassetti 5r, zum Recherchezeitpunkt hochgradig „in".

Kinos

• *Filme in Originalsprache* **Astro**, Piazza San Simone (bei der Piazza Santa Croce).

Goldoni, Via dei Serragli 1, Originalfilme nur montags.

Odeon Cinehall, Via Sassetti 1. Jeden Mo, Di und Do. Das Kino befindet sich im Palazzo Strozzi, einem Renaissance-Bau, der 1922 um das Art-nouveau-Kino Odeon erweitert wurde. Ticket 7,20 €. www.cinehall.it

Institut Français, Piazza Ognissanti. Das französische Kulturinstitut veranstaltet jedes Jahr im November ein Festival des französischen Films.

Cinema Fulgor, Via Maso Finiguerra 22r. Filme im engl. Original jeden Donnerstagabend.

• *Freilichtkinos* **Arena di Marte**, am Stadion.

Raggio Verde, im Palazzo dei Congressi, gegenüber vom Hauptbahnhof (Eingang vom Viale Strozzi).

Flog, Esterno notte, Via Michele Mercati 24b (Nähe Piazza Dalmazia).

Arena Chiar di Luna, Via Monte Uliveto 1 (oberhalb der Piazza Tasso).

Le Murate, während des L'Estate Fiorentina (s. dort) werden hier nicht nur Filme gezeigt, auch Party- und Konzertveranstalter nutzen den ehemaligen Gefängnishof gerne. Via Ghibellina 52.

Sehenswertes

Es lohnt sich, die im Mittelalter gewachsene Stadt zu durchstreifen – mit ihren immensen Kunstschätzen ist sie ein einmaliges Erlebnis. Besser als in überfüllten Gemäldegalerien lassen sich die Werke der großen Meister in „ruhigen" Klosterkirchen studieren.

Florenz wurde im ausgehenden Mittelalter geplant und systematisch angelegt; es gab keinen Wildwuchs. Gemeinsam wurde bestimmt, wie ein neues Bauwerk in die bestehende Bausubstanz integriert werden konnte und welches Material verwendet werden sollte. Die unterschiedlichen Berufsstände wie Schuster, Tuchhändler oder Metzger wurden in jeweils separaten Straßenzügen angesiedelt.

Gelockert wurde dieses Prinzip erst durch die *Medici* und andere Bankiersfamilien, die ihre Renaissancepaläste in der Stadt hochzogen. Dazu mussten oft halbe Straßenzüge niedergerissen und wieder aufgebaut werden, was der Stadt ein völlig neues architektonisches Gesicht verlieh. In dieser Zeit beriefen sich Baumeister wie Künstler auf antike Vorbilder und Traditionen.

Piazza della Signoria

Einer der berühmtesten Plätze Italiens mit einer großartigen Gebäudekulisse, dominiert vom Palazzo Vecchio (Rathaus) und der Loggia dei Lanzi. Eine Oase der Ruhe ist die Piazza della Signoria trotz Autoverbots zwar nicht – der Platz ist meist voller Menschen –, ihrer Wirkung tut dies ganz erstaunlicherweise dennoch kaum einen Abbruch. Wer es romantisch mag, kann auf eine Pferdedroschke umsteigen (ca. 30 Euro für eine 20-minütige Stadtrundfahrt).

Der große Brunnen vor dem Palazzo wurde von *Ammannati* entworfen. Er war, wie der zeitgenössische Ausspruch „Oh, Ammannati, welch schönen Marmor hast du verschwendet" belegt, seinerzeit nicht ganz unumstritten. Wie dem auch sei, Neptun als „schwammiger Weißling" ist ein beliebtes Fotomotiv. Rechts neben ihm hockt *Donatellos* berühmter Löwe „Marzocco" mit dem Stadtwappen, der florentinischen Lilie (es handelt sich allerdings um eine Kopie). Gleich daneben die ebenfalls von *Donatello* stammende Figurengruppe „Judith und Holofernes", auch eine Nachbildung, die allerdings weit weniger ausdrucksstark ist als das Original, das man heute im Inneren des Palazzo Vecchio bewundern kann. Vor dem Eingangsportal posieren links *Michelangelos* berühmter „David" (seit 1873 ebenfalls nur noch als Kopie, das Original ist in der Galleria dell'Accademia zu sehen) und rechts „Herkules und Cacus" von *Baccio Bandinelli*, allgemein als dessen Hauptwerk angesehen. Ganz links auf dem Platz erhebt sich das Reiterstandbild Cosimos I., das von *Giambologna* geschaffen wurde.

Nicht weit vom Brunnen entfernt ist eine Schrifttafel in den Boden eingelassen. Hier wurde 1498 der Dominikanerprediger *Savonarola* verbrannt. In einer Zeit wachsender Unzufriedenheit mit den von den Medici aufgebauten Herrschaftsstrukturen suchte er die Rückbesinnung auf die demokratischen und christlichen Ideale der Stadtrepublik. Der Papst jedoch erstickte die Unruheherde. Der Legende nach wurde Savonarolas Herz nach seiner Verbrennung unversehrt in der Asche gefunden.

Zur Zeit des autokratischen Regimes wurden hier am Platz die sog. Volksabstimmungen abgehalten: Die versammelten Bürger wurden von Soldaten umzingelt und mussten die ernannten Stadträte in ihrem Amt bestätigen.

Loggia dei Lanzi

(Loggia della Signoria)

Die Bogenhalle an der Piazza della Signoria stammt aus der Zeit des Übergangs von der Spätgotik zur Renaissance (Ende des 14. Jh.). Hier wurden die Stadtoberen gewählt und offizielle Empfänge veranstaltet. Im 16. Jh. diente die Loggia als Unterkunft für die Leibwache Cosimos I.

Heute befinden sich in der Loggia v. a. Skulpturen aus der römischen Antike und der Florentiner Spätrenaissance. Von *Giambologna* stammen „Der Raub der Sabinerin" und „Herkules ringt mit dem Zentauren". Neueren Datums ist „Der Raub der Polyxene" von *Pio Fedi* (1866).

Das populärste Werk der Loggia ist der „Perseus" von *Benvenuto Cellini*, eine Bronzearbeit aus dem Jahr 1554. Perseus hält in seiner Linken triumphierend den abgeschlagenen Kopf der Medusa – in dicken Trauben hängt noch das Blut daran ... Seit Ostern 2002 zeigt sich der Perseus, nach einem mehrjährigen „restauro" von der dicken, schwarzen Patina befreit.

Nach der Autobiographie *Cellinis* lassen sich die näheren Umstände bei der Gestaltung des „Perseus" folgendermaßen beschreiben: Cellini hatte zuvor am französischen Hof gearbeitet und kam, von Heimweh getrieben, nach Florenz zurück. Bei den anderen Künstlern der Stadt fand er keinerlei Unterstützung, da er als Fürstengünstling galt. Kein Mensch traute Cellini das technisch äußerst schwierige Werk zu. Probleme ergaben sich besonders wegen der weit auseinander gezogenen Arme und Beine der Skulptur, denn dadurch konnten sich beim Guss leicht Luftblasen bilden. Als die Form endlich zum Guss fertig war und der Schmelzofen glühte, bekam der Künstler hohes Fieber und musste sich ins Bett legen. Seine Gesellen übernahmen die Verantwortung und vollendeten das Werk. Der Guss gelang, und Cellini war unversehens genesen.

Die Loggia dei Lanzi

Palazzo Vecchio

Das Rathaus. Hier wohnten zur Zeit der Florentiner Zunftdemokratie die zwölf Stadtoberen, die jeweils für 60 Tage gewählt wurden. Während ihrer kurzen Amtszeit mussten sie gemeinsam im Palast leben und durften ihn nur zur Erledigung ihrer Amtsgeschäfte verlassen. Auf diese Weise wollte man eine Einflussnahme von außen so weit wie möglich verhindern.

Der große, rechteckige Bau mit gotischen Fenstern und mittelalterlicher Brüstung entstand zwischen 1298 und 1314 und soll auf einen Entwurf *Arnolfo di Cambios* zurückgehen, der auch als erster Baumeister des Doms gilt. Bis 1588 wurde der Palast in mehreren Etappen erweitert. Nach der Zeit der zunftdemokratischen „Wohngemeinschaften" war der Palazzo Sitz *Cosimos I.* und weiterer Medici. Die Bezeichnung „vecchio" (alt) erhielt er erst, nachdem die Großherzöge in den neuen Herzogspalast, den Palazzo Pitti, umgezogen waren.

Innenhof: Auch wenn der Palazzo von außen sehr schlicht wirkt – im Inneren ist er äußerst aufwendig und prunkvoll gestaltet. Man betritt zunächst einen Innenhof mit Säulengang, geschmückt mit Fresken und Stuckarbeiten. Der Brunnen geht auf einen Entwurf *Vasaris* zurück. Der leichtfüßige Bronzeputto, der über dem Brunnen zu schweben scheint, ist eine Nachbildung des Originals von *Verrocchio*, das sich heute auf der Juno-Terrasse im Inneren des Palastes befindet.

An den Innenhof grenzt der einzige Raum, der aus der Erbauerzeit noch unversehrt erhalten ist: der Waffensaal, der häufig für wechselnde Ausstellungen geöffnet ist. Der Freskenschmuck des Saals stammt von *Vasari*.

Erster Stock: Die berühmteste Räumlichkeit im ersten Stock ist der „Saal der Fünfhundert". Ursprünglich waren *Michelangelo* und *Leonardo da Vinci* damit beauftragt worden, die Saalwände mit Fresken über die beiden Schlachten der Republik auszuschmücken (Schlacht von Cascina, 1364, und Schlacht von Anghiari, 1440). Keines dieser Projekte wurde jedoch realisiert. Von Leonardo weiß man, dass er die Arbeiten aufgeben musste, weil ihm beim Ausprobieren einer neuen Freskotechnik die Farben an der Wand zerrannen. Michelangelo hat nur die vorbereitenden „Kartons" hinterlassen, die Entwurfzeichnungen in Originalgröße, nach denen man das Fresko auf die Wand übertrug. Immerhin ist sein Werk „Genius des Sieges" zu sehen, die Statue eines Jünglings, der einen Riesen bezwingt (1533–34 für das geplante Grabmal von Papst Julius II. gefertigt, seit 1980 im „Saal der Fünfhundert"). Daneben steht eine ganze Serie von Herkules-Statuen, die amüsanteste vielleicht „Herkules und Diomedes" von *Vincenzo de Rossi*: Diomedes geht dem griechischen Helden recht handgreiflich ans Gemächt.
Vom „Saal der Fünfhundert" gelangt man ins „Studiolo", das Studierzimmerchen Francescos I. Wände und Decken sind dicht an dicht mit farbenprächtigen Gemälden überzogen. Gegenüber liegt der Eingang zu den großherzoglichen Gemächern, den sog. „Quartieri". Jeder Saal im „Quartiere Leone X", nach dem Medici-Papst Leo X. benannt, ist einem berühmten Mitglied der Familie gewidmet (zugänglich sind allerdings nur die ersten drei).

Zweiter Stock: Hier sind zahlreiche Räume zu besichtigen, u. a. der „Saal der Elemente", dessen Ausschmückung unverkennbar von *Vasari* stammt. Der prunkvolle „Audienzsaal" ist mit großflächigen Schlachtenfresken versehen. Gleich daneben liegt der „Liliensaal", dessen Längswände mit goldenen Lilien auf blauem Grund

Von Tarnkappen, geflügelten Rössern und der schönen Andromeda

Die grausig-schöne Geschichte von *Perseus dem Medusentöter* geht zurück auf die alten Griechen: Perseus, ein gut aussehender und tapferer Jüngling, zog aus, die schreckliche Medusa zu töten, die mit ihren zwei Schwestern am Ende der Welt hauste. Glücklicherweise traf er unterwegs die Nymphen, die ihm einen Reisesack, Flügelschuhe, mit denen er fliegen konnte, und eine Tarnkappe schenkten.
Am Wasserring, der die Welt begrenzt, angelangt, traf er auf die drei schrecklichen Schwestern. Sie schliefen gerade und boten einen furchterregenden Anblick: auf dem Kopf Schlangen statt Haare, Hauer im Mund wie bei Wildschweinen und dazu riesige goldene Flügel!
Medusa hatte jedoch eine Schwäche: Sie war sterblich. Vorsichtig tastete sich Perseus an die Schlafenden heran, den Kopf immer abgewendet, denn jeder, der dem Ungeheuer in die Augen sah, erstarrte sofort zu Stein!
Durchaus clever hielt Perseus seinen Schild so, dass er nur das Spiegelbild der Schwestern darin sah. Dann schlug er mit einem gewaltigen Streich Medusa das Haupt ab. Ein dicker Strahl dunkelroten Blutes sprang aus dem Leib hervor. Außerdem erschien Pegasus, das geflügelte Ross der Dichter, das in Medusas Leib gefangen gewesen war.
Mit schrecklichem Geheul stürzten sich Medusas Schwestern jetzt auf Perseus. Der aber steckte das abgeschlagene Haupt schnell in seinen Sack, setzte die Tarnkappe auf, die ihn unsichtbar machte, und flog mit den Flügelschuhen davon. Die zwei Ungeheuer jagten tobend hinterher, aber sie konnten ihn nicht sehen, und so gelang dem Jüngling die Flucht ...
Auf dem Heimweg leistete das Haupt der Medusa dem wackeren Perseus noch viele gute Dienste, denn jeder, der es ansah, wurde sofort zu Stein, unter anderem auch der Riese *Atlas:* Sein ungeheurer Körper fiel der Länge nach hin und verwandelte sich in ein Gebirge. Seine Glieder wurden zu Berggipfeln, das Haupt- und Barthaar zu endlosen Wäldern. Später stieß Perseus auf die schöne *Andromeda*, die er, ohne zu zögern, ehelichte. Doch prompt wurde die brave Hochzeitsgesellschaft Opfer einer gedungenen Mörderschar. Alles schien schon verloren, doch Perseus behielt einen klaren Kopf und rief: „Wer mein Freund ist, wende sein Haupt ab!" Die Angreifer lachten darüber, Perseus aber zog das Medusenhaupt aus der Tasche, und alle, die es sahen ...
Darauf lebten Perseus und seine Frau noch viele Jahre glücklich zusammen, bis sie nach ihrem Tod von den Göttern zu den Sternen erhoben wurden. So sind noch heute am Nachthimmel direkt neben der Kassiopeia zwei weitere Sternbilder zu sehen: Perseus mit dem geheimnisvollen Stern Algel (Vorsicht: Er soll das Haupt der Medusa sein!) und Andromeda.

Florenz Karte Umschlag hinten

Eintrittspreise und Kartenvorverkauf für die großen Museen

Der Besuch einiger interessanter Gebäude und Ausstellungen addiert sich leicht auf 40 € : 6,50 € für die Domkuppel, 6,50 € für die Uffizien, 4 € für den Bargello, 6 € für die Medici-Kapellen, 6 € für den Palazzo Vecchio, 6,50 für die Galleria dell´Accademia etc.

(C) – City-Museen: Kostenloser Eintritt für Kinder bis zu 12 J. in Begleitung Erwachsener (bitte unbedingt Kinderausweis bereithalten!) und Preisnachlass von 25 % für EU-Jugendliche bis zu 21 und EU-Senioren über 60 J. Bei Erwerb des sog. *Carnets* erhält man den offiziellen Museen-Führer der Stadt und einen Preisnachlass von 50 % auf alle städtischen (im Text sind sie mit einem **C** markiert) und einige nichtstädtische Museen. Die Karte ist ein Jahr lang gültig.

(S) – Staatliche Museen: Der Eintritt für Jugendliche unter 18 (Kinderausweis!) und Senioren über 65 J. (Reisepass oder Personalausweis!) ist kostenlos, vorausgesetzt sie sind EU-Bürger. Nur die Hälfte zahlen 18-25-jährige EU-Bürger. Kinder unter 12 dürfen nur in Begleitung Erwachsener rein (im Text sind die Museen mit einem **S** markiert). ⌚ in der Regel tägl. außer Mo 8.15–18.50. Ausnahmen sind in den Texten über die einzelnen Museen aufgeführt.

Telefon- und Online-Reservierung für die 13 wichtigsten staatlichen Museen: In der Saison ist es inzwischen nahezu unmöglich geworden, ohne Voranmeldung eine Eintrittskarte zu ergattern. Die Warteschlangen sind bis zu 200-300 Meter lang. Nach telefonischer Anfrage unter ✆ **055-294883** (⌚ Mo-Fr 8.30-18.30, Sa 8.30-12.30) wird jedem Interessenten zunächst eine Buchungsnummer zum Vorverkaufspreis von 3 € zugeteilt. (Für Sonderausstellungen wird auch die Telefonnummer 055-2654321 freigeschaltet.) Erst mit dieser Buchungsnummer erhält man bei einer der Kartenvorverkaufsstellen *(Biglietteria di prenotazioni)* seine Eintrittskarte und kann ohne Wartezeit (die bis zu 4 Stunden betragen kann) rein. Die entsprechenden Stellen befinden sich links neben dem Eingang zu den Uffizien, im Vestibül des Palazzo Pitti (Hauptstelle, größere Gruppen nur dort) und in der Galleria dell'Accademia. Geöffnet haben diese Vorverkaufsstellen wie die jeweils angeschlossenen Museen. Möglich ist eine Reservierung über die Website www.weekendafirenze.com. Der von *Vasari* im 16. Jh. entworfene u-förmige Palastbau liegt am rechten Arno-Ufer. Hier waren die wichtigsten Verwaltungsämter (ital. *ufficio*) des Stadtstaates untergebracht. Noch im selben Jahrhundert gründete Francesco I. im zweiten Stock des Gebäudes eine Galerie. Seine Nachfahren machten es sich zur Herzenssache, die Sammlung zu vergrößern. So entstand eine der berühmtesten Gemäldegalerien der Welt.

verziert sind. An der Stirnwand sieht man Fresken von *Domenico Ghirlandaio*. Hier steht auch die zierliche Judithfigur von *Donatello*. In der Rechten hält sie drohend das Schwert, mit der Linken packt sie Holofernes an den Haaren, um ihm die Kehle durchzuschneiden. Auch das „Quartiere di Eleonora“ mit den Privatgemächern der spanischen Gemahlin Cosimos I. liegt im zweiten Stock. Im „Geographiesaal“ kann man sich dem Studium alter Landkarten von Grönland bis zum Bosporus hingeben.

Im nicht mehr zu besichtigenden Palastturm verbirgt sich das sog. „Alberghettino“, eine Zelle, in der zeitweilig Cosimo Il Vecchio und auch Savonarola gefangen gehalten wurden.

⌚ Do und Feiertage 9–14 Uhr, sonst 9–19 Uhr, Eintritt 6 € **(C)**.

Museo di Ragazzi: So heißt eine Abteilung im Palazzo Vecchio, die Kindern die Renaissancezeit auf spannende Weise näher bringen soll. Führungen und Veranstaltungen (auch in englischer Sprache) müssen im Voraus gebucht werden (✆ 055-2768224; 📠 055-2768558, www.museoragazzi.it).

Die Uffizien am Arnoufer

Karte Umschlag hinten

Uffizien

(Palazzo degli Uffizi)

Die Uffizien, das „Museum der Superlative“, wird gerne in einem Atemzug mit dem Louvre und dem Prado genannt. Hier sind derart viele Kunstwerke ausgestellt, dass man mit einer genauen Beschreibung ganze Bücher füllen könnte. Wer keine gezielten Interessenschwerpunkte hat, läuft Gefahr, sich zu verzetteln. Seit März 2004 haben fünf neue Säle im 1. Stock geöffnet, mit Bildern von Caravaggio und seiner Schule. Dadurch wurde mehr Raum für eine lockere Platzierung im zweiten Stock geschaffen.

Auch die Barockmalerin Artemisia Gentileschi zog zuletzt um: in den berühmten Vasari-Korridor, der die Uffizien oberirdisch mit dem Palazzo Pitti verbindet. Weitere Änderungen sind geplant, um die Uffizien, wie es offiziell heißt, „an die Erfordernisse der modernen Kunstpräsentation anzupassen“.

Mit dem Tod der letzten Medici, der Kurfürstin Anna Maria Luisa, ging die ursprüngliche Privatsammlung im Jahr 1737 als Geschenk vollständig in den Besitz der Stadt Florenz über. 1765 wurde sie der Öffentlichkeit zugänglich gemacht. Den Schwerpunkt der Sammlung bilden Werke der Florentiner und der Toscanischen Schule aus dem 13.–16. Jh.

Ⓞ Di–So 8.15–18.50 Uhr. Eintritt 6,50 € **(S)**.

Rundgang durch die Uffizien

Die Kirche San Pier Scheraggio (neben dem Eingangsraum): Die 1068 eingeweihte Kirche ist kaum mehr als solche zu erkennen. Schon vor *Vasari* riss man das linke Seitenschiff ab, später wurde der Rest der Kirche in die Uffizien eingegliedert. Restaurierungsarbeiten förderten römisches Mauerwerk mit Fresken zu Tage.

Heute kann man hier die fast lebensgroßen Porträts berühmter zeitgenössischer Persönlichkeiten bewundern, die *Andrea del Castagno* für die Medici-Villa Carducci gemalt hat (u. a. die Bildnisse Boccaccios und Petrarcas).

Kabinett für Zeichnungen und Drucke im 1. Stock (Gabinetto dei Disegni e delle Stampe): Im ehemaligen Theaterraum der Medici sind Zeichnungen und Entwürfe großer Meister wie *Leonardo da Vinci, Michelangelo* und *Raffael* aufbewahrt, die aber nur zu Studienzwecken einzusehen sind. Der Öffentlichkeit ist der Saal nur bei Sonderausstellungen zugänglich.

Die Skulpturensammlung und die drei Korridore: Die Medici sammelten mit Leidenschaft antike und zeitgenössische Skulpturen. Die heute in den Uffizien noch vorhandenen Werke sind hauptsächlich in den Korridoren des Palastes ausgestellt.

Die drei Korridore mit ihren Fensterreihen und ihrer großzügigen Bauweise wirken sehr elegant. Die Decken zieren Fresken aus dem 16. Jh. Das dichte Netz farbenfroher Pflanzen- und Tiermotive wurde unter Anleitung *Alessandro Alloris* gemalt.

Saal **1 (Sala archeologica)**: Er enthält als Einziger Werke aus der Antike. Wenig spektakulär, vornehmlich Kopien hellenistischer Statuen.

Saal **2 (Duecento- und Giotto-Saal)**: An zentraler Stelle ist die „Thronende Muttergottes" von *Giotto* (um 1310) ausgestellt. An den Nebenwänden sieht man Madonnendarstellungen aus dem späten 13. Jh. Die „Madonna Santa Trinità" von *Cimabue* ist noch ganz der byzantinischen Malerei verhaftet, während in *Duccios* „Madonna Rucellai" bereits erste gotische Stilelemente auftauchen.

Saal **3 (Saal des sienesischen Trecento)**: Die sienesische Kunst des beginnenden 14. Jh. ist charakterisiert durch ihre Lieblichkeit. *Simone Martinis* „Verkündigung" lässt den strengen Bildaufbau vermissen, der die früheren Jahrhunderte geprägt hatte. Maria fährt erschreckt zusammen, als sie die Worte des Engels hört. *Ambrogio Lorenzetti* ist mit dem restaurierten Gemälde „Darbringung Jesu im Tempel" vertreten, auf dem das Jesus-Kind unbekümmert am Finger lutscht.

Saal **4 (Saal des florentinischen Trecento)**: Die florentinische Kunst der ersten Hälfte des 14. Jh. stand unter direktem Einfluss *Giottos*. Die Perspektivtechnik des großen Künstlers ist im Altarbild des *Meisters der hl. Cäcilie*, eines bisher nicht identifizierten Schülers von *Giotto*, gut erkennbar. Von *Giottino* stammt die „Beweinung Christi", eine Pietà, in der Schmerz und Trauer lebensnah zum Ausdruck kommen. Die einzelnen Figuren sind vor dem goldenen Hintergrund kontrastreich voneinander abgesetzt. Zwei Gestalten wohnen dem Ereignis beobachtend bei: eine Benediktinernonne und eine prächtig gekleidete junge Frau, vermutlich die Porträts von Zeitgenossen *Giottinos*.

Saal **5/6 (Saal der Spätgotik)**: Die Spätgotik gilt als Fortsetzung der alten Malweise, in der Größenverhältnisse und perspektivische Anordnung noch eine untergeordnete Rolle spielten. Besonders zu beachten ist die prunkvoll mit Gold und Stuck ausgestattete „Anbetung der Könige" von *Gentile da Fabriano*.

Saal **7 (Saal der Frührenaissance)**: In der Mitte des 15. Jh. konnten die humanistischen Ideen auch die Malerei erobern. Entsprechend änderten sich z. T. die Bildmotive, aber auch die Darstellungstechniken (Komposition, Perspektive etc.). Zu sehen sind u. a. die „Anna selbdritt" (Anna, Maria und Jesus), eine Gemeinschaftsarbeit von *Masolino* und seinem damals 23-jährigen Schüler *Masaccio*, der als Vater der Renaissance-Malerei gilt. Die leuchtende Muttergottesfigur und das kräftige Kind werden ihm zugeschrieben, während die heilige Anna von *Masolinos* Hand stammt.

Saal **8 (Saal Filippo Lippis)**: Vermutlich wegen seiner Schwäche für weibliche Reize malte *Fra Filippo* die schönsten Marien-Darstellungen. Die zarte Sinnlichkeit seiner Madonnen weist auf ein anbre-

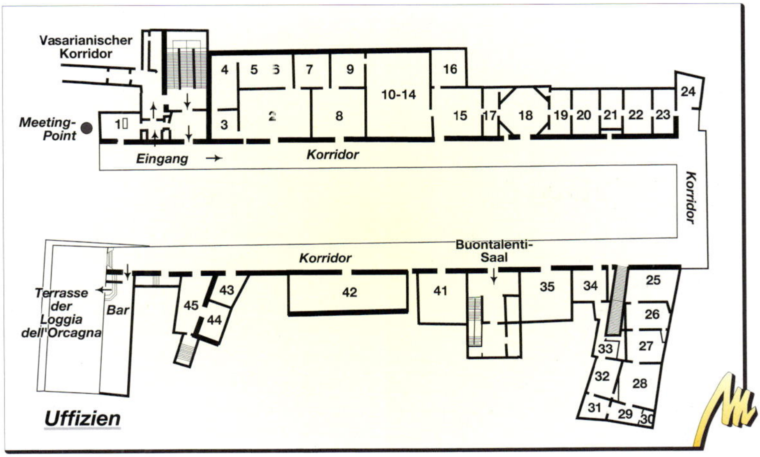

chendes „heidnisch-frohes“ Zeitalter hin. Auf dem Gemälde „Krönung Mariä“ hat sich der Künstler wahrscheinlich selbst dargestellt: der wohlgenährte Mönch links an der Balustrade, der, den Kopf auf die Hand gestützt, etwas gelangweilt aus dem Bild schaut, trägt seine Gesichtszüge. Das bekannteste Werk *Lippis*, die „Madonna mit Kind und zwei Engeln“, ist ebenfalls hier zu sehen. In der anmutigen Gestalt der Maria meint man die skandalumwitterte Geliebte des Künstlers, Lucrezia Buti, zu erkennen.

Saal **9 (Saal der Pollaiuolos)**: *Antonio Pollaiuolo* war wegen seiner Gold-, Silber- und Bronzearbeiten in den 60er Jahren des 15. Jh. der Lieblingskünstler der wohlhabenden florentinischen Auftraggeber. Neben seinen eigenen Gemälden, darunter auch Jugendwerke, werden sechs Bildnisse der Tugenden gezeigt, die von seinem Bruder *Piero* stammen. Die Darstellung der siebten Tugend, der Stärke, stammt von *Botticelli*.

Saal **10–14 (Botticelli-Saal)**: Mit seiner sanft-erotischen Malweise prägte *Botticelli* das 15. Jh. Er malte mit Vorliebe gut aussehende Frauen mit schmalen Gesichtern. Weltberühmt sind seine „Allegorie des Frühlings“ und die „Geburt der Venus“. Diese Venus lebte wirklich, hieß Simonetta Vespucci, war stadtbekannt und sehr begehrt, starb aber schon in jungen Jahren an Tuberkulose.

Saal **15 (Leonardo-Saal)**: In diesem Raum sind neben zwei Bildern *Leonardo da Vincis* auch Werke anderer Künstler zu sehen, die in *Verrocchios* Werkstatt tätig waren. Die „Taufe Christi“ stammt von *Verrocchio* selbst, mit Ausnahme des linken Engels und der dunstigen Landschaft, die *Leonardo* als Schüler gemalt hat. Auch in der „Verkündigung“ ist der Einfluss seines Meisters noch sehr bestimmend, während die unvollendet gebliebene „Anbetung der Könige“ bereits den individuellen Stil *Leonardos* zeigt.

Saal **16 (Saal der Landkarten)**: War ursprünglich eine offene Loggia, die später geschlossen wurde. An den Wänden Fresken von *Ludovico Buti* (nach Zeichnungen des Kartographen *Stefano Bonsignori*).

Saal **17 (Saal des Hermaphroditen)**: Ursprünglich wurden hier wissenschaftliche Geräte gesammelt. Die Grotesken lassen noch verschiedene Instrumente erkennen. Die Hauptsehenswürdigkeit dieses Saals sind jedoch die römischen Marmorskulpturen „Liegender Hermaphrodit“ sowie „Amor und Psyche“.

Karte Umschlag hinten

Frau Herzog von Urbino (v. Piero della Francesca, beide Gemälde im Saal 7)

Saal **18 (Tribuna)**: Der reich geschmückte, achteckige Raum war für die Meisterwerke aus der Sammlung der Medici gedacht und wurde dafür eigens beim Hofarchitekten *Buontalenti* in Auftrag gegeben. Unter den Statuen befindet sich die berühmte „Mediceische Venus“, an die Napoleon sein Herz verloren hatte und die er deshalb nach Paris entführte. An den Wänden Arbeiten von *Pontormo, Rosso Fiorentino, Bronzino, Vasari.* u. a.

Saal **19 (Saal Peruginos und Signorellis)**: *Perugino,* umbrischer Herkunft, lernte u. a. in der Werkstatt *Verrocchios.* Seine Fresken, insbesondere die bekannte Szene mit der „Schlüsselübergabe“ in der Sixtinischen Kapelle in Rom, übten einen entscheidenden Einfluss auf die Entwicklung *Raffaels* aus. Seine Porträts, darunter das hier zu sehende Bildnis des Francesco delle Opere, zeugen von seiner Auseinandersetzung mit der niederländischen Kunst. Auch *Signorelli,* der bekannte Schöpfer drastischer Weltuntergangsszenen (z. B. in Orvieto), ist hier mit einigen Rundbildern vertreten.

Saal **20 (Saal Dürers und der Deutschen)**: In diesem Saal sind Werke von *Dürer, Cranach* und anderen deutschen und flämischen Meistern des 15. und 16. Jh. ausgestellt. Man kann „Adam und Eva“ in den Versionen von *Dürer* und *Cranach* vergleichen oder *Dürers* Radierung „Großer Kalvarienberg“ mit dem gleichnamigen Gemälde von *Jan Breughel.*

Saal **21 (Saal Giovanni Bellinis und Giorgiones)**: Hier sind Werke der bekannten venezianischen Renaissance-Maler *Bellini* und *Giorgione* ausgestellt, z. B. *Bellinis* „Allegorie“. Seine Heiligengestalten inmitten einer magisch wirkenden Landschaft haben recht Menschliches an sich.

Saal **22 (Saal der niederländischen und deutschen Meister)**: Zu sehen sind Werke deutscher und niederländischer Meister des 15. und 16 Jh., u. a. ein Selbstbildnis *Hans Holbeins d. J.* sowie zahlreiche Porträts von *Hans Memling.*

Saal **23 (Saal Correggios und Mantegnas)**: *Antonio da Allegri,* den man nach seinem Heimatort *Correggio* nannte, ist ein Meister der Licht- und Schatteneffekte, seine Gestalten scheinen aus Fleisch und Blut. Außerdem sind Werke des norditalienischen Malers *Andrea Mantegna* ausgestellt (15. Jh.).

Saal **24 (Saal der Miniaturen)**: Miniaturensammlung der großherzoglichen Familie.

Saal **25 (Saal Michelangelos und der Florentiner)**: In diesem Saal ist das einzige gesicherte Tafelbild *Michelangelos* zu sehen. Der berühmte Tondo mit der Darstellung der heiligen Familie ist in Aufbau und Bewegung seiner Figuren ein revolutionäres Werk.

Saal **26 (Saal Raffaels und Andrea del Sartos)**: Neben *Raffaels* „Madonna mit dem Stieglitz“ sind ein Selbstbildnis des Meisters sowie Porträts der Päpste Julius II. und Leo X., Letzterer mit seinen Kardinälen, zu sehen. Für das Bild „Die Harpyien-Madonna“ von *Andrea del Sarto* stand dessen Frau Lucrezia del Fede Modell.

Saal 27 (Saal Pontormos und Rosso Fiorentinos): Mit Werken der Schüler *Andrea del Sartos. Pontormo* malte Fresken, die sogar bei Michelangelo Bewunderung auslösten. Seinen Gemälden fehlt jedoch die Weichheit und Harmonie, die Figuren sind von Unruhe und gespannter Haltung gekennzeichnet. *Rosso Fiorentino* gilt als der Begründer des florentinischen Manierismus. Seine Gemälde zeichnen sich durch grelle Farben und einen kühnen, von heftiger Bewegung gekennzeichneten Bildaufbau aus.

Saal 28 (Saal Tizians und Sebastiano del Piombos): Der Saal der venezianischen Renaissance mit ihrem großen Porträtisten *Tizian,* von dem u. a. die berühmte „Venus von Urbino" stammt, ein Frauenakt ohne jegliche Pose. *Sebastiano del Piombo,* ein weiterer Vertreter der venezianischen Schule, ist u. a. mit dem Gemälde „Tod des Adonis" vertreten, das beim Bombenattentat von 1993 (s. Kasten weiter unten) stark beschädigt und unmittelbar darauf restauriert wurde.

Saal 29 (Saal Parmigianinos und Dosso Dossis): Hier ist u. a. die „Madonna mit dem langen Hals" ausgestellt, eines der letzten Werke des berühmten Manieristen *Parmigianino,* das nach seinem frühen Tod (mit 37 Jahren) in seiner Werkstatt gefunden wurde. Rechts neben dem hl. Hieronymus ist ein herrenloser Fuß zu erkennen: Offensichtlich sollte an dieser Stelle noch eine andere Figur erscheinen, mit der Hieronymus im Zwiegespräch steht. *Dosso Dossi* ist mit seiner „Allegorie des Herkules" vertreten (auch „Liebeszauber" genannt).

Saal 30 (Kabinett der emilianischen Meister des 16. Jh.): Werke von Künstlern aus Ferrara, u. a. von *Mazzolino.*

Saal 31 (Veronese-Saal): *Paolo Veronese* ist als Meister spektakulärer Inszenierungen voller Leuchtkraft und Farbenpracht bekannt. Nicht von ungefähr geriet er wegen einer nicht unbedingt ehrerbietenden Abendmahl-Darstellung in die Mühlen der Inquisition.

Herr Herzog von Urbino (rechtes Auge und Nasenwurzel beim Ritterspiel verloren)

Saal 32 (Saal Bassanos und Tintorettos): *Iacopo Robusti* war der Sohn eines Färbers, daher sein Spitzname *Tintoretto* (Färberlein). Kolportiert wird, dass *Tizian* ihn nach gerade einmal drei Tagen Lehrzeit wieder entließ, weil er in ihm einen großen Konkurrenten heranwachsen sah. Seine „Leda mit dem Schwan" braucht in der Tat keine Kritik zu fürchten!

Saal 33 (Korridor des 16. Jh.): Manieristische Werke verschiedener Schulen und Künstler dekorieren die Wände des Durchgangsraums, u. a. „Die Schmiede des Vulkans", ein Gemälde von *Vasari.*

Saal 34 (Saal der lombardischen Meister des 16. Jh.): Besonders hervorstechend ist die „Susanna im Bade" von *Lorenzo Lotto,* die durch ihre für dieses Sujet unübliche Darstellungsweise überrascht. Auch Werke des großen Porträtisten *Moroni* sind in diesem Saal zu sehen.

Saal 35 (Saal Baroccis und der toscanischen Gegenreformation): *Federico Ba-*

Florenz
Karte Umschlag hinten

Der Bombenanschlag vom 27. Mai 1993

Der 27. Mai 1993 wird als schwarzer Tag in die Annalen der Uffizien eingehen: Bei einem Anschlag wurden 90 Kunstwerke beschädigt, drei davon vollständig und irreparabel. Einige Räume sind seitdem noch immer verschlossen. Zumindest hat man mit Giovanni Brusca inzwischen den Täter gefasst. Durch ein umfassendes Geständnis hofft er auf Strafmilderung. Allerdings spricht einiges dagegen, denn auf Bruscas Rechnung gehen noch weitere brutale Straftaten: So erwürgte er ein 11-jähriges Entführungsopfer und löste die Leiche in einem Salzsäurebad auf. Außerdem war er einer der Drahtzieher des Bombenattentates auf Richter Falcone.

rocci aus Urbino verwendete bereits Elemente, die das Barockzeitalter ankündigten. Seine revolutionäre „Madonna des Volkes" lockte viele zeitgenössische Künstler herbei, deren Werke zum Teil ebenfalls in diesem Saal zu sehen sind (u. a. *Cigoli, Santi di Tito* und *Alessandro Allori*).

Saal **41 (Rubens-Saal)**: Hier werden nach ihrer Restaurierung wieder die beiden großen Leinwände mit Szenen aus dem Leben Heinrichs IV. zu sehen sein. Auch das Porträt Isabelle Brandts, der ersten Frau von *Rubens,* hat hier seinen angestammten Platz. Höchstwahrscheinlich wird in diesem Saal auch *El Grecos* „Der Evangelist Johannes und der hl. Franziskus" ausgestellt werden.

Saal **42 (Saal der Niobe)**: Benannt nach der antiken Skulpturengruppe, die 1583 in einem römischen Weinberg gefunden wurde. Kardinal Ferdinand de' Medici kaufte sie und ließ sie in der Villa Medici in Rom aufstellen. Erst 1770 kam sie auf Betreiben des Großherzogs Pietro Leopoldo in die Uffizien. Beim Bombenanschlag von 1993 wurde sie schwer beschädigt und erst vor kurzem wieder in dem eigens für sie konzipierten Raum aufgestellt.

Saal **43 (Caravaggio-Saal)**: Wie bei der Bearbeitung seiner mythologischen Themen („Bacchus", „Medusa") zeichnet sich *Caravaggio* auch in der Darstellung biblischer Szenen durch genaue Beobachtung und erstaunliche Licht- und Schatteneffekte aus („Die Opferung Isaaks").

Saal **44 (Rembrandt-Saal)**: Werke nordeuropäischer Maler des 17. Jh. Von *Rembrandt* sind Selbstbildnisse aus seiner Jugend und einige Alterswerke ausgestellt.

Saal **45 (Saal der Malerei des 18. Jh.)**: Wie im Vasarischen Korridor dominieren auch hier Gemälde von italienischen und französischen Malern.

Der Vasarische Korridor: Der etwa eineinhalb Kilometer lange Korridor, der inzwischen wieder nach Voranmeldung zugänglich ist, verbindet die Uffizien überirdisch mit dem Palazzo Pitti. Gebaut wurde er unter Cosimo I., der damit inmitten des städtischen Trubels einen ruhigen Weg zwischen Regierungspalast und Residenz schaffen wollte. Die Idee, diesen Weg mit Kunstwerken auszuschmücken und ihn dadurch etwas kurzweiliger zu gestalten, machte den Vasarischen Korridor zu einer der frühesten Kunstgalerien.

Über 700 Arbeiten aus dem 17.–20. Jh. von Künstlern verschiedener Nationen sind im Korridor untergebracht, darunter eine Reihe von Selbstbildnissen, u. a. auch von *Chagall.* Zahlreiche Fenster bieten dem Besucher einzigartige Ausblicke.

Ⓘ Jährlich veränderte Öffnungsmodalitäten: meist 15. Mai bis Dezember 2 bis 3 Tage pro Woche geöffnet.

Kirchenschiff im Häusermeer

Dom

(Duomo di Santa Maria del Fiore)

Das Wahrzeichen der Stadt und die viertgrößte Kirche der christlichen Welt. Bis zum 14. Jh. war der innen relativ nüchtern gehaltene Bau Versammlungsort des Stadtparlaments. Mit seinen gewaltigen Ausmaßen – 153 m lang und 38 m breit – bietet er heute 4000 bis 5000 Menschen Platz. Trotzdem ist er wesentlich kleiner ausgefallen als zu Baubeginn geplant: Ursprünglich sollte der Dom die gesamte Florentiner Bevölkerung aufnehmen können – damals etwa 30.000 Menschen.

Das größte mittelalterliche Kulturereignis war die Predigt. Zu den Predigten Savonarolas z. B. versammelten sich im und vor dem Florentiner Dom bis zu 12.000 Personen. Der Platz vor dem Dom war Ort der Stadtgerichtsbarkeit und der Hauptaltar Tatort einer blutigen Machtintrige gegen die Medici (an der auch der Papst beteiligt war).

Der Bau wurde 1296 von *Arnolfo di Cambio* begonnen und nach dessen Tod von *Francesco Talenti* fortgeführt. *Brunelleschi* vollendete das Werk, indem er die imposante Kuppel aufsetzte. Der Baustil läutet bereits die Renaissance ein. Die Einweihungsfeier fand 1436 statt.

Die heutige, erst zwischen 1875 und 1887 nach dem Entwurf von *Emilio de Fabris* fertig gestellte **Fassade** ist farbenprächtig mit rotem, weißem und grünem Marmor verkleidet. Die Statuen in den Nischen unter dem Tympanon stellen Persönlichkeiten der Dombaugeschichte dar, über den Portalen thronen die Apostel. Weitere biblische Motive finden sich auf den kunstvollen vorderen Portalen.

Im **Inneren** wirkt der Bau ziemlich kahl, vielleicht weil er nicht allein der Lobpreisung Gottes, sondern auch als Versammlungsort diente. Im linken Seitenschiff

Die Finanzierung des Dombaus

Verantwortlich für den Bau war nicht der Bischof, sondern die Stadtverwaltung, die die „Dombauhütte“ *(Opera del Duomo)* ins Leben rief und diese mit der Ausführung betraute. Zeitweise wurden bis zu 8,5 % (!) der Florentiner Steuereinnahmen in den Bau gesteckt. Bei einer Bauzeit von fast 70 Jahren ergaben sich dadurch astronomische Summen. Da auch dies nicht ausreichte, stellte man in den Kaufmannsläden Sammelbüchsen auf und führte eine zusätzliche Erbschaftssteuer ein (unabhängig vom Vermögen drei Fiorini pro Nase).

zeigen zwei gemalte Reiterstandbilder von *Paolo Uccello* und *Andrea del Castagno* zwei berühmte Söldnerführer der Stadtrepublik: den englischen Condottiere John Hawkwood und Niccolò da Tolentino, den Heerführer der Schlacht von San Romano, in der die Florentiner den endgültigen Sieg über die Sieneser errangen. Die dunklen Glasmalereien der Kuppel wurden nach Entwürfen von *Paolo Uccello, Donatello, Andrea del Castagno* und *Ghiberti* gefertigt.

Kuppel: Allein die Kuppel ist 35 m hoch, der gesamte Kuppelbau einschließlich der aufgesetzten Laterne erreicht eine Höhe von 107 m. Innen sind die Kuppelgewölbe mit Fresken bemalt, die das Jüngste Gericht darstellen. Der Kuppelbau wurde schon 1366 vom Stadtrat beschlossen, aber kein Baumeister wagte sich an das monumentale Werk. Erst nach einer Ausschreibung im Jahr 1418 legte *Brunelleschi* seine Pläne auf den Tisch. Die Arbeiten wurden allerdings erst 1436 abgeschlossen.

Savonarola – ein leidenschaftlicher Prediger der Askese

Es lohnt sich unbedingt, die Kuppel hinaufzusteigen, nicht nur wegen der berühmten **Aussichtsplattform**. Interessant ist schon allein die Konstruktion mit den auf verschiedenen Ebenen angeordneten Ziegelsteinen, die dazu dient, die immense Spannung auszugleichen. Der Baumeister ließ für diesen Zweck eine Art „Ur-Porotonziegel“ herstellen: Der Lehm wurde mit Stroh vermischt, das beim Brennen verkohlte und feine Hohlräume verursachte; dadurch wurde viel Gewicht eingespart. Im Zweiten Weltkrieg diente das Labyrinth von Gängen und Treppchen zwischen der inneren und äußeren Kuppelschale einigen hundert Flüchtlingen als Versteck vor den Nazis.

⌚ **Dom**: Mo–Sa 10–17, So und Feiertage 13.30–16.45 Uhr. **Kuppel**: Mo–Fr 8.30–19 Uhr, Sa 9.30–17.40 Uhr (am ersten Sa im Monat und an Feiertagen nur bis 16 Uhr). So geschlossen. Eintritt 6 €.

Der **Campanile** wurde von *Giotto* entworfen, der jedoch vor der Fertigstellung starb. Ursprünglich sollte der Turm 122 m hoch werden, aber schließlich begnügte sich die Bauleitung mit 84 m. Mit seiner Verkleidung aus farbigem Marmor diente er als Vorbild für die Gestaltung der Domfassade.

Links das sechskantige Baptisterium

Einzigartig sind die dekorativen **Flachreliefs** des Glockenturms. Der größte Teil wurde durch Kopien ersetzt, da die Abgase dem Material stark zugesetzt hatten. Die Originale befinden sich heute im Dommuseum. Die untere Reihe der sechseckigen Reliefs stammt von *Andrea Pisano*. Hier werden zum ersten Mal in der Florentiner Baugeschichte die Künste der Handwerker dargestellt. Schließlich kämpften damals die unteren Volksschichten um Beteiligung an der Stadtregierung.

An der Westseite beginnt der Zyklus mit der Erschaffung Adams und Evas (Feldarbeit); es folgen die ersten Viehzüchter, dann Kains Sohn Jubal (Erfinder von Musikinstrumenten) und Tubalkain (der erste Schmied), schließlich Noah, der erste Weinbauer. Die Reliefs zur Kirchenseite stammen von *Luca della Robbia* und wurden erst 100 Jahre später angefertigt. Die rhombenförmigen Reliefs weiter oben stellen die sieben Planeten, die sieben Tugenden und die sieben Sakramente dar. In den Nischen des dritten Geschosses sieht man Propheten-Statuen von *Donatello* und *Nanni di Banco*.

Ⓤ Täglich 8.30–19.30 Uhr, Eintritt 6 €.

Baptisterium *(Battistero di San Giovanni)*

Die Taufkirche, bis ins 19. Jh. die einzige der Stadt, entstand in der zweiten Hälfte des 11. Jh. Eine besondere Sehenswürdigkeit sind die drei Eingangstore mit ihren Bronzereliefs.

Obwohl Dom und Baptisterium so dicht nebeneinander platziert sind, war die Taufkirche ursprünglich die „Hauskapelle" des anliegenden Bischofspalastes; eine Häuserreihe trennte sie vom erst später errichteten Dom.

Die Außenwände des achtseitigen Baus im Vorrenaissance-Stil, der später zu einem der Vorbilder der vorherrschenden Florentiner Architektur wurde, sind mit fünf Zentimeter dicken Platten aus weißem Carrara-Marmor und grünem Prato-Marmor verkleidet. Das Untergeschoss ist mit antikisierenden Wandpfeilern und das Kircheninnere mit alten römischen Säulen besetzt. Unter anderem wegen dieser Säulen hielten die Florentiner das Baptisterium noch bis ins 14. Jh. hinein für einen ursprünglich römischen Tempel.

Die eindrucksvollsten Arbeiten des gesamten Baptisteriums sind sicher die **Bronzetüren**, die zwischen 1330 und 1452 gefertigt wurden:

Südportal: Es stammt von *Andrea Pisano* und zeigt Begebenheiten aus dem Leben Johannes des Täufers. In den unteren acht Feldern symbolisieren Frauengestalten die christlichen Tugenden.

Nordportal: Vom Bauauftrag bis zur Fertigstellung dauerte es 20 Jahre; erst dann konnte *Lorenzo Ghiberti* das Werk abliefern. Auch hier 28 Felder, oben Stationen aus dem Leben Christi, unten die vier Evangelisten und die vier Kirchenväter.

Paradiestor: Während bei den anderen Toren die Motive nur einzeln hervortreten, wirken hier die Reliefs bildhaft komponiert. Dargestellt werden zehn Begebenheiten aus dem Alten Testament – besonders beeindruckend die Opferung Isaaks. Sie ist das Meisterwerk von *Ghiberti*, in dessen Werkstatt auch *Donatello* lernte. Über 25 Jahre benötigte er zum Formen und Gießen der wuchtigen Torflügel mit ihren mehr als hundert Figuren.

Auch ein Selbstbildnis hat Meister *Ghiberti* in sein Werk geschmuggelt: auf der rechten Leiste des linken Flügels inmitten einer Reihe von Seherinnen und Propheten (dritter Kopf von unten).

Wie *Michelangelos* „David" auf der Piazza della Signoria und die *Pisano*-Reliefs des Kampanile ist auch das Paradiestor am Baptisterium eine Kopie.

Im **Inneren** glänzt das Baptisterium mit prachtvollen Mosaiken, die von venezianischen Steinschneidern angefertigt wurden. Phantastisch bis teuflisch wirkt das Deckenmosaik oberhalb der Chornische. Es zeigt einen menschenfressenden Satan; darüber thront Jesus auf einem schillernden Regenbogen. Der Marmorfußboden weist Tierkreiszeichen und orientalische Motive auf.

Das Grabmal des Gegenpapstes Johannes XXIII. (zwischen zwei Säulen) wurde von *Donatello* und *Michelozzo* angefertigt. Johannes XXIII. war vom Konstanzer Konzil abgesetzt worden und hatte danach bei seinem Sponsor Cosimo de' Medici fürstliche Gastfreundschaft gefunden.

🕐 Mo–Sa 12–19 Uhr, So 8.30–14 Uhr, Eintritt 3 €.

Dommuseum *(Museo dell'Opera del Duomo)*

Es steht etwas unauffällig gegenüber der Ostseite des Doms und präsentiert neben Überresten romanischer Architektur eine Reihe von Kunstwerken (u. a. Skulpturen und Reliefs), die aus dem Dom, dem Kampanile und dem Baptisterium entfernt wurden, um ihren Erhalt zu sichern. Das bemerkenswerteste Kunstwerk ist eine „Pietà" *Michelangelos*, die für das eigene Grabmal des Künstlers bestimmt war. Die Skulptur war ursprünglich unvollendet, denn *Michelangelo* hatte sein Werk voller Wut zerstört, als ihm das linke Bein der Christus-Figur beim Meißeln abbrach. Sein Diener verkaufte es, und der spätere Besitzer ließ es von einem Michelangelo-Schüler restaurieren. Der Auslöser für Michelangelos Wutausbruch, das besagte Bein Christi, fehlt freilich immer noch ...

Interessant sind auch die beiden Sängerkanzeln, die früher über den Sakristeitüren des Doms angebracht waren und 1688 anlässlich der Hochzeit Cosimos III. mit Violante von Bayern entfernt wurden. Die eine stammt von *Donatello* und zeichnet sich durch ein Marmorrelief aus, auf dem halbnackte, sich balgende Kinder dargestellt sind. Bei der Kanzel *Luca della Robbias* – seinem bedeutendsten plastischen

Werk – geht es dagegen etwas gesitteter zu: Die kleinen Sänger und Instrumentenspieler illustrieren den 150. Psalm.

Beachtung verdient zweifellos auch die Holzfigur der ausgezehrten, in Lumpen gehüllten Büßerin Maria Magdalena von *Donatello*.

Ein Teil der restaurierten Paradiestür (siehe Baptisterium) hat ebenfalls den Weg ins Dommuseum gefunden.

Ⓞ Mo–Sa 9.30–19.30 Uhr, So 9–13.40 Uhr. Eintritt 6 € **(C)**.

Medici-Kapelle – von aussen eher unscheinbar

Medici-Grabkapellen

Das aufwendige Familiengrab der Medici an der nicht weit vom Dom entfernten Piazza Madonna lohnt einen Besuch schon allein wegen der Werke Michelangelos in der Neuen Sakristei.

In Auftrag gegeben wurde der kuppelförmige Bau auf der Chorseite der **Kirche San Lorenzo** (s. S. 203) von Cosimo I. Doch erst sein Sohn, Ferdinand I., war die treibende Kraft bei der Ausführung.

Man betritt zunächst eine angenehm kühle und schlichte Krypta. In den Boden sind die Grabplatten der weniger bekannten Familienmitglieder eingelassen. Darüber liegt die prunkvolle, mit Marmor und Einlegearbeiten aus Halbedelsteinen ausgestattete **Fürstenkapelle**. Speziell für die Einlegearbeiten, die in ihrer Farbenpracht und absoluten Exaktheit fast wie gemalt wirken, wurde damals eine eigene Steinschneideschule, das *Opificio delle Pietre dure*, ins Leben gerufen, die noch heute existiert. Die riesigen, fast plump wirkenden Sarkophage waren für die Familie Cosimos bestimmt. In den kleinen Kapellen hinter dem Altar sind alte Goldschmiedearbeiten zu bewundern.

In der von *Michelangelo* gestalteten **Neuen Sakristei** drängt sich ständig eine dichte Menschentraube, darunter jede Menge Kunstprofessoren, die ihren versammelten Schülern wortreich

Karte Umschlag hinten
Florenz

Der Innenhof des Bargello

das Werk des Meisters erläutern. Ein Foto nach dem anderen wird geschossen, jeder möchte das Werk des großen *Michelangelo* auf die Platte bekommen. Drei Jahre lang arbeitete er an der Sakristei, ohne sie vollenden zu können.

Die Grabskulpturen sind den beiden Medici Lorenzo und Giuliano gewidmet. Beide haben zu Lebzeiten wenig Bedeutendes vollbracht und sind eigentlich nur durch *Michelangelos* Grabmonumente zu einem gewissen Ruhm gekommen. Rechts die Skulptur Giulianos, der als Feldherr dargestellt ist, links die Skulptur Lorenzos, die den Herzog in nachdenklicher Haltung zeigt. Beiden Skulpturen sind allegorische Liegefiguren beigefügt, die die Charaktereigenschaften der Dargestellten versinnbildlichen sollen.

🕐 Täglich 8.15–17 Uhr, jeden 2. und 4. Sonntag im Monat geschlossen. Eintritt 6 € **(S)**. Piazza Madonna (Kirche San Lorenzo)

Bargello *(Museo Nazionale del Bargello)*

Das weltberühmte Museum für Bildhauerei ist von außen ein schlichter, festungsartiger Bau aus dem 13. Jh., der später immer wieder erweitert wurde. Ursprünglich war er Amts- und Wohnsitz des *Podestà*, des von den Bürgern gewählten Stadtoberhauptes; später tagte hier das Kirchengericht. 1574 zog der Polizeipräsident (im Volksmund *bargello* = „Büttel") in den altehrwürdigen Palast ein und verwandelte ihn in ein Gefängnis mit Folterkammern und Schafott. Damals wurden die Außenmauern des Gebäudes zur Abschreckung mit Schandbildern bemalt; sie zeigten überlebensgroße Hinrichtungsszenen der bekanntesten zeitgenössischen „Volksverräter".

Wer den Bau von außen betrachtet, erwartet kleine Rittersäle und enge Treppenaufgänge. Doch die für den Bargello zuständigen Baumeister der Frührenais-

sance brachten „Weihrauchduft' in den Staatspalast, die riesigen Säle und Bogengänge schaffen fast Kirchenatmosphäre.
Man betritt den Bargello durch einen schönen Innenhof, umgeben von einem Portikus. Hier stehen Statuen aus der Hochrenaissance, darüber eine malerische Loggia.

In den einzelnen Sälen sind Skulpturen (Mittelalter bis zum 16. Jh.) zu sehen, darunter große Werke von *Michelangelo* („Bacchus", „Tondo Pitti", „Brutus" u. a.), *Benvenuto Cellini, Ammannati, Verrocchio* und *Giambologna.*

Im ersten Stock sind Werke von *Donatello* ausgestellt („Heiliger Georg", „David" und „Johannes der Täufer"). Außerdem kann man sich Glas- und Bronzearbeiten, Elfenbeinschnitzereien, Terrakotten, Hieb- und Stichwaffen sowie Werke weniger bekannter Florentiner Künstler anschauen.

⌚ Täglich 8.15–13.50 Uhr, geschlossen am 1., 3. und 5. Sonntag im Monat sowie am 2. und 4. Montag. Eintritt 4 € **(S)**. Via del Proconsolo 4.

Galleria dell'Accademia

Die von Cosimo I. 1562 gegründete Florentiner Kunstakademie beherbergt Gemälde und Skulpturen, die aus der Zeit zwischen dem 13. und 18. Jh. stammen. Darunter sind Werke toscanischer und umbrischer Künstler wie *Botticelli, Fra Bartolomeo, Filippino Lippi, Pontormo* und *Perugino* – aber auch russische Ikonen und die berühmte Hochzeitstruhe „Cassone Adimari". Doch werden sie alle von einem einzigen Werk in den Schatten gestellt, dem viel kopierten „David" von *Michelangelo.* Das 4,10 m hohe Meisterwerk entstand 1501 als Symbol der Demokratie und als Zeichen des (vorübergehenden) Sieges über die Tyrannei der Medici. Der „David" ist seit einem Anschlag auf seinen Fuß nur noch von vorne zu betrachten. Derzeit bekommt David allabendlich nach Schließung der Ausstellung eine „Körperpflege" verpasst; eine Spende in Höhe von 160.000 € soll einen Großteil der anfallenden Kosten tragen.

In der allgemeinen Begeisterung über den vom Licht überfluteten „David" wird häufig übersehen, dass in den Gängen rechts und links noch andere Skulpturen *Michelangelos* ausgestellt sind. Dazu zählen der „Matthäus" sowie die „Sklaven", die nach dem Tod des Künstlers in den Besitz Cosimos I. kamen, der sie in Buontalentis Grotte in den Boboli-Gärten aufstellen ließ; dort befindet sich heute eine wenig überzeugende Nachbildung. Wenn man die „Sklaven" betrachtet, gewinnt man den Eindruck, als versuchten die Figuren vergeblich, sich aus dem Stein zu befreien – offenbar ein Sinnbild dafür, dass die menschliche Existenz an die Materie gebunden ist, aus der es kein Entrinnen gibt.

⌚ Di–Sa 8.15–18.50 Uhr, Mo gesch . Eintritt 6,50 € **(S)**. Via Ricasoli 60.

Ponte Vecchio

Der Ponte Vecchio ist die einzige noch erhaltene mittelalterliche Brücke in Florenz; die übrigen wurden kurz vor dem Ende des Zweiten Weltkriegs von der deutschen Wehrmacht zerstört, um den Vormarsch der alliierten Truppen zu stoppen. Ursprünglich waren hier ausschließlich Florentiner Handwerker mit ihren Verkaufsständen zu finden (vor allem Metzger). Erst im 16. Jh. zogen die Goldschmiede ein. Falls Sie sich über die kleinen Schlösser an dem Gitter der Cellini-Statue wundern: Liebespaare bringen sie dort an und werfen den Schlüssel in den Arno. Das romantische Bekenntnis findet allerdings keine unge-

Florenz
Karte Umschlag hinten

Ponte Vecchio – früher die Brücke der Metzger, heute wird wertvoller Goldschmuck in den Brückengeschäften feilgeboten

teilte Zustimmung. Aus Angst um das Denkmal lässt die Stadtverwaltung die Schlösser alle paar Wochen entfernen ...

Der Bau der Brücken unterlag bis ins 13. Jh. der kirchlichen Verwaltung. Sie musste ebenso wie die Dombaugesellschaft Gästehotels bereitstellen. In den Brückenhotels nächtigten die Kaufleute, während im Domhotel Beamte Unterkunft fanden. Grundstücke waren damals so teuer, dass auf den Brücken Ladenstraßen mit kleinen Buden entstanden. Mietverträge mit 20-jähriger Laufzeit für die Läden sollten die Baukosten abdecken.

Andere Brücken dienten dem Gebet. Dort ließen sich Bettelmönche in kleinen Kabäuschen einmauern und lebten von Essensgeschenken, die durch eine Luke hineingeschoben wurden. Eine Kapelle mit Muttergottesbild half gegen Liebesschmerz; der scheint damals bereits dermaßen verbreitet gewesen zu sein, dass die Bittgeschenke täglich abgeräumt werden mussten, um Platz für neue zu schaffen.

Palazzo Pitti

Der Palast, der so, wie er heute zu sehen ist, erst 1839 fertig gestellt wurde, liegt an der Verlängerung des Ponte Vecchio (auf der südlichen Flussseite). Seine Entstehung verdankt er den überbordenden Repräsentationsbedürfnissen der Patrizierfamilien des 15. Jh. Der reiche Kaufmann Pitti wollte den größten Bau der Stadt schaffen, um mit dem Glanz der Medici konkurrieren zu können. *Brunelleschi* entwarf den mittleren Gebäudeteil im Renaissance-Stil, das Innere prunkt mit aufwendigen Sälen. Doch die Pitti gingen bald Pleite, und so wurde der Palast von den Medici übernommen, die zeitweise hier lebten und herrschten. Heute sind in dem Gebäude mehrere Museen und Galerien untergebracht, deren Beliebtheit von Jahr zu Jahr wächst. Die Menschenschlangen am Eingang werden, vor allem während Sonderschauen, nur noch von denen an den Uffizien übertroffen. Deshalb: Karten unbedingt vorbestellen (siehe Kasten „Eintrittspreise und Kartenvorverkauf", S. 176).

Galleria Palatina: Über 500 von den Medici gesammelte Arbeiten aus verschiedenen Kunstepochen dekorieren die Säle. Eine Ordnung ist nicht auszumachen. Fresken und Bilder hängen von der Decke bis zum Boden dicht beieinander – Kunst statt Tapete. Die Masse erschlägt den Besucher, das Auge findet kaum Halt. Trotzdem sei der Besuch empfohlen, allein schon wegen des guten Einblicks in den verschwenderisch-aufwendigen Lebensstil der Herrscherfamilie. Neben der Privatkapelle der Großherzogin Maria Magdalena von Österreich (Gemahlin Cosimos II.) ist auch ihr Badezimmer zu sehen – ein eher bescheidener Ort inmitten der prunkvollen Räumlichkeiten.

Wer sich Zeit nimmt, findet in der Masse Gemälde von *Raffael, Rubens, Tizian, Caravaggio, Perugino, Fra Bartolomeo, Vasari., Sodoma, Andrea del Sarto, Tintoretto, Luca Signorelli, van Dyck, Velazquez ...*

Galleria dell'Arte Moderna: In der Hauptsache Bilder des Klassizismus (19. Jh.), aber auch des Macchiaiolo-Stils (der Name kommt von ital. *macchia* = Farbklecks) – diesen Künstlern waren alle akademischen Malregeln ein Gräuel.

Silbermuseum: Die riesige Sammlung von Juwelen, Porzellan, Stoffen und Edelsteinen ist in Sälen mit prunkvollen Panoramafresken untergebracht (für manchen Geschmack etwas kitschig).

Palazzo Pitti – mächtige Palastanlage mit einem phantastischen Garten

Der Hofzwerg von Cosimo I. wurde als Brunnenfigur verewigt

Darüber hinaus beherbergt der Palazzo eine Kostümgalerie und ein Porzellanmuseum. Wer Interesse hat, kann sich noch die **Appartamenti Monumentali** anschauen; in den „königlichen Gemächern" wohnten die Medici und eine Zeit lang auch die italienischen Könige.

⌚ **Galleria Palatina**: 8.15–18.50 Uhr, Mo geschlossen. Eintritt 6,50 € **(S)**.

Galleria dell'Arte Moderna und Kostümgalerie: 8.15–13.50 Uhr. Am 2. und 4. Sonntag im Monat sowie am 1., 3. und 5. Montag geschlossen. Eintritt 5 € **(S)**.

Silbermuseum und Porzellanmuseum: 8.15–18.30 Uhr, April/Mai/September bis 19.30; Juni/Juli/August nur bis 16.30; November–Februar bis 17.30 Uhr; März und Oktober 1. und 4. Montag im Monat geschl. Eintritt 7 € **(S)**. Das Ticket gilt auch für die Boboli-Gärten.

Appartamenti Monumentali: 8.15–18.50 Uhr, Mo geschlossen.

Boboli-Gärten

Hinter dem Palazzo Pitti (weiterer Eingang neben der Porta Romana) erstrecken sich die Boboli-Gärten, eine kunstvoll gestaltete Parkanlage. Meterhohe Hecken, in denen Nischen für Büsten und kleine Skulpturen ausgespart sind, unterteilen das weitläufige Gelände. Hier findet man immer ein schattiges Plätzchen. Am besten, man durchstreift die Boboli-Gärten durch die kühlen, überwachsenen Bogengänge seitlich der Hauptwege. Sehenswert ist der *Bacchus-Brunnen* gleich am Eingang hinter dem linken Palastflügel. Das dicke Männchen auf der Schildkröte war der Hofzwerg Cosimos I.

Ein Stück von dieser skurrilen Figur entfernt liegt die *Grotte des Buontalenti*, eine künstliche Tropfsteinhöhle zum Entertainment der Blaublütigen. Hier standen früher die „Sklaven" von *Michelangelo*, die heute durch eine billige Tuffnachbildung ersetzt sind (Original in der Galleria dell'Accademia, s. o.). Im Original zu sehen ist hingegen eine schöne „Venus" von *Giambologna* in der letzten Grotte. Etwas oberhalb trifft man auf einen riesigen Brunnen mit einem verspielten Gärtchen, das von einem breiten Wassergraben umschlossen ist.

Von den oberen Gartenanlagen genießt man einen herrlichen Ausblick auf die Dächer von Florenz.

⌚ 8.15–18.30 Uhr, April/Mai/September bis 19.30; Juni/Juli/August nur bis 16.30; November–Februar bis 17.30 Uhr; März und Oktober 1. und 4. Montag im Monat geschl. Eintritt 7 € **(S)**. Das Ticket berechtigt auch zum Besuch des Porzellan- und Silbermuseums (s. o.).

San Miniato – ein lohnender Spaziergang, mit tollen Ausblick über die Stadt

Karte Umschlag hinten
Florenz

Forte di Belvedere

Die Festung auf einer Hügelkuppe oberhalb des Palazzo Pitti (hinter den Boboli-Gärten) stammt aus der Zeit des ausgehenden 16. Jh. und wurde von *Buontalenti* entworfen.
Hier oben hat man eine tolle Aussicht über die Stadt. In der Festung finden wechselnde Ausstellungen statt (Belvedere dell'Arte, 8 € Eintritt). Ein wenig unterhalb liegt ein nettes Terrassencafé. Hinter dem Forte führt die Via Belvedere an der alten Befestigungsmauer entlang ins Tal zurück. Ein schöner Spazierweg: auf der einen Seite die Festungsmauer mit grünen Büschen und Olivenbäumen, rechts der Straße Gärten. Unten angekommen, führt rechts eine Steintreppe hinauf zum Piazzale Michelangelo.

Piazzale Michelangelo

Der berühmteste Aussichtspunkt von Florenz liegt am grün bewachsenen Berghang. Den riesigen asphaltierten Platz, gesäumt von einer niedrigen Balustrade, ziert eine weitere Kopie von *Michelangelos* „David". Tagsüber werden beim Betrachten der Stadt allerdings wenig romantische Anwandlungen aufkommen, denn dann ist der Platz voll von Reisebussen, Touristen und Souvenirläden. Schöner ist es hier in den Abendstunden.

San Miniato al Monte

Das von Florentiner Liebespärchen gern besuchte Kirchlein liegt mitten im Grünen auf einer Hügelkuppe oberhalb des Piazzale Michelangelo. Auf den Rasenflächen daneben darf man es sich gemütlich machen.

Santa Croce

Die äußerst klare Linienführung der Frontfassade ist typische Florentiner Romanik des 11. Jh., durch die verschiedenfarbige Marmorverkleidung werden hübsche geometrische Muster erzeugt. Im Inneren beeindrucken Freskenmalereien und die feinen Marmorintarsien am Fußboden. Prunkstück ist die Kanzel, eine Filigranarbeit (ebenfalls) in Marmor. Geweiht ist die Kirche dem hl. Miniatus, einem Opfer des Kaisers Decius, der als einer der fanatischsten Christenverfolger in die Geschichte einging. Miniatus starb hier, nachdem er von seiner Hinrichtungsstätte geflohen war und mit seinem Kopf in der Hand den Arno überquert hatte – so jedenfalls erzählt es die Legende.

⌚ Im Sommer Mo–Sa 8.30–19 Uhr, im Winter Mo–Sa 8–12.30 u. 14.30–19.30 Uhr.

Kirchen und Klöster

Neben der Stadt, die den Dom finanzierte, waren die Ordensgemeinschaften die fleißigsten Kirchenbauer. Es entstanden wuchtige Kirchenschiffe in gotischem Stil, die von der schlichten Zisterzienserarchitektur beeinflusst waren.

Santa Croce

Kirche und Ruhmeshalle zugleich. Hier liegen neben *Michelangelo*, *Machiavelli* und *Galilei* noch weitere verdienstvolle Florentiner Bürger begraben.

Santa Croce wurde von den Franziskanern erbaut und ist die an Kunstschätzen reichste Kirche von Florenz. Der Bau der riesigen Hallenkirche (116 m lang) zog sich von 1295 bis 1385 hin. Mitte des 16. Jh. gestaltete *Vasari*. das Kircheninnere drastisch um, ließ den Chor der Patres abreißen und in den Seitenschiffen Marmoraltäre aufstellen – ein heute nicht nachvollziehbarer Fauxpas, dem die gotischen Wandmalereien zum großen Teil zum Opfer fielen. Das, was heute noch in

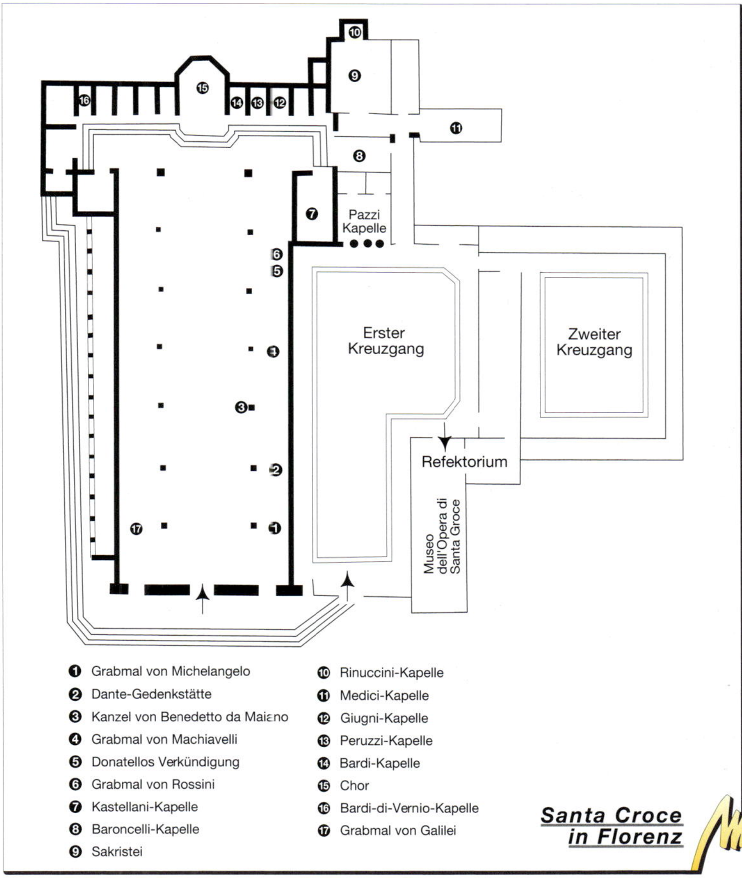

Florenz
Karte Umschlag hinten

den Querhauskapellen an Fresken erhalten ist, vermittelt nur eine Ahnung vom ursprünglichen Bilderschmuck, der vor Vasaris Eingriff alle Kirchenwände überzogen haben muss.

Hauptschiff: Das *Grabmal Michelangelos (1)* ist kaum zu übersehen. Cosimo I. ließ den toten Meister aus Rom in seine Heimatstadt überführen, und *Vasari.* baute die Grabstätte. Auf dem Sarkophag werden die Künste der Malerei, Bildhauerei und Architektur symbolisiert.
Eine Nische weiter wurde im 19. Jh. ein Denkmal für den in Florenz geborenen Dichter *Dante Alighieri (2)* errichtet. Unweit davon steht eine fein skulptierte Marmorkanzel von *Benedetto de Maiano* (15. Jh.) (3) mit fünf Flachreliefs, die aus dem Leben des hl. Franziskus erzählen.

Als Nächstes gelangt man zum *Grabmal Machiavellis (4)*, vor dessen Größe der Verfasser der Inschrift kapitulierte: „Für einen so großen Namen ist kein Lob groß genug“, meint er in lateinischer Sprache.

Ein paar Meter weiter *Donatellos* „Verkündigung“ (5), ein fein bearbeitetes, vergoldetes Sandsteinrelief. Der von Gottvater gesandte Engel verkündet in Demut die wundersme Empfängnis der Gottesmutter. Maria wird von *Donatello* als ein unschuldiges Bauernmädchen dargestellt – ganz im Gegensatz zu den madonnenhaften Bildnissen anderer Meister des 15. Jh.

Gleich daneben liegt der Opernkomponist *Gioacchino Rossini (6)* begraben, kein Florentiner, nicht einmal Toscaner, sondern aus den Marken stammend und in Paris gestorben – aber eben doch ein berühmter Italiener.

An der linken Wand des Längsschiffs, gleich gegenüber dem Michelangelo-Grab, ruht *Galileo Galilei (17)*, dem die Inquisition zweimal den Prozess machte. 100 Jahre später räumte man ihm aber dennoch einen Ehrenplatz in der Kirche ein.

Seitenkapellen im Transept (7): Sie wurden im sachlich-schlichten Baustil der Zisterziensermönche erbaut. Ein Leckerbissen sind sie wegen der zum Teil restaurierten Fresken von *Giotto*, *Gaddi* und anderen.

Baroncelli-Kapelle (8): Sie enthält das *Grabmal der Familie Baroncelli* (Bernardo Baroncelli wurde nach einer Verschwörung gegen die Medici gehenkt). Die Fresken stammen von *Taddeo Gaddi*, einem Schüler *Giottos*. Bei der Verkündigungsszene sitzt die Jungfrau Maria demütig am Boden. *Gaddis* Stil ist märchenhaft, seine Motive sind häufig Nachtszenen (z. B. „Verkündigung an die Hirten“).

Von *Giotto* und seinen Schülern (darunter auch *Taddeo Gaddi*) stammt der Altar der Kapelle mit der Darstellung der Krönung Marias. Dank der vielen Heiligenscheine dominiert Gold das Bild.

Giugni-Kapelle (12): Früher zierten möglicherweise Fresken von *Giotto* ihre Wände. Die Kapelle hatte mehrere Stifter, bevor sie endgültig von den Bonapartes vereinnahmt wurde. Im schmucklosen Interieur ruhen Napoleons Schwägerin Julie Clairy Bonaparte sowie deren Tochter Charlotte Bonaparte, von Napoleons Gnaden Infantin von Spanien und „ihres Namens würdig“, wie die Inschrift vermerkt.

Peruzzi-Kapelle (13): Die zu ihrer Zeit reichste Bankiersfamilie Peruzzi (später Pleite gegangen wie die Bardi) gab *Giotto* den Auftrag zur Wandbemalung (1328). 1714 übertüncht, wurden die Bilder erst Mitte des letzten Jahrhunderts wieder freigelegt. *Giotto* stellte viel Architektur ins Bild, um den Figurengruppen einen Rahmen zu geben. Menschliche Körperformen stellte er realistisch, fast plastisch dar. An der linken Seite die Geschichte Johannes des Täufers, rechts Geschichten aus dem Leben des Evangelisten Johannes.

Bardi-Kapelle (14): Zu Ehren der Bardi-Familie malte *Giotto* Episoden aus dem Leben des hl. Franz von Assisi. Links die „Ablage der Kleider vor dem Bischof Guido und dem Padre Bernardone“, „Der Heilige erscheint in der Kirche von Arles“ und „Tod des Heiligen“ (Franz von Assisi liegt tot auf der Bahre, seine Seele wird von vier Engeln in den Himmel getragen). Rechts die „Verleihung der Ordensregel“, die „Feuerprobe vor dem Sultan“ und die „Visionen des Bruders Augustin und des Bischofs von Assisi“. Oben im Gewölbe die drei franziskanischen Tugenden: Armut, Gehorsam, Keuschheit. Das Altarbild der Kapelle, ein kostbares Gemälde auf Holz, stammt aus dem 13. Jh. und zeigt ebenfalls Franziskus und Episoden aus seinem Leben. Über dem Eingang zur Bardi-Kapelle ist ein weiteres Fresko von *Giotto* zu sehen, die „Stigmatisierung des heiligen Franziskus auf dem Berg La Verna“.

Bardi-di-Vernio-Kapelle (16): Die Kapelle der Papstbankiers-Familie Bardi. Über dem Grab ein Fresko von *Maso di Banco* (ca. 1340), ebenfalls ein Schüler *Giottos*.

Es zeigt das Jüngste Gericht. Der Stifter, Bettino (oder Andrea) di Bardi, ist darauf abgebildet: Gerade wieder auferstanden, kniet er auf seinem Sarkophag und blickt flehend zum Himmel. „Die Grablegung" daneben stammt von *Taddeo Gaddi*.
An der rechten Wand Geschichten aus dem Leben von Papst Sylvester und Kaiser Konstantin, wiederum von *Maso di Banco*: Sylvester bändigt den Drachen, der das Capitol verwüstet hat, und erweckt zwei von dem Ungeheuer Getötete zum Leben. Rechts naht Kaiser Konstantin heran und wird Zeuge des Wunders – und damit Christ.

Pazzi-Kapelle: Der von *Brunelleschi* konzipierte Familientempel steht am Kopfende des ersten Kreuzgangs und ist von diesem aus über einen separaten Eingang zu erreichen. *Brunelleschi* engagierte für die Ausschmückung eine Reihe berühmter Zeitgenossen, u. a. *Donatello* und *Luca della Robbia*. Vom Meister selbst stammen die vier schmucken Evangelisten-Medaillons in der Kuppel.

40 Jahre nach der Fertigstellung der Kapelle wurden Mitglieder der Familie Pazzi auf der Piazza della Signoria gehenkt. Ihre Verschwörung gegen die Medici hatte sich als Fehlschlag erwiesen. *Botticelli* bekam übrigens den Auftrag, die Hinrichtungsszene auf der Mauer des Palazzo Vecchio zu verewigen.

⌚ Tägl. 9.30–17.30 Uhr, Ostern bis Ende Oktober ab 9 Uhr, So 13–17 Uhr, Eintritt 4 €. Piazza Santa Croce (auf dem Platz findet im Juni der traditionelle Calcio Storico Fiorentino statt, siehe S. 154).

San Marco *(Museo di San Marco)*

Das überaus harmonische Dominikanerkloster ist vor allem für die Werke *Fra Angelicos* (1387–1455) bekannt. Nirgendwo finden sich so viele seiner Fresken und Bilder wie hier. Der malende Mönch lebte im nahen Dominikanerkonvent von Fiesole, als er den Auftrag erhielt, San Marco auszuschmücken. Gebaut wurde die Anlage als Erweiterung eines früheren Silvestrinerklosters. Das Kapital stellten die Medici zur Verfügung. Cosimo Il Vecchio verbrachte hier seinen Lebensabend, im Unterschied zu seinen mönchischen Wohngenossen immerhin in einer Doppelzelle. Ein weiterer illustrer Gast von San Marco war Savonarola. Der berühmte Dominikanerprediger amtierte hier als Prior, bevor er politisch von sich reden machte.
Zum Kloster gehören zwei Kreuzgänge; der hintere ist den Mönchen vorbehalten. Die Kirche selbst ist wenig aufregend, umso mehr das **Museum**, das den Kreuzgang des hl. Antoninus mit den angrenzenden Räumlichkeiten sowie die darüber liegenden 44 Mönchszellen und eine Bibliothek umfasst.

Im **Kreuzgang des heiligen Antoninus** ist ein fast 10 m breites Kreuzigungsfresko von *Fra Angelico* die Hauptsehenswürdigkeit. An den Nebenkreuzen hängen die beiden Leidensgenossen Jesu: blond der gute, schwarzhaarig der böse.

Hinter dem Kreuzgang liegt das **Große Refektorium**. Es wird dominiert vom „Wundertätigen Mahl des heiligen Dominikus" mit der Kreuzigung darüber. Das Fresko stammt von *Giovanni Antonio Sogliani* und lehnt sich in seiner Komposition an die klassischen Darstellungen des letzten Abendmahls Christi an: Anstelle der zwölf Apostel sitzen zwölf Dominikaner zu Tisch, im Zentrum als älterer Mann der Ordensstifter. Der Tisch ist leer, die Gläser stehen umgekehrt. Zum Glück sind zwei Engel hereingeschwebt, die Speis und Trank bringen. Aufmerksamkeit verdienen die sehr individuellen Gesichtszüge der Mönche, der Maler hat eindeutig damals im Kloster lebende Mönche porträtiert.

Das **Kleine Refektorium**, über eine Treppe vom Korridor aus erreichbar, zeigt – Refektorien sind schließlich Speiseräume – das „Letzte Abendmahl" von *Ghirlandaio*.

Karte Umschlag hinten
Florenz

In der **Sala del Lavabo** (Waschraum) ist *Fra Angelico* mit zwei Tafelgemälden vertreten, die dem Frühwerk des Meisters zugeordnet werden. Das eine zeigt den hl. Franziskus und den hl. Onofrius, Letzteren mit Haupthaar bis zu den Waden. Onofrius **Sala di Fra Bartolomeo** ist speziell diesem Künstler gewidmet, in der gegenüberliegenden, noch kleineren **Sala di Baldovinetti** ist ein Tafelgemälde von *Benozzo Gozzoli, Fra Angelicos* berühmtestem Schüler, zu sehen.

Die **Sala degli Ospiti** (Pilgerherberge) schließlich ist das Kernstück des Museums. Hier sind u. a. einige Werke von *Fra Angelico* ausgestellt. Auf zwei monumentalen Tafelgemälden sieht man die „Thronende Maria mit Kind", umgeben von Heiligen. Eines von ihnen, mit Cosimus und Damian im Vordergrund, war für den Hochaltar von San Marco bestimmt. Die streng symmetrische und perspektivische Komposition (man beachte den Fußboden, auf dem Cosimus und Damian knien) verleiht dem Bild eine optische Tiefenwirkung.

Bei der Betrachtung des „Jüngsten Gerichts" erfährt man, wohin die Reise am Joure fixe gehen kann: ins Paradies oder in die von Fra Angelico sehr ergötzlich gestaltete Küche des Teufels, dort in den Schmortopf und dann ins bluttriefende Maul eines schwarzen Monsters. Eine Reihe offener Gräber, wie sie 500 Jahre später *Salvador Dalí* gezeichnet haben könnte, trennt Himmel und Hölle.

Ein weiteres großartiges Werk sind die Türfelder eines Silberschranks, die in 35 Darstellungen aus den Evangelien erzählen. An der Ausführung war neben dem Meister und seiner Werkstatt auch *Alesso Baldovinetti* beteiligt.

Im Obergeschoss befinden sich insgesamt 44 **Mönchszellen**, jede mit einem Fresko ausgestattet, einige stammen von *Fra Angelico* selbst, andere hat er nur konzipiert und die Ausführung seinen Schülern überlassen.

Im Universitätsviertel – Completo, kein freier Parkplatz für Zweiräder

Piazza SS. Annunziata

Eine Besonderheit bildet die Zelle Savonarolas (Zelle Nr. 12), eine kleine Gedenkstätte an den gestrengen Dominikanermönch, der wegen seiner feurigen Reden wider den Sittenverfall auf dem Scheiterhaufen landete. Zwei Bilder von unbekannten Malern des 17. Jh. zeigen seine öffentliche Hinrichtung auf der Piazza della Signoria. Daneben hängt das berühmte Savonarola-Porträt von *Fra Bartolomeo*, einem seiner glühendsten Anhänger. Von der Zelle Nr. 38 führt ein Durchbruch zum nächsten Abteil mit der Nr. 39. Die „Zweizimmerwohnung" war Cosimo dem Älteren, dem Stifter von San Marco, zugedacht, der hier seinen Lebensabend verbrachte.

Zum Abschluss sollte man durch die lang gestreckte **Bibliothek** wandeln, deren Eingang zwischen den Zellen Nr. 42 und 43 liegt – nach 44-maligem Bücken und Reinschauen in eine enge Mönchszelle eine wahrhafte Erholung.

🕐 Mo–Fr 8.15–13.50 Uhr, Sa 8.15–18.50 Uhr, So und Feiertage 8.15–19 Uhr; geschl. am 2. u. 4 Mo im Monat und am 1., 3. und 5. So. Eintritt 4 € **(S)**.

Santissima Annunziata und Spedale degli Innocenti

In den 30er Jahren des 13. Jh. erbauten die Serviten, die „Diener Mariens", außerhalb der Stadtmauern ein kleines Heiligtum zu Ehren der Jungfrau, das bald zum viel besuchten Wallfahrtsort wurde und schon wenige Jahre darauf erweitert werden musste. Die jetzige Basilika, die den architektonisch vollendetsten Platz von Florenz im Norden abschließt, geht auf die Mitte des 14. Jh. zurück.

Besonders beeindruckend ist der **Vorhof** von *Michelozzo*, der wegen der einstmals hier dargebotenen Votivgaben auch **Chiostrino dei Voti** heißt. Die Wände sind mit wunderbaren Fresken u. a. von *Rosso Fiorentino*, *Pontormo* und *Andrea del Sarto* überzogen, die das Leben der Jungfrau Maria zum Inhalt haben. Im Inneren kann man Werke von *Bronzino* und *Andrea del Castagno* und ein Altarbild von *Perugino* bewundern. Den **Großen Kreuzgang (Chiostro dei Morti)** schmückt die berühmte „Madonna del Sacco" von *Andrea del Sarto*: Josef, an einen Getreidesack gelehnt, liest aus dem Heiligen Buch, während die zarte Maria das lebhafte Jesuskind auf ihrem Schoß zu bändigen sucht.

Rätsel um „Mona Lisa" gelöst?

Im angegliederten Institut für Militärgeographie – das Gebäude gehörte früher zum Klosterkomplex –, wurde 2005 eine vergessene Werkstatt von Leonardo da Vinci entdeckt. Der sensationelle Fund liegt am Ende eines bisher zugemauerten Treppenaufgangs, den ein Restaurator des Instituts aus Neugierde aufbrechen ließ. Das Studio besteht aus fünf Räumen, deren Wände von Fresken verziert sind. Ob diese vom Meister selbst stammen, ist unklar. Leonardo hatte viele Schüler, die ihn bei seinen vielen Auftragsarbeiten unterstützten. Auch Leonardos berühmtestes Gemälde, die „Mona Lisa", war eine solche Auftragsarbeit: Francesco del Giocondo, ein reicher Florentiner Seidenhändler, ließ seine Frau porträtieren – Lisa. Und weil die Familie eine Kapelle im Kloster Annunziata besaßen, spricht viel dafür, dass Leonardo die „Mona Lisa" in der wiederentdeckten Werkstatt begann. Beendet hat er das Bild ganz sicher anderswo, denn das Porträt verlangte ihm weitaus mehr Zeit ab als die zwei Jahre, die er in dem florentinischen Kloster arbeitete.

An der rechten Längsseite des Platzes steht das **Spedale degli Innocenti**, das ehemalige Findelhaus von Florenz. Die wohlhabende Seidenhändlerzunft hatte diesen Bau 1419 bei *Brunelleschi* in Auftrag gegeben, fertig gestellt wurde er 1445 von *Francesco della Luna*. Noch bis 1875 konnte man unerwünschte Kinder durch eine kleine Drehtür (*Ruota degli Innocenti*) an der linken Schmalwand der Loggia, der Obhut der Kirche anvertrauen – ohne dabei erkannt zu werden. Die noch von *Brunelleschi* entworfenen Tondos füllte *Andrea della Robbia* 1487 mit Terrakottareliefs, die die kleinen Insassen des Waisenhauses darstellen.

Santa Maria Novella

Das erste Dominikaner-Kloster von Florenz stammt aus dem 13. und 14. Jh. Wer sich dem Kloster vom Bahnhof her nähert, findet den etwas groben gotischen Bau sicher zunächst wenig attraktiv. Geht man jedoch weiter an der alten Friedhofsmauer entlang bis zur großzügigen Piazza Santa Maria Novella, zeigt sich die Kirche von ihrer schmuckeren Seite. Der obere Teil der Fassade aus schwarzem und weißem Marmor wurde erst im 15. Jh. fertig gestellt; im Giebel prangt die Sonne, das Wappen des Stadtviertels Santa Maria Novella. Die begrünte Piazza selber – ein angenehmer Ruhepunkt in der hektischen Stadt – ist auch einen Augenschein wert. Die beiden Obelisken, auf je vier bronzenen Schildkröten ruhend, dienten als Ziel beim traditionellen *Palio dei Cocchi* (Wettrennen der Kutschen), der noch bis zur Mitte des 19. Jh. ausgetragen wurde.

Im Inneren ist die Kirche ziemlich kahl. Sie ist fast 100 m lang und wirkt dank der zebragestreiften Gewölbebögen im Mittelschiff noch länger – ein optischer Trick der gotischen Architektur. Doch man darf sich vom ersten Eindruck nicht täuschen lassen, denn auch in dieser Kirche finden sich einige großartige Kunstwerke.

Santa Maria Novella

Das bemerkenswerteste unter ihnen ist zweifellos das Trinitätsfresko von *Masaccio* über dem dritten Altar der linken Seitenwand. Als das Trinitätsfresko 1427 vollendet war, sprachen Künstlerkollegen zu Recht von noch nie erreichter künstlerischer Qualität: Es war eines der ersten Werke mit Zentralperspektive, die später für die Renaissance bestimmend wurde. Die geschickte Platzierung der Figuren im Bildraum unterstreicht die optische Tiefenwirkung zusätzlich: Gottvater über und gleichzeitig auch hinter dem gekreuzigten Christus, dazwischen symbolisiert eine Taube den Heiligen Geist. Im untersten Teil des Gemäldes erinnert ein menschliches Skelett an die Vergänglichkeit alles Irdischen. Auf den Stufen darüber – zwischen Tod und göttlicher Dreieinigkeit – kniet das Stifterehepaar Lenzi.

Die Hauptkapelle des Chors ist vollständig mit Fresken von *Ghirlandaio* ausgeschmückt. Der Auftraggeber, *Giovanni Tornabuoni*, wünschte sich, dass das Werk der „Lobpreisung seines Hauses und seiner Familie" diene. Diesen Wunsch hat Ghirlandaio auch ausgiebig berücksichtigt. Diverse Tornabuoni und Mitglieder befreundeter Familien figurieren als Komparsen in den biblischen Darstellungen. Die Noblesse der florentinischen Renaissance gibt sich in Ghirlandaios Fresken die Ehre – eine Mischung aus sakraler Kunst und Porträtmalerei.

Die Malereien der ersten Seitenkapelle rechts, der sog. *Filippo-Strozzi-Kapelle*, sind ein Werk von *Filippino Lippi*, der hier einige sehr drastische Szenen zeigt, z. B. die „Kreuzigung des heiligen Philipp", eine offensichtlich technisch recht anstrengende Hinrichtung, oder das „Martyrium des Evangelisten Johannes": Der Heilige trägt ein Kochtopf, betet und wirft einen mitleidsvollen Blick auf seine Peiniger, die das Feuer schüren.

⌚ 9–17 Uhr, Fr geschl., So 9.30–14 Uhr. Die **Orcagna-Kapelle** mit dem Poliptychon von Andrea Orcagna ist 13–17 Uhr geöffnet (2,70 €). Toreingang rechts vom Kircheneingang, ✆ 055-282187.

Orsanmichele – Tabernakel an der Fassade

Orsanmichele

Die Kirche liegt zwischen der Piazza della Repubblica und der Piazza della Signoria und wirkt ganz und gar nicht wie ein sakraler Bau. Kein Wunder, denn sie sollte Kirche und Kornspeicher zugleich sein; im unteren Geschoss wurde noch bis 1367 der Kornmarkt abgehalten. Dann mauerte *Simone Talenti* die Arkaden zu und entwarf wunderschöne zarte Portale. In den 14 äußeren Mauernischen stehen Marmorskulpturen von Schutzheiligen der Zünfte. Die Renaissance-Plastiken stammen u. a. von *Donatello* (Bronzekopie des hl. Georg, das Marmororiginal befindet sich heute mitsamt Nische im Bargello), *Ghiberti* (Matthäus, Johannes der Täufer, Stephanus) und *Nanni di Banco* (Eligidius).
Eine Sehenswürdigkeit im düsteren Inneren ist der berühmte Marmortabernakel von *Orcagna* – eine einzigartige Arbeit mit einer Fülle von Flachreliefs, Engelchen und Statuetten.

⏱ 9–12 und 16–18 Uhr, am ersten und letzten Montag im Monat geschlossen. Via Arte della Lana.

Ognissanti

Diese Kirche (am gleichnamigen Platz am Ufer des Arno) mit der 1637 entstandenen Barockfassade – der ersten in Florenz – gehörte ursprünglich den Humiliaten, die als Spezialisten für die Wollverarbeitung im 13. Jh. den Grundstock für diesen später so bedeutenden Wirtschaftszweig der Stadt legten. 1561 überließ man Kirche und Kloster den Franziskanern – die Vorgänger hatten längst ihr Ansehen eingebüßt. Im Inneren, über dem zweiten Altar rechts, ist die sog. „Schutzmantelmadonna" zu sehen, ein Jugendwerk von *Ghirlandaio,* das er für die Familie Vespucci malte. Der Seefahrer Amerigo Vespucci, nach dem Amerika benannt wurde, ist vermutlich in dem jungen Mann unter dem rechten Arm der lieblichen Madonna zu erkennen.

Im ehemaligen **Refektorium** des Klosterkomplexes (Zugang links von der Kirche) befindet sich die berühmte Abendmahlszene von *Ghirlandaio,* die er im Wesentlichen im Fresko von San Marco wiederholt hat. Judas, mit schwarzem Haar und „teuflisch" abstehendem Spitzbart gemalt, sitzt in herausfordernder Haltung vor dem Tisch und scheint mit den Aposteln zu debattieren.

Santa Trinita

Neben der gleichnamigen Brücke. Der Kernbau stammt aus der zweiten Hälfte des 11. Jh., Anfang des 14. Jh. wurde er dem gotischen Zeitgeschmack entsprechend umgebaut. Ihre Fassade erhielt die Kirche fast zwei Jahrhunderte später durch *Buontalenti,* den Hofarchitekten Ferdinands I.

Auch hier begegnet man wieder dem großen Florentiner Geschichtenerzähler *Domenico Ghirlandaio.* Seine Fresken zum Leben des hl. Franz von Assisi in der Sassetti-Kapelle gelten als bedeutendes Dokument der Zeitgeschichte: In den einzelnen Szenen sind viele Persönlichkeiten abgebildet, die damals in Florenz den Ton angaben.

San Lorenzo

San Lorenzo ist die Familienkirche der Medici (hinter der Apsis befindet sich die sog. Fürstenkapelle, in der die Medici-Herzöge begraben liegen; siehe Medici-Grabkapellen, S. 187). Sie wurde zwischen 1421 und 1469 nach Plänen von *Brunelleschi* erbaut. Auch wenn sie von außen nüchtern, ja fast abweisend wirkt (das liegt daran, dass sie nie eine Fassade bekam), gilt sie doch als wegweisendes Beispiel für die Baukunst der Renaissance. Im Inneren kann man Werke von *Rosso Fiorentino, Desiderio da Settignano, Donatello* und *Bronzino* bewundern.

Links der Kirche hat man vom doppelgeschossigen Kreuzgang aus Zugang zur **Biblioteca Laurenziana**, vermutlich eine der eigenwilligsten Raumgestaltungen, die je realisiert wurden. Der große *Michelangelo* hat hier alle Grenzen des architektonischen Formenkanons gesprengt. Die große Freitreppe im Vestibül, dem sog. Ricetto, bildet den Auftakt: Der Besucher fühlt sich wie magisch angezogen, die Stufen zum Lesesaal emporzusteigen und sich in einem der kunstvoll geschnitzten hölzernen Pulte ins Studium zu vertiefen.

🕐 **Bibliothek**: 9.30–13.30 Uhr, Mo geschlossen. Eintritt 5 €.

Santo Spirito

Die Kirche liegt abseits der Touristenströme im nach ihr benannten Stadtviertel südlich des Arno.

Santo Spirito ist ein schönes Beispiel für die Frührenaissance. Der Entwurf stammt von *Brunelleschi,* doch wurde die Kirche erst 1482, fast vier Jahrzehnte nach seinem Tod, vollendet. Der äußerlich schlichte Bau veranschaulicht die damals neue Raumauffassung, die Aufhebung der Vielfalt in harmonischer Einheitlichkeit. Die 38 Familienkapellen bergen nur noch einen kleinen Teil ihrer ehemaligen Kunstschätze. Das Altarbild „Madonna und Kind mit dem Johannesknaben" stammt von *Filippino Lippi.* Im Hintergrund kann man den Familienpalast der Stifterfamilie Nerli und das Stadttor Porta San Frediano erkennen.

🕐 Im Sommer tägl. 9–14 Uhr, im Winter 10.30–13.30 Uhr. Mo geschlossen. Piazza Santo Spirito.

Karte Umschlag hinten

Restaurationsarbeiten

Santa Maria del Carmine und Capella Brancacci

Ebenfalls südlich des Arno findet man diese Barockkirche aus dem 18. Jh. mit restaurierten Fresken von Meister *Masaccio* aus den Jahren 1423–28. Der im Alter von 27 Jahren verstorbene Künstler konnte nur noch den oberen Teil des Freskenzyklus „Szenen aus dem Leben Petri" fertig stellen, den Rest besorgte *Filippino Lippi*. Das berühmte Meisterwerk „Vertreibung aus dem Paradies" (linker Pfeiler oben) zeigt deutlich den realistischen Stil, der den Beginn der Renaissance-Malerei kennzeichnet. Plastisch und klar spiegeln sich Gefühlsregungen in den Gesichtern der aus dem Paradies Vertriebenen wider. Das Feigenblatt, das auf kirchlichen Befehl während der Gegenreformation mit Tempera auftragen wurde, ist mit offizieller Genehmigung wieder entfernt worden.

⌚ 10–17, So 13–17 Uhr, Di geschl. Eintritt 4 € **(C)**. Piazza del Carmine.

Certosa (Kartäuserkloster)

Zu Deutsch *Kartause*. Die vom heiligen Bruno aus Köln gegründete Gemeinschaft gehört zu den strengsten Orden der katholischen Kirche. Die Kartäuser verbringen einen Großteil ihres Lebens in ihrer Zelle, die Stimme erheben sie nur beim gemeinsamen Gebet.

Die Kartause von Florenz liegt bei Galluzzo. Über dem Abzweig der Superstrada nach Siena thronend, ist sie für Autofahrer kaum zu übersehen. 1957 verließen die letzten Kartäuser das Kloster und überließen es den Zisterziensern. Die Anlage wird derzeit von zehn Mönchen bewohnt, die u. a. eine Apotheke mit Likörverkauf unterhalten und Busladungen von Touristen durch die wichtigsten Räumlichkeiten führen.

Kunstinteressierte werden kaum auf ihre Kosten kommen. Allein die etwas fahl gewordenen Fresken von *Jacopo Pontormo* in der klostereigenen **Pinakothek** verdienen Aufmerksamkeit. Der Maler hatte sich, als 1523 in Florenz die Pest ausbrach, in die Kartause gerettet und hier einen sehr eigenartigen Bilderzyklus („Passion Christi") geschaffen. Er gilt als eines der frühesten Zeugnisse des Manierismus.

In der barocken **Klosterkirche** mit der „Himmelfahrt des heiligen Bruno" über dem Altar ist vor allem das Chorgestühl sehenswert: großartige Intarsienarbeiten und geschnitzte Darstellungen von Heiligen in den Rückenlehnen.

Der Besucher wird weiter zum **Großen Kreuzgang** geführt, an den sich die einzelnen Zellen anschließen. Neben jeder Tür befindet sich eine Durchreiche, durch die einst den Mönchen ihre Nahrung zugeschoben wurde. Unwillkürlich denkt man an ein Gefängnis; beim Blick von außerhalb aber, etwa von Galluzzo aus, wirken die Zellen fast wie kleine Einfamilienhäuschen.

Ein architektonisches Juwel des Klosters ist der **Kreuzgang der Laienbrüder** aus dem 15. Jh., ein kleiner, rechteckiger Innenhof mit doppelten Arkaden.
Zum Abschluss empfiehlt sich unbedingt der Besuch der **Klosterapotheke**, denn hier wird selbst gebrannter Likör verkauft, u. a. auch Sambuco.

• *Anfahrt* Vom Stadtzentrum fährt man zunächst Richtung Siena, kurz nach Galluzzo führt dann eine breite Auffahrt hoch zur Kartause. Alternative: mit dem Bus Nr. 37 von der Piazza Santa Maria Novella.

⌚ 9–11.30 und 15–16.30 Uhr, Mo geschlossen. Regelmäßige Führungen, gelegentlich auch deutschsprachig (Trinkgeld)

Abseits des Touristenstroms

Warum sich in oft meterlange Schlangen stellen, um sich vielleicht zum x-ten Mal einen „David" oder eine „Primavera" anzusehen, wenn im Verborgenen noch andere außergewöhnliche Zeugnisse der Kunst, Kultur und Geschichte darauf warten, entdeckt zu werden?

Florenz hat unzählige Baudenkmäler und Museen, die auch der kulturbeflissenste Besucher kaum alle besichtigen kann. Die wichtigsten Bauten wurden in den vorhergehenden Kapiteln beschrieben. Hier nun einige Vorschläge, wie man etwas über die Stadt und ihre Geschichte erfahren kann, ohne auf ausgetretenen Touristenpfaden zu wandeln.

Archäologisches Museum: Überragende Sammlung ägyptischer und etruskischer Kunst mit Mumien und altägyptischen Sarkophagen neben etruskischen Urnen und Bronzefiguren. Eines der bedeutendsten archäologischen Museen Italiens.

⌚ Mo 14–19 Uhr, Di und Do 8.30–19 Uhr, Mi, Fr und So 8.30–14 Uhr. Eintritt 4 € **(S)**. Via della Colonna 38.

Museum zur Geschichte der Naturwissenschaften (Museo di Storia della Scienza): Eine Fundgrube für technisch Interessierte. Erstaunlich ist, mit welcher Präzision bereits im 16. Jh. mechanische Messgeräte gebaut wurden. Im ersten Stock finden sich Instrumente zur Bestimmung der Mondstellung. In Saal 5 ist das Fernrohr zu sehen, mit dem Galilei die Jupitermonde entdeckte. Daneben technische Kunstwerke aus Glas: fein ziselierte Thermometer (70 cm hoch), zum Teil spiralförmig.
In den oberen Geschossen sind zahlreiche weitere Wunderwerke aus den Bereichen Pneumatik, Chemie und Anatomie untergebracht.

⌚ 9.30–17 Uhr, Di 9.30–13 Uhr, jeden 2. So im Monat 10–13 Uhr. Eintritt 6,50 €. Piazza dei Giudici.

Palazzo Davanzati (Museo della Casa Fiorentina): Wer sich vor Augen führen will, wie die feinen Florentiner im 14. und 15. Jh. lebten, sollte den ehemaligen Familienpalast der Davanzati besuchen. Der Kunst- und Antiquitätenhändler Elia Volpi kaufte ihn zu Anfang des 20. Jh. auf, ließ ihn restaurieren und nach dem Vorbild der alten Patrizierhäuser einrichten. Auch wenn über die Authentizität der Einrichtung Uneinigkeit herrscht, handelt es sich um ein einzigartiges Dokument der zeitgenössischen florentinischen Wohnkultur.

Zum Recherchezeitpunkt wegen Renovierung geschlossen **(S)**. Via Porta Rossa 13.

Florenz
Karte Umschlag hinten

Museo Firenze com'era: Eine große Sammlung von Fotodokumenten, die das Bild der Stadt seit den Anfängen der Fotografie dokumentieren.

Ⓘ 9–14 Uhr, Do geschl. Eintritt 2,70 €. Via dell' Oriuolo 24.

Casa Buonarroti: Buonarroti, so hieß der berühmte *Michelangelo* mit Nachnamen. Zwar hat er diesen Palast nie selbst bewohnt – er lebte zu dessen Entstehungszeit schon längst in Rom –, doch gilt die Casa Buonarroti als regelrechte Kultstätte. Unzählige Nachfahren und Bewunderer des großen Künstlers haben hier Zeichnungen, Porträts und andere Werke zusammengetragen, darunter das marmorne Flachrelief „Madonna an der Treppe“ und ein hölzernes Kruzifix, das Michelangelo vermutlich für den Prior von Santa Spirito angefertigt hat.

Ⓘ 9.30-14 Uhr, Di geschlossen. Eintritt 6,50 €. Via Ghibellina 70.

Palazzo Medici Riccardi: Mit seinem eleganten, von Arkaden gesäumten Innenhof ist er ein typisches Beispiel eines Renaissance-Wohnpalastes. Cosimo der Ältere ließ ihn 1444 von seinem Lieblingsarchitekten *Michelozzo* erbauen, doch seine heutige Gestalt erhielt das Gebäude 1584, als der neue Besitzer Francesco Riccardi hier einzog.

In der Palastkapelle sind die erst kürzlich restaurierten Fresken *Benozzo Gozzolis* mit dem „Zug der Heiligen Drei Könige“ zu bewundern. Es heißt, der Künstler habe hier alle zu seiner Zeit lebenden Familienmitglieder der Medici und andere Persönlichkeiten der Stadt porträtiert, aber das bleibt – mangels eindeutigen Identifikationsmaterials – leider nur eine Vermutung.

Ⓘ 9–19 Uhr, Mi geschlossen. Eintritt 4 €. Via Cavour 3.

Museo Marino Marini: In der ehemaligen Kirche San Pancrazio wurde vor kurzem ein neues Museum eingerichtet – einer der wenigen Orte der Stadt, die der Kunst des 20. Jh. gewidmet sind. Die abstrakten, archaisch wirkenden Figuren *Marino Marinis*, eines der größten zeitgenössischen Bildhauer Italiens, schaffen einen überraschenden Kontrast zum sakralen Ambiente.

Ⓘ 10–17, Di geschlossen, Mai–September Sa geschlossen. Eintritt 4 € **(C)**. Via della Spada.

Collezione Alberto della Ragione: Der Genuese Alberto della Ragione vermachte in den 70er Jahren seine umfangreiche Kunstsammlung der Stadt Florenz. 250 Werke des italienischen Novecento (20. Jh.) sind zu sehen, darunter Arbeiten so berühmter Künstler wie *De Chirico, Morandi, Mafai* und *De Pisis*.

Gegenwärtig geschlossen, die Sammlung soll ein eigenes Museum (Museo del Novecento) im Convento dello Oblate bekommen. **(C)**. Piazza Signoria 5.

Museo Stibbert: 60 im Stil unterschiedlicher Epochen eingerichtete Säle, vollgestopft mit Kunstgegenständen aller Art, die der weit gereiste Engländer Frederick Stibbert in seinem bewegten Leben zusammengetragen und 1906 der Stadt vermacht hat. Bekannt ist das Museum aber vor allem wegen seiner umfangreichen Sammlung von alten Waffen und Rüstungen, die aber nicht in sterilen Glaskästen verschlossen sind, sondern dem Besucher an lebensgroßen Puppen präsentiert werden. Vor allem für Kinder ein besonderes Erlebnis!

Ⓘ Mo–Mi 10–14 Uhr, Fr–So 10–18 Uhr, Do geschlossen. Eintritt 5 € **(C)**. Via Stibbert 26.

Museo Horne: Eine schöne Auswahl von Exponaten der Renaissance-Malerei hat der englische Sammler Herbert Percy Horne Ende des 19 Jh. in seinem Stadtpalast zusammengetragen, darunter Arbeiten von *Giotto, Beccafumi* und *Lorenzetti*. Darüber hinaus sind Einrichtungs- und Gebrauchsgegenstände aus der Renaissance-Zeit ausgestellt.

Ⓘ 9–13, So geschlossen. Eintritt 5 €. Via de Benci 6.

Arrivederci Firenze

Villen und Gärten in Florenz und Umgebung

Einen entspannten Blick auf das Leben der Medici bieten die teilweise recht imposanten Gärten und Villenanlagen im Raum von Florenz. Viele dieser Villen lagen in ihrer Entstehungszeit an der Peripherie der Stadt und waren Refugien, in die sich die Mächtigen zurückzogen – wie etwa jene Gruppe junger Städter, die Boccaccio im „Decamerone“ beschreibt. Bildbände und weitere Literatur zum Thema (auch auf Deutsch) gibt es in der Buchhandlung Edison an der Piazza Repubblica.

Villa Medicea di Poggio Imperiale, Piazza Poggio Imperiale. Nur von außen zu besichtigen, da sich im Gebäude ein Gymnasium befindet.

Villa Medicea di Careggi Viale Pieraccini 17. Mo–Fr 9–18 Uhr, Sa 9–12 Uhr, So geschlossen. Mit ATAF-Bus Nr. 14 ✆ 055-4279755.

Villa Medicea di Castello, Via di Castello 47. März und Oktober8.15-18 Uhr, April, Mai und September 8.15-19 Uhr,Juni-August 8.15-20 Uhr. November-Februar 8.15-17 Uhr . Öffentlich zugänglich ist nur der Garten. Eintritt 2 €. Mit dem Bus 28 bis Via Sestese. ✆ 055-454791.

Villa Medicea La Petraia, Via della Petraia 40 (unweit der obigen Villa). März und Oktober8.15-18 Uhr, April, Mai und September 8.15-19 Uhr.Juni-August 8.15-20 Uhr, November-Februar 8.15-17 Uhr . ✆ 055-452691. Ebenfalls mit dem ATAF-Bus Nr. 28. Eintritt 2 €.

Villa Medicea in Cerreto Guidi (nahe Empoli, Buslinie Copit), Via Ponti Medicei 7 Täglich 8.15-19 Uhr. ✆ 0571-55707. Eintritt 2 €.

Villa Medicea in Poggio a Caiano, Richtung Pistoia (Autobahn Firenze Mare). März und Oktober 8.15-18 Uhr, April, Mai und September 8.15-19 Uhr,Juni-August 8.15-20 Uhr, November-Februar 8.15-17 Uhr ✆ 055-877012. Eintritt 2 €.

Villa Demidoff, Vaglia, Loc. Pratolino, von der Via Bolognese (alte Verbindungsstraße nach Bologna) zu erreichen. April–Okt. Mo–Mi 10–20 Uhr. ✆ 055-409427. Eintritt 2,50 €.

Villa Gamberaia, Settignano, Via del Rosselino 72. Im Sommer tägl. 9–19 Uhr, im Winter bis 18 Uhr. ✆ 055-697205. Eintritt 8 €.

Umgebung von Florenz

Settignano

Wenn Sie der Hektik der Großstadt entrinnen und Ihren Kaffee einmal ohne lärmende Menschenmassen genießen wollen, fahren Sie mit dem Bus (mit der Nr. 10 vom Hauptbahnhof oder der Piazza S. Marco) oder Ihrem eigenen Wagen die sanften Hügel im Nordosten der Stadt nach Settignano hoch.

Der kleine Ort – er besteht eigentlich nur aus einem Platz und ein paar engen Sträßchen – lädt mit seinen Straßencafés zu einer Ruhepause und einem anschließenden Spaziergang auf den Spuren *Gabriele D'Annunzios* und *Eleonora Duses* ein. Der bekannte italienische Dichter der vorletzten Jahrhundertwende lebte hier in seiner prachtvollen Villa La Capponcina und unterhielt eine nicht nur platonische Beziehung zu der großen Diva, die auf einem Hügel direkt gegenüber wohnte. Überall erinnern vergilbte Fotos an diese romantische Liebesgeschichte.

Im Süden, unterhalb des Städtchens, liegt die Villa Gamberaia mit ihrem einzigartigen Park (Wegbeschreibung siehe Übernachten/Essen; täglich von 9 bis 18 Uhr zugänglich, die 400 Jahre alte Villa ist nur nach Voranmeldung zu besichtigen). Die 10 € Eintritt sind zwar happig, aber ein Spaziergang durch die weltweit gerühmten Gartenanlagen lohnt sich. Die Romanschriftstellerin Edith Wharton („Zeit der Unschuld", von Martin Scorsese verfilmt) schrieb 1903: „Wahrscheinlich das perfekte Beispiel für die Kunst, auf kleinem Raum den größtmöglichen Effekt zu erzielen, und das ohne im Geringsten den Eindruck von drangvoller Enge zu erzeugen." Von hier genießen Sie einen unvergesslichen Ausblick auf Florenz, das sich greifbar nahe vor Ihren Füßen ausbreitet.

• *Übernachten/Essen* **Villa Gamberaia**, durch den Ort durchfahren, bis zu einem Schild, das nach rechts weist. Von der immer schmaleren Straße nicht irritieren lassen. Nach etwa 1 km öffnet sich ein kleiner Vorplatz: der Eingang zur Villa. Wenn das Tor verschlossen ist, klingeln Sie. Auf dem Gelände liegen auch 4 renovierte **Ferienhäuser**. Sie können wochenweise gemietet werden: 30 m^2 für 900 € (2 Pers.), 150 m^2 für 2500 € (6 Pers.) und 180 m^2 für 3000 € (8 Pers.). Das nötige Kleingeld vorausgesetzt, lässt sich auch der Luxus der Villa selbst genießen: 7 Schlafzimmer, 5 Badezimmer, Wohnzimmer, Speisezimmer, Küche. Kostenpunkt: 18.000 €/Wo., Personal und privates Schwimmbecken inbegriffen ... Via del Rossellino 72, ✆ 055-697205, 055-697090, www.villagamberaia.com.

Enoteca La Sosta del Rossellino, gemütliche Kneipe in einem alten Pfarrhaus aus dem 15. Jh. an der engen Kreuzung zur Villa Gamberaia. Neben 300 Weinen sind traditionelle toscanische Gerichte und eine französische Käseauswahl im Programm. Beliebt sind die „Themenabende" zu einem bestimmten Weingut oder speziellen Zutaten. Ein schönes Mitbringsel ist der im Haus entwickelte Weinflaschen-Dekanter für die 0,1-Liter-Probiermenge. Die gute Küche hat sich bis in höchste (ex-)politische Kreise herumgesprochen: 2004 war Michail Gorbatschow mit seiner Entourage von 38 Personen zu Gast. Geöffnet täglich 19.30–1 Uhr (nach Voranmeldung unter ✆ 055-697245 auch mittags). Via del Rossellino 2r. www.rossellino.com

Fiesole – Bergluft am Rande von Florenz

Fiesole

Fiesole liegt wie eine laszive Schöne eingebettet zwischen zwei Hügeln oberhalb von Florenz. Eine malerische, von Zypressen gesäumte Straße führt in vielen Serpentinen hinauf und bietet atemberaubende Ausblicke auf das im sommerlichen Dunst flimmernde Häusermeer der berühmten Schwester, in dessen Mitte die imposante Domkuppel wie eine Fata Morgana herüberwinkt.

Das Städtchen ist heute eine Art Villenvorort und „sommerliche Freilichtbühne" von Florenz. Dabei hat es eine viel längere Geschichte vorzuweisen, denn die Zeugnisse menschlicher Besiedlung, die man in der Gegend ausgegraben hat, reichen bis zur Bronzezeit zurück. Vor allem als Etruskerzentrum war Fiesole bedeutsam, und das lange bevor von Florenz auch nur die Rede gewesen wäre. Bereits Ende des 4. bzw. Anfang des 3. Jh. v. Chr. umspannte man den Ort mit einer über 2500 m langen Mauer (z. T. noch erhalten), um ihn gegen Übergriffe durch die von Norden her einfallenden „Barbaren" zu sichern. Dauerhaften Schutz vermochte das Bauwerk allerdings nicht zu bieten, denn bereits 225 v. Chr. wurde Fiesole von den Galliern eingenommen, die später ihrerseits den vordringenden Römern weichen mussten. Im Jahr 90 v. Chr. wurde Fiesole wegen seiner antirömischen Haltung im Bundesgenossenkrieg von den Truppen Catos dem Erdboden gleichgemacht und 80 v. Chr. schließlich unter Sulla kolonisiert. Von da an entwickelte es sich als typisch römische Stadt mit Amphitheater, Tempel und Thermalbad. Nach dem Zerfall des Römischen Reiches verlor es immer mehr an Bedeutung und erlag 1125 den Expansionsgelüsten der Florentiner.

Wegen seiner zauberhaften Lage und seines, verglichen mit Florenz, angenehm kühlen Klimas war Fiesole immer schon ein idealer Ort für eine zeitweilige oder permanente Flucht aus dem Getümmel der nahen Großstadt. Bereits der Geldadel des Renaissance-Zeitalters ließ sich im grünen Umland des Städtchens seine stattlichen Sommerresidenzen bauen, und noch heute verstecken sich hier die hochherrschaftlichen Villen wohlbetuchter Florentiner und mehr oder minder berühmter Zugereister. Über Jahrhunderte hinweg war Fiesole darüber hinaus kontemplativer Zufluchtsort für Dichter, Schriftsteller und Künstler unterschiedlicher Couleur, darunter auch *Boccaccio*, der hier seinen „Decamerone" schrieb, und der Schweizer Maler *Arnold Böcklin*, der seine letzten Lebensjahre in Fiesole verbrachte.

Information/Verbindung

• *PLZ* 50014

• *Information* **APT-Büro**, Via Portigiani 3/5. Im Sommer täglich 9–18 Uhr, im Winter nur bis 17 Uhr. ✆ 055-598720 oder 055-5978373, 📠 055-598822, www.comune.fiesole.fi.it, info.turismo@comune.fiesole.fi.it. Man bekommt auch Material für Wanderungen zum angrenzenden Parco di Montececeri.

• *Busverbindung* Man erreicht Fiesole mit dem Stadtbus vom Hauptbahnhof, dem Domplatz und der Piazza S. Marco in Florenz.

Übernachten/Camping

**** **Villa Aurora**, das erste Hotel am Platz mit einem verwunschenen Garten und überwältigendem Panoramablick über Florenz. Die Zimmer sind erlesen eingerichtet, manche sogar mit Whirlpool ausgestattet. DZ mit Panoramablick u. Whirlpool 190 €, die anderen 170 €. In der Nebensaison (November bis Ostern) kann man sich in der

Kleine Parkanlage oberhalb von Fiesole

Luxusvilla für weitaus mäßigere Preise (ab 110 €) einmieten. Piazza Mino 39, ☏ 055-59363, ℻ 055-59587.

*** **Bencistà**, etwa auf halber Höhe des rechten Fiesole-Hügels, toller Blick auf die Stadt. Lange Zufahrt von der Hauptstraße aus. Riesiges altes Landhaus mit über 30 Zimmern. DZ 150 € (mit HP 176 €, mit VP 196 €). Via Benedetto da Maiano 4, ☏/℻ 055-59163. www.bencista.com

* **Villa Sorriso**, große, modern eingerichtete, saubere Zimmer, im ersten Stock über einem Ristorante gelegen. Nachts trotzdem annehmbarer Geräuschpegel. Ein Leser schrieb: „Sehr netter und bemühter Vermieter (Mittvierziger). So ziemlich das beste und reichhaltigste Frühstück, das wir auf unserer Reise bekommen haben, serviert unter freiem Himmel bzw. Sonnenschirmen auf einer Terrasse mit sehr schönem Landschaftsblick. Der Padrone bereitet das Frühstück für jeden sichtbar (nichts für ganz Empfindliche) in einer auf der Terrasse installierten Küchenzeile selbst zu, z. B. das Frühstücksei nach Wahl." DZ mit Dusche/WC ca. 60 €, ohne 45 €. Via Gramsci 21 (Hauptstraße), ☏ 055-59027, ℻ 055-598724. www.albergovillasorriso.com

Bed & Breakfast Le Cannelle, das Haus mit seiner rosafarbenen, mit hübschen Dekors bemalten Fassade sticht sofort ins Auge. Die fünf Zimmer (zwei DZ, ein EZ, jeweils ein Zimmer mit 3 und eins mit 4 Betten, alle mit Bad, Telefon u. TV) sind in Farbe und Einrichtung alle unterschiedlich gestaltet. DZ 113 €, EZ 80 €, Dreibettzimmer 130 €, Vierbettzimmer 150 €. Via Gramsci 54, ☏ 055-5978336 ℻ 055-5978292. www.lecannelle.com

Villa Le Scalette, ebenfalls B&B. DZ ab 80 €. Via delle Cannelle 1, ☏ 055-5978484, ℻ 055-5979970. www.villascalette.com

* **Villa Baccano**, einige Kilometer außerhalb von Fiesole (an der Auffahrt zum Camping Panoramico). DZ mit Bad/WC 65 €, ohne 60 €. Großes Haus mit vielen geräumigen Zimmern, ältere Einrichtung, aber sauber. Via Bosconi 4, ☏/℻ 055-59341. www.villabaccano.it

*** **Dino**, etwa 10 km außerhalb von Fiesole in nördlicher Richtung gelegen, an der Kreuzung mit der Via Faentina nach links abbiegen. Preisgünstiges, aber dennoch schönes Hotel mit empfehlenswertem Restaurant. DZ mit Bad 80 €, EZ 60 €. Ganzjährig geöffnet. Via Faentina 329, Olmo, ☏ 055-548932, ℻ 055-548934. www.hotel-dino.it

• *Camping* **Panoramico**, etwa 8 km außerhalb von Fiesole (im östlichen Ortsteil der Via Francesco Ferrucci folgen, dann ausgeschildert). Sehr schöne Lage auf einer Hügelkuppe (mit Aussichtsplattform über Florenz). Hier weht ständig eine leichte Brise, und es gibt weniger Stechmücken als auf dem Stadtcamping Michelangelo. Viel Schatten durch hohe Zypressen. Restaurant, Supermarkt. Auch Bungalowvermietung (65 € für 2 Pers., 100 € für 4 Pers.). Angenehm und empfehlenswert. Ganzjährig geöffnet. Via Peramonda 1, ✆ 055-599069, ℡ 055-59186. www.florencecamping.com

• *Agriturismi* **I Sodi**, Via di Valle, Compiobbi, ✆ 055-6599016, ℡ 055-8328413.

Di Terenzano, Via della Rosa 15, Compiobbi, ✆/℡ 055-6593021.

Essen

Aurora, Piazza Mino 39, dem gleichnamigen Hotel angeschlossen. Menü ab 30 €. Im Winter Mo geschlossen. ✆ 055-599020.

India, Via Gramsci 43a. Echt indisches Restaurant mit sehr schmackhaften exotischen Gerichten und dem dazugehörigen Ambiente: Die Kellner laufen alle mit Turban herum. Preise ab 20 €. Vorbestellung empfehlenswert, da das Lokal immer voll ist, was natürlich für seine Küche spricht. ✆ 055-599900 u. 055-59258. Nur abends. Di geschlossen.

• *Außerhalb* **Le Cave di Maiano**, Via delle Cave 16, Maiano. Wunderschön gelegenes ehemaliges Bauernhaus mit mehreren kleinen Speiseräumen, sehr gediegen eingerichtet. Die Preise, von 40 € aufwärts, sind relativ gehoben, entsprechen aber dem, was geboten wird. Typisch toscanische Küche, hauptsächlich Fleischgerichte. ✆ 055-59133. Mo geschl.

Graziella, Via delle Cave 20, Maiano. Im Sommer sitzt man im Freien unter einer grünen Laube und lässt sich die vorzüglichen Gerichte toscanischer und sardischer Provenienz munden. Zu den Spezialitäten gehört das Spanferkel auf sardische Art. ✆ 055-599963. Di geschlossen.

La Casa del Prosciutto, Via Bosconi 58 (Torre de Buiano). Die ehemalige Bauernkneipe hat sich wegen ihrer hervorragenden Küche schon vor vielen Jahren einen Namen gemacht. Am Wochenende ist sie deshalb immer brechend voll. Die *Bistecca alla fiorentina* und anderes Gegrilltes sind die absoluten Renner. Ab 20 € (einschl. Tischwein). ✆ 055-548830. Dienstag- und Mittwochabend geschlossen.

Quattro Strade, Via Faentina 335, Olmo. Etwa 8 km von Fiesole entfernt und direkt an der Kreuzung gelegen, wo es links runter nach Florenz und rechts in Richtung Borgo S. Lorenzo geht. Ein gut gehendes Gartenlokal mit Pizzeria. Im Sommer, wenn sich ganz Florenz auf den umliegenden Wiesen ein Stelldichein zu geben scheint, findet man kaum einen Platz. ✆ 055-548920.

Da Dino all'Olmo, Via Faentina 329, Olmo, dem Hotel angeschlossen. Auch hier die deftige toscanische Küche, die so ganz auf den Hunger von hart arbeitenden Waldbauern abgestimmt ist. Aber das Publikum ist durchaus städtisch und hat dementsprechende Ansprüche, die aufs Beste erfüllt werden. Man speist auf einer großen Terrasse mit wunderbarem Blick auf die Nordhänge der Hügel von Fiesole. ✆ 055-548932. Mi geschlossen.

Sehenswertes

Kloster San Domenico: Wenn man vom Viale Volta aus nach Fiesole hinauffährt, kommt man auf halbem Wege nach San Domenico mit seinem 1406 gegründeten Dominikanerkloster, dem ältesten von Florenz. Hier war *Fra Angelico* fast zwanzig Jahre lang als malender Mönch tätig. In der Klosterkirche kann man noch sein Gemälde „Madonna mit Dominikanerheiligen“ bewundern.

⌚ Täglich 7.30–12 Uhr, 16–18 Uhr

Badia Fiesolana: Gegenüber von San Domenico führt links eine kleine Seitenstraße (Via dei Roccettini) steil nach unten zur mittelalterlichen Abtei Badia Fiesolana. Die Kirche des Gebäudekomplexes geht auf einen Vorgängerbau aus dem 11. Jh. zurück, der bis zum Jahr 1028 der Dom des damaligen Bistums Fiesole war. Vermutlich noch im selben Jahrhundert errichteten die Kamaldulenser an dieser Stelle ein Kloster und bauten eine neue Kirche, deren Fassade aus weißem und grünem Marmor stilistisch an das Florentiner Baptisterium und an San Miniato al Monte erinnert.

Mitte des 15. Jh. wurde die Abtei auf Initiative der Medici vollkommen umgestaltet; es heißt, kein Geringerer als *Cosimo dei Medici* habe die Baupläne dazu geliefert. Andere sprechen den Entwurf dagegen *Alberti* oder *Michelozzo*, dem Hausarchitekten der Medici, zu. Seit 1976 ist die Badia Fiesolana Sitz der Europäischen Universität.

ⓘ Mo–Fr 8.30–19, Sa 8.30–12.30, Sonntagsmesse 11 Uhr.

Zurück auf der Hauptstraße (in diesem Abschnitt Via di S. Domenico/Via Mantellini), gelangt man nach wenigen Kilometern auf den Hauptplatz von Fiesole, die **Piazza Mino**, wo vermutlich in römischer Zeit das Forum lag. Hier befinden sich die meisten Sehenswürdigkeiten des Städtchens. Im Sommer wimmelt der Platz von Menschen, ein Straßencafé reiht sich ans andere, und bis in die Nacht hinein kann man hier Leute aus aller Herren Länder treffen, die dem heißen Florenz für ein paar Stunden entfliehen wollen.

Kurz bevor man auf den Platz stößt, sieht man links das 1637 gegründete bischöfliche **Priesterseminar**. In einem der unteren Säle des gewaltigen Baus finden des Öfteren Ausstellungen statt. Daneben erhebt sich, etwas zurückgesetzt, der elegante **Bischofspalast** (11. Jh., Fassade 17. Jh.).

Dom San Romolo: Der Dom stammt ursprünglich aus dem 11. Jh., wurde aber im Laufe der Jahrhunderte mehrmals umgebaut; sein heutiges Aussehen erhielt er 1878. Der schlichte Bau aus Naturstein, dessen Längsseite die Piazza Mino im Norden begrenzt, sticht eigentlich nur wegen seines schlanken Glockenturms (1213) ins Auge, der dem Städtchen aus der Ferne sein typisches Panorama verleiht. Im Inneren sind u. a. Werke des hier gebürtigen Bildhauers *Mino da Fiesole* (Salutati-Kapelle) und der Florentiner Maler *Bicci di Lorenzo* und *Cosimo Rosselli* zu sehen. An die linke Kirchenflanke grenzen die Gebäude des Domstifts (1302) mit einem schönen Innenhof. Die Säule in seiner Mitte ist römischen Ursprungs.

ⓘ Im Sommer täglich 7.30–12 und 15–18 Uhr, im Winter täglich 7.30–12 und 14–17 Uhr.

Bandini-Museum: Das Museum in der Via Dupré 1 (links gegenüber dem Eingang zum römischen Theater) zeigt Gemälde und Skulpturen toscanischer Künstler vom 13. bis 16. Jh., darunter *Bernardo Daddi, Taddeo Gaddi, Lorenzo Monaco* und *Nicola Pisano*, sowie Terrakotten aus der Della-Robbia-Schule (15. und 16. Jh.).

ⓘ Zum Zeitpunkt der Recherche wegen Renovierung geschlossen.

Estate fiesolana im römischen Amphitheater

Seit nunmehr über fünfzig Jahren finden von Juni bis Ende September im Amphitheater von Fiesole und neuerdings auch in zwei Privatvillen in der näheren Umgtebung (Castello di Vincigliata und Castello di Tignano) kulturelle Veranstaltungen statt, die unter dem Namen „Estate fiesolana“ (Sommer in Fiesole) firmieren. Organisiert wird das Ganze u. a. von den Stadtverwaltungen von Fiesole und Florenz.

Das Spektrum reicht von Jazz-, Folklore- und klassischen Konzerten über Ballett- und Theateraufführungen bis hin zu Kunst- und Fotoausstellungen. Abgesehen vom hohen Niveau der Events mit Künstlern und Interpreten aus aller Welt bietet dieser Veranstaltungszyklus auch die einmalige Gelegenheit, die Pracht einer Renaissance-Villa einmal von innen zu erleben (Näheres unter www.comune.fiesole.fi.it).

Römische Reste in imposanter landschaftlicher Umgebung

Amphitheater/römisch-etruskisches Ausgrabungsgelände: Das Gelände erstreckt sich hinter der Apsis des Doms auf einer Fläche von 35.000 m^2 und ist damit fast so groß wie der Stadtkern von Fiesole. Man hat einen freien Blick auf die umgebende Hügellandschaft. Anfang des 19. Jh. wurde die Fundstätte von einem Deutschen entdeckt, der sie prompt wieder zuschüttete, um sie vor Plünderungen zu bewahren. Erst 1873 wurde sie von italienischen Archäologen freigelegt.

Kasse: Via Portigiani 1, täglich 9.30–19 Uhr, Juli/August 9.30–20 Uhr, März und Oktober 9.30–18 Uhr, im Winter 9.30–17 Uhr. Eintritt 6,50 €. ✆ 055-59477 oder 055-59118, 📠 055-59080 (Fiesole Musei, Via Portigiani 27). Im archäologischen Museum (gleich rechts nach dem Zutritt zum Gelände) ist eine kleine Buchhandlung untergebracht, die schöne Nachbildungen etruskischer und römischer Vasen führt. Das Büchlein „Fiesole. Archeological Site and Museum" (7,50 €) enthält viele erklärende Detailfotos der Anlage.

Das imposante **römische Amphitheater** aus dem 1. Jh. v. Chr. erfüllt jeden Sommer während der Veranstaltungen der *Estate fiesolana* (s. S. 213) wieder seinen ursprünglichen Zweck. Auf seinen zum Teil wieder aufgebauten Sitzreihen finden 2500 bis 3000 Besucher Platz.

Rechts hinter dem Theater liegen die **Thermen** mit noch erhaltenem Schwimmbecken, Überresten der einzelnen Baderäume wie Kaldarium (Warmbad), Sudatorium (Schwitzraum), Tepidarium (lauwarmes Bad) und Frigidarium (Kaltbad) sowie Teilen der Heizungsanlagen. Das Wasser wurde über ein Aquädukt von Montereggi aus (etwa 4 km entfernt) zugeleitet.

Die Ausgrabung des **römischen Tempels** (1. Jh. n. Chr.) und seines etruskischen Vorgängers (3. Jh. v. Chr.) wurde erst 1960 abgeschlossen. Erhalten sind ein paar Säulensockel und der von Stufen umgebene Vorplatz mit zwei Altären (der größere ist römisch, der kleinere etruskisch). Am hinteren Ende des Geländes kann man noch einen Abschnitt der etruskischen Stadtmauer ausmachen.

Die Ausgrabungspläne und Funde werden im **archäologischen Museum** (Museo Civico oder Museum Faesulanum) präsentiert, einem klassizistischen Bau in Form eines etruskischen Tempels im Inneren des Geländes. Eine Sammlung, die sich sehen lassen kann.

Im **Antiquarium Costantini**, einer Unterabteilung des archäologischen Museums, kann man den archäologischen Rundgang fortsetzen. Diese an die öffentliche Hand übergegangene Privatsammlung von Funden etruskischer und griechischer Provenienz besticht vor allem wegen ihrer komplett erhaltenen attischen Tongefäße mit Motiven aus der griechischen Mythologie.

Kloster San Francesco auf dem Hügel oberhalb von Fiesole

Palazzo Pretorio: An der Westseite wird die Piazza Mino vom Rathaus der Stadt abgeschlossen. Der relativ kleine, eher einer Villa ähnliche Bau stammt aus dem 14. Jh., Mitte des 15. Jh. erhielt er den dekorativen Säulenportikus und die darüber liegende Loggia. Fassade und Balustrade schmücken zahlreiche Wappen der Stadtoberen. Vor dem Palast erinnert ein Reiterstandbild (1906) an die Begegnung zwischen dem italienischen König Vittorio Emanuele I. und dem Freiheitskämpfer Giuseppe Garibaldi.

Oratorium Santa Maria Primerana: Rechts vom Rathaus erhebt sich das vermutlich im 10. Jh. auf einer frühchristlichen Kultstätte errichtete Oratorium mit seinem reich geschmückten Portal aus dem 16. Jh. und dem zweisäuligen Portikus (19. Jh.). Im Innern sind Werke von *Andrea della Robbia* und *Francesco da Sangallo* zu sehen.
⌚ Wegen Renovierung zum Zeitpunkt der Recherche geschlossen.

Kirche Sant'Alessandro: Rechts vor der Domfassade, zwischen Priesterseminar und Bischofspalast, führt ein steiles Gässchen auf einen der beiden Hügel von Fiesole. Auf halbem Wege liegt die Kirche Sant'Alessandro. Trotz ihres modern anmutenden Äußeren – Resultat umfangreicher Restaurierungsarbeiten im 19. Jh. – geht diese Basilika auf einen dem Weingott Bacchus geweihten römischen Tempel und dieser wiederum auf ein etruskisches Heiligtum zurück. Unter der Apsis befinden sich noch zwei Zisternen aus der Etruskerzeit. Das dreischiffige Innere mit sechzehn Säulen aus griechischem Marmor bildet heute die eindrucksvolle Kulisse für Kunstausstellungen und Konzerte.

Kloster San Francesco: Nachdem man schnaufend das letzte Stück des steilen Gässchens überwunden hat, gelangt man zum Kloster San Francesco, das seit 1399 im Besitz des Franziskanerordens ist. Abgesehen von der *Klosterkirche* mit einem Altarbild von *Raffaellino del Garbo* und dem *Museum der franziskanischen Missionare* mit römisch-etruskischen, ägyptischen und chinesischen Ausstellungsstücken kann man hier noch einige der äußerst spartanischen Mönchszellen aus dem 15. Jh. besichtigen. Als krönender Abschluss des beschwerlichen Aufstiegs winkt ein hübsches Panorama über Florenz und Umgebung.

Ⓘ Im Sommer täglich 9–12 und 15–19 Uhr, im Winter bis 18 Uhr. Eintritt frei.

Monte Ceceri

Wenn man von der Piazza Mino aus geradeaus weiterfährt, erreicht man den im frühen Mittelalter entstandenen Vorort Borgunto (mit weiteren Abschnitten der etruskischen Stadtmauer in der Via Mari und der Via del Bargellino, hier auch Etruskergräber). Kurz hinter dem Ort geht es rechts zum **Campingplatz Panoramico** (s. S. 211) und weiter zum **Monte Ceceri**. Man stellt den Wagen auf der kleinen Piazza Prato ai Pini ab und steigt die letzten Meter zu Fuß hinauf. Auf diesem Berg hat *Leonardo da Vinci* seine selbst gebauten Fluggeräte ausprobiert, freilich mit eher geringem Erfolg. An den Hängen des Monte Ceceri liegen die frühmittelalterlichen Burgen **Castel di Poggio**, **Castello di Tignano** und **Castello di Vincigliata**. Auf der romantischen Suche nach der Vergangenheit wurden sie Ende des 19. Jh. im neugotischen Stil wieder aufgebaut. In den Gemäuern von Vincigliata und Tignano finden im Sommer die Veranstaltungen der „Estate fiesolana" statt. Ganz in der Nähe befindet sich auch die prachtvolle Renaissance-Villa **I Tatti**, in der der amerikanische Kunstgelehrte und Historiker *Bernard Berenson* vierzig Jahre lang lebte und arbeitete. Nach seinem Tod hinterließ er den gesamten Besitz (einschließlich seiner umfangreichen Kunstsammlung und Bibliothek) der Harvard-Universität, die hier ein Forschungszentrum zur Geschichte der italienischen Renaissance eingerichtet hat.

Cave di Maiano

In den ehemaligen Steinbrüchen Cave di Maiano (südöstlich von Fiesole) baute man über Jahrhunderte das für die florentinischen Baumeister so kostbare graue Sedimentgestein *Pietra Serena* ab. In dem gleichnamigen Dorf kamen die Brüder *Giuliano* und *Benedetto da Maiano* zur Welt, die sich im 15. Jh. in ganz Italien als Bildhauer und Architekten einen Namen machten. Von Maiano aus kann man in südlicher Richtung über die Via del Palmerino zurück nach Florenz fahren.

Was haben Sie entdeckt?

Bitte schreiben Sie uns, wenn Sie Kritik, Anregungen, Verbesserungen oder Empfehlungen haben. Wo war Ihre Lieblingstrattoria, in welchem Hotel haben Sie sich wohl gefühlt, welchen Campingplatz würden Sie wieder besuchen?

Michael Müller Verlag
Stichwort „Chianti"
Gerberei 19
91054 Erlangen
mm@michael-mueller-verlag.de

Blick auf die Piazza del Campo mit Rathaus

Siena

(ca. 50.000 Einw.)

Ruhig, beschaulich. Rotbraune Backsteinbauten, enge, schummrige Straßenschluchten, die sich gekrümmt den Hügelprofilen anpassen, auf denen Siena erbaut wurde. Die Altstadt ist durch und durch mittelalterlich und überwiegend nur Fußgängern sowie nichtmotorisierten Fahrzeugen zugänglich.

Die Stadt ist nicht in das grüne Hügelland der Umgebung hineingewuchert, und ihre Einwohnerzahl hat sich seit ihrer Blütezeit nicht erheblich verändert. Die Silhouette wird geprägt durch die vollständig erhaltene Stadtmauer und dem bis zur Plattform 88 m (!) hohen **Torre del Mangia**, dem Rathausturm.
Zu Füßen des Turms erstreckt sich muschelförmig der **Campo**, Italiens berühmtester mittelalterlicher Platz. Fast sämtliche Gebäude wurden aus Backstein erbaut, auch die Adelspaläste. Eine Ausnahme bildet das Prunkstück Sienas, der grelle, mit Marmor verkleidete **Dom**. Auffällig sind auch die vielen geschmiedeten Ösen an den Häuserwänden – fast schon kleine Kunstwerke aus Eisen –, an die einstmals die Pferde angebunden wurden.

Siena ist ein einziges Ausstellungsstück der italienischen Gotik, die allerdings mit der himmelwärts strebenden nordischen Gotik, wie sie z. B. der Kölner Dom zeigt, wenig gemeinsam hat.

Seit der Blütezeit im 14. Jh. und insbesondere nach der Eroberung durch Florenz (1559) entstanden keine herausragenden Bauwerke mehr. Für kunsthistorisch Interessierte ein unschätzbarer Vorteil: Der mittelalterliche Baustil ist unverfälscht erhalten geblieben.

Karten S. 220 und 222/223

Geschichte

Siena war eine der mächtigen mittelalterlichen Stadtrepubliken und die große Konkurrentin von Florenz. In den Jahrhunderten der zermürbenden Kämpfe zwischen kaisertreuen Ghibellinen und papsttreuen Guelfen versuchte die Stadt, oft mit letzter Kraft, ihre Freiheit und Unabhängigkeit zu bewahren, bis sie schließlich im Jahr 1555 vor der geballten Militärmacht Kaiser Karls V. die Waffen strecken musste. Seitdem ist es ruhig geworden in Siena, doch die ganze Stadtanlage, die Bauten und Kunstwerke, alles weist noch auf die große Zeit der Stadtrepublik zurück.

Der Sage nach wurde Siena von den Söhnen des legendären Rom-Erbauers Remus gegründet. Entsprechend ist die Wölfin mit ihren säugenden Kleinen nicht nur das Wahrzeichen Roms, sondern auch das Sienas. Historisch gesichert ist, dass die Stadtgründung in die etruskische Zeit (ca. 300 v. Chr.) fällt, doch war die Ansiedlung damals ohne große Bedeutung. Unter den Römern scheint sich dann ein gewisser Unabhängigkeitsdrang breit gemacht zu haben. So erwähnt Tacitus einen empörten Senator, der behauptet, von den Einwohnern Sienas aufs übelste verprügelt worden zu sein ...

Im 12. Jh. begannen die erbitterten militärischen Kämpfe um die Autonomie, aus denen Siena gestärkt hervorging. Im Kampf gegen den Bischof von Volterra eroberten die Sieneser 1137 die bedeutenden Silberminen von Montieri und schufen sich damit die Grundlage ihrer Macht. Schon bald konstituierte sich Siena als unabhängige Stadtrepublik mit eigener Münzprägestelle und wurde zentrale Anlaufstätte für Geldgeschäfte aller Art. In dieser Zeit begannen auch die machtpolitischen Auseinandersetzungen mit Florenz. Siena war kaisertreu, während es Florenz mit dem Papst hielt. Dieser fundamentale Gegensatz, der die ober- und mittelitalienische Geschichte bis ins Hochmittelalter bestimmte, brachte erbarmungslose Kämpfe zwischen den beiden Republiken mit sich. Hineingerissen in die großen politischen und militärischen Auseinandersetzungen der Zeit, versuchten beide Kommunen, sich ein Stück vom großen toscanischen Kuchen zu sichern, und erweiterten ständig ihre Gebiete.

Der 4. September 1260 ging in die Stadtgeschichte ein. An diesem Tag brachten die Sieneser Florenz in der Schlacht von Montaperti (einige Kilometer südlich von Siena) eine vernichtende Niederlage bei. Tausende gefangener Florentiner wurden im Freudentaumel durch Siena getrieben. Das finanzielle Opfer des Patriziers *Salimbeni*, der seine gesamten Geldmittel für die Anwerbung von Söldnern eingesetzt hatte, um Sienas militärische Schlagkraft zu stärken, war belohnt worden.

Bereits 9 Jahre später allerdings drehte Florenz den Spieß um und besiegte die Sieneser bei Colle Val d'Elsa. In der Folgezeit kam es noch des Öfteren zu militärischen Auseinandersetzungen zwischen den beiden Stadtrepubliken.

Seine wirtschaftliche Blütezeit erlebte Siena unter dem „Rat der Neun" *(Consiglio dei Noveschi)*, einem Regierungsbündnis aus neun wohlhabenden Kaufleuten, das die Geschicke der Stadt unter Ausschluss des Adels zwischen 1287 und 1355 lenkte. Zu dieser Zeit muss die Stadt in ihrem Reichtum förmlich erstickt sein; einen Abglanz davon sieht man noch heute auf Schritt und Tritt.

Das jähe Ende des Wohlstands kam 1348, als die Pest in der Stadt ausbrach. Die Seuche, die in den schlechten hygienischen Verhältnissen der damaligen Städte einen guten Nährboden fand, raffte 80 % (!) der Stadtbevölkerung dahin. Von diesem schweren Schlag erholte sich Siena nie mehr ganz. Die Feinde der Stadt nutzten die

Schwäche sofort aus, allen voran Kaiser Karl IV., dem die unabhängigen Stadtrepubliken in Italien schon lange ein Dorn im Auge waren. 1355 schürte er einen Volksaufstand in Siena, danach kam die Stadt nicht mehr zur Ruhe. Kämpfe der mächtigen Adelsgeschlechter untereinander, Kämpfe gegen die umliegenden Städte und Kämpfe gegen den Kaiser wechselten einander ab.

Die Stadtheiligen von Siena

Mitten im düsteren Kriegsgeschehen des 14. und 15. Jh. hat Siena zwei Heilige hervorgebracht, deren Lebensdaten chronologisch aufeinander folgen: *Katharina* (1347–80) und *Bernhardin* (1380–1444).

Die *hl. Katharina* war eine typische Vertreterin der spätmittelalterlichen Passionsmystik. Aus ihren 381 erhaltenen Briefen, die als bedeutende Dokumente der italienischen Sprache gelten, spricht eine innige Hingabe an Jesus mit durchaus religiös-erotischen Momenten *(„... er war mein Bräutigam und ich war seine Braut", „... möge er mich küssen mit Seinen Lippen").* Kirchengeschichtlich bedeutsam ist sie, weil sie mit ihren eindringlichen Briefen an Papst Gregor XI. einen Beitrag zur Rückführung des Papsttums aus Avignon nach Rom leistete. Ihr Wohnhaus in Siena ist zu besichtigen (siehe Sehenswertes).

Der *hl. Bernhardin,* der „Apostel Italiens", verteilte sein großes Vermögen an die Armen; sein Vorbild war Franz von Assisi, in dessen Orden er eintrat. Bekannt geworden ist er vor allem als Volksprediger, dessen Zuhörer in die Tausende gingen. Um seinen Namen ranken sich zahllose Legenden. So soll eines Tages ein Kartenmaler zu ihm gekommen sein, der sich bitter beklagte, dass Bernhardin in seinen Predigten stets das Kartenspielen anprangerte und auf diese Weise seine Lebensgrundlage gefährdete. Daraufhin riet ihm Bernhardin, in Zukunft Jesusbilder zu malen – und siehe da, der Mann konnte auch davon leben.

Der Schlussakt folgte 1555: Kaiser Karl V. zog mit seiner Streitmacht gegen die Stadt. Unterstützt wurde er von Cosimo de Medici, dem damaligen Herrscher von Florenz. Nach einjähriger Belagerung fiel Siena, die kaiserlichen Truppen marschierten ein, und das Ende der freien Stadt war besiegelt. Karl V. übertrug Cosimo I. die ganze Toscana als Herrschaftsgebiet, Siena eingeschlossen. Über 700 sienesische Familien – mehr als die Hälfte der Bevölkerung – wanderten nach Montalcino aus. Zur Erinnerung an dieses Ereignis veranstaltet die Contrada della Tartuca alljährlich am 25. März einen 30 km langen Marsch in den damaligen Exilort.

Als nach dem Tod des letzten Medici 1737 die Lothringer die Macht übernahmen, verlor Florenz an Gewicht. Siena nutzte die Situation für einen wirtschaftlichen Aufschwung. Die alten Handelsfamilien erstarkten, das Bankwesen wurde wieder aufgebaut. Auch eine neue Straße nach Rom, die *Lauretana,* entstand zu dieser Zeit.

Das 19. Jh. verlief für die Stadt wenig spektakulär. Immerhin war Siena 1865 die erste Stadt Italiens, die per Volksentscheid dem neuen Königreich beitrat.

Siena
Karten S. 220 und 222/223

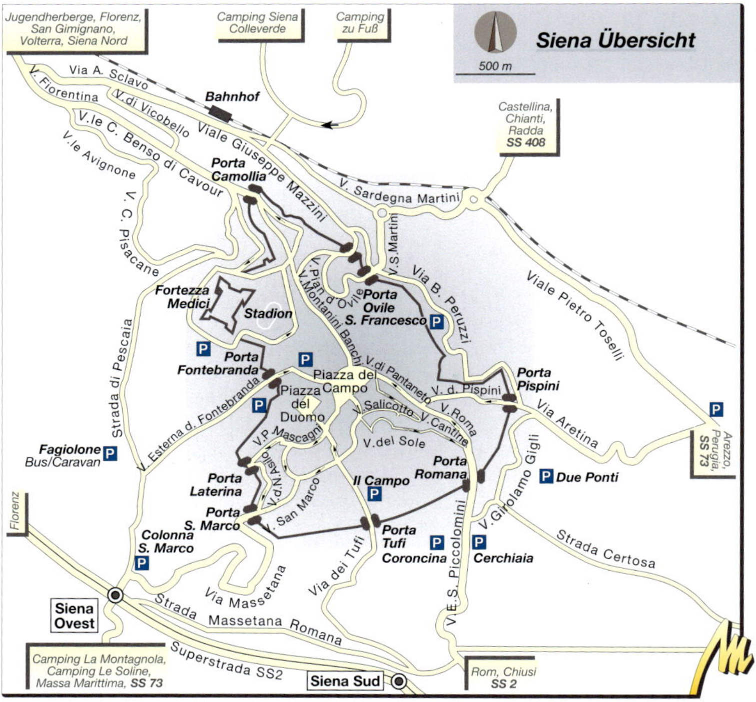

Information/Verbindungen

- *Information* **A.P.T.-Büro**, Piazza de Campo 56. Ganzjährig und auch an Feiertagen 9–19 Uhr geöffnet. ✆ 0577-280551, 📠 0577-270676. www.terresiena.it, incoming@terresiena.it
- *Zimmervermittlung* **Siena Hotels Promotion**, Piazza S. Domenico. Im Sommer 9–20, im Winter 9–19 Uhr (So geschlossen). www.hotelsiena.com, ✆ 0577-288084, 📠 0577-280290.

Vacanze Senesi, das Konkurrenzunternehmen im Parkhaus Il Campo und in der Via Mattioli 9/c, www.vacanzesenesi.it, ✆ 0577-45900.

- *Bahnverbindungen* Die Stadt liegt an der Nebenstrecke Florenz–Empoli–Poggibonsi–Siena. Außerdem fahren mehrmals täglich Züge nach Orvieto (umsteigen in Chiusi). Der Bahnhof liegt 2 km außerhalb. Die Gepäckaufbewahrung ist rund um die Uhr geöffnet. Regelmäßige Busverbindung ab Viale Tozzi oder Piazza Gramsci.
- *Busverbindungen* Ungefähr stündlich fahren Busse nach Florenz, San Gimignano (umsteigen in Poggibonsi) und Volterra (über Colle Val d'Elsa), 4x täglich nach Arezzo, 2x täglich nach Rom. Ab Piazza Gramsci.

Busunternehmen für Stadt- und Überlandfahrten: **TRA-IN**, www.trainspa.it, ✆ 0577-204246.

Stadtbusse fahren ab der Piazza A. Gramsci. Die Tickets (eine Stunde gültig) erwirbt man im Tabakladen.

Adressen

- *Fremdenführer* Als kleine Gruppe lohnt es sich unter Umständen, einen Führer anzuheuern: **Associazione Guide**, www.guidesiena.it, ✆ 0577-43273.

• *Fundbüro* Casato di Sotto 23. Mo und Fr 9–12, Di und Do 15–17 Uhr.

• *Bücher/Zeitschriften* **Libraria Ticci**, gut sortiert, zentral in der Via delle Terme 5/7. In ehrwürdigem Kreuzgewölbe mit frischen Deckengemälden.

Libreria Senese, Via di Città 64. Auch englischsprachige Bücher und deutsche Tageszeitungen.

• *Einkaufen/Wein* **Consorzio Agrario (12)**, Via Pianigiani 9 (Nähe Piazza Matteotti). Im Supermarkt der landwirtschaftlichen Genossenschaft bekommt man alles, was die Sieneser Erde hergibt: Wein, Olivenöl, Honig etc. Aber auch eine große Lebensmittelabteilung ist hier untergebracht.

Enoteca Italiana, Fortezza Medicea. Über 600 verschiedene italienische Qualitätsweine. Siehe auch „Kneipen".

• *Flohmarkt* Jeden 3. Sonntag auf der Piazza del Mercato (nicht im August). Tendenz: schicker Antiquitätenmarkt.

• *Internet* Auch in Siena sind die Internetläden wie Pilze aus dem Boden geschossen. Sehr zentral **Internet Train** in der Via del Cittá 121. 15 Min. kosten ca. 1,50 €.

Ab 20 Uhr kostenloser Internet-Zugang in der Bar **SOB'S** hinter dem Rathaus (an der Piazze del Mercato).

• *Italienischkurse* **Università per Stranieri di Siena**, Via Pantaneto 45 (Studentensekretariat und Information). Im Angebot ist eine breite Palette an Italienischkursen, u. a. dreimonatige Grund- und Aufbaukurse für Lernwillige aller Nationalitäten mit Hochschulreifezeugnis, einmonatige Kurse Handelsitalienisch, Fachitalienisch für Mediziner, für Musiker etc. Unterstützung bei der Zimmersuche. ✆ 0577-240185, ℻ 0577-281030.

• *Kleidungsmarkt* Jeden Mi 7–13 Uhr an der Piazza La Lizza (Nähe Fortezza Medicea) und am anschließenden Viale XXV Aprile, sehr günstig! Achtung: Parkprobleme!

• *Öffentliches WC/Wickelraum* WC im Untergeschoss an der Piazza Gramsci (hier befinden sich auch die Schalter der Busgesellschaften).

Punto Servizi, Casato di Sotto (gleich hinter dem Campo). Toilette (0,80 €), Wickelraum und Infobüro in einem.

• *Waschsalons* **Ondablu**, gleich hinter dem Campo, Via del Casato di Sotto 17. Täglich 8–22 Uhr.

Lavarapido, Via Pantaneto 38, ebenfalls in der Nähe des Campo.

Konzerte/Musik

Im Sommer veranstaltet die Musikakademie Accademia Chigiana vor allem **klassische Konzerte** im gleichnamigen Palazzo Chigi Saracini und im Teatro Rozzi (Mozart, Bach, Strawinsky, Mussorgski etc.). Genaueres erfährt man im Touristenbüro.

Nationales Jazzmusik-Seminar, Ende Juli bis Anfang August: Vorträge, Workshops, Konzerte, Jamsessions etc. Die Konzerte finden oft in den Gärten der Contrade-Häuser statt.

Die Vereinigung **Siena Jazz** bietet internationale Jazz-Seminare für Profis an. Ihren Sitz hat sie in der Fortezza Medicea (Infos unter www.sienajazz.it).

Autos & Parken

Die Altstadt ist für den öffentlichen Verkehr gesperrt. Neben Taxis und Leuten mit Sondergenehmigung dürfen nur Touristen mit einer Hotelreservierung in der Tasche einige wenige Straßenzüge benutzen. Die Zufahrten sind mit Videoanlagen ausgestattet. Halter/Fahrer von in Italien zugelassenen Fahrzeugen ohne hinterlegte Sondergenehmigung werden mit 150 € zur Kasse gebeten, Ausnahmen gibt es nicht. Wer ein Parkverbot missachtet, zahlt 31–71 €. Auch die Stadt Siena hat die Einnahmequelle Falschparken entdeckt! Nichts riskieren!

Nur wenige **kostenlose Parkplätze** unterhalb der Fortezza di Medici (meistens besetzt).

Auch die **gebührenpflichtigen Plätze** im und um das Stadio Comunale sind oft dicht belegt, am Markttag, dem Mittwoch, sind sie ganz gesperrt. Weitere gebührenpflichtige Plätze sind rund um die Altstadt verteilt. Der am günstigsten gelegene ist der neue Parkplatz Santa Caterina-Fontebranda, da man von dort aus per Rolltreppe direkt zum Dom hochfahren kann (Ausfahrt Siena-Ovest).

Siena Karten S. 220 und 222/223

SS 2 Florenz, 1
Jugendherberge, Bahnhof
V. V. Emanuele II
Porta Camollia
Piazza C. Saracini
Via Malta
Viale Sardegna
Viale G. Mazzini
Viale D. G. Minzoni
Via Nino Bixio
Via S. Martini
Piazza G. Amendola
Viale G. Amendola
Via Ricasoli
Via Biagio di Montluc
Via Campansi
Via d. Pignatello
Via di Camollia
V. Vitt. Tassi
Via C. Pisacane
V. N. Sauro
Strada di Pescaia
Viale A. Diaz
Via G. Garbaldi
Barriera S. Lorenzo
Porta Ovile
Piazza d. Sale
Rom, Florenz
Viale Cesare Battisti
V. Rin. Franci
La Lizza
WC
Piazza Gramsci
V. C. Maccari
BUS
Viale V. Veneto
Fortezza Medici
Viale d. Stadio
V. Federico Tozzi
Stadio Comunale
Via d. Montanini
Via d. Stufa Secca
Via del Pian d' Ovile
Via di Vallerozzi
Via d. Comune
Via d. Ort
Orator di San Bernardino
V. Malavolti
P. d. Abbadia
Via d. Rossi
Piazza G. Matteotti
Piazza Salimbeni
Via d. Giglio
P. Prov. Salvani
Via d. Baroncelli
Viale Trento
Viale Trieste
V. d. Mille
V. Curtatone
V. Paradiso
Via d. Sapienza
Via d. Terme
Banchi di Sopra
Via d. Termini
Piazza Tolomei
Via Sall. Bandini
Viale XXIV Maggio
Viale F. Corridoni
Via Bonci
Via Bruno
S. Domenico
Haus d. hl. Katharina
Via S. Caterina
Piazza d. Indipendenza
Fonte Branda
Via d. Fontebranda
Rolltreppe
Porta Fontebranda
Costone
Via d. Diacceto
Via di Città
Banchi di Sotto
Il Campo
Palazzo Pubblico
Synagoge
Via d. Porrione
Via Franciosa
Piazza d. Selva
Via d. Poggio
Dom
Via di Sotto
Pizza d. Mercato
S. Catarina Fontebranda
Strada d. Grotte
Via Esterna D. Fontebranda
Ospedale di S.M. della Scala
Via del Capitano
Internet
Via d. Casato di Sopra
V. d. Lombarde
V. d. P. Giustizia
Via Duprè
Piazza d. Postierla
Pinakothek
Via S. Pietro
Casato d. Sotto
SS 2 Siena-Ovest
Via P. Mascagni
Via E. Bastianini
Via d. S. Ansano
Via d. Mantellini
V. d. Stalloreggi
V. d. S. Quircio
V. T. Pendola
V. d. Cerchia
Via Fontanella
Via d. Laterino
Porta Laterina
Via del nuovo Asilo
Cimitero Laterino
Orto Botanico
Via Pier Andrea Mattioli
il Campo
P
Porta S. Marco
Via S. Marco
Via delle Sperandie
Stada d. Giuggiolo
Via Massetana
Porta Tufi
S. d. Tufi
1 2 3 4 5 7 8 9 10 11 12 13 14 15 16 17 18 19 20 21 22 23 24 26 27 28 29 31 33 34 35 38 39 40 41 42 43 44 45 46

Übernachten

1 Villa Fiorita
2 Minerva
5 Piccolo Hotel Il Palio
6 Moderno
10 Cannon d´Oro
13 Chiusarelli
14 Villa Liberty
16 Miniresidence Casalbergo
18 Alma Domus
19 Bernini
21 La Toscana
22 Centrale
23 Tre Donzelle
24 Piccolo Hotel Etruria
26 Lea
35 Garibaldi
41 Il Casato
45 Palazzo Ravizza
47 Hotel Santa Caterina

Essen & Trinken

3 Da Enzio
11 Rosticceria Vitti
15 Rest. Da Trombicche
25 Mensa
27 Caffe Torreficazione
28 Ristorante Ciao
29 Mugolone
30 Osteria Il Coro
31 Ristorante La Torre
33 Osteria Enotheca Sotto le Fonti
36 Rest. Da Gano
37 Ristorante Cane e Gatto
38 La Taverna del Capitano
39 Ristorante Papei
40 Osteria Il Tamburino
42 Castelvecchio
43 Osteria Nonna Gina
44 Mensa
46 Osteria del Gatto

Nachtleben

4 Bar L'Officina
7 Dublin Post
8 Enoteca Italiana
9 Caffè 115
17 Bar Scorpios
20 Caffè Novo
32 Al Cambio Music Hall
34 Bar SOB's

Sonstiges

12 Consorzio Agrario

200 m

Siena

Ein kluges **Parkleitsystem** unterstützt den verzweifelten Autofahrer (zumindest meistens). Schon am Stadtrand kündigen Schilder an, welche Plätze belegt und welche frei sind. Die Nummern der Parkplätze sind in der Innenstadt ausgeschildert, sodass man sein Auto oft schnell wiederfindet. An den Parkuhren kostet die Stunde 1,60 €, die Parkhäuser sind genauso teuer.

• *Campmobil* Für 10 € am Tag kann das Fahrzeug auf dem Parkplatz Fagiolone abgestellt werden.

• *Großparkplätze* Außer den oben beschriebenen existieren noch einige weiter entfernte Parkplätze. Sie sind kostenlos, unbewacht und mit einem Shuttle-Bus, *Pollicino* genannt, ans Zentrum angebunden. Die Pollicini verkehren Mo–Sa von 7 bis 24 Uhr im 15-Min.-Takt (sonntags nur alle 30 Min.), Fahrpreis 0,90 €.

Due Ponti, Viale Toselli (im Osten der Stadt). Pollicino Linea B, Haltestelle im Zentrum: Logge del Papa (hinter dem Campo).

Cerciaia/Coroncina, Cassia Roma (SS 2, ziemlich weit im Süden der Stadt). Pollicino Linea A, Haltestelle im Zentrum: zwischen Rathaus und Markthalle.

Strada Comunale di Certosa, verläuft entlang dieser Straße (außerhalb der Porta Romana). Pollicino Linea C.

• *Übernachtparken* Einige Hotels haben Vertragsgaragen, die pro 24 Stunden ca. 13 € verlangen. Die Parkhäuser kennen in der Regel keine reduzierten Langzeittarife; es gibt allerdings zwei Ausnahmen:
Die **Parkplätze am Stadion** sind von 20–8 Uhr kostenlos, und im **Parkhaus Il Campo** bekommt man gegen Vorlage eines Übernachtungsbeleges Rabatt. Bei beiden Plätzen kommt man dann auf ca. 16 € pro Tag.

Die Contraden

So werden in Siena die einzelnen Stadtteile genannt. Ihre auf kleinen Keramiktafeln angebrachten Wappen (meist mit Tiersymbolen) schmücken fast jeden Straßenzug. Historisch waren die Contrade autonome Einheiten mit eigener Verwaltung und Gerichtsbarkeit. Heute erfüllen sie gemeinnützige Aufgaben in den Bereichen Altenpflege, Kinder- und Jugendarbeit und nicht zuletzt bei der Organisation von Festen, insbesondere bei der des Palio (s. u.). Darüber hinaus besitzt jede Contrada ihre eigene Kirche und andere stadtteileigene Einrichtungen wie z. B. ein Museum (s. u.).

Hervorstechende Eigenschaft der heute insgesamt 17 Contraden ist das ausgeprägte Gemeinschaftsgefühl, das unter ihren Bewohnern herrscht. Ebenso ausgeprägt ist allerdings auch die Rivalität untereinander, die sich besonders beim Palio dokumentiert. So wurden schon oft einige Contrade wegen „übertriebener Schlägereien“ vom nächsten Palio disqualifiziert, was das größte Unglück überhaupt ist! Aber auch aus anderen Gründen ist man sich untereinander bisweilen nicht sonderlich gewogen. So war lange Zeit die Contrada dell'Oca (Gans) der „Underdog“ unter den Stadtvierteln, denn sie hatte die Farben der Nationalflagge in ihrem Banner und wurde unter Mussolini stark protegiert, was ihrem Ruf nachhaltig schadete. Ähnlich ging es der Contrada dell'Aquila, die ihr Fähnchen mit dem Habsburger Doppeladler in den Wind hing ...

Musei di Contrada: In den Museen sind Trophäen, historische Uniformen und andere Erinnerungsstücke aus der reichen Vergangenheit der Contrade zu besichtigen. Oft werden an den Wänden historische Szenen nachgestellt, in denen die Contrada treibende Kraft war, z. B. der „Fenstersturz der schlechten Regierung“, zu dem die Contrada del Bruco (Raupe) entscheidend beitrug. Die Öffnungszeiten sind unterschiedlich. Während einige Museen sonntags zwischen 10 und 12 Uhr besichtigt werden können, vergeben andere nur nach Voranmeldung (mindestens eine Woche im Voraus) einen Besuchstermin.

Der Palio

Das größte Fest in Siena ist der Palio, ein Pferderennen, dessen Tradition bis ins 13. Jh. zurückreicht. Es findet jährlich am 2. Juli und am 16. August auf dem Campo statt. Wild entschlossen, das Seidenbanner zu gewinnen, machen sich die Reiter auf den Weg. 10 der insgesamt 17 Contrade nehmen an dem Wettkampf teil. Das Fiese dabei: Die Jockeys dürfen den Gegner durch Peitschenhiebe aufs feindliche Pferd behindern. Besonders in der Rathauskurve wird gepeitscht, geschoben und gedrückt, was das Zeug hält. Die professionellen „Rodeo-Künstler" werden übrigens von den Contrade eingekauft und kommen aus ganz Italien, mittlerweile auch viele Toscaner. Die Teilnehmer tragen Kostüme aus dem 15. Jh. Jedes Stadtviertel wird von zwei Pagen, einem Oberpagen und einem Duce (Herzog) repräsentiert und verfügt über ein eigenes Symbol (Giraffe, Schildkröte, Schnecke etc.).

Die Flaggen der Contraden als Häuserschmuck

Das Wettrennen auf den ungesattelten Pferden, das zwischen 17 und 19 Uhr abends beginnt, dauert nur 70 bis 80 Sekunden, ist aber von komplizierten Zeremonien umrahmt, die schon vier Tage vorher beginnen. Unmittelbar vor dem Rennen findet der **Corteo Storico** statt, ein festlicher Umzug in historischen Kostümen aus dem 15. Jh. Den Kopf des Zuges bilden die Steuereintreiber, es folgen der Träger des städtischen Wappens, die Musiker, die verschiedenen Bannerträger und ganz zum Schluss der reich verzierte, von stattlichen Maremma-Bullen gezogene Kriegswagen, der sog. „Carroccio" (Karren), der das Banner der Stadtverwaltung und den „Palio" trägt. Dies ist das Seidenbanner, das der Gewinner bekommt und das zu jedem Rennen von einem anderem berühmten Künstler gestaltet wird (2002 war es der kolumbianische Künstler Bottero, der mit seiner rundlichen Madonna für hitzige Diskussionen bei den konservativen Sienesern sorgte ...). Nach dem Rennen werden die Gewinner gefeiert, und in den Straßen der Contrade gibt es oft Wein für alle. Einige Wochen später, im September, findet die eigentliche große Feier, ein abendlicher Festschmaus der Sieger unter freiem Himmel, statt, der bis tief in die Nacht dauert – das glückliche Siegerpferd ist auch mit von der Partie!

Siena
Karten S. 220 und 222/223

Nachdem schon der WWF und Brigitte Bardot erfolglos wegen vermeintlicher Tierquälerei gegen das Pferderennen gestritten hatten, sorgte 1991 der Filmregisseur Federico Fellini für einen Eklat. Nachdem seiner Crew – wie jedem anderen Filmteam auch – Aufnahmen vom Rathausturm herab aus Sicherheitsgründen verwehrt worden waren, erklärte der Maestro in einer Pressemitteilung die Bürger der Stadt und insbesondere den Bürgermeister kurzerhand für verrückt. Letzterer konterte mit einer Verleumdungsklage und schnitt sich damit ins eigene Fleisch, denn der hochkarätige Regisseur wollte die Aufnahmen als Teil eines Werbefilms über die Toscana verwenden.

Auf eine hintersinnige Weise hat sich auch die „Firma" Fruttero & Lucentini mit dem Palio befasst. „Der Palio der toten Reiter" – so der Titel ihres Romans – ist ebenso spannungsgeladen wie der wirkliche Palio.

Übernachten (siehe Karte S. 222/223)

Die meisten Hotels liegen innerhalb der Stadtmauer. Trotz der zentralen Lage sind sie relativ ruhig, da die Altstadt autofrei ist. Mit einer Hotelreservierung, die Sie bei der **Siena Hotel Promotion** oder **Vacanze Senesi** (s. o. „Zimmervermittlung") bekommen, dürfen Sie Ihr Gepäck zur Unterkunft fahren. Ob dies angesichts der vielen Fußgänger, Einbahnstraßen und völlig gesperrten Straßen sinnvoll ist, müssen Sie selbst entscheiden. Am bequemsten ist sicherlich das Taxi.

Nachstehend finden Sie eine Auswahl an Hotels und anderen Übernachtungsmöglichkeiten. Die angegebenen Preise liegen in der Vor- und Nachsaison etwas, in den Flautemonaten (z. B. im Februar) sogar wesentlich niedriger.

*** **Palazzo Ravizza (45)**, First-Class-Pension in alter Stadtvilla (17. Jh.) mit Terrassengarten und Springbrunnen hinter dem Haus. Schöner Blick über die Mauer. DZ mit Dusche 270 € (inkl. Frühstück). Pian dei Mantellini 34. ✆ 0577-280462, 📠 0577-221597. bureau@palazzoravizza.it, www.palazzoravizza.it

*** **Villa Liberty (14)**, toprenovierte Villa im italienischen Jugendstil. Die Böden wurden aufwendig mit Marmor (in den Gängen) und Parkett (in den Zimmern) neu gestaltet. Blick auf die Fortezza Medici, Garten um das Haus. DZ mit Bad 119 €. Viale V. Veneto 11. ✆ 0577-44966, 📠 0577-44770. info@villaliberty.it, www.villaliberty.it

*** **Chiusarelli (13)**, stilvoller neoklassizistischer Bau, zentral gelegen, einige Parkplätze im Garten. Insgesamt 50 Zimmer, sehr ruhig die Zimmer zum parkähnlichen Stadion von Siena. DZ 119 €. Via Curtatone 9. ✆ 0577-280562, 📠 0577-271177. info@chiusarelli.com, www.chiusarelli.com

*** **Santa Caterina (47)**, knapp außerhalb der Porta Romana. Toller Garten mit Blick ins Umland (Frühstück wird auch dort serviert). Bei den ruhigen Zimmern zum Garten hin stehen die Betten auf einer Zwischendecke, erreichbar über eine Treppe. Zur Straße hin Schallschutzfenster. Einige Parkplätze vorhanden. DZ 155 €. Via E.S. Piccolomini 7. ✆ 0577-221105, 📠 0577-271087. info@hscsiena.it, www.hscsiena.it

*** **La Toscana (21)**, ca. 50 Zimmer, über mehrere Stockwerke verteilt. Hübsche Holzmöbel. Von den oberen Zimmern Blick über das Dächergewirr. DZ mit Bad 83 €, ohne 62 €. Via Cecco Angiolieri 12. ✆ 0577-46097, 📠 0577-270634.

MiniResidence Il Casato (41), in einem alten Palast aus dem 18 Jh., erst seit 2000 zu einer geschmackvollen Herberge umgebaut. Steile Treppen führen zu den auf mehreren Stockwerken verteilten, meist geräumigen Zimmern. Tolle Deckenfresken, auch ein kleiner Terrassengarten ist für Gäste zugänglich. DZ 98 €. Zwei Eingänge: Via Dupré 126 und über die darüber liegende Via Casato di Sobra 33. ✆ 0577-236001, 📠 0577-226997.

*** **Moderno (6)**, mit 56 Zimmern zählt es zu den größten Hotels der Stadt. „Moderno" wirkt der Backsteinbau nicht. Da das Hotel knapp außerhalb der Mauer liegt, sind Anfahrt und Parkmöglichkeiten weniger prekär. Kehrseite der Medaille: Straßenlärm in den Zimmern nach vorn. DZ mit Bad 108 €. Leser meinen, dass man das Frühstück einsparen kann und das Geld stattdessen für den Garagenplatz ausgeben sollte. Service nachlässig. Via Baldassarre Peruzzi 19. ✆ 0577-

Caffè Novo – hübsche Sicht auf die Stadt

288453, ℡ 0577-270596. info@hotelmoderno siena.it, www.hotelmodernosiena.it

*** **Minerva (2)**, das Hotel hat den außerordentlichen Vorteil, dass man (obwohl es innerhalb der Stadtmauer liegt) mit viel Glück einen Parkplatz vor dem Haus ergattern kann. Knapp dahinter beginnt das Fahrverbot. Modern ausgestattete Zimmer mit großzügigem Bad. DZ 111 €. Via Garibaldi 72. ✆ 0577-284474, ℡ 0577-43343. info@ albergominerva.it, www.albergominerva.it

** **Piccolo Hotel Il Palio (5)**, leider etwas abgewohnt. Vorteil: Man kann mit dem Auto direkt vor den Eingang fahren, muss es allerdings nachher „entsorgen". Da an der Hauptverkehrsader der Altstadt gelegen, werden die Nächte wegen der vielen Vespas laut, DZ mit Bad 108 €. Piazza del Sale 19. ✆ 0577-281131, ℡ 0577-281142. reception@ piccolohotelilpalio.it, www.piccolohotelilpalio.it

** **Lea (26)**, alte, gepflegte Villa in ruhiger Lage, kleiner Garten ums Haus. Einige Zimmer mit schönem Blick auf die Altstadt mit dem Dom. DZ 90 €, alle mit Bad. Viale XXIV Maggio 10. ✆ 0577-283207. hotellea@libero.it

** **Centrale (22)**, helle Zimmer im 3. Stock (kein Lift). Eines der kleinsten Hotels der Stadt, nur 7 Zimmer, die meisten sind jedoch groß, haben Telefon und Minibar. DZ mit Bad 80 €, ohne 65 €. Via Cecco Angiolieri 26. ✆ 0577-280379, ℡ 0577-42152. hotel centrale.siena@libero.it

** **Cannon d'Oro (10)**, altes, verwinkeltes Haus mit vielen Zimmern. Gänge und Räume weiß und ohne jeglichen Schmuck, oft lärmende Reisegruppen. DZ mit Bad 100 €. Via Montanini 28. ✆ 0577-44321, ℡ 0577-280868. info @canondoro.com, www.cannondoro.com

** **Piccolo Hotel Etruria (24)**, sympathisch, wenn auch etwas eng. Das hoteleigene Restaurant ist preiswert und wird gerne von Rucksacklern besucht. DZ mit Dusche 80 €. Via Donzelle 3. ✆ 0577-288088, ℡ 0577-288461. info@hoteletruria.com, www.hoteletruria.com

Villa Fiorita (1), Villa im Jugendstil direkt am Vortor der Porta Camollia mit wunderschönem Garten und familiärer Leitung, 10 Doppelzimmer, ein 2er-Appartement, alles sehr stilvoll und gepflegt. DZ mit Bad 90 €, in der Nebensaison weniger. Zentrum zu Fuß zu erreichen, ✆ 0577-44877.

* **Bernini (19)**, ein Leser schreibt: „... absolut familiäre Pension. Zur Not werden Gäste in den Stockbetten der Kinder einquartiert, Alessandro und Gattin nehmen wirklich alles locker. In der Hochsaison laufend completo! Einige Zimmer mit phantastischem Blick auf den Dom und den Torre del Mangia. Super-Terrasse mit Panorama. Reservierung sehr zu empfehlen." DZ mit Dusche 83 €, ohne 63 €. Via della Sapienza 15. ✆ 0577-289047.

* **Tre Donzelle (23)**, großzügiges Altstadthaus, sauber. DZ mit Dusche 60 €, ohne

Siena Karten S. 220 und 222/223

Lecker aufgetischt

45 €. Via Donzelle 5. ☎ 0577-280358, 📠 0577-223933.

** **Locanda Garibaldi (35)**, die einst beliebte Billigabsteige wurde 1999 totalrenoviert, seitdem „molto" höhere Preise (DZ 75 €). Im kleinen Restaurant billige Menüs. Via Giovanni Dupré 18. ☎ 0577-284204.

Miniresidence Casalbergo (16), Via del Paradiso 54. Freundliche Bleibe mit 3 DZ (70 €), einem 3-Bett-Zimmer (85 €) und einem 4-Bett-Zimmer (115 €), Dusche/WC teils auf der Etage. Den Gästen steht eine Küche zum Kochen zur Verfügung! ☎ 0577-281458, 📠 0577-280619. www.casalbergo.net

Alma Domus (18), schlafen im Kloster Santuario S. Caterina. Funktionale Zimmer, einige mit tollem Blick auf den Domhügel. Sogar eine Klimaanlage gibt es. Nachteil: um 20.30 Uhr wird die Pforte geschlossen. DZ 65 €. Via Camporeggio 37. ☎ 0577-44177

• <u>*Außerhalb*</u> **** **Villa Scacciapensieri**, ca. 3 km außerhalb, knapp hinter dem Campingplatz Siena Colleverde. Hübsch restaurierte Landvilla, umgeben von einem Park. Zimmer recht geräumig, alle mit einem kleinen Balkon. Im Erdgeschoss eine düstere, rustikale Bar und das Restaurant. Kleiner, nierenförmiger Swimmingpool und Tennisplatz. DZ 185–245 €. Via Scacciapensieri 24. ☎ 0577-41441, 📠 0577-270854. vilasca@tin.it, www.villascacciapensieri.it

• <u>*Jugendherberge*</u> **Guidoriccio**, im Ortsteil Stellino (vom Bahnhof mit Bus Nr. 10 erreichbar, von der Piazza Gramsci mit Bus Nr. 15, ab Piazza Sale mit Bus Nr. 4). Übernachtung mit Frühstück 14 €/Person; ca. 120 Betten. Die nach dem Reiter auf dem berühmten Gemälde von Simone Martini (im Palazzo Pubblico) benannte Jugendherberge wurde komplett renoviert und umgebaut, jetzt fast nur noch Doppelzimmer, noch zwei Schlafsäle mit jeweils 8 Betten. Via Fiorentina 89. ☎ 0577-52212.

• <u>*Agriturismo*</u> **Villa Caselunghe**, kleines Landgut mit 17 Hektar Land (Wein, Oliven) inmitten unzersiedelter Landschaft. Nur ca. 3 km östlich des Stadtkerns (nicht weit vom neuen Hospital). 3 Appartements für 2–4 Pers., Pool. Via delle Tolfe 9. info@caselunghe.it, www.caselunghe.it

Podere il Pero, kleines Landhaus, nicht kaputtsaniert, mit vier Doppelzimmern und einer Wohnung für 2–4 Person, wunderschön im Grünen gelegen und doch nur 10 Min. von der Piazza del Campo entfernt. DZ ca. 80 €. Strada di Montalbuccio 29 (Ausfahrt Siena-Ovest, Richtung Zentrum, U-Turn Richtung Montalbuccio). ☎ 0577-236361, 📠 0577-205021. info@podereilpero.it, www.podereilpero.it

• <u>*Camping*</u> **Siena Colleverde**, ca. 3 km nördlich der Stadt. Mit Bus Nr. 3 ab Via Tozzi oder Bus Nr. 8 ab Piazza del Sale, letzter Bus um ca. 22.50 Uhr. Wie der Name schon vermuten lässt, liegt das Gelände auf einem grünen Hügel mit vielen Bäumen. Wenn der Platz überfüllt ist (während der Hauptreisezeit die Regel), muss man mit weniger begrünten Flächen vorlieb nehmen. Swimmingpool-Benutzung (geöffnet ab Juli) wird extra berechnet. In der Kantine preisgünstiges Menü. Von der Pizzeria in der Nähe des Campingplatzes hingegen war ein Leser ganz und gar nicht begeistert. Öffnungszeiten ungewiss, da gerade der Betreiber wechselt, am besten bei der Touristeninformation nachfragen. Strada di Scacciapensieri 47. ✆ 0577-280044, ✆ 0577-333298.

• *Außerhalb* **La Montagnola**, in Sovicille, ca. 12 km westlich von Siena, erst 8 km entlang der SS 73 (Richtung Roccastrada). Großer, einladender Platz im schattigen Wald. Gepflegte Sanitäranlagen, absolute Ruhe. Busse nach Siena halten direkt im Campingplatz. Für Wanderer hält die freundliche Rezeption eine Regionskarte bereit. Mehrere Leser waren von dem Platz begeistert. Unsere Empfehlung. Geöffnet April–September. ✆ 0577-314473, ✆ 0577-349286.

Le Soline, in Casciano di Murlo, ca. 23 km südlich von Siena (Richtung Grosseto, nach 20 km bei Fontazzi links nach Casciano di Murlo abzweigen, dann ausgeschildert). In der Regel ab April geöffnet, toller Swimmingpool mit Ausblick! ✆ 0577-817410.

Essen und Trinken (siehe Karte S. 222/223)

Wer in Siena unter Italienern speisen möchte, muss sich wohl in die Schlangen der Uni-Mensa einreihen. Bis in den November hinein wird die Stadt so von Touristen geflutet, dass an den Nebentischen üblicherweise alles andere als Italienisch gesprochen wird; leider wird der nichtitalienische Tourist trotzdem manchmal recht unfreundlich behandelt. Das Essen in den vielen Trattorien ist meist gut, preislich ist der Besuch in der Regel aber wenig erfreulich, doch gibt's auch Ausnahmen. Zum Nachtisch sollte man den *panforte* probieren, den „schweren Kuchen" mit Mandeln und kandierten Früchten (gibt's auch in vielen Cafés). Als Hauptgericht servieren einige Restaurants *bollito di manzo* (gekochtes Rindfleisch in einer Soße aus Olivenöl mit grünen Kapern) – schmeckt bestimmt jedem, der Fleisch nicht gerne trocken isst!

Da Enzo (3), der renommierte Küchenchef führt das Lokal selbst. Preislich noch im Rahmen: Secondi ab 17 €. Mit dem Festpreismenü für 30 € ist man ganz gut bedient. Via di Camollia 49. ✆ 0577-281277. So gesch.

Cane e Gatto (37), wer sich etwas Luxus leisten möchte, der es sicher auch wert ist, muss dieses kleine Lokal mit nur 8 Tischen besuchen. 2 Stunden sollte man für die „Dinner Party" schon einplanen. Täglich nur ein Menü zur Auswahl, 6 Minigänge werden serviert, alles vom Feinsten, ca. 57 €, Wein extra. Nur abends, Do geschlossen. Via Pagliaresi 6. ✆ 0577-287545.

Mugolone (29), alteingesessenes gutbürgerliches Speiselokal mit traditioneller Küche und flotter Bedienung. Viele Einheimische und Handelsreisende, besonders beim Mittagstisch. Do geschlossen. Via dei Pellegrini 8–10. ✆ 0577-283039.

Castelvecchio (42), vielfach ausgezeichnet, trotzdem erschwingliche Preise, Primi ab 7,50 €, Secondi ca. 9.50 €. Die moderne Möblierung steht im angenehmen Kontrast zu den rustikalen Räumlichkeiten. So geschl. Via Castelvecchio 65. ✆ 0577-49586.

La Taverna del Capitano (38), das kleine Lokal liegt zwar an der „Rennstrecke" zwischen Dom und Campo, aber der Wirt spekuliert weniger auf die Laufkundschaft. Preiswerte und gute Gerichte und ein freundlicher Service machen die Taverne empfehlenswert. Sogar so untouristische Gerichte wie Stockfisch stehen des Öfteren auf dem Speiseplan. Hier muss man allerdings viel Zeit mitbringen. Di Ruhetag. Via del Capitano 6/8, ✆ 0577-288094.

Papei (39), schöne Lage am ehemaligen Markt, etwas abseits des Trubels, Betischung auch im Freien. Für die Qualität preislich okay, oft werden ausländische Touristen jedoch recht unfreundlich behandelt. Mo geschlossen. Piazza del Mercato 6. ✆ 0577-280894.

Osteria Il Tamburino (40), preiswerte, solide Küche: Pici, Ossobuco oder Kaninchen, zubereitet mit Vernaccia di S. Gimignano. So geschlossen. Via di Stalloreggi 11, ✆ 0577-280306.

Siena Karten S. 220 und 222/223

Osteria Nonna Gina (43), kleine, sympathische Osteria mit preiswerter sienesischer Küche. Gute Hausmannskost ohne Schnickschnack, leider lange Wartezeiten. Mo geschlossen. Pian dei Mantellini 2. ✆ 0577-287247.

La Torre (31), Trattoria in zentraler Lage, ganz und gar vom Tourismus bestimmt. Küche ohne besondere Raffinesse, Menu turistico für 20 €. Via di Salicotto 7. ✆ 0577-287548.

Da Trombicche (15), kleine Osteria mit nur etwa 5 Gerichten zur Auswahl, alle sind links vom Eingang in der Vitrine auszuwählen und kommen dann in die Mikrowelle. Es handelt sich meist um gut zubereitete Suppen und Eintopfgerichte (z. B. leckeren Bohneneintopf). Gericht ca. 5 €. Via delle Terme 66. ✆ 0577-288089.

Da Gano (36), jeden Tag wechselnde lokale Gerichte, einfach und recht preiswert. Viel jugendliches Publikum. Di geschl. Via Pantaneto 146. ✆ 0577-221294.

Osteria del Gatto (46), der neue Besitzer des Lokals ist gleichzeitig der Küchenchef. Relativ preiswert, mit einigen Tischen auf der Straße. So geschl. Via S. Marco 8. ✆0577-287133.

Garibaldi (35), eines der preiswertesten Lokale in Siena, dementsprechend voll. Von der Renovierung des Hotels wurde das Restaurant nicht betroffen. Klein und gemütlich. Sa geschlossen. Via G. Dupré 18.

Osteria del Coro (30), die schnelle Schnittpizza im Stehen, eine richtige im Sitzen, das Tagesmenü oder nur ein Primo. Empfehlung für den schnellen Mittagsstopp ohne große Erwartungen, Mo geschl. Via di Pantaneto 85, ✆ 0577-222482.

Osteria Enoteca Sotto le Fonti (33), etwas abseits im Viertel der Hl. Caterina gelegen, vielleicht auch deshalb gute Preis-Leistungs-Balance, sehr geschmackvoll eingerichtet, viele einheimische Gäste. Besonders zu empfehlen: die hausgemachten Nudelgerichte („Pici") und die Antipasti. 150 Weinsorten, die man zu einem sehr fairen Preis auch direkt kaufen kann. Das deutsch-italienische Betreiberpaar versteht etwas vom herzlichen Service. Abends bekommt der Gast zur Begrüßung einen Prosecco serviert. Via Esterna Fontebranda 114 (gegenüber dem Parkplatz St. Caterina-Fontebranda), ✆ 0577-226446.

Rosticceria Vitti (11), Schnellküche mit Betischung auch in einem sich seitlich anschließenden Hof. Gegrillte Hähnchenteile etc. (Speisen auch zum Mitnehmen). Sa geschlossen. Via dei Montanini 16. ✆ 0577-289291.

• *Fast Food* **Ciao (28)**, geschmackvoll eingerichtetes Selfservice-Restaurant. Die Qualität des Essens ist allerdings mäßig. Hier kann man allenfalls ein schnelles Primo zu sich nehmen. Il Campo.

• *Uni-Mensen* In beiden Mensen herrscht großer Andrang, ca. 20 Min. anstehen.

Via S. Agata 1 (44), Gäste zahlen ca. 6 €, Mittagessen bis 14 Uhr, abends 18.45–21 Uhr.

Via S. Bandini 47 (25), Studentenausweis war nicht notwendig, ebenfalls ca. 6 € für das einfache Menü, das sich aufstocken lässt.

• *Außerhalb* **Fontebecci**, nahe der Einfahrt zur Superstrada nach Florenz, gegenüber der Tankstelle. Empfehlenswert, weil für wenig Geld Köstlichkeiten geboten werden. Do geschlossen. Via Fiorentina 133, die beste Pizza der Stadt, der *Pizzaolo* ist Neapolitaner! Leider sehr lange Wartezeiten. ✆ 0577-50259.

Eden, in Costalpino an der Straßengabelung SS 73 (nach Roccastrada) und SS 223 (nach Grosseto). Angenehmes Restaurant mit überdachtem Vorbau. Spezialität des Hauses ist Fisch, abends werden aber auch Pizzen gebacken. Ein Leser, der die hervorragende Qualität des Essens im Eden lobt, vermerkt als einzigen Nachteil, dass die überdimensionalen Portionen kaum zu schaffen sind! Durchschnittliche Preise. Mo geschlossen. Grossetana 3, ✆ 0577-391140.

Ristorante Pizzeria Ampugnano – Sovcille – direkt gegenüber dem Mini-Flughafen Sienas gelegen, sehr rustikal und preisgünstig, gute Pizza, am Wochenende proppenvoll mit Familien. Mi geschlossen. ✆ 0577-349142.

Kneipen & Discos (siehe Karte S. 222/223)

Caffè Torreficazione (27), das kleine Café liegt gegenüber von Bata in der Via di Città und serviert den mit Abstand besten Kaffee in der Stadt!

Caffè Novo (20), renovierte Kellerbar, weit verzweigte Räumlichkeiten, hell und gemütlich. Auch Bestuhlung auf der Straße. Ein zusätzliches Plus: diverse Spiele im Regal (u. a. Schach). Geöffnet 12–1 Uhr, im Sommer So, im Winter Mo geschlossen. Via Camporegio.

SOB'S (34), „Sun Of A Bitch", in der ehemaligen Heimstatt des Henkers von Siena! Das Bemerkenswerte sind die insgesamt 8 Internet-Computer, welche die Gäste ab 20 Uhr kostenlos benutzen können. Das sorgt

Nachtleben – an der Fonte Gaia / Piazza del Campo

schon früh für genügend Kundschaft. Vom Fass gibt's diverse englische Lager-Biere und Hacker-Pschorr Weiße. Hinter dem Rathaus (an der Piazze del Mercado).

Al Cambio Music Hall (32), Underground-Atmosphäre, laute Musik, viele Studenten, oft auch Livemusik (es wird auch getanzt). Via del Pantaneto 48.

Caffe del Corso, am Abend wird dieses Café mit einigen Sitzplätzen gesteckt voll. Via Banchi di Sopra 25.

Bar Scorpios (17), leckere und günstige Snacks, die auf 2 Etagen serviert werden. So geschlossen. Via della Sapienza 78.

Dublin Post (7), original Irish Pub, auch zum Draußensitzen. Piazza Gramsci.

Bar L'Officina (4), öfter Livemusik, viele verschiedene Biersorten. Geöffnet 18–3 Uhr, So geschlossen. Piazza del Sale 3 a.

Caffè 115 (9), gemütlich – viel Holz, Spiegel, fast wie ein English Pub, für Bayern gibt's Maßkrüge. Via dei Rossi 115.

Barone Rosso Pub, Ausschank von Guiness-Bier, Livemusik, geöffnet 21–3 Uhr. Via dei Termini 11.

Enoteca Italiana (8), großzügig angelegte Weinprobierstube in den mächtigen Gewölben der Fortezza. Sie können den Wein glas- oder flaschenweise (ab ca. 8 €) probieren, aber auch ganz einfach kaufen. Über 600 verschiedene Qualitätsweine Italiens zur Auswahl! Leider schlechte Beratung und Service, man sollte vielleicht nur einen Rundgang machen und sich in den kleinen Enotheken umgucken, wo man besser beraten wird und in der Regel weniger bezahlt! Geöffnet 12–1 Uhr (Mo nur bis 20 Uhr), So geschlossen. Fortezza Medicea.

Sehenswertes

Il Campo

Der Platz, der sein heutiges Gesicht 1347 erhielt, ist sicher der schönste der Toscana und noch immer der Mittelpunkt des öffentlichen Lebens. Muschelförmig breitet er sich in der Senke der drei Hügel aus, auf denen Siena erbaut wurde. Rundum erhebt sich eine einzigartige Kulisse mittelalterlicher Paläste, die heute

Siena Karten S. 220 und 222/223

Kartenreservierungen/Sammeltickets (Biglietto cumulativo)

Eintrittskarten können unter ✆ 0577-41169 oder unter moira.cencioni@comune.siena.it reserviert werden. Abholung am Palazzo Comunale.

„Torre und Museum": 10 €

„Musei Comunali": Museo Civico/Palazzo Papesse/Santa Maria della Scala 10 € (2 Tage gültig)

„S.I.A. Inverno": Museo Civico/Palazzo Papesse/Santa Maria della Scala/Museo dell'Opera/Battistero S. Giovanni 13 € (7 Tagegültig)

„S.I.A. Estate": Museo Civico/Palazzo Papesse/Santa Maria della Scala/Museo dell'Opera/Battistero S. Giovanni/S. Bernardino € 16 (7 Tage gültig)

Restaurants und Cafés beherbergen. In den kühlen Abendstunden herrscht oft eine berauschende Atmosphäre: spontane Aktionen, Gaudi, Straßenmusik.
Der Brunnen am Platz heißt *Fonte Gaia* („fröhliche Quelle"). Er wurde zu Beginn des 15. Jh. errichtet und erhielt seinen eigenartigen Namen, weil es bei seiner Einweihung zu wahren Jubelstürmen kam, als sich erwies, dass das über einen immerhin 25 km langen Aquädukt hergeleitete Wasser tatsächlich am vorgesehenen Ort hervorsprudelte. Die Reliefs sind Kopien, die Originale befinden sich im Palazzo Comunale.
Wer das Treiben auf dem Campo aus kontemplativer Distanz betrachten will, sollte sich in das kleine *Café Torreficazione* an der Via di Città 13 begeben; vom Balkon aus hat man einen wunderschönen Blick über den gesamten Platz.

Palazzo Sansedoni: Der auffallend schön und aufwendig gestaltete Bau liegt vom Palazzo Pubblico aus gesehen an der rechten Seite des Campo. Früher besaß er noch einen Turm, der fast so hoch war wie der Torre del Mangia (s. u.). Im Inneren sind einige Kunstwerke aufbewahrt; leider kann man sie nicht besichtigen, denn der Palazzo Sansedoni ist nicht öffentlich zugänglich.

Palazzo Pubblico (Palazzo Comunale)

Die Bauarbeiten am gotischen Rathaus mit seinem mächtigen Turm wurden Ende des 13. Jh. begonnen. 1327 standen der Mittelteil und der untere linke Teil. Bis 1680 folgten der Erker und die obere Fensterreihe. Mit seinen schlichten Verzierungen, den Zinnen und sienesischen Bögen über den Fenstern diente er vielen später erbauten Palästen als Vorbild.

Torre del Mangia: Der schlanke, 102 m hohe Glockenturm des Palazzo Pubblico wurde nach einem Glöckner mit dem wenig schmeichelhaften Namen *Mangiaguadagni* (etwa „Geldfresser") benannt. Wenn Sie den Turm besteigen, erwartet Sie eine Schwindel erregende Aussicht und eine tonnenschwere Bronzeglocke über dem Kopf!

⌚ im Sommer 10–19 Uhr, im Winter (31.10–16.3) 10–16 Uhr. Es werden jeweils 30 Personen eingelassen. Besonders zu Stoßzeiten steht man u. U. eine Stunde lang an, obwohl ein Schild die Besucher ermahnt, sich nicht länger als 20 Min. auf dem Turm aufzuhalten. Am besten Ticket vorher reservieren. Oft ist der Turm gegen Mittag schon bis 16 Uhr ausverkauft. Eintritt 6 €, mit Reservierung nur 5 €.

Museo Civico: Prachtvolle, von den besten Künstlern der damaligen Zeit gestaltete, mit Fresken geschmückte Repräsentationsräume im 1. Stock des früheren Stadtpalasts:

Saal der Balia und der Prioren: Fresken aus dem frühen 15. Jh., darunter Episoden aus dem Leben Papst Alexanders III., eines erbitterten Gegners des Kaisers und Verbündeten der lombardischen Städte. Die Fresken vermitteln einen plastischen Eindruck vom Leben in der Renaissance-Gesellschaft.

Sala del Concistoro: Die außerordentlich hell leuchtenden Fresken an der in regelmäßige Felder aufgeteilten Decke stammen von *Domenico Beccafumi*, dem bedeutendsten sienesischen Vertreter des Manierismus. Dargestellt sind die Tugenden des bürgerlichen Lebens.
Die Cappelle del Consiglio ist vollständig mit Fresken von *Taddeo di Bartolo* ausgeschmückt. Im Vorraum sind heidnische Gottheiten und die politische Prominenz des antiken Rom dargestellt.

Das Abendmahl der Honoratioren

Mappamondo – Saal des Erdballs: Benannt nach einer allerdings nicht mehr vorhandenen drehbaren Weltkarte von Ambrogio Lorenzetti. Hier ist das berühmte Reiterbildnis des Guidoriccio da Fogliano bei der Belagerung von Montemassi zu sehen. Es stammt von Simone Martini, dem neben Giotto bedeutendsten italienischen Maler des Trecento (14. Jh.). Das märchenhaft anmutende Bild, auf dem Ross und Reiter dank der einheitlichen Kleidung vor der kargen, unbewachsenen Hügellandschaft miteinander verschmelzen, ist ein Bestseller unter den Postkartenmotiven Sienas. An der gegenüberliegenden Wand ein Frühwerk um 1315 von Martini: die Maesta, eine thronende Madonna, umgeben von Engeln und Heiligen als Stadtpatronin Sienas.

Sala di Nove (oder auch *Sala della Pace* – Saal des Friedens): Das war der öffentliche Sitzungsraum der „Regierung der Neun" aus der Blütezeit Sienas (1292 – 1355). Allegorien von Ambrogio Lorenzetti stellen „die gute und die schlechte Regierung" und die jeweiligen Auswirkungen für Stadt und Land dar.
Das Fresko rechts zeigt die Folgen der guten Regentschaft: Friedlich und in Harmonie begegnen sich die verschiedenen Gesellschaftsschichten in Stadt und Land, Wohlstand und Frohsinn finden ihr Abbild in den blühenden Landschaften.
Ganz anders an der gegenüberliegenden Wand die Folgen der „Schlechten Regierung", die Tyrannei durch den Alleinherrscher: die Gerechtigkeit liegt in Ketten, es herrschen Gier, Grausamkeit, Betrug und Zerstörung.

Loggia: Ein Stockwerk höher hat man der großen Loggia einen weiten Blick über den Markt hinaus ins Land.

🕐 10–19 Uhr (Winter 18.30 Uhr). Eintritt 7 €, mit Reservierung 6 €. Stud. u. Rentnerermäßigung.

Siena Karten S. 220 und 222/223

Die Zuckerbäckerfassade des Doms

Dom

Er ist Sienas ganzer Stolz, und das nicht zu Unrecht. Denn mit seiner aufwendigen gotischen Zuckerbäckerfassade kann er ohne weiteres mit dem Florentiner Dom konkurrieren.

Erst wird man von der Fassade aus hellem Marmor regelrecht geblendet, dann verliert sich das Auge in vielen feinen Details. Vor allem im oberen Teil ist der Dom reich mit Ornamenten, Statuen, Mosaiken und Skulpturen ausgestattet. Im unteren Teil ist die Fassade genau wie der Glockenturm mit einer markanten Streifung versehen. Früher stand an der Stelle des Doms eine Kapelle, doch als Siena im 13. Jh. zu großem Wohlstand kam, wollte man ein gewaltiges Werk zu Ehren der heiligen Maria errichten. Teile des alten Baus wurden abgerissen, das neue Werk wurde in Angriff genommen, doch bald erschien auch dieses – vor allem im Vergleich zum Florentiner Dom – zu klein. Der bis dahin gebaute Teil sollte nun das Querschiff bilden, das riesige Längsschiff sollte folgen. *Lando Di Pietro* und die Brüder *Agostino* machten sich um das Jahr 1339 ans Werk. Pest und Wirtschaftskrise zwangen jedoch 1348 zur Einstellung der Arbeiten. Erst 1376 vervollständigte *Giovanni di Cecco* den oberen Teil der Fassade. Die Glasmosaike wurden im 19. Jh. angebracht.

Wer von dem gigantischen, letztlich aber gescheiterten Vorhaben einen Eindruck bekommen will, betrete das Domareal vom Baptisterium her: Das wunderschöne gotische Portal ist Teil des nicht vollendeten Bauabschnitts. Die Piazza Jacopo della Quercia ist Teil des Längsschiffs, die Mauer mit dem Eingang zum Dommuseum bildet die linke Seitenwand.

Das **Innere** ist von Säulen in gestreiftem Dekor unterteilt, vom Deckengewölbe leuchten aufgemalte Sterne. Über den Säulen reihen sich chronologisch in U-Form die päpstlichen Häupter von Siricius (384–399) bis Marinus II. (942–946). Auffallend schön ist die mit Flachreliefs mit Motiven aus dem Leben Jesu geschmückte Marmorkanzel von *Nicola Pisano,* deren Säulen auf zwei weiblichen und zwei männlichen Löwen ruhen. Sie entstand 1268 und zählt zu den Hauptwerken *Pisanos.*

Apsis: Neben dem Altar von *Peruzzi* gibt es hier noch einige andere Sehenswürdigkeiten: Im oberen Teil der Wandfresken entdeckt man *Beccafumis* Darstellung der Himmelfahrt Marias. Das außerordentlich hübsche, neunteilige Fenster ist eine Arbeit aus dem 13. Jh. Das Chorgestühl datiert aus dem 14. Jh., die großartigen Intarsien von *Liberale Da Verona* (16. Jh.) wurden erst Anfang des 19. Jh. eingefügt.

⌚ Im Sommer 10.30–19.30 Uhr, im Winter 10.30–18.30 Uhr (sonn- und feiertags jeweils ab 13.30 bis 18.30 bzw. 17.30 Uhr). Eintritt 3 €. In der Zeit vom 20.8. bis 19.10, wenn der Domboden freigelegt ist, zahlt man 6 €. Eine Schleuse sorgt dafür, dass sich nie mehr als 700 Besucher im Dom aufhalten. Saisonabhängig können sich lange Warteschlangen bilden.

Auch Innen ist der Dom gestreift

Libreria Piccolomini (Dombibliothek): Sie befindet sich links in einem Nebenraum des Doms und wurde im Auftrag des Erzbischofs von Siena, Kardinal Francesco Todeschini Piccolomini, eingerichtet. Er war der Neffe von Pius II. und besetzte später als Pius III. selbst ein Jahr lang den Papststuhl. Unter den dekorativ bemalten Gewölbebögen stellen farbenprächtige Fresken von *Pinturicchio* zehn Episoden aus dem Leben Pius II. dar. Über dem Eingang der Bibliothek ist die Krönung Pius III. zu sehen. Im Gewölbe prangt das Wappen der Piccolomini, ein Kreuz mit fünf Halbmonden. Zweck des ganzen Aufwands: Die Bibliothek sollte die umfangreiche Sammlung Pius II. beherbergen. Dazu kam es nicht, weil der Auftraggeber vorher verstarb und die wertvollen Werke in die vatikanische Bibliothek wanderten. So beschränkt sich der Bestand noch heute auf die domeigenen Choralbücher aus dem 15. Jh.

⌚ Anfang März bis Oktober 10.30–19.30 Uhr; November bis Februar 10.30–18.30 Uhr, So und feiertags nur am Nachmittag. Eintritt 3 €.

Domboden: Der größte Teil des einzigartigen Dombodens mit seinen 52 Bildern entstand zwischen dem 14. und 16. Jh. Bei den ältesten Teilen erzeugen eingeritzte, mit Teer gefüllte Fugen das Bild. Die neueren Bildwerke sind wertvolle Einlegearbeiten aus verschiedenfarbigem Marmor. Erzählt werden Episoden der Menschheitsgeschichte von den Ägyptern bis zum Neuen Testament. Um den „Marmor-

Siena Karten S. 220 und 222/223

Mauerwerk des geplanten Hauptschiffes, Rohbau seit 1348

teppich" zu schützen, wurde ein Großteil mit Holzplatten abgedeckt (zu wechselnden Terminen – alle zwischen dem 20. August und Ende Oktober – sind alle Bildteile frei zu betrachten). Die Inschrift am Haupteingang erinnert den Besucher daran, dass er den „keuschen, der Jungfrau geweihten Tempel" betritt.

Das erste Feld zeigt den ägyptischen Mystiker und Philosophen Hermes Trismegistos, der in der Renaissance als Zeitgenosse und Lehrer Moses' galt. Seine Werke wurden erst im 15. Jh. vom Griechischen ins Lateinische übersetzt. Er beschrieb darin eine Naturreligion mit aufregenden magischen Elementen, was gut zum damaligen Zeitgeist passte.

Das folgende Feld zeigt die sienesische Wölfin im Kreis der Wappenzeichen der verbündeten Städte (19. Jh., nach einem Original aus dem 14. Jh.).

Das letzte Feld im Hauptschiff stammt von *Pinturicchio*: Eine Gruppe wohlhabender Leute nimmt, allen Schlangen und Eidechsen trotzend, den steilen, felsigen Weg zum Berg der Weisheit auf sich. Die nackte Fortuna hat sie auf eine Insel gebracht, sie steht mit einem Fuß auf ihrem Boot, mit dem anderen auf einer Kugel und hält mit ihrer Linken das Segel hoch. Oben am Gipfel thront die Weisheit, flankiert von griechischen Philosophen. Sokrates reicht sie die Palme, Krates Mallotes ein Buch, während dieser Reichtümer ins Meer schüttet. Eine Inschrift unterstreicht: Der Pfad der Tugend ist beschwerlich, doch winkt als Lohn das höchste Gut: der Seelenfriede.

In den Seitenschiffen sind die Sibyllen dargestellt, die Christi Kommen ankündigen: weiße Frauengestalten auf schwarzem Hintergrund.

Dommuseum (Museo dell' Opera): Der Eingang zum Museum ist Teil des neuen Doms, der unvollendet blieb. Neben Messgewändern, Gold- und Schmiedearbeiten sind einige Skulpturen von *Pisano* zu bewundern. Im Erdgeschoss befinden sich die Originalfiguren der Domfassade. Im ersten Stock wird das wichtigste Werk der Sieneser Schule aufbewahrt, die „Maestà" von *Duccio di Buoninsegna*. Das Gemälde entstand zwischen 1308 und 1311 und schmückte einst den Hochaltar. Im 15. Jh. wurde es aus dem Dom entfernt. Vom dritten Stock führt eine Treppe hinauf zur *Facciatone,* der großen Fassade des unvollendeten Domschiffes. Von hier genießt man einen phantastischen Blick auf die Stadt.

🕐 15.3.–30.9 von 9 bis 19.30 Uhr, im Oktober 9–18 Uhr, 1.11–14.3 von 10 bis 17 Uhr. Eintritt 6 €.

Baptisterium (Battistero di San Giovanni): Es liegt im Unterbau des Doms, wurde 1382 fertig gestellt und ist in seinem Stil dem Dom ähnlich. Drei Portale führen in das Innere mit Kreuzgewölbe. Die Fresken in der Apsis und im Gewölbe stammen von *Il Vecchietto* und seinen Schülern (16. Jh.).

Das unbestrittene Prunkstück des Baptisteriums ist das Taufbecken (15. Jh.) mit Szenen aus dem Leben Johannes des Täufers. Mehrere Künstler haben an den Bronzereliefs gearbeitet, unter ihnen die bekanntesten ihrer Zeit: *Donatello, Lorenzo Ghiberti* und *Jacopo della Quercia*.

⌚ 15.3-30.9. von 9 bis 19.30 Uhr, im Oktober 9–18 Uhr, 2.11–14.3. von 10 bis 17 Uhr. Eintritt 3 €.

Pinacoteca Nazionale

Die rund 700 Bilder vermitteln einen guten Überblick über die toscanische und speziell die sienesische Malerei des 13.–16. Jh. Der Rundgang beginnt in der zweiten Etage. Vom frühesten Meister Sienas, von *Duccio di Buoninsegna*, ist die „Madonna dei Francescani" (teilweise zerstört) zu sehen. Den Namen hat das Bild wegen der drei knienden Franziskanermönche erhalten, die – beschützt vom weiten Mantel der thronenden Maria – im Gebet verharren: eine sehr eindrucksvolle Komposition.

Der Saal 6 zeigt eine ganze Reihe Madonnen mit Kind, darunter auch einige von *Simone Martini*, der – anfänglich stark von *Duccio* beeinflusst – später zu einem dekorativeren Stil gefunden hat, wie der berühmte „Guido Riccio" im Palazzo Pubblico zeigt. Ebenso berühmt wie *Simone* waren in der ersten Hälfte des 14. Jh. die Brüder *Pietro* und *Ambrogio Lorenzetti*. Von *Pietro* ist u. a. der „Karmeliter-Altar" zu sehen, ein großflächiges Gemälde in Gold- und Grüntönen. *Ambrogio* ist u. a. mit einer ausdrucksstarken „Beweinung Christi" und einer „Verkündigung" vertreten. Bei letzterem Bild achte man auch auf den Fußboden: Der Künstler hält sich intuitiv streng an die damals noch nicht formulierten Gesetze der Zentralperspektive.
Vermutlich ebenfalls von *Ambrogio* stammt die „Città sul Mare", ein Miniaturbild, das ein wunderbar märchenhaftes Städtchen mit Festung, Ziegeldächern und Geschlechtertürmen zeigt.
Giovanni di Paolo vertritt das 15. Jh., im Saal 14 ist sein „Weltgericht" mit böse quälenden Teufelchen zu sehen. Der Reigen sienesischer Künstler schließt sich in der ersten Etage in den Sälen 28 bis 30.

⌚ Di–Sa 8.15–19.15 Uhr, So und Mo 8.30–13.15 Uhr, Eintritt 4 €, unter 18-Jährige frei.

Weitere Sehenswürdigkeiten in der Stadt

Ospedale di Santa Maria della Scala: Der mächtige Palast gegenüber dem Hauptportal des Doms ist eines der ältesten kirchlichen Hospize Europas.

Die Verkündigungskirche *(Chiesa della Santissima Annunziata)* gleich im Eingangsbereich ist ohne Eintrittskarte zu besichtigen, im Chor zeigt ein Fresko aus dem 18. Jh., wie Kranke zum heilenden Quellbecken getragen werden.

Prunkstück ist der Pilgersaal (Raum 7, *Sala dei Pelegrini*), der mit recht realistisch wirkenden weltlichen Motiven ausgemalt ist. Sie zeigen u. a. Szenen aus dem Alltag des Krankenhauses. Die meisten Fresken wurden im 15. Jh. von *Domenico di Bartolo* geschaffen, dessen Stil stark an *Masaccio* erinnert.

Die alte Sakristei (Raum 2, *Capella del Sacro Chiodo*) ist komplett mit Fresken von *Lorenzo Vecchietta* ausgestattet: Neben dem Altar spuckt der Wal Jonas aus, an der linken Wand sieht man eine Darstellung der Geburt Christi.

In den restlichen Sälen werden wechselnde Ausstellungen präsentiert, die meist einen Bezug zur früheren Bestimmung des Gebäudes haben. Im Keller stehen die stark angewitterten Originalreliefs des Brunnens Fonte Gaia, der auf dem Campo steht.

⌚ Sommer 10–18.30, Winter 10.30–16.30 Uhr. Eintritt 6 €, mit Reservierung 5,50 €.

Siena Karten S. 220 und 222/223

San Domenico – Backsteinbau aus dem 13. Jahrhundert

Basilika San Domenico: Der hohe gotische Bau aus dem 13. Jh. (im 15. Jh. erweitert) wirkt mit seiner kahlen Backsteinfassade beinahe modern im Vergleich zu den sonstigen historischen Bauwerken Sienas. Ein Besuch ist besonders in den Morgenstunden lohnenswert, wenn durch die blau und rot bemalten Glasfenster über dem Hauptaltar das Licht hereinflutet. Sehenswert ist die Capella di Santa Caterina mit *Sodomas* „Die Ohnmacht der Heiligen Katharina". In der Capella delle Volte ist eine weitere Darstellung der Katharina zu sehen: Die in Blau gekleidete Heilige mit einem Blumenzweig richtet den Blick auf eine vor ihr kniende Gläubige. Das Fresko stammt von *Andrea Vanni*, der Sienas Stadtheilige persönlich gekannt hat, die Gesichtszüge gelten als authentisch.

Katharinas Haupt wird in einer Seitenkapelle rechts aufbewahrt, daneben weitere Reliquien, u. a. ein in Silber gefasster Finger der Heiligen – so war das eben damals üblich.

Chiesa San Francesco: Die Kirche gehört zum Sieneser Franziskanerkloster, dessen weitere Gebäude zu einem großen Teil von der Universität genutzt werden; angehende Nationalökonomen und Kommunikationswissenschaftler schleppen Lehrbücher durch den Kreuzgang. Sehenswert die „Kripta", heute der Lesesaal.

Das zebragestreifte Innere ist groß und ziemlich kahl. In zwei Chorkapellen sind Fresken der Brüder *Lorenzetti* erhalten. Allerdings ist das Gold abgeblättert und nur noch die rote Grundierung zu sehen, was jedoch die Deutlichkeit der Darstellungen nicht wesentlich beeinträchtigt. Man betrachte z. B. in der zweiten Kapelle links die Figuren in *Ambrogio Lorenzettis* „Gelübde des Heiligen Ludwig": Vor dem Papst kniend, spricht Ludwig das Gelübde. Er wird in den Franziskanerorden eintreten und so seinem Bruder Robert den Weg zum Königsthron von Neapel freimachen. Kontemplativ das Kinn auf die Hand gestützt, verfolgt Robert die Szene, neben ihm Kardinäle, im Hintergrund das neugierige Publikum.

In einer Nebenkapelle wird das „Fortdauernde eucharistische Wunder" verehrt. Es handelt sich um 223 Hostien, die am 14. August 1730 geweiht und am folgenden Tag gestohlen wurden. Drei Tage später fand man sie in einem verstaubten Opferstock. Da man sie den Gläubigen nicht mehr zumuten mochte, aber auch nicht einfach weg-

Das „Geheimnis" der deutschen Kapelle in der Basilika San Domenico

Friedrich II. von Hohenstaufen trieb die Gründung von Universitäten stark voran. Deshalb war auch die erste Zeit der Sieneser Universität im 14. Jh. stark deutsch geprägt bzw. die Uni wurde von vielen deutschen Studenten besucht. Viele starben auch in Siena, die meisten von ihnen waren adliger Herkunft. Da man ja damals nur in bzw. unter der Kirche (geweihte Erde) begraben werden konnte, kauften sich viele dieser begüterten Studenten „ihre" Grabstelle in der Krypta von San Domenico. In Erinnerung an die zahlreichen deutschen Studenten wurde ihnen dann eine ganze Seitenkapelle gewidmet. Böse Zungen behaupten auch, dass viele von ihnen außer bei Duellen und durch Krankheiten auch durch übermäßigen Weingenuss starben und dass sie sich im Sarg ein kleines Reservoir anlegten, um so auch im Jenseits immer mit Wein versorgt zu werden!

werfen konnte (schließlich waren sie geweiht), bewahrte man die Hostien einfach auf. Sie sollen noch heute allen chemischen Verfallsprozessen trotzen und frisch sein.

Oratorio di San Bernardino: Das zweistöckige Oratorium gleich neben der Chiesa San Francesco ist ebenfalls Teil des Klosters und vor allem wegen der Oberkapelle einen Besuch wert: Die Wände schmückt ein Marienzyklus von Geburt bis Tod, der größtenteils von *Sodoma* stammt. In der Unterkapelle hat *Francesco Vanni* die beiden Stadtheiligen von Siena mitsamt Stadtansicht an der Decke verewigt.

Ⓒ Mitte März bis Ende Oktober 10.30–13.30 und 15–17.30 Uhr. Eintritt 3 €.

Casa di Santa Caterina: Hier wurde Katharina als 25. (!) Kind eines Färbers geboren. Das „Haus" ist ein richtiger kleiner Gebäudekomplex geworden, mit Pilgerunterkünften und kleinem Kloster. Besonders schön ist der Eingangsbereich mit seinem doppelten Portikus. Die Kapelle befindet sich genau an der Stelle des elterlichen Wohnhauses (beim Altar, hinter Glas ein Fragment der Küchenwand). Hier fühlt man sich wie in einem bunten Schatzkästlein: eine schwer vergoldete Kassettendecke, die Wände voll mit großflächigen Ölgemälden aus dem 17. Jh., welche Episoden aus dem Leben der Heiligen zeigen.

Ⓒ 9–12.30 und 15–18 Uhr. Eintritt frei.

Synagoge: Die einst starke jüdische Gemeinde Sienas zählt heute nur noch rund 50 Mitglieder und wird vom Florentiner Rabbi betreut. Die Synagoge im alten Judenghetto Sienas wurde erst nach einer Renovierung in den 1990er Jahren, die das Innere wieder hell und feierlich erstrahlen lässt, öffentlich zugänglich gemacht. Sie stammt aus der Übergangszeit zwischen Rokoko und Klassizismus. Ein Schmuckstück ist der im Vorraum ausgestellte „Stuhl von Elias" mit seinen feinen Intarsienarbeiten. Verse in der Rückenlehne beziehen sich auf das Beschneidungszeremoniell, bei dem der Stuhl verwendet wurde.

Ⓒ So von 10–13 und 14–17 Uhr. Eintritt 3 €.

Fortezza Medicea: Die westlich der Altstadt gelegene Stadtfestung ist wegen ihrer Lage einen Spaziergang wert. Die Verteidigungsanlage wurde 1560 von Cosimo I. in in Auftrag gegeben und an der Stelle erbaut, an der die Florentiner nach dem Sieg über die Sieneser ihr Hauptquartier aufschlugen. Sie ist noch immer das Symbol der Niederlage und wird vielleicht deshalb von den Sienesern gelegentlich auch Forte Santa Barbara genannt – nach der Schutzheiligen der Artillerie.

Der Spaziergang zur Fortezza lässt sich mit einer Weinprobe in der Enoteca Italiana (s. o. „Kneipen") abschließen.

Karten S. 220 und 222/223 Siena

Öffentliche Brunnenanlage Fontebranda, abseits des Gewühls

An die Festung schließt sich im Nordosten die **Lizza** (Turnierplatz) an, eine Parkanlage mit altem Baumbestand und einem Reiterstandbild Garibaldis.

Fontebranda: Die Branda-Quelle wurde die letzten Jahre „aufgewertet": die alten Schuppen gegenüber machten einem Kunsthandwerkszentrum Platz („Siena Artefice"), in dem nun anspruchsvollere Toscana Souvenirs verkauft werden. Ebenso wurde der Parkplatz St. Caterina-Fontebranda erweitert, von dem eine Rolltreppe direkt zum Dom führt. Unser Tipp: in den frühen Abendstunden hingehen!

Palazzo delle Papesse: Via di Città. Päpstinnen kennt die katholische Kirchengeschichte nicht, und auch die päpstlichen Kurtisanen sind mit „Papesse" nicht gemeint. Beim schmucken Renaissance-Palast handelt es sich ganz einfach um den Wohnsitz, den der Piccolomini-Papst Pius II. für seine Schwester Katharina errichten ließ. Architekt war angeblich *Bernardo Rosselino*, der Baumeister der Reißbrettstadt Pienza.

Seit 1999 ist im Palazzo das **Centro Arte Contemporanea** untergebracht, eine überaus ambitionierte Einrichtung, die auf drei Etagen mit wechselnden Ausstellungen den gegenwärtigen Kunstströmungen nachspürt.

🕐 12–19 Uhr, Mo geschl. Eintr. 5 €, mit Reservierung 4,50 €. Studenten- und Rentnerermäßigung.

Palazzo Chigi-Saracini: Der Palast am Campo (Eingang an der Via di Città) ist heute Sitz der weltbekannten Musikschule von Siena. In den Sälen, in denen viele Konzerte stattfinden, hat sich ein kleiner Kunstschatz angesammelt: *Botticelli, Pinturicchio, Sodoma* und viele andere sind hier vertreten (öffentlicher Zugang bis zum wappenverzierten Innenhof mit Zisterne, Besichtigung der Säle nur mit Sondergenehmigung).

Palazzo Salimbeni: Am gleichnamigen Platz. Hier wurde 1472 die erste Bank der Welt gegründet, die noch heute aktive „Monte dei Paschi". Siena war berühmt für seine stabile Währung – Fürsten und Kardinäle kamen hier zum Geldpumpen vorbei. Im 19. Jh. wurde der Palast umgebaut und erhielt sein heutiges gotisches Aussehen.

Etwas Italienisch

Mit ein paar Worten Italienisch kommt man erstaunlich weit – es ist nicht mal schwer, und die Italiener freuen sich auch über gut gemeinte Versuche. Oft genügen schon ein paar Floskeln, um an wichtige Informationen zu kommen. Der Übersichtlichkeit halber verzichten wir auf wohlgeformte Sätze und stellen die wichtigsten Ausdrücke nach dem Baukastensystem zusammen. Ein bisschen Mühe und guter Wille lohnen sich wirklich – besonders in abgelegeneren Gegenden, in denen die Italiener nicht auf den "Würstel con Kraut"-Tourismus eingestellt sind.

Aussprache

Hier nur die Abweichungen von der deutschen Aussprache:

c: vor e und i immer *"tsch"* wie in *rutschen*, z. B. *centro* (Zentrum) = *"tschentro"*. Sonst wie *"k"*, z. B. *cannelloni* = *"kannelloni"*.

cc: gleiche Ausspracheregeln wie beim einfachen **c**, nur betonter: *faccio* (ich mache) = *"fatscho"*; *boccone* (Imbiss) = *"bokkone"*.

ch: wie *"k"*, *chiuso* (geschlossen) = *"kiuso"*.

cch: immer wie ein hartes *"k"*, *spicchio* (Scheibe) = *"spikkio"*.

g: vor e und i *"dsch"* wie in *Django*, vor a, o , u als *"g"* wie in *gehen;* wenn es trotz eines nachfolgenden dunklen Vokals als *"dsch"* gesprochen werden soll, wird ein i eingefügt, das nicht mitgesprochen wird, z. B. in *Giacomo* = *"Dschakomo"*.

gh: immer als *"g"* gesprochen.

gi: wie in *giorno* (Tag) = *"dschorno"*, immer weich gesprochen.

gl: wird zu einem Laut, der wie "*lj*" klingt, z. B. in *moglie* (Ehefrau) = *"mollje"*.

gn: ein Laut, der hinten in der Kehle produziert wird, z. B. in *bagno* (Bad) = *"bannjo"*.

h: wird am Wortanfang nicht mitgesprochen, z. B. *hanno* (sie haben) = *"anno"*. Sonst nur als Hilfszeichen verwendet, um c und g vor den Konsonanten i und e hart auszusprechen.

qu: im Gegensatz zum Deutschen ist das u mitzusprechen, z. B. *acqua* (Wasser) = *"akua"* oder *quando* (wann) = *"kuando"*.

r: wird kräftig gerollt!

rr: wird noch kräftiger gerollt!

sp und **st**: gut norddeutsch zu sprechen, z. B. *specchio* (Spiegel) = *"s-pekkio"* (nicht *schpekkio)*, *stella* (Stern) = *"s-tella"* (nicht *"schtella")*.

v: wie *"w"*.

z: immer weich sprechen wie in *Sahne*, z. B. *zucchero* (Zucker) = *"sukkero"*.

Die Betonung liegt meistens auf der vorletzten Silbe eines Wortes. Im Schriftbild wird sie bei der großen Mehrzahl der Wörter nicht markiert. Es gibt allerdings Fälle, bei denen die italienischen Rechtschreibregeln Akzente als Betonungszeichen vorsehen, z. B. bei mehrsilbigen Wörtern mit Endbetonung wie *perché* (= weil, warum).

Der Plural lässt sich bei vielen Wörtern sehr einfach bilden; die meisten auf "a" endenden Wörter sind weiblich, die auf "o" oder "e" endenden männlich; bei den weiblichen wird der Plural mit "e" gebildet, bei den männlichen mit "i", also: *una ragazza* (ein Mädchen), *due ragazze* (zwei M.); *un ragazzo* (ein Junge), *due ragazzi* (zwei J.). Daneben gibt es natürlich diverse Ausnahmen, die wir bei Bedarf im Folgenden zusätzlich erwähnen.

Elementares

Frau …	*Signora*
Herr …	*Signor(e)*
Guten Tag, Morgen	*Buon giorno*
Guten Abend (ab nachmittags!)	*Buona sera*
Guten Abend/ gute Nacht (ab Einbruch der Dunkelheit)	*Buona notte*
Auf Wiedersehen	*Arrivederci*
Hallo/Tschüss	*Ciao*
Wie geht es Ihnen?	*Come sta?/ Come va?*
Wie geht es dir?	*Come stai?*
Danke, gut.	*Molto bene, grazie/ Benissimo, grazie*
Danke!	*Grazie/Mille grazie/ Grazie tanto*
Entschuldigen Sie	*(Mi) scusi*
Entschuldige	*Scusami/Scusa*
Entschuldigung, können Sie mir sagen …?	*Scusi, sa dirmi …?*
Entschuldigung, könnten Sie mich durchlassen/ mir erlauben .. (beliebt bei älteren Damen, die sich durch Supermärkte drängen, und aller Art eiliger Italiener; ist im Sinne von "ich erlaube mir..." zu gebrauchen)	*Permesso …*
ja	*si*
nein	*no*
Ich bedaure, tut mir leid	*Mi dispiace*
Macht nichts	*Non fa niente*
Bitte! (im Sinne von *gern geschehen*)	*Prego!*

Bitte (als Einleitung zu einer Frage oder Bestellung)	*Per favore …*
Sprechen Sie Englisch/Deutsch/ Französisch?	*Parla inglese/ tedescso/ francese?*
Ich spreche kein Italienisch	*Non parlo l'italiano*
Ich verstehe nichts	*Non capisco niente*
Könnten Sie etwas langsamer sprechen?	*Puo parlare un po` più lentamente?*
Ich suche nach …	*Cerco …*
Okay, geht in Ordnung	*va bene*
Ich möchte/ Ich hätte gern	*Vorrei*
Warte/ Warten Sie!	*Aspetta/ Aspetti!*
groß/klein	*grande/piccolo*
Es ist heiß	*Fa caldo*
Es ist kalt	*Fa freddo*
Geld	*i soldi*
Ich brauche …	*Ho bisogno …*
Ich muss …	*Devo …*
in Ordnung	*d'accordo*
Ist es möglich, dass …	*È possibile …*
mit/ohne	*con/senza*
offen/geschlossen	*aperto/chiuso*
Toilette	*gabinetto*
verboten	*vietato*
Was bedeutet das?	*Che cosa significa?* (sprich sinjifika)
Wie heißt das?	*Come si dice?/cosa significa?*
zahlen	*pagare*

Equivoco!
Eine Art Allheilmittel: "Es liegt ein Missverständnis vor". Wenn etwas schief gelaufen ist, ist dies das Friedensangebot. Ein Versprechen wurde nicht eingehalten? – Nein, nur "è un equivoco"!

Fragen

Gibt es/Haben Sie...?	*C'è ...?* (auszusprechen als tsche)
Was kostet das?	*Quanto costa?*
Gibt es (mehrere)	*Ci sono?*
Wann?	*Quando?*
Wo? Wo ist?	*Dove?/ Dov'è?*
Wie?/Wie bitte?	*Come?*
Wieviel?	*Quanto?*
Warum?	*Perché?*

Smalltalk

Ecco!
Hat unendlich viele Bedeutungen. Es ist eine Bestärkung am Ende des Satzes: Also! Na bitte! Voilà ... Zweifel sind dann ausgeschlossen.

Ich heiße ...	*Mi chiamo ...*
Wie heißt du?	*Come ti chiami?*
Wie alt bist du?	*Quanti anni hai?*
Das ist aber schön hier	*Meraviglioso!/Che bello!/Bellissimo!*
Von woher kommst du?	*Di dove sei tu?*
Ich bin aus München/Hamburg	*Sono di Monaco, Baviera/di Amburgo*
Bis später	*A più tardi!*

Orientierung

Wo ist bitte...?	*Per favore, dov'è ..?*
... die Bushaltestelle	*... la fermata*
... der Bahnhof	*... la stazione*
Stadtplan	*la pianta della città*
rechts	*a destra*
links	*a sinistra*
immer geradeaus	*sempre diritto*
Können Sie mir den Weg nach ... zeigen?	*Sa indicarmi la direzione per ..?*
Ist es weit?	*È lontano?*
Nein, es ist nah	*No, è vicino*

Bus/Zug/Fähre

Fahrkarte	*un biglietto*
Stadtbus	*il bus*
Überlandbus	*il pullman*
Zug	*il treno*
hin und zurück	*andata e ritorno*
Ein Ticket von X nach Y	*un biglietto da X a Y*
Wann fährt der nächste?	*Quando parte il prossimo?*
... der letzte?	*...l'ultimo?*
Abfahrt	*partenza*
Ankunft	*arrivo*
Gleis	*binario*
Verspätung	*ritardo*
aussteigen	*scendere*
Ausgang	*uscita*
Eingang	*entrata*
Wochentag	*giorno feriale*
Feiertag	*giorno festivo*
Fähre	*traghetto*
Tragflügelboot	*aliscafo*
Deck-Platz	*posto ponte*
Schlafsessel	*poltrone*
Kabine	*cabina*

Auto/Motorrad

Auto	*macchina*
Motorrad	*la moto*
Tankstelle	*distributore*
Volltanken	*il pieno, per favore*
Bleifrei	*benzina senza piombo*
Diesel	*gasolio*
Panne	*guasto*
Unfall	*un incidente*
Bremsen	*i freni*
Reifen	*le gomme*
Kupplung	*la frizione*
Lichtmaschine	*la dinamo*
Zündung	*l'accensione*
Vergaser	*il carburatore*
Mechaniker	*il meccanico*
Werkstatt	*l'officina*
funktioniert nicht	*non funziona*

Baden/Strandleben

Meer	*il mare*
Strand	*la spiaggia*
Stein	*pietra/sasso (klein)*
Kies	*ghiaia*
schmutzig	*sporco*
sauber	*pulito/netto*
tief	*profondo*
ich gehe schwimmen	*vado a nuotare*
braungebrannt	*abbronzata (f)/ abbronzato (m)*

Stabilimenti balneari oder **bagni**: Strandabschnitt mit Eintrittsgebühr und Verleih von Liegestühlen und Sonnenschirmen.

Bank/Post/Telefon

Geldwechsel	*il cambio*
Wo ist eine Bank?	*Dove c' è una banca*
Ich möchte wechseln	*Vorrei cambiare*
Ich möchte Reiseschecks einlösen	*Vorrei cambiare dei traveller cheques*
Wie ist der Wechselkurs	*Qual è il cambio?*
Geld	*i soldi*

Postamt	*posta/ufficio postale*
ein Telegramm aufgeben	*spedire un telegramma*
Postkarte	*cartolina*
Brief	*lettera*
Briefpapier	*carta da lettere*
Briefkasten	*la buca (delle lettere)*
Briefmarke(n)	*il francobollo/ i francobolli*
Wo ist das Telefon?	*Dov' è il telefono?*
Ferngespräch	*comunicazione interurbana*

Camping/Hotel

Haben Sie ein Einzel/Doppelzimmer?
C'è una camera singola/doppia?

Können Sie mir ein Zimmer zeigen?
Può mostrarmi una camera?

Ich nehme es/wir nehmen es
La prendo/la prendiamo

Zelt	*tenda*
kleines Zelt	*canadese*
Schatten	*ombra*
Schlafsack	*sacco a pelo*
warme Duschen	*docce calde*
Gibt es warmes Wasser?	*C'è l'acqua calda?*
mit Dusche/Bad	*con doccia/ bagno*
ein ruhiges Zimmer	*una camera tranquilla*
Wir haben reserviert	*Abbiamo prenotato*
Schlüssel	*la chiave*
Vollpension	*pensione (completa)*
Halbpension	*mezza pensione*
Frühstück	*prima colazione*
Hochsaison	*alta stagione*
Nebensaison	*bassa stagione*
Haben Sie nichts Billigeres?	*Non ha niente che costa di meno?*

Zahlen

der Erste	*il primo*
Zweite	*il secondo*
Dritte	*il terzo*
einmal	*una volta*
zweimal	*due volte*
halb	*mezzo*
ein Viertel	*un quarto di*
ein Paar	*un paio di*
einige	*alcuni*

0	*zero*	19	*diciannove*
1	*uno*	20	*venti*
2	*due*	21	*ventuno*
3	*tre*	22	*ventidue*
4	*quattro*	30	*trenta*
5	*cinque*	40	*quaranta*
6	*sei*	50	*cinquanta*
7	*sette*	60	*sessanta*
8	*otto*	70	*settanta*
9	*nove*	80	*ottanta*
10	*dieci*	90	*novanta*
11	*undici*	100	*cento*
12	*dodici*	101	*centuno*
13	*tredici*	102	*centodue*
14	*quattordici*	200	*duecento*
15	*quindici*	1.000	*mille*
16	*sedici*	2.000	*duemila*
17	*diciassette*	100.000	*centomila*
18	*diciotto*	1.000 000	*un milione*

Maße & Gewichte

Liter	*un litro*
halber Liter	*mezzo litro*
Viertelliter	*un quarto di un litro*
Gramm	*un grammo*

100 Gramm	*un etto*
200 Gramm	*due etti*
Kilo	*un chilo, due chili* (gesprochen wie im Deutschen)

Uhr & Kalender

Uhrzeit

Wie spät ist es?	*Che ora è?*
mittags	*mezzogiorno* (für 12 Uhr gebräuchlich)
Mitternacht	*mezzanotte*
Viertel nach	*... e un quarto*
Viertel vor	*... meno un quarto*
halbe Stunde	*mezz'ora*

Tage/Monate/Jahreszeit

ein Tag	*un giorno*
die Woche	*la settimana*
ein Monat	*un mese*
ein Jahr	*un'anno*
ein halbes Jahr	*mezz'anno*
Frühling	*primavera*
Sommer	*l'estate*
Herbst	*autunno*
Winter	*inverno*

Wochentage

Montag	*lunedì*
Dienstag	*martedì*
Mittwoch	*mercoledì*
Donnerstag	*giovedì*
Freitag	*venerdì*
Samstag	*sabato*
Sonntag	*domenica*

Monate

Januar	*gennaio*
Februar	*febbraio*
März	*marzo*
April	*aprile*
Mai	*maggio*

Juni	*giugno* (sprich dschunjo)
Juli	*luglio* (sprich luljo)
August	*agosto* (Feiertag des 15.8.: ferragosto)
September	*settembre*
Oktober	*ottobre*
November	*novembre*
Dezember	*dicembre*

Gestern, heute, morgen ...

heute	*oggi*
morgen	*domani*
übermorgen	*dopodomani*
gestern	*ieri*
vorgestern	*l'altro ieri*
sofort	*subito* (dehnbarer Begriff)
später	*più tardi*
jetzt	*adesso*
der Morgen	*la mattina*
Mittagszeit	*l'ora di pranzo*
Nachmittag	*il pomeriggio*
der Abend	*la sera*
die Nacht	*la notte*

Einkaufen

Haben Sie	*Ha...?*
Ich hätte gern...	*Vorrei...*
etwas davon	*un poco di questo*
dieses hier	*questo qua*
dieses da, dort	*quello là*
Was kostet das?	*Quanto costa questo?*

Geschäfte	
Apotheke	*farmacia*
Bäckerei	*panetteria*
Buchhandlung	*libreria*
Zeitungskiosk	*edicola*
Fischhandlung	*pescheria*
Laden, Geschäft	*negozio*
Metzgerei	*macelleria*
Reinigung (chemische)	*lavanderia/ lavasecco*
Reisebüro	*agenzia viaggi*
Touristen-information	*informazioni turistiche*
Schreibwarenladen	*Cartoleria*
Supermarkt	*alimentari, supermercato*

Drogerie/Apotheke	
Seife	*il sapone*
Tampons	*i tamponi, i o.b.*
Binden	*assorbenti*
Waschmittel	*detersivo*
Shampoo	*lo shampoo*
Toilettenpapier	*carta igienica*
Zahnpasta	*pasta dentifricia*
Schmerztabletten	*qualcosa contro il dolore*
Kopfschmerzen	*mal di testa*
Abführmittel	*lassativo*
Sonnenmilch	*crema solare*
Pflaster	*cerotto*

Arzt/Krankenhaus

Ich brauche einen Arzt	*Ho bisogno di un medico*
Hilfe!	*Aiuto!*
Erste Hilfe	*pronto soccorso*

Krankenhaus	*ospedale*
chmerzen	*dolori*
Ich bin krank	*Sono malato*
Biss/Stich	*puntura*
Fieber	*febbre*
Durchfall	*diarrea*
Erkältung	*raffreddore*
Halsschmerzen	*mal di gola*
Magenschmerzen	*mal di stomaco*
Zahnweh	*mal di denti*
Zahnarzt	*dentista*
verstaucht	*slogato*

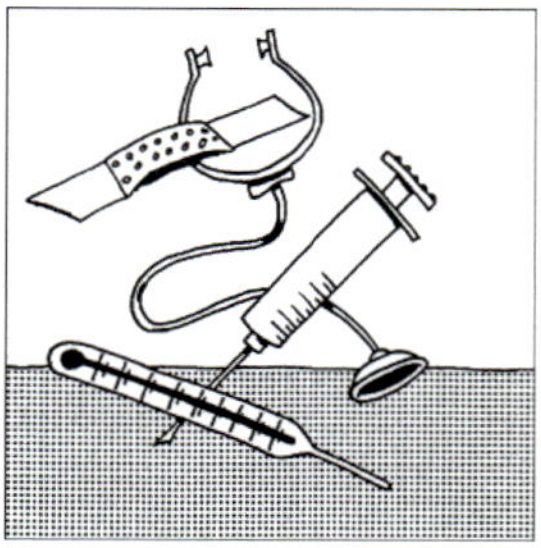

Im Restaurant

Haben Sie einen Tisch für x Personen?
C'è uno tavolo per x persone?

Die Speisekarte, bitte
Il menu/la lista, per favore

Was kostet das Tagesmenü?
Quanto costa il piatto del giorno?

Ich möchte gern zahlen
Il conto, per favore

Ich habe Hunger	*Ho fame*
Ich habe Durst	*Ho sete*
Gabel	*forchetta*
Messer	*coltello*
Löffel	*cucchiao*
Aschenbecher	*portacenere*
Mittagessen	*pranzo*
Abendessen	*cena*
Eine Quittung, bitte	*Vorrei la ricevuta, per favore*
Es war sehr gut	*Era buonissimo*
Trinkgeld	*mancia*

(lässt man aber ohne große Erklärungen am Tisch liegen)

Speisekarte

Extra-Zahlung für Gedeck, Service und Brot	*coperto/pane e servizio*
Vorspeise	*antipasto*
erster Gang	*primo piatto*
zweiter Gang	*secondo piatto*
Beilagen zum zweiten Gang	*contorni*
Nachspeise (Süßes)	*dessert*
Obst	*frutta*
Käse	*formaggio*

Getränke

Wasser	*acqua*
Mineralwasser	*acqua minerale*
mit Kohlensäure	*con gaz (frizzante)*
ohne Kohlensäure	*senza gaz*
Wein	*vino*
weiß	*bianco*
rosé	*rosato*
rot	*rosso*
Bier	*birra*
hell/dunkel	*chiara/scura*
vom Fass	*alla spina*
Saft	*succo di...*
Milch	*latte*
heiß	*caldo*
kalt	*freddo*
Kaffee	*un caffè*

(das bedeutet espresso)

Cappuccino	*un cappuccino*

(mit aufgeschäumter Milch, niemals mit Sahne!)

Kaffee mit wenig Milch	*un latte macchiato*
Milchkaffee	*un caffelatte*
Kalter Kaffee	*un caffè freddo*

... ist was sehr Erfrischendes, wird im Glas mit Eiswürfeln serviert und schmeckt mit viel Zucker

Tee	*un tè*
mit Zitrone	*con limone*
Cola	*una coca*
Milkshake	*frappè*
ein Glas	*un bicchiere di...*
eine Flasche	*una bottiglia*

Speiselexikon

Alimentari/Diversi – Lebensmittel, Verschiedenes

aceto	*Essig*	olive	*Oliven*
bombolone	*Pfannkuchen*	Olivenöl	*olio di oliva*
brodo	*Brühe*	pane	*Brot*
burro	*Butter*	panino	*Brötchen (auch belegt zu kaufen)*
frittata	*Omlett*	saccarina	*Süßstoff*
gnocchi	*kleine Kartoffelklöße*	salame	*Salami*
marmellata	*Marmelade*	salsiccia	*Frischwurst*
minestra/zuppa	*Suppe*	l'uovo/le uova	*Ei/Eier*
minestrone	*Gemüsesuppe*	zabaione	*Wein-Eier-Creme*
olio	*Öl*	zucchero	*Zucker*

Erbe – Gewürze

aglio	*Knoblauch*	prezzemolo	*Petersilie*
alloro	*Lorbeer*	rosmarino	*Rosmarin*
basilico	*Basilikum*	sale	*Salz*
capperi	*Kapern*	salvia	*Salbei*
origano	*Oregano*	senapa	*Senf*
pepe	*Pfeffer*	timo	*Thymian*
peperoni	*Paprika*		

Preparazione – Zubereitung

affumicato	*geräuchert*	frutta cotta	*Kompott*
ai ferri	*gegrillt*	cotto	*gekocht*
al forno	*überbacken*	duro	*hart/zäh*
alla griglia	*über Holzkohlefeuer*	fresco	*frisch*
con panna	*mit Sahne*	fritto	*frittiert*
alla pizzaiola	*Tomaten/Knobl.*	grasso	*fett*
allo spiedo	*am Spieß*	in umido	*im Saft geschmort*
al pomodoro	*mit Tomatensauce*	lesso	*gekocht/gedünstet*
arrosto	*gebraten/geröstet*	morbido	*weich*
bollito	*gekocht/gedünstet*	piccante	*scharf*
alla casalinga	*hausgemacht (nach Hausfrauenart)*	tenero	*zart*

Contorni – Beilagen

asparago	*Spargel*	finocchio	*Fenchel*
barbabietole	*Rote Beete*	insalata	*allg. Salat*
bietola	*Mangold*	lattuga	*Kopfsalat*
broccoletti	*wilder Blumenkohl*	lenticchie	*Linsen*
carciofo	*Artischocke*	melanzane	*Auberginen*
carote	*Karotten*	patate	*Kartoffeln*
cavolfiore	*Blumenkohl*	piselli	*Erbsen*
cavolo	*Kohl*	polenta	*Maisbrei*
cetriolo	*Gurke*	pomodori	*Tomaten*
cicoria	*Chicoree*	riso	*Reis*
cipolla	*Zwiebel*	risotto	*Reis mit Zutaten*
fagiolini	*grüne Bohnen*	sedano	*Sellerie*
fagioli	*Bohnen*	spinaci	*Spinat*
funghi	*Pilze*	zucchini	*Zucchini*

Pasta – Nudeln

cannelloni	*gefüllte Teigrollen*	tagliatelle	*Bandnudeln*
farfalle	*Schleifchen*	tortellini	*gefüllte Teigtaschen*
fettuccine	*Bandnudeln*	tortelloni	*große Tortellini*
fiselli	*kleine Nudeln*	vermicelli	*Fadennudeln ("Würmchen")*
lasagne	*Schicht-Nudeln*	gnocchi	*(Kartoffel-) Klößchen*
maccheroni	*Makkaroni*		
pasta	*allg. Nudeln*		
penne	*Röhrennudeln*		

Pesce e frutti di mare – Fisch & Meeresgetier

Fisch allgemein heißt *il pesce* (sprich pesche; nicht zu verwechseln mit le pesche, sprich peske, dem Plural von Pfirsich)

aragosta	*Languste*	granchio	*Krebs*
aringa	*Heringe*	merluzzo	*Schellfisch*
baccalà	*Stockfisch*	muggine	*Meeräsche*
calamari	*Tintenfische*	nasello	*Seehecht*
cozze	*Miesmuscheln*	orata	*Goldbrasse*
dentice	*Zahnbrasse*	ostriche	*Austern*
gamberi	*Garnelen*	pesce spada	*Schwertfisch*

polpo	*Krake*	sogliola	*Seezunge*
razza	*Rochen*	tonno	*Thunfisch*
salmone	*Lachs*	triglia	*Barbe*
sardine	*Sardinen*	trota	*Forelle*
seppia/totano	*großer Tintenfisch*	vongole	*Muscheln*
sgombro	*Makrele*		

Carne – Fleisch

agnello	*Lamm*	lombatina	*Lendenstück*
anatra	*Ente*	maiale	*Schwein*
bistecca	*Beafsteak*	maialetto	*Ferkel*
capretto	*Zicklein*	manzo	*Rind*
cervello	*Hirn*	pernice	*Rebhuhn*
cinghiale	*Wildschwein*	piccione	*Taube*
coniglio	*Kaninchen*	pollo	*Huhn*
fagiano	*Fasan*	polpette	*Fleischklöße*
fegato	*Leber*	trippa	*Kutteln*
lepre	*Hase*	vitello	*Kalb*
lingua	*Zunge*		

Frutta – Obst

albicocca	*Aprikose*	lamponi	*Himbeeren*
ananas	*Ananas*	limone	*Zitrone*
arancia	*Orange*	mandarino	*Mandarine*
banana	*Banane*	mela	*Apfel*
ciliegia	*Kirsche*	melone	*Honigmelone*
cocomero	*Wassermelone*	more	*Brombeeren*
dattero	*Dattel*	pera	*Birne*
fichi	*Feigen*	pesca	*Pfirsich*
fichi d'india	*Kaktusfeigen*	pompelmo	*Grapefruit*
fragole	*Erdbeeren*	uva	*Weintrauben*

Verlagsprogramm

Ägypten
- Ägypten
- Sinai & Rotes Meer

- **Baltische Länder**

Belgien
- *MM-City* Brüssel

- **Bulgarien** – Schwarzmeerküste
- **Dominikanische Republik**

Deutschland
- Allgäu
- Altmühltal & Fränk. Seenland
- Berlin & Umgebung
- *MM-City* Berlin
- Bodensee
- Franken
- Fränkische Schweiz
- Mainfranken
- Nürnberg, Fürth, Erlangen
- Oberbayerische Seen
- Ostseeküste – von Lübeck bis Kiel
- Ostseeküste – Mecklenburg-Vorpommern
- Rügen, Stralsund, Hiddensee
- Schwäbische Alb
- Usedom

- **Ecuador**

Frankreich
- Bretagne
- Côte d'Azur
- Elsass
- Haute-Provence
- Korsika
- Languedoc-Roussillon
- *MM-City* Paris
- Provence & Côte d'Azur
- Südfrankreich
- Südwestfrankreich

Griechenland
- Athen & Attika
- Chalkidiki
- Griechenland gesamt
- Griechische Inseln
- Karpathos
- Kefalonia & Ithaka
- Korfu
- Kos
- Kreta
- Kykladen
- Lesbos
- Naxos
- Nord- u. Mittelgriechenland
- Peloponnes
- Rhodos
- Samos
- Santorini
- Skiathos, Skopelos, Alonnisos, Skyros – Nördl. Sporaden
- Thassos, Samothraki
- Zakynthos

Großbritannien
- Cornwall & Devon
- England
- *MM-City* London
- Südengland
- Schottland

- **Irland**
- **Island**

Italien
- Abruzzen
- Apulien
- Chianti – Florenz, Siena
- Dolomiten – Südtirol Ost
- Elba
- Friaul-Julisch Venetien
- Gardasee
- Golf von Neapel
- Italien
- Italienische Riviera & Cinque Terre
- Kalabrien & Basilikata
- Liparische Inseln
- Marken
- Mittelitalien
- Oberitalien
- Oberitalienische Seen
- Piemont & Aostatal
- *MM-City* Rom
- Rom & Latium
- Sardinien
- Sizilien
- Südtirol
- Südtoscana
- Toscana
- Umbrien
- *MM-City* Venedig
- Venetien

Kroatien
- Istrien
- Kroatische Inseln & Küste
- Mittel- und Süddalmatien
- Nordkroatien – Kvarner Bucht

- **Malta**, Gozo, Comino
- **Niederlande**
- *MM-City* Amsterdam
- Niederlande

Norwegen
- Norwegen
- Südnorwegen

Österreich
- *MM-City* Wien
- Wachau, Wald- u. Weinviertel
- Salzburg & Salzkammergut

Polen
- Polen
- Polnische Ostseeküste

Portugal
- Algarve
- Azoren
- *MM-City* Lissabon
- Lissabon & Umgebung
- Madeira
- Nordportugal
- Portugal – gesamt

Schweden
- Südschweden

Schweiz
- Genferseeregion
- Graubünden
- Tessin

Serbien und Montenegro
- Montenegro

- **Slowenien**

Spanien
- Andalusien
- *MM-City* Barcelona
- Costa Brava
- Costa de la Luz
- Gomera
- Gran Canaria
- *MM-Touring* Gran Canaria
- Ibiza
- Katalonien
- Lanzarote
- La Palma
- *MM-Touring* La Palma
- Madrid & Umgebung
- Mallorca
- Nordspanien
- Spanien – gesamt
- Teneriffa
- *MM-Touring* Teneriffa

Tschechien
- *MM-City* Prag
- Südböhmen
- Tschechien – gesamt
- Westböhmen & Bäderdreieck

- **Tunesien**
- **Türkei**
- *MM-City* Istanbul
- Türkei – gesamt
- Türkei – Lykische Küste
- Türkei – Mittelmeerküste
- Türkei – Westküste
- Türkische Riviera – Kappadokien

- **Ungarn**
- **Zypern**

Aktuelle Informationen zu allen Reiseführern finden Sie im Internet unter www.michael-mueller-verlag.de

Michael Müller Verlag GmbH, Gerberei 19, 91054 Erlangen, Tel. 0 91 31 / 81 28 08-0; Fax 0 91 31 / 20 75 41; E-Mail: mmv@michael-mueller-verlag.de

Sach- und Personenregister

Geographisches Register

Florenz

Übernachten

2 Residence Salvemini
3 Hotel Carolus
4 Albergo Mia Cara
5 P. Calamandrei
6 Hotel Select
8 Vasari
9 Hotel Golf
10 Hotel Monica
11 JH Archi Rossi
13 Hotel Il Granduca
14 Azzi
15 Hotel Palazzo Vecchio
17 Sempione
20 Hotel Grazia e Giselda
22 Casci
24 San Giorgio
26 Globus
28 Baglioni
29 Perlage Agency
30 Fenice Palace
32 Soggiorno Abaco
37 Hotel Ottaviani
42 Hotel Medici
47 Locanda Orchidea
48 Hotel Pendini
51 Albergo Firenze
54 Dei Mori
57 Hotel Beacci Tornabuoni
61 Hotel Porta Rossa
62 Hotel Bretagna
63 Il Cestello
66 Albergo Santa Croce
69 Hotel Alessandra
75 Ostello Santa Monaca
80 Istituto Gould
81 Torre di Bellosguardo
82 Hotel La Scaletta
84 Villa Belvedere
88 Pensione Le Sorelle Bandini
91 Istituto Pio X.
96 Hotel Annalena
98 Hotel Park Palace
99 Villa Betania
100 Bellosguardo

Essen & Trinken

1 Il Cardellino
7 Il Vegetariano
12 La Gratella
18 Trattoria/Fiaschetteria Mario
21 Lo Skipper
23 Trattoria Gozzi
25 Ristorante La Carabaccia
33 Profeta
34 Snack Amon
35 Ruths
38 Sostanza-Troia
40 Sasso di Dante
41 Rosticceria La Spada
44 Le Mossacce
45 Tre Merli
52 Cibréo
53 Il Pizzaiuolo
58 Trattoria Sabatino
59 Da Cambi
65 La Baraonda
67 Momoyama
68 Le Barrique
70 Anita
71 Angiolino
77 Da Benvenuto
78 Al Tranvai
79 Quattro Leoni
83 Borgo Antico
85 Caffé Ricchi
89 Diladdarno
92 Pizzeria I Tarocchi
93 La Mangiatoia
94 Osteria Antica Mescita San Niccolo

Cafés/Bars/Nachtleben

16 Gelateria Badiani
19 Apollo Bar
27 Be Bop
31 Disco Space Electronic
36 Rex Caffè
39 Spaziouno
43 Caffè Paszkowski
46 Giacosa
49 Caffé Megara
50 Festival del Gelato
55 Caffé Giubbe Rosse
56 De'Giraldi
60 Salamanca
64 Gelateria Vivoli
72 Boccadama
73 Red Garter
74 La Dolce Vita
76 Gelateria dei Neri
86 Cabiria
87 Lido
90 Caffé Notte
95 Gelateria Frilli
97 Fuori Porta
101 Jaragua